Winfried D'Avis
Geisteswissenschaftliche Grundlagen der Naturwissenschaften

Gesellschaftsforschung und Kritik

Herausgegeben von
Albert Scherr | Stefan Müller

Die Reihe „Gesellschaftsforschung und Kritik" bietet einen Ort für theoretische und empirische Analysen, die auf die Weiterentwicklung kritischer Gesellschaftsforschung zielen. Als grundlegendes Kennzeichen kritischer Gesellschaftsforschung gilt dabei das Interesse an der Frage, wie soziale Problematiken mit der Grundstruktur der Gegenwartsgesellschaft zusammenhängen. Die Reihe ist für Beiträge aus unterschiedlichen sozialwissenschaftlichen Theorietraditionen offen und steht für eine multiperspektivische Programmatik der Kritik.

Winfried D'Avis

Geisteswissenschaftliche Grundlagen der Naturwissenschaften

Eine Kritik des Szientismus

Mit einem Vorwort von Jürgen Ritsert

Der Autor

Prof. em. Dr. habil. Winfried D'Avis lehrte an der Hunan-University in China, am Institut für Methodologie am FB 3 der J. W. Goethe Universität in Frankfurt, am Institut für interdisziplinäre Forschung und Fortbildung in Klagenfurt in Österreich und an der Universität Perugia in Italien. Seine Arbeitsschwerpunkte: Logik der Forschung (insb. Physik und Soziologie), Kognitionswissenschaften und Theorie der Informationsgesellschaft.

Das Werk einschließlich aller seiner Teile ist urheberrechtlich geschützt. Jede Verwertung ist ohne Zustimmung des Verlags unzulässig. Das gilt insbesondere für Vervielfältigungen, Übersetzungen, Mikroverfilmungen und die Einspeicherung und Verarbeitung in elektronische Systeme.

Dieses Buch ist erhältlich als:
ISBN 978-3-7799-6020-1 Print
ISBN 978-3-7799-5296-1 E-Book (PDF)

1. Auflage 2019

© 2019 Beltz Juventa
in der Verlagsgruppe Beltz · Weinheim Basel
Werderstraße 10, 69469 Weinheim
Alle Rechte vorbehalten

Herstellung: Ulrike Poppel
Satz: Helmut Rohde, Euskirchen
Druck und Bindung: Beltz Grafische Betriebe, Bad Langensalza
Printed in Germany

Weitere Informationen zu unseren Autor_innen und Titeln finden Sie unter: www.beltz.de

Vorwort

von Jürgen Ritsert

Dass der Einfluss der rationalistischen Philosophien von Descartes, Leibniz und anderen, insbesondere aber die Auswirkungen der klassischen Mechanik Newtons bis in unsere Tage hinein nachhaltig geblieben sind, lässt sich kaum bestreiten. Die Straßenbahn wird immer noch von Prinzipien der Elektrodynamik angetrieben. „Kraft = Masse × Beschleunigung" gehört zu den elementaren Annahmen Newtons. Die Utopie der Mechanik als allumfassende Lehre von den Kräften, die ansonsten in linearer und gleichförmiger Bewegung (Trägheit) verharrende Massen gesetzmäßig beschleunigen, wird sehr anschaulich durch ein körperloses Wesen verkörpert: durch Laplace' Dämon. Dieses geistige Fabelwesen kennt sämtliche Naturgesetze samt der Menge aller überhaupt relevanten Randbedingungen für ihre Auswirkungen. Obendrein ist ihm die Lage, die Stellung aller im Kosmos herumschwirrenden Teilchen und Festkörper bekannt. Der Dämon verfügt also wie der Auktionator in der nationalökonomischen Theorie vom Marktgleichgewicht über den totalen Durchblick.[1] Unter diesen Voraussetzungen handelt es sich um eine „Intelligenz, die in einem gegebenen Augenblick alle Kräfte kennen würde, mit denen die Welt begabt ist, und die gegenwärtige Lage der Gebilde, die sie zusammensetzen, und die überdies umfassend genug wäre, diese Kenntnisse der Analyse zu unterwerfen, würde in der gleichen Formel die Bewegungen der größten Himmelskörper und die des leichtesten Atoms einbegreifen. Nichts wäre für sie ungewiss, Zukunft und Vergangenheit lägen klar vor ihren Augen."[2] Dass es sich hierbei um eine Idealisierung, um eine kontrafaktische Annahme handelt, zeigt der Konjunktiv der Formulierungen an. Nichts entspricht dem in der bekannten Wirklichkeit, niemandem ist dieser Dämon jemals über den Weg gelaufen. Es handelt sich um ein Geistesprodukt wie bei jedem Modell oder bei jeder Theorie. Die Frage ist bei solchen, in bestimmten Hinsichten sinnvollen Gedankenexperimenten immer, ob Annahmen, welche sich nicht mit den Tatsachen decken, ihnen sogar widersprechen, für die jeweils verfolgten Zwecke (z. B. als Interesse an bessere Einsicht in Verwickeltes) tauglich sind oder nicht. Von ähnlich nachhaltigem Einfluss wie die Newtonsche Physik ist auch die

---

[1] Der ideale Auktionator als Modellathlet überschaut schlagartig alle Preise auf sämtlichen Märkten und kann daher wie auf der Börse sofort den Gleichgewichtspreis ausrufen.
[2] Pierre Simon Laplace (1749–1827), Mathematiker und Astronom. Zitat aus P.S. Laplace: Essai philosophique sur les probabilités (Vorwort).

Evolutionstheorie Darwins geblieben. Sie wurde (wird) oftmals als eine Art Mechanik der Mutation, Selektion und Adaptation der Organismen beschrieben. Seine Theoreme findet man in der jüngeren Vergangenheit in den Sozialwissenschaften in systemtheoretischen Transformationen wieder: „Gesellschaft ist das Resultat von Evolution ..." und es gibt für Niklas Luhmann „heute keine andere Theorie, die den Aufbau und die Reproduktion von Strukturen des Sozialsystems Gesellschaft erklären könnte."[3] Doch die Umformung und Präzisierung der im Extremfall mechanistisch gedeuteten – heute jedoch durch die DNA-Forschung transformierten und präzisierten Mutationslehre – auf die Gesellschaftswissenschaften oder das gesellschaftliche Selbstverständnis ist seit den Tagen ihres Vortrages immer wieder kritisiert worden. Jüngst z. B. wieder durch Thomas Nagel.[4] Jeder evolutionstheoretische Ansatz muss nach seiner Auffassung „das Auftreten bewusster Organismen als solcher" erklären können.[5] Denn das Bewusstsein – man kann auch sagen: der menschliche Geist – ist und bleibt „das offenkundigste Hindernis für einen allumfassenden Naturalismus, der auf den Ressourcen der Naturwissenschaft beruht."[6] Das Buch von W. D'Avis belegt Behauptungen wie diese durch kenntnisreiche Rückgriffe auf Informationen aus den Naturwissenschaften sowie auf grundlagentheoretische Arbeiten der bedeutendsten Physiker der Neuzeit wie Einstein, Bohr, Heisenberg oder Planck selbst. Er führt dabei eine intensive Kritik an Erscheinungsformen des naturalistischen, szientistischen Selbstverständnisses in den Natur- und Geisteswissenschaften durch. Sein Hauptargument lautet, dass es eine Tendenz zur Einheit dieser zwei wissenschaftlichen Welten auf dem Boden einer Lehre vom Geist gebe. Der Begriff des Geistes wird ausführlich aufgeschlüsselt.

Er hat bei W. D'Avis nichts mit seiner Erscheinung in all jenen Werken zu tun, welche seit Dilthey über den Neu-Kantianismus bis hin zu Adorno und Habermas den Dualismus zwischen Natur- und Geisteswissenschaften begründen sollten. Es sollen schon gar nicht Waffen für Natur- oder Geisteswissenschaftler in den *science wars* der jüngeren Vergangenheit geschmiedet werden. Einschneidende Differenzen der Methoden in den einzelnen Spezialdisziplinen

---

3   N. Luhmann: Die Gesellschaft der Gesellschaft, Erster Teilband, Frankfurt/M 1997, S. 413. Vgl. auch A. Scherr (Hrsg.): Systemtheorie und Differenzierungstheorie als Kritik. Perspektiven im Anschluss an Niklas Luhmann, Weinheim/Basel 2015.
4   Th. Nagel: Mind & Cosmos. Why The Materialist Neo-Darwinian Conception Of Nature Is Almost Certainly False, Oxford 2012.
5   A.a.O.; S. 45.
6   A.a.O.; S. 35. Einen tragfähigen Vorschlag, einen nicht-naturalistischen Zusammenhang zwischen organischen Verhalten und Bewusstsein bzw. Selbstbewusstsein zu rekonstruieren, sehe ich weiterhin in G. H. Meads Interaktionstheorie. Vgl. J. Ritsert: Theorie praktischer Probleme, Wiesbaden 2012, S. 57.

werden nicht geleugnet, wohl aber wird der *geistige* Grund freigelegt, in den *beide* Blöcke zurückgehen. Ein weiteres entscheidendes Motiv der Kritik bildet der Nachweis, wie sehr sich der Szientismus der Sozialwissenschaften dann und dadurch auswirkt, dass er sich ein schiefes, wenn nicht falsches Bild von der Vorbildwissenschaft von der Natur (*science*) ausmalt. Diese Problematik zeichnet sich schon bei der Namensgebung einer von der Sozialphilosophie ein Stück weit (scheinbar) emanzipierten Spezialwissenschaft von der Gesellschaft ab: Physik als nacharistotelische Bewegungslehre insbesondere in Gestalt der Mechanik Newtons wird schon in der Stunde der Taufe als „Soziologie" durch Comte (andere sagen: durch den Abbé Sieyès) zur Leitwissenschaft für wissenschaftliches Denken in der Wissenschaft von der Gesellschaft erhoben. Für August Comte (1798–1857) stehen verschiedene Postulate fest, die für sein Verständnis des „positiven Geistes" (Positivismus) als eine spezifische Variante des Naturalismus kennzeichnend sind. So gelte im sog. „positiven" oder „realen Stadium" der Wissenschaftsentwicklung die „*Grundregel*, dass keine Behauptung, die nicht genau auf die einfache Aussage einer besonderen oder allgemeinen Tatsache zurückführbar ist, einen wirklichen und verständlichen Sinn enthalten kann."[7] Handelt es sich hierbei um eine Art Vorschein des „empiristischen Sinnkriteriums"? Diesem zufolge sind nur diejenigen Aussagen sinnvoll (und nicht spekulativ, metaphysisch), „von denen wenigstens angegeben werden kann, durch welche mögliche Erfahrung sie bestätigt oder widerlegt werden würden." Diese These ist in der Tat „kennzeichnend für den frühen logischen Positivismus geworden ..."[8] Aber was sind Tatsachen der Erfahrung? Ergebnisse von Beobachtungen mit den Sinnen und/oder mit Hilfe technisch aufwändiger Apparaturen? Messwerte auf dem höchsten Skalenniveau unter den Rahmenbedingungen komplexer mathematischer Kalküle? Resultate von systematisch durchgeführten und intersubjektiv überprüften Experimenten? Bislang nicht falsifizierte Tatsachenbehauptungen? Erfolge bei der praktischen Bearbeitung eines Bezugsproblems? Eine Menge kommunikativer Daten, weil das Kreuz in einem Fragebogen mit standardisierten Fragen allemal das Resultat eines Kommunikationsprozesses, eines Interviews unter subjektiven und institutionellen Voraussetzungen (wie der Akzeptanz der Institution eines Meinungsforschungsinstituts) darstellt? Feststellungen, die sich in diese unvollständige Liste eintragen lassen, wird man in Hülle und Fülle finden können. Zum Szientismus gehört jedenfalls die Annahme, dass die mathematische Physik als „exakte" oder „harte" Wissenschaft der Naturerkenntnis am ehesten in der Lage ist, eine wirklich tragfähige Datenbasis sowohl im Atom- als auch im

---

7   A. Comte: Rede über den Geist des Positivismus, Hamburg 1956, S. 27.
8   G. Patzig: Nachwort zu: R. Carnap: Scheinprobleme in der Philosophie, Frankfurt/M 1966, S. 111.

Festkörperbereich zustande zu bringen. Das macht sie zur Vorbildwissenschaft gerade für so „weiche" Wissenschaften wie die Soziologie. W. D'Avis stellt diese verbreitete Ansicht – gestützt auf Diskussionen in der modernen Physik – auf einer breiten Informationsbasis äußerst *kritisch* in Frage. Dass es keine „rohen", völlig theorie- oder wenigstens von einem Vorverständnis freie Daten in den Wissenschaften gibt, das hat sich allerdings weithin herumgesprochen. Es stimmt zwar, dass man mit einem Elektron nicht alltagssprachlich oder wissenschaftssprachlich reden kann (S. 19). Aber das Elektron liefert der Szientismuskritik zugleich eines von zahlreichen Exempeln dafür, wie viel Bestimmungen einer allgemeinen, die Natur- *und* Geisteswissenschaften zur Einheit fügenden Theorie des Geistes in einer fest etablierten „Naturtatsache" stecken. „In der üblichen Explikation wird das Elektron als „Massenpunkt" eingeführt. Das hat eine entscheidende Konsequenz: Der Term hat keinerlei Bezug zu Eigenschaften der äußeren Welt, er ist realitäts*frei*. Der Grund ist einfach: „Punkt" ist ein mathematischer Begriff, zu dem notwendig das Merkmal der Ausdehnungslosigkeit gehört. Da es in der physikalischen Welt jedoch keine ausdehnungslosen Dinge gibt, kann das so explizierte Elektron nicht Teil der äußeren, d. h. empirischen Welt sein. Und was nicht Teil der empirischen Welt ist, muss Teil der *geistigen* Welt sein" (S. 26) Also sind es geistige Operationen und Konstruktionen, welche die *Bedeutung* dessen festlegen, was unter einem „Elektron" zu verstehen ist. W. D'Avis zieht eine ganze Reihe von Beispielen ähnlichen Kalibers heran, die im Grunde nicht nur zeigen, dass es keine „theoriefreien" Daten gibt, sondern auch die zentrale Rolle von theoretischen, genauer: nach dem Stand des physikalischen Wissens sogar *kontrafaktischen* Gedanken, Gedanken! bilden. An die Stelle empirischer Beobachtungssätze treten immer wieder „logisch-mathematische Konstrukte" (S. 26). All diese Sachverhalte verleihen der berühmten Formulierung von W. Heisenberg Gewicht: „Die Naturgesetze, die wir in der Quantentheorie mathematisch formulieren, (handeln) nicht mehr von den Elementarteilchen an sich, sondern von unserer Kenntnis der Elementarteilchen" (S. 31). Das wird auch so ausgedrückt: „Wir erkennen nicht die Natur, sondern nur unser Verhältnis zur Natur." Wir erkennen die Natur also nicht auf den Wegen der *intentio recta* (unmittelbar, in ihrem Ansichsein), sondern immer nur *intentio obliqua*, vermittelt durch unseren Geist als Empfindungs-, Wahrnehmungs- und Denkvermögen. Das weiß man spätestens seit Kants ›Kritik der reinen Vernunft‹. Aber damit bricht das von keiner Wissenschaft, die sich auf Gegenstände (Außenwelt) bezieht, aus dem Weg zu räumende Problem auf: Wie sieht eine logisch präzise Verhältnisbestimmung von *intentio recta* des Realismus und der *intentio obliqua* des Idealismus (Konstruktivismus) aus? Diese erkenntnistheoretische Grundkonstellation kann man leicht an der zweiten Fassung des Heisenberg-Gedankens ablesen. Was erkennen wir nun? Unser *Verhältnis* zur Natur oder unser Verhältnis zur *Natur*? Und wenn diese Dichotomisierung genauso unfruchtbar ist, wie die Reduktion der Problematik auf den einen Pol des naiven Realismus oder auf den anderen des absoluten Idealismus (radikalen Konstruktivismus), wie ist die Verhältnisbestimmung dann logisch exakt durchzuführen? D'Avis zeigt, wieviel geistige Theoriearbeit und welche Fülle kontrafaktischer Annahmen unsere Naturerkenntnis leiten, von der doch so oft angenommen wird, sie liefere den einzig sicheren und direkten Zugang zur *physis*. Aber damit verschärft sich die Fragestellung: „Wie kann die Physik in der Außenwelt so erfolgreich sein" (S. 29), die es *gibt*. Denn nur ein wirklich radikaler Konstruktivismus, der eigentlich von der psychischen *und* physischen Selbstkonstruktion des Konstruktivisten ausgehen müsste, kann sich der Weisheit der Schildkröte von Umberto Eco entziehen: „Das Sein setzt uns »Neins« entgegen in derselben Weise, wie es eine Schildkröte tun würde, die man zum Fliegen auffordert."[9] W. D'Avis sucht den Realitätsbezug physikalischer Theorien in deren Anfangs- und Randbedingungen.

Im zweiten Hauptteil seiner Schrift setzt er sich mit der Frage auseinander, ob und inwieweit die im Feuilleton fast schon zur Modewissenschaft gediehene Hirnphysiologie auf dem Weg zu einer neuen Leitwissenschaft für andere Wissenschaften ist? Kritisch geht es um Determinismus und szientistischen Reduktionismus, wie sie auch in den Sozialwissenschaften vorzufinden sind. Wer wollte leugnen, dass die Frage, ob wir über einen freien Willen verfügen oder nicht, eine Reihe von soziologischen Denkweisen prägt? Diese Konfrontation gibt es seit uralten Zeiten des Nachdenkens der Menschen über sich selbst. Heutzutage sehen in den Sozialwissenschaften die einen das Individuum als Marionette, welche an den Fäden der Kausalität von Natur und Gesellschaft zappelt. Da insistieren die anderen, nicht zuletzt Richter im Justizwesen darauf, dass wir aufgrund des freien Willens und Entschlusses für Taten und Untaten verantwortlich gemacht werden können – so sehr wir auch auf Grenzen der bestehenden Verhältnisse und unseres Unbewusstseins stoßen. Mit Willen und Bewusstsein verkündet dagegen z. B. der Hirnforscher Gerhard Roth „Freiheit im Sinne einer subjektiven Schuldfähigkeit" gibt es nicht (S. 74). Sein Genosse im Geist, Wolf Singer, verkündet im Sprachspiel eines Elektronikers: „Verschaltungen legen uns fest: Wir sollten aufhören, von Freiheit zu sprechen."[10] Warum geben sich diese Autoren überhaupt die Mühe, Anwesende auf Kongressen durch ihre Vorträge zu überzeugen, wo die Hörerinnen und Hörer doch schon (samt ihren Gegenargumenten) vorab voll verdrahtet sind? Das Ganze wird oftmals mit einem ebenso radikalen Reduktionismus (auf Hirnfunktionen) verkoppelt, der durch Vertagungsargumente gegen Einwände

---

9 U. Eco: Kant und das Schnabeltier, München 2000, S. 71.
10 W. Singer: Verschaltungen legen uns fest: Wir sollten aufhören, von Freiheit zu sprechen, in: Chr. Geyer (Hrsg.): Hirnforschung und Willensfreiheit, Frankfurt/M 2004.

abgesichert wird: Sicher, noch sind wir lange nicht so weit, dass wir eine jede fälschlich so genannte „geistige" Aktion restlos auf neurobiologische Funktionen reduzieren könnten, so heißt es. Aber wartet mal *ad calendas graecas* ab, bis wir so weit sind, dann werdet ihr schon sehen. All diese Annahmen implizieren überdies die klassische (auch den sog. „methodologischen Individualismus" in den Sozialwissenschaften prägende) These des Nominalismus, dass es keine „emergente" Phänomene, sondern nur Allgemeinbegriffe gibt, die existierende Einzelheiten zusammenfassen. Dagegen bietet W. D'Avis eine Reihe von Beispielen aus Forschungsergebnissen der Hirnphysiologie selbst auf. Auf eine hübsche Weise wurde die Emergenzthese jüngst durch Studien über Musik und Hirn gestützt. „Musik aktiviert das ganze Nervensystem. Es gibt im Gehirn kein ‚Musikzentrum'. Die Hirnforschung hat festgestellt, dass der Kasten an den unterschiedlichsten Stellen zu leuchten und zu funken beginnt."[11] Der Versuch, den zweiten Satz aus dem Streichquintett C-Dur von Franz Schubert auf das „Funken", das Feuern der Neuronen und Dendriden im Hirn zu reduzieren, lässt sich wahrlich nur auf den Sankt-Nimmerleinstag verschieben. Man kann Polemik auf die Spitze treiben: Versuche doch mal einer, die Partitur der H-Moll-Messe von Bach aus Hirnfunktionen von Hörerinnen und Hörern herauszulesen. Zwar hat der Komponist David Cope ein Programm geschrieben, das wie Bach komponiert und sogar den Turingtest besteht. Aber der Urheber des Programmes sagt selbst lakonisch: „EMI (das Programm – J. R.) konnte diese Musik ja nur schreiben, weil es Bach gegeben hatte."[12] Mehr noch: Das Programm konnte den Test nur bestehen, weil sich Leute das Ergebnis anhörten, die „Musikverstand" hatten. Deren Hörerlebnisse haben – wie jede geistige Funktion – natürlich Hirnfunktionen mit ihrer *wet ware* zur Voraussetzung. Aber die Musik ist „im Kopf" und steckt nicht in den hirnphysiologischen Vorgängen *als* Musik drin. Sie sind chemisch, physikalisch, biologisch allesamt von der gleichen Art, haben selbst jedoch keinen musikalischen Gehalt. Kurzum: „Werden die Impulse unmittelbar nach ihrer Entstehung gemessen, so gibt das Gemessene *keinerlei* Hinweis, welcher Natur das Signal aus der Außenwelt war, z. B. ob optisch oder akustisch. Die im Ohr (nach der Registrierung in den Haarzellen) und in der Netzhaut (nach der Registrierung in den Photorezeptoren) in der elektrischen Einheitssprache nivellierten Unterschiede der Modalitäten und Qualitäten entstehen dann „irgendwie" in *nach*folgenden Verarbeitungsschritten, wobei ein topologisches Kriterium eine wichtige Rolle spielt: Je nachdem, *wo* die Signale ankommen, ob im optischen oder im visuellen Cortex, entsteht bei gleicher elektrischer Stimulierung der subjektive Eindruck, etwas zu sehen oder zu hören. All diese Vorgänge sind sehr komplex und ihre Funk-

---

11 Vgl. die Wochenzeitung ›Die Zeit‹ vom 28.3.18. Dossier: Bach? Meer sollte er heißen, S. 14.
12 A.a.O.; S. 14.

tionserfüllung grenzt an ein Wunder" (S. 89/90). Man kann auch sagen: Außerhalb des Gehirns existieren keine Inhalte. „In der Außenwelt gibt es nämlich weder Farben noch Töne, weder Gerüche noch Geräusche – *all* das sind Produkte des Gehirns bzw. des Geistes, wie wir später noch sehen werden. Am Beispiel: Es gibt keine *Musik* in der Außenwelt, sondern nur Energie übertragende Schwingungen von Molekülen eines elastischen Stoffs (z. B. Luft) mit einer bestimmten Frequenz und Stärke – sonst nichts", Bedeutung als Bachsche Komposition legen *wir* im Geist einer Partitur bei. Kurzum: Die Bedeutung von Begriffen wie „Neuron" kann nicht aus empirischen Neuronen bzw. deren Beschreibung abgeleitet oder erschlossen werden. „Eine Ableitung liegt auch dann nicht vor, wenn – prima facie richtig – behauptet wird, man könne aus einem bestimmten neuronalen Muster darauf schließen, was der Untersuchte gerade denkt. Diesen Vorgang ‚Ableitung' zu nennen ist deshalb unangemessen, weil der Zusammenhang *zuvor* schon festgestellt wurde, der *Inhalt* also erst bei einer *Wiederholung* genannt werden kann" (S. 100).

Hegel bezeichnet „Geist" als den erhabensten Begriff der neueren Philosophie und ihrer Religion.[13] Den „Geist" (*nous*) sowie dessen Parallelbegriff der „Vernunft" (*ratio*) als ein göttliches Prinzip anzusehen, das im besten Fall „göttliche Funken" in unserer Seele schlägt, gehört zu den Traditionsbeständen der abendländischen Philosophie seit der Antike. Das ändert sich spätestens mit René Descartes, der den Geist bzw. die Vernunft als ein Vermögen des je einzelnen Subjekts bestimmt. Das menschliche Bewusstsein leistet Einsicht in die *res extensa* (ausgedehnte Objektwelt). Die *res cogitans*, stellt hingegen die denkende Substanz, das „ich denke" (*cogito*), also das Selbstbewusstsein dar. Denn „ich (wie alle Subjekte – J. R.) bin ein Ding, das denkt."[14] Doch Bewusstsein und Selbstbewusstsein bedeuten keine Substanzen (Dinge), sondern eine Kompetenz. Sie hat ihre organische Basis im Hirn, ist jedoch in ihrer Bildung und Entwicklung immer auch von der (sprachlichen) Interaktion des Subjekts mit bedeutsamen Anderen, letztlich von den Verhältnissen abhängig, worin sie sich als „Spontaneität" (Kant) äußern kann oder könnte. Das Verhältnis von Geist und bio-physischer Materie stellt seit alten Zeiten ein Dauerthema der Diskussionen über Art und Grad unserer Fähigkeiten dar, Eindrücke und Erkenntnisse über Gott, die Welt sowie uns selbst zu gewinnen und zu verarbeiten. Dass die reine, die spekulative Vernunft ihre Grenzen hat, die sie nur um den Preis der Entstehung von Antinomien und Kontradiktionen überschreiten kann, stellt das Ergebnis der ›Kritik der reinen Vernunft‹ von Kant dar. Sie überschreitet sie jedoch auch bei ihm zwangsläufig in Richtung auf die obersten Zielsetzungen unserer Erkenntnisbemühungen. Diese geistige Überschreitung

---

13 Vgl. G. W. F. Hegel: Phänomenologie des Geistes, Werke 3, Frankfurt/M 1970, S. 28.
14 R. Descartes: Meditationes de prima philosophia, (G. Schmidt Hrsg.), Stuttgart 1986, S. 99.

von Grenzen, die dem Geist gleichwohl gesetzt sind, macht sich beispielsweise dann bemerkbar, wenn auf pragmatisch taugliche Idealisierungen, Idealtypisierungen oder Utopien zurückgegriffen wird. Sie macht sich aber auch dann bemerkbar, wenn wir mit den Mitteln der Logik und Grammatik gezielt gegen Regeln der Logik und Grammatik verstoßen. Die Aussage, dass der steile Berg topfeben ist, mag logisch *notwendig* eine Kontradiktion bedeuten, sprachlich *möglich* ist sie dennoch. Dass das Selbstbewusstsein (Ich) zu all dem auf das Unbewusstsein als eine harte Grenze stößt, die innerhalb des Seelenlebens der denkenden und empfindenden Instanz selbst gesetzt ist, weiß man schon vor Sigmund Freud. Aber mit dessen Psychoanalyse wird die Erforschung des Unbewusstseins sowie die Behandlung der seelischen Leiden und Verformungen, die aus den inneren Gegenläufigkeiten der „Seelenprovinzen" (Freud) *Ich, Es (Unbewusstsein)* und *Über-Ich* erwachsen, zu einem äußerst einflussreichen Dauer- und Streitthema. W. D'Avis geht von der vergleichsweise unbekannten Tatsache aus, dass der große Physiker Max Planck kritisch zur Freud'schen Lehre vom Unbewusstsein Stellung bezogen hat. Planck macht ein Argument geltend, das nicht nur bei Vertretern der analytischen Sprachphilosophie zu den Standardeinwänden gegen den Status der Psychoanalyse als Wissenschaft vom menschlichen Seelenleben gehört. Damit setzt sich W. D'Avis intensiv im dritten Teil seiner Studie auseinander. Das Standardmotiv der Freudkritik im Wortlaut von Max Planck lautet: „Zwar spielen sich sicherlich viele Vorgänge, vielleicht sogar die ausschlaggebenden, in unserem Unterbewusstsein ab. Aber diese sind einer wissenschaftlichen Behandlung nicht fähig. Denn eine Wissenschaft des Unbewussten oder Unterbewussten gibt es nicht. Sie wäre eine contradictio in adjecto, ein Widerspruch in sich. Was unterbewusst ist, weiß man nicht. Daher sind alle Probleme, die sich auf das Unterbewusstsein beziehen, Scheinprobleme" (S. 105). Damit gerät auch Planck in jene Drehbewegung, die man auch als die „Ding-an-sich-Problematik" bezeichnen könnte. Das Unbewusste kann man nicht analysieren, aber es gibt es, weil sich dort allerlei abspielt? Die Wurzel *dieses* Widerspruchs liegen in der ›Kritik der reinen Vernunft‹. Dort bezeichnet Kant den Stellvertreter der Sachverhalte außerhalb unserer Vernunftvermögen als „Ding an sich." An einer Stelle wird es als ein „Grenzbegriff" beschrieben, weil Dinge an sich jenseits der Arten und Weisen, wie sie uns erscheinen, grundsätzlich unerkennbar seien.[15] Grenz*begriff* – also nicht Materie? Doch andererseits besteht Kant nachdrücklich drauf, dass es diesen *Realgrund* der Erscheinungen tatsächlich *gibt*. Denn sonst würde uns etwas erscheinen, was nur scheinbar von uns unabhängig existiert. Kants transzendentaler ist kein absoluter Idealismus! Er wendet eingangs in der ›Kritik der reinen Vernunft‹ sogar den Begriff der Kausalität, der doch nur eine Form der

---

15   I. Kant: Kritik der reinen Vernunft, Werke (Ed. Weischedel), Band II, S. 282.

Synthesis von Sinneseindrücken sein soll, auf die Dinge an sich an. Denn sie rufen die Eindrücke von der Außenwelt jenseits des Geistes überhaupt erst hervor. Aus diesem *circulus fructuosus* kommt keine Erkenntnistheorie als Theorie des Gegenstandsbezugs heraus! Wie gesagt: Er steckt manifest auch in jener Aussage Heisenbergs: Wir erkennen nicht die Natur, sondern nur unser Verhältnis zur Natur. Erkennen wir in diesem Falle auch Natur oder nur unser Verhältnis zur Natur? Der Zirkel steckt genauso in dem berühmten *dictum* von Ludwig Wittgenstein, worüber man nicht reden kann, müsse man schweigen. Wo er doch so viel über das, worüber man eigentlich schweigen müsste, redet! Genauso verhält es sich schließlich auch beim Unbewusstsein. Wir können nicht *intentio recta* darüber reden. Die Verhältnisse liegen in diesem Falle ganz anders als dann, wenn wir mit uneingeschränkter Gewissheit sagen: Ich habe Schmerzen im Backenzahn rechts oben. Niemand anderes kann so *unmittelbar* darum wissen. Aber auch jeder Physiker redet über Sachverhalte, die gar nicht direkt zu beobachten sind oder bedient sich – wie W. D'Avis zeigt – einer Fülle kontrafaktischer Annahmen und Idealisierungen. Er sucht nach Anhaltspunkten für x, so wie der Therapeut im Verlauf einer Psychoanalyse aus manifesten Symptomen Vermutungen über unbewusste Widerstände oder Verdrängungen ableitet, wobei die Heilung oder wenigstens die Verbesserung das entscheidende Prüfkriterium darstellt. W. D'Avis geht dieser Problematik der Psychoanalyse im Detail nach.

Der Szientismus stellt gerade in der Philosophie der Sozialwissenschaften einen zentralen Bezugspunkt vielfältiger Stellungnahmen, Kritiken und Kontroversen dar. Sie lassen sich nicht annähernd auf den Positivismusstreit reduzieren. Ideologiekritik der Sozialwissenschaften erscheint mir dann und deswegen besonders am Platz, wenn und weil sich so viele Vertreterinnen und Vertreter der entsprechenden Disziplinen ein Bild von den Naturwissenschaften gemacht haben und weiterhin machen, das mit deren Erscheinungsformen wenig bis gar nichts zu tun hat. Die Modellwerkstatt der neo-klassischen Nationalökonomie mit ihren komplexen mathematischen Kalkülen ist – so betonen viele ihrer Kritiker – noch lange keine *physique sociale*. Z. B. ihre „Gesetze" implizieren ein Problem, das W. D'Avis auch bei den Naturwissenschaften registriert. Ein Beispiel: K. R. Popper hält die Nationalökonomie für eine exakte Wissenschaft, weil sie sich so nachhaltig um Mathematisierung und Formalisierung bemüht. Sie stützt sich zudem – so scheint es – auf „universelle" soziale Gesetze. Das sind solche, die für die Menge der interessierenden Sachverhalte überall, jederzeit und ausnahmslos gelten: $(x)Fx \rightarrow Gx$. Wer vom Hochhaus springt hat nach dem Gravitationsgesetz keine Chance auf eine sanfte Landung. „Alle Menschen streben nach Nutzen." Das ist kein universelles Gesetz, sondern eine Allgeneralisierung, die – wie die Aussage: „Alle Schwäne sind weiß" – überdies falsch ist. Popper nennt u. a. folgendes Beispiel für ein soziales Gesetz: „Man kann nicht Zölle auf landwirtschaftliche Produkte einführen und zugleich die Lebenshaltungskosten senken."[16] Zölle auf Handelswaren gibt es schon lange in der Geschichte, gewiss. Aber in einer viel längeren Zeit der Frühgeschichte der Menschheit waren sie gar nicht bekannt. Es handelt sich also bestenfalls um eine historische Regelmäßigkeit von Ereigniszusammenhängen, um eine Aussage mit einem Zeitindex, weswegen Vertreter des kritischen Rationalismus' Poppers selbst von „Quasigesetzen" sprechen. Zu welchen Extremen sich ein schiefes Bild von den Natur- in den Geisteswissenschaften steigern kann, dokumentiert der berühmte Sokal-Hoax.[17] Der Physiker Alan Sokal hat einen hübschen, souverän im Sprachspiel postmoderner oder poststrukturalistischer Autoren abgefassten Artikel mit dem Titel „Transgressing the Boundaries. Towards a Transformative Hermeneutics of Quantum Gravity" verfasst und bei einem postmodernen Journal (›Social Text‹) eingereicht. Obwohl dieser Aufsatz baren Unsinn ausbreitet, wurde er akzeptiert. Die Autoren aus dem postmodernen und konstruktivistischen Umfeld denken und schreiben in der Tat „mit einem Selbstbewusstsein, das ihre wissenschaftliche Kompetenz bei weitem übersteigt"[18] Doch aus der Arbeit von D'Avis folgt weder, dass die Dichotomie zwischen Natur- und Geisteswissenschaften aufrechtzuerhalten ist, noch liefert er Munition für die *science wars* der jüngeren Vergangenheit. Naturalismus und Reduktionismus werden gleichermaßen zurückgewiesen. Er vertritt nun einmal die für manche Naturwissenschaftler sicherlich ketzerische These, die Naturwissenschaft sei in ihrem Kern eine Wissenschaft vom Geist als Theorie der Bedeutung, die nicht den physikalischen Prozessen selbst innewohnt.[19] Dabei stößt er zwangsläufig immer wieder auf die „Ding-an-sich-Problematik."

---

16 K. R. Popper: Das Elend des Historizismus, Tübingen 1963 ff., S. 50.
17 Vgl. A. Sokal/J. Bricmont: Eleganter Unsinn. Wie die Denker der Postmoderne die Wissenschaften missbrauchen, München 1999.
18 A.a.O.; S. 21.
19 Welche Bedeutung der Bedeutungsbegriff in den Sozialwissenschaften hat, kann man am Beispiel des ersten Grundsatzes ablesen, den der Begründer des symbolischen Interaktionismus, Herbert Blumer, zur Kennzeichnung dieser Denkweise aufgestellt hat: „Die Menschen handeln anderen Menschen und Dingen gegenüber auf der Grundlage von Bedeutungen." (H. Blumer: Der methodologische Standort des symbolischen Interaktionismus, in: Arbeitsgruppe Bielefelder Soziologen (Hrsg.): Alltagswissen, Interaktion und gesellschaftliche Wirklichkeit, Teil 1, Reinbek b. Hamburg 1973, S. 89.).

Inhalt

Vorwort   5

Einleitung   16

Physik auf dem Wege zur Geisteswissenschaft ...   25
1. Das Elektron: Ein erster einheitswissenschaftlicher Hinweis   25
2. Heisenbergs „Kenntnis vor Teilchen"   30
3. Einsteins „Theorie vor Empirie"   37
4. Bohrs „Sinn vor Mathematik"   43
5. Symbolische vs. nichtsymbolische Realität   48
6. Komplexität vs. Reduktionismus   56
7. Struktur der Zeit vs. Invarianz der Naturgesetze gegenüber Zeitumkehr   63

Leitwissenschaft: Physik oder Neurobiologie?   72
1. Kriterien und Status   72
2. Weltbildformendes Wissen 1 (direkte elektrische Stimulierung des Gehirns)   83
3. Weltbildformendes Wissen 2 (Stimulierung des Gehirns via Sinne)   87
4. Physik und Neurobiologie: Ein weltbildformendes Verhältnis   91
5. Theorie und Theorielücken der Neurobiologie   96

Das Unbewusste: Max Planck contra Sigmund Freud   105
1. Planck: Von der Unmöglichkeit einer Wissenschaft des Unbewussten   105
2. Freud: Von der Notwendigkeit einer Wissenschaft des Unbewussten   111
3. Planck gegen Freud: Punktsieg, K.o.-Schlag oder Schlag ins Leere?   118
4. Seele und Geist: Auf dem Prüfstand der Neurowissenschaften   128
5. Jenseits der Neurowissenschaft: Niemandsland oder Geist und Seele?   136

Grundlagen einer logisch autonomen Theorie des Geistes   143
1. Rekapitulation des physikalischen Vorlaufs   143
2. Autonomie und Freiheit des Geistes   157
3. Zur Äquivalenz von kognitiver und semantischer Kompetenz   176
4. Materielle Voraussetzungen des Geistes   203
5. Denkende Maschinen?   241

Schlussbemerkungen und graphisches Modell der Theorie   275

Literaturverzeichnis   281

Einleitung

Der schon im Titel erscheinende *Zusammen*hang von Geistes- und Naturwissenschaften signalisiert eine erste Abgrenzung von Vorstellungen, die vornehmlich im angelsächsischen Raum unter einer problematischen begrifflichen Differenzierung noch immer wirksam sind: die Unterscheidung zwischen *humanities* (Geisteswissenschaften) und *sciences* (Naturwissenschaften). Auch unter dem Einfluss dieser ausgrenzenden Begrifflichkeit ist die Forderung entstanden, dass die Geisteswissenschaften dem *method*ologischen Vorbild der Physik folgen müssen, wenn sie den Status einer „echten" Wissenschaft erreichen wollen – um am Ende auch *onto*logisch von der Physik vereinnahmt zu werden. Solcherart Physikalismus und seine Folgen hat Eddington mit einem Beispiel so konterkariert: Wer die Auffassung vertrete, dass alle Phänomene aus Elektronen und Quanten hervorgehen, die wiederum in mathematischen Formeln abgebildet werden, müsse als Folge davon überzeugt sein, dass auch seine Frau letztendlich nichts weiter als eine – wenn auch anspruchsvolle – Differentialgleichung ist. In der Hoffnung auf soziale Kompetenz ergänzt Eddington dann, dass der Physikalist wohl „taktvoll genug ist, diese Meinung nicht im Familienkreis zu vertreten". In der Essenz ähnlich ist Einsteins Bemerkung zum Erlebnis einer Symphonie, die – rein physikalisch gesehen – nichts weiter ist als eine Abfolge von Schwankungen des Luftdrucks, eine Sicht, die er zu Recht „Verarmung" nannte.

Diese eher ästhetisch-emotionale Kritik am Physikalismus wird im Folgenden mit dem Ziel eines Unmöglichkeitsnachweises inhaltlich und logisch ausgeführt. Einfach wird es nicht, denn die Widerlegung ist begründungsaufwändig, dann jedenfalls, wenn die Gründe *systematischer* und nicht nur *pragmatischer* Natur sein sollen. Scheitert der Physikalismus *grundsätzlich* oder nur wegen der *Komplexität* z. B. sozialer Sachverhalte im Sinne einer *subjektiven* Grenze des menschlichen Erkenntnisvermögens? Einen Vorgeschmack für die Herausforderung liefert Hedrich. Als „stärkstes Argument für den physikalistischen Reduktionismus" führt er diesen richtigen Sachverhalt an: „Es liegt offensichtlich eine Asymmetrie der Abhängigkeiten zwischen den einzelnen ontologischen Schichten vor, die mit der evolutionären Entstehung der Systeme unserer Welt zusammenhängt. Jede Schicht scheint auf die Existenz und die Beschaffenheit aller tieferliegenden Schichten angewiesen zu sein" (Hedrich 1990, S. 225). Die Behauptung dieser Asymmetrie ist gut begründbar. Ein Beispiel: Photonen (= tieferliegende Schicht der Evolution) sind für die optische Abbildung von Ereignissen der Außenwelt im Gehirn (= höherliegende Schicht der Evolution) unerlässlich, das Umgekehrte gilt nicht. Photonen gab es schon *vor* der Entstehung des Gehirns, was zu bestreiten nicht vernünftig wäre. Wir werden sehen, dass dieser richtige – die Abhängigkeiten betreffende – Befund der ontologischen Asymmetrie am Ende jedoch nicht für eine Begründung des Physikalismus geeignet ist. Ein erster Ablehnungsgrund: Das *Angewiesensein* auf frühere Evolutionsstufen impliziert nicht die Richtung ihrer *Ableitbarkeit*. Photonen sind somit notwendige, aber keine hinreichende Bedingungen für optische Wahrnehmungen. Noch einmal anders: Was auch immer wir als *Phänomen*, i. e. als *Ganzheit* wahrnehmen (z. B. da Vincis Mona Lisa), kann nicht ohne Gestalt- und damit Gehaltverlust auf Photonen zurückgeführt werden.

Physikalismus, Naturalismus, Monismus, Empirismus und Reduktionismus sind Varianten eines disziplinübergreifenden wissenschaftstheoretischen Programms, das unter dem Begriff „Szientismus" zusammengefasst werden kann. Auf den einfachsten Nenner gebracht handelt sich dabei um den Versuch, die Physik als allgemeine Leitwissenschaft einzuführen. Dabei wird ein Physikmodell angenommen, das u. a. durch folgende 6 Merkmale charakterisiert ist:

1. Die strikte Trennbarkeit von Subjekt und Objekt, der die strikte Trennbarkeit von Methode und Gegenstand entspricht.
2. Das Kriterium der *direkten* Zugänglichkeit des Untersuchungsobjekts, vornehmlich via Beobachtung und Abbildung der Daten auf einem Ratio-Skalen-Niveau.
3. Der Primat von Formalsprachen, Kalkülen und Gleichungen mit der Folge, dass die Umgangssprache nicht Teil des Wissenschaftsprozesses ist.
4. Das asymmetrische Verhältnis von Theorie und Empirie, mit der Empirie als bestimmender Größe.
5. Die Priorität des Elementaren vor dem Komplexen, das auf einfache Elemente zurückgeführt werden kann.
6. Die Auszeichnung des Allgemeinen vor dem Besonderen, des Zeitlosen vor dem Zeitlichen, gipfelnd in der Forderung der Invarianz der Naturgesetze gegenüber Zeitumkehr.

In den folgenden Abhandlungen soll gezeigt werden, dass der so charakterisierte Szientismus in Wahrheit eine methodologische Orientierung an einer nicht (mehr) existierenden Physik ist. Die widerlegende Beweisführung ist also nicht der (übliche) dualistische Ansatz, nach dem die Sozial- und Geisteswissenschaften sich aufgrund von Gegenstandsbesonderheiten nicht an der Physik orientieren können, sondern hier wird die These vertreten, dass die moderne Physik selbst *nicht*szientistisch ist, d. h. die o. g. Merkmale nicht erfüllt. Im Gegenteil: Die Physik und das physikalische Selbstverständnis von Einstein, Planck, Heisenberg, Bohr, Schrödinger, Wheeler, Dirac u. a. sind direkt oder indirekt, erklärter- oder nichterklärtermaßen in wesentlichen Teilen durch *geistes*wissenschaftliche Grundlagen bestimmt. Damit zielt auch das, was in wissenschaftstheoretischen Debatten der Ökonomen von Lewontin „P. E." (= Physics envy) genannt wurde, an der Realität der modernen Physik vorbei.

Der Befund der nichtszientistischen Orientierung der modernen Physik hat einen Nebeneffekt: Der Nachweis der Unangemessenheit des Szientismus ist *gleichzeitig* ein Nachweis der Unangemessenheit des Dualismus. So werden zwei Fliegen mit einer Klappe geschlagen – und ein Dritter Weg für die Einheit eröffnet. Ausgeführt wird der Nachweis unter dem Schwerpunkt *natur*wissenschaftlicher Argumente, in drei Abhandlungen, die mit einem schlussfolgernden Kapitel so enden: Die Besonderheiten der modernen Physik führen zur Notwendigkeit der Einführung einer allgemeinen, die Physik transzendierenden Theorie des Geistes, die als Fundament für *alle* Wissenschaften gilt und so eine Perspektive für eine neue methodologische Einheit eröffnet. Nicht die Physik, sondern die Theorie des Geistes übernimmt also die Regie bei diesem Einheitsversuch.

In der ersten Abhandlung „*Physik auf dem Wege zur Geisteswissenschaft*" geht es um logische Besonderheiten der modernen Physik. Die Begründung der These, dass physikalische Theorie mehr und mehr *geistes*wissenschaftliche Grundlagen hat, ist komplex. Zur Einstimmung ein Argument: Da die Mathematik eine *Geistes*wissenschaft ist, zeigt die zunehmende Mathematisierung der Physik eine Zunahme ihres *geistes*wissenschaftlichen Status. Dass diese Mathematisierung nur scheinbar dem Szientismus in die Hände spielt und im Gegenteil die hier vertretene These vom zunehmend *geistes*wissenschaftlichen Status der physikalischen Theorie bestätigt, hört sich in Einsteins Worten so an: Die physikalischen Begriffe und Grundgesetze sind „freie Erfindungen des menschlichen Geistes". Szientisten müssen da staunend schweigen oder auf ein Missverständnis hoffen. Vergeblich, denn auch Heisenberg hat aus Besonderheiten der modernen Physik eine Schlussfolgerung gezogen, die „sensationell" genannt werden muss: „*Das naturwissenschaftliche Weltbild hört damit auf, ein eigentlich naturwissenschaftliches zu sein.*" Dazu später mehr. Schon im ersten Anlauf also zwei gewichtige Hinweise zur These. Die zweite Abhandlung „*Leitwissenschaft: Physik oder Neurobiologie?*" zeigt zunächst einmal relevante Gemeinsamkeiten: Beide Disziplinen produzieren weltbildformendes Wissen und erfüllen damit eine der beiden Voraussetzungen einer Leitwissenschaft. Da die Neurobiologie jedoch an einem Theoriedefizit krankt, explanatorische Kraft aber als zweite Voraussetzung eingeführt wird, ist ihr Anspruch auf Leitwissenschaft nur in Aussicht gestellt, aber nicht erfüllt. Auffällig ist: Anders als in der modernen Physik ist das Selbstverständnis der Biologie noch immer weitgehend szientistisch. So stellt der Biologe Steve Jones mit einer lockeren Assoziation von der Theorie zum Glauben und schließlich zum Papst verallgemeinernd fest: „Den Glauben an die eigene Unfehlbarkeit sollten wir dem Papst überlassen. Das mag trivial klingen, ist aber wichtig. Naturwissenschaft wird von Daten gelenkt, nicht von Theorien". (Jones 1996, S. 161) Wir werden sehen, dass unter dieser Fixierung auf empirische Daten die moderne Physik nicht hätte entstehen können. Dass dieses szientistische Wissenschaftsverständnis nicht verteidigt werden kann, zeige ich auch an den Besonderheiten und Aporien der Hirnforschung. In der dritten Abhandlung „*Das Urbewusste: Max Planck contra Sigmund Freud*" prüfe ich dann Plancks rigorose These, dass eine Wissenschaft vom Unbewussten prinzipiell nicht möglich ist. Zunächst werden beide Positionen immanent untersucht und verglichen, um sie dann auf den Prüfstand der modernen Neurowissenschaften zu stellen. Die Entscheidung, ob Planck oder Freud Recht hat, ist nicht leicht zu treffen, geht aber – nach einer kleinen terminologischen Bereinigung der Psychoanalyse und dem Nachweis von Grenzen der Neurowissenschaften – am Ende zugunsten von Freud aus. Dabei zeigen sich einheitswissenschaftliche Schnittmengen mit der Physik, nicht zuletzt an Besonderheiten des Unbewussten. Zum Beispiel beim Merkmal der prinzipiellen Nichtbeobachtbarkeit, das auch in der Quantenmechanik eine methodologisch folgenreiche Rolle spielt und von Niels Bohr und Wolfgang Pauli ausdrücklich für eine einheitswissenschaftliche Brückenfunktion zwischen den beiden Disziplinen genutzt wird.

Über die spezifischen fachlichen Inhalte hinaus stellen sich in allen drei Abhandlungen immer wieder übergreifende forschungslogische Fragen nach der Einheit der Wissenschaften. Dennoch: Auch wenn es erste vielversprechende Gemeinsamkeiten wie das o. g. Merkmal der Nichtbeobachtbarkeit gibt, so erscheint die Suche nach einem tragenden gemeinsamen Fundament eher aussichtslos; denn Physik, Neurobiologie und Psychoanalyse sind drei in den *Gegenstands*bereichen wahrlich unterschiedliche Disziplinen, denen jeweils besondere Untersuchungsmethoden entsprechen. Diese Vielfalt und Unterschiedlichkeit ist unaufhebbar: Mit Menschen kann man reden, mit Elektronen nicht. Auf diesem Hintergrund der disziplinären *Unterschiede* erscheint das hier erneut in Angriff genommene Vorhaben einer *Einheit* der Wissenschaften unerreichbar. Richtig ist: Vergeblich sind alle reduktionistischen Versuche, die z. B. eine Ableitung von komplexen Formen des Lebens aus der Physik für möglich halten (bis hin zur grundsätzlichen Ableitbarkeit des Lebens und seiner Vielfalt aus der Schrödingergleichung). Ontologische Versuche dieser Art waren aber schon zu Einsteins und Heisenbergs Zeiten zu Recht in Frage gestellt. Sie basieren auf der Leugnung von *irreduzibler* Komplexität (auch „Makrodeterminiertheit" genannt), die selbst in der Physik inzwischen anerkannt ist. Ein Beispiel ist das sog. „Drei-Körper-Problem", das nicht nur makroskopisch (z. B. im gravitativen Verhältnis von Sonne/Erde/Mond), sondern auch schon in der Atomphysik beim Helium auftritt und zur Folge hat, dass *analytische* Lösungen nicht möglich sind. Solche Besonderheiten sind keine Musik in den Ohren von Szientisten. Was in der *Kritischen Theorie* von Adorno und Habermas am Totalitätsbegriff überzeugend für die Geistes- und Sozialwissenschaften gezeigt wurde, nämlich die Nichtableitbarkeit z. B. eines Gesellschaftssystems aus dem Verhalten einzelner Individuen, hat also in der Physik ein methodologisches Analogon. Irreduzible Komplexität spielt auch in der Neurobiologie eine wichtige Rolle, z. B. bei der optischen Wahrnehmung, die erst durch Synchronisation von weit auseinanderliegenden Neuronen entsteht. Das damit zusammenhängende und theoretisch noch ungelöste „Bindungsproblem" ist eines der *Ganzheit*, kann also auf der Ebene *einzelner* Neuronen nicht gelöst werden. Auch hier ist irreduzible Komplexität eine Eigenschaft, die eine Brücke zu den Geistes- und Sozialwissenschaften schlägt.

Abweichend vom Reduktionismus basiert mein Versuch auf der These der Verträglichkeit einer *Vielfalt der Methoden* (und Disziplinen) mit einer *Einheit der Methodologie* (auf die verschiedenen Formen des Reduktionismus gehe ich später ein). Eine wesentliche Basis dieser Einheit ist die disziplinübergreifende Anerkennung der Regeln der formalen Logik, nicht zuletzt der Satz vom ausgeschlossenen Widerspruch, wie auch die Regeln für gültige Schlüsse, die wiederum die Adäquatheitsbedingungen von wissenschaftlichen Erklärungsmodellen mitbestimmen. Dieses *allgemeine* logische Erfordernis, das Szientisten zu Recht verteidigen, wird nur gelegentlich explizit thematisiert (z. B. beim Verhältnis von Spezieller und Allgemeiner Relativitätstheorie). In den drei Abhandlungen versuche ich die Einheit in der Vielfalt im Schwerpunkt aber durch *speziellere* wissenschaftstheoretische Reflexionen nachzuweisen. Dabei zeigen sich für Physik, Neurobiologie und Psychoanalyse – trotz der unaufhebbaren Gegenstands- und Methodenunterschiede – Übereinstimmungen, die eine methodologische Einheit begründen können. Eine ist die Besonderheit, dass die Grundbegriffe aller drei Disziplinen als theoretische Terme eingeführt werden (in der Physik z. B. der Term „Elektron", in der Neurobiologie z. B. der Term „Information" und in der Psychoanalyse z. B. der Term „Unbewusstes"). Ihre wissenschaftstheoretische Rekonstruktion belegt die These von der Einheit in der Vielfalt auf folgende Weise: Die genannten drei Begriffe „Elektron", „Information" und „Unbewusstes" sind in ihrem *Inhalt* unaufhebbar *unterschiedlich*, in ihrem logischen Status jedoch *gleich*, nämlich theoretische Terme. Diese partielle formale Übereinstimmung ist nichttrivial, denn mit diesem logischen Status sind nichttriviale Gemeinsamkeiten verbunden. Dazu gehören z. B. die Nichtbeobachtbarkeit der Untersuchungsobjekte und damit zusammenhängend ihre nur *indirekte* Beweisbarkeit wie auch die nur *partielle* Deutbarkeit der Begriffe.

Dass diese Eigenschaften und ihre Probleme beim Unbewussten der Psychoanalyse auftreten, überrascht nicht. Dass aber die Physik mit den gleichen Problemen konfrontiert ist, war nicht zu erwarten. Nur ein Beispiel: Das Elektron wird als mathematischer Punkt eingeführt mit der Folge, dass es keine Ausdehnung hat. Damit ist es – wie das Unbewusste – *prinzipiell* unbeobachtbar. Beobachtbar sind nur Spuren von ihm (z. B. in der *Wilsonkammer*), so wie beim Unbewussten nur Symptome, aber nicht das Unbewusste selbst beobachtbar ist. Um von den Spuren auf ihren Verursacher schließen zu können bzw. um die Erscheinungen als Spuren des *Elektrons* bzw. des *Unbewussten* erkennen zu können, bedarf es notwendig der *Theorie*. Wenn die Physik in dualistischer Absicht gelegentlich als „Beobachtungswissenschaft" von der Psychoanalyse als „Deutungswissenschaft" abgegrenzt wird, so geht diese Abgrenzung an der Sache vorbei. Die starke Theoretizität, nicht zuletzt in Form der zentralen Rolle von theoretischen Termen, ist somit ein wesentlicher Baustein für die methodologische Einheit – eben weil sie für *alle* Wissenschaften gilt. Zwar gibt es zwischen den Disziplinen wie auch innerhalb der Disziplinen Unterschiede im *Grad* der Theoretizität, aber *Null* Theoriegeladenheit ist ausgeschlossen (das Spektrum reicht von reiner, i. e. empiriefreier Theoretizität bis hin zu empirisch gehaltenvollen Begriffen, die aber ebenfalls immer theoriegeladen sind). Die o. g. Besonderheiten der modernen Physik haben Adorno und Habermas bei ihren dualistischen Abgrenzungsbemühungen ebenso nicht berücksichtigt wie der Monist Popper, weswegen Stegmüller die „Logik der Forschung" – etwas polemisch überzogen – eine „Metascience of science fiction" nennt.

Das zweite wesentliche Element für die Einheit ist eine Folge der schon genannten Anerkennung von *irreduzibler* Komplexität, die für die Neurobiologie wie auch für die Psychoanalyse immer selbstverständlich war: Ihre *Regel*mäßigkeiten sind *historischer* Natur, in ihrer zeitlichen Geltung also begrenzt. Dem stand immer und unerbittlich die Forderung der Physik nach Invarianz der Naturgesetze gegenüber Zeitumkehr entgegen. Vereinfacht gesagt: Vorwärts und rückwärts in der Zeit sind hinsichtlich der Geltung der Gesetze unterschiedslos. Mit der Anerkennung von Komplexität ist diese rigorose Forderung der Physik inzwischen in Auflösung begriffen. Einmal abgesehen davon, dass sich die Invarianzforderung bei genauer Betrachtung nicht auf die physikalische *Welt*, sondern auf die physikalischen *Gleichungen* bezieht, gibt es nämlich längst gute Argumente (z. B. von Prigogine), dieses Erfordernis in der Physik aufzugeben (das gilt einschließlich der Naturkonstanten, die schon Dirac mit Überlegungen zu einer *ab*nehmenden Gravitationskonstante in Frage gestellt hat). Mit der Abschaffung der Invarianzforderung, Folge der *Komplexität* der Zeit, ist das größte Hindernis auf dem Wege zur Einheit der Wissenschaften ausgeräumt. Aber es bleiben noch weitere Hürden, z. B. die Umgangssprache, die in den Geistes- und Sozialwissensschaften eine unersetzbare Funktion hat. Endet hier der Einheitsversuch? Nein, denn die wichtige Rolle der Umgangssprache wird von den Großen der Physik, insbesondere von Heisenberg und Bohr, ausdrücklich anerkannt. Mit dieser Anerkennung der *systematischen* Erheblichkeit der natürlichen Sprache geht die Einschätzung einher, dass Formalisierbarkeit und Messbarkeit zwar wünschenswerte, aber keine *notwendigen* Merkmale von Wissenschaft sind. Theoretizität, irreduzible Komplexität und die *inner*wissenschaftliche Relevanz der natürlichen Sprache waren für Dualisten zu Recht immer eine Selbstverständlichkeit, ein Terrain, das mit guten Argumenten verteidigt werden konnte. Da die Physik jedoch unter allen drei Merkmalen inzwischen eine Wende vollzogen hat, können sie nicht mehr exklusiv als Besonderheiten der Geistes- und Sozialwissenschaften reklamiert und damit nicht mehr für eine dualistische *Abgrenzung* in Anspruch genommen werden. Eine Kernaufgabe dieses Buches besteht deshalb in dem Nachweis, dass die o. g. zentralen methodologischen Merkmale der Sozial- und Geisteswissenschaften auch für die Naturwissenschaften gelten. Was für Dualisten schon immer eine Selbstverständlichkeit war (z. B. die historische Begrenztheit von Regelmäßigkeiten), muss hier nicht noch einmal ausgeführt werden. Deshalb sind die auf Einheit zielenden Beispiele dieses Buches im Schwerpunkt naturwissenschaftlich, insbesondere physikalisch. Auch deshalb, weil die bekannten dualistischen Abgrenzungsbemühungen in der Regel nicht in Kenntnis der modernen Physik entstanden sind. Von wenigen Ausnahmen abgesehen, wird allerdings auch die Darstellung und Erläuterung der physikalischen Sachverhalte von dem Bemühen getragen, sie so weit wie möglich allgemeinverständlich auszuführen – eine erste Nagelprobe für die Einheit sichernde Tauglichkeit der Umgangssprache.

Die o. g. ersten methodologischen Konvergenzen zu Ende gedacht, führen zu einem wichtigen Punkt. Insbesondere der für *alle* Wissenschaften geltende Primat der Theorie vor Empirie hat nämlich zur Folge, dass die Einheit der Disziplinen letztendlich in einer Theorie des Geistes zu suchen ist. Die Voraussetzungen dafür zeige ich in der ersten Abhandlung z. B. am Begriff „Elektron", dessen Designat empiriefrei, also rein *geistiger* Natur ist. Wenn nicht nur die Intension, sondern auch die Extension des Begriffs „Elektron" geistiger Natur ist, dann stellt sich die Frage nach dem Namen und den Eigenschaften des *Produzenten* dieses Begriffsproduktes. Es gibt nur eine Antwort: Der Produzent heißt „Geist" (Subjekt), der die einzigartige Fähigkeit hat, unter den Eigenschaften seiner Autonomie und Freiheit eine eigenständige *kognitive* Welt hervorzubringen. Wissenschaftliche Folge dieser Autonomie und Freiheit ist die Notwendigkeit einer logisch *autonomen* Theorie des Geistes. Sie beschreibt die Bedingungen, unter denen Begriffe und ihre Explikation (z. B. „Elektron" als mathematischer Punkt) möglich sind. Die Theorie des Geistes ist die abstrakteste methodologische Klammer, welche die Einheit in der Vielfalt der Disziplinen und Methoden sicherstellt. Die Ironie der Geschichte: Die *Autonomie* des Geistes, von der Neurobiologie spektakulär und unnachgiebig z. B. mit der Leugnung der Willensfreiheit in Frage gestellt, werden wir nicht zuletzt mit *physikalischen* Beispielen zeigen können (Vergangenheitslichtkegel etc.).

Dieser *geist*theoretisch bestimmte Vorschlag stößt im „Informationszeitalter" reflexhaft auf Widerstand – bis in die Geisteswissenschaften hinein. Fielen ihre Vertreter bisher eher durch eine Mathematikphobie auf, so gesellt sich nun eine Geistphobie hinzu. Eine billige, aber tatsächlich ins Feld geführte Variante der Ablehnung ist der Einwand, „Geist" sei ein altmodischer Begriff, der Präzision vermissen lasse und durch den moderneren Begriff „Information" zu ersetzen sei. Das Substitutionsbegehren ist aber aus wenigstens zwei Gründen unangemessen: Erstens ist der Geistbegriff umfassender als der Informationsbegriff (er schließt Bewusstsein, Subjekt, Seele und Information ein) – ein *logischer* Grund. Zweitens bringt der Geistbegriff im Unterschied zum Informationsbegriff das notwendige *tätige* Moment zum Ausdruck, das Information fehlt; denn Information kann nicht denken, nicht sehen, nicht fühlen etc., wohl aber der Geist – ein *sachlicher* Grund. Das tätige Moment, das Agens über den Begriff „Informant" in die Informationstheorie einzuführen, klingt eher merkwürdig als erhellend. Hinzu kommt: Die Explikationsbemühungen zum Informationsbegriff treten auf der Stelle und führen in der immer noch favorisierten thermodynamischen Variante zu inakzeptablen Folgen, z. B. zu der Notwendigkeit, auch auf der Informationsebene die Geltung von *Erhaltungs*sätzen zu verteidigen. Das führt logisch zu der Konsequenz, dass es zu keinem Zeitpunkt in der 14 Milliarden Jahre andauernden Geschichte des Kosmos ein informations*freies* Universum gegeben hat. Dass die Menge an Information im Universum – so wie die Menge von Energie – konstant war, ist und immer sein wird, kann aber nur *jenseits* einer *semantischen* Explikation von „Information" behauptet werden.

Nur ein Beispiel: Die Bedeutung des Wortes „Computer" hat es vor dem 20. Jahrhundert nicht gegeben – und zwar mutmaßlich zurückreichend bis zur Urknallsingularität. Schon immer gegeben hat es dagegen die *Energie* in den Bauteilen von Computern, auch die *Energie*, die in der Druckerschwärze des Wortes „Computer" steckt, aber den *Inhalt* des Wortes „Computer" gab es vorher nicht. Bedeutung gehorcht – anders als Energie – keinem Erhaltungssatz. Sie kann entstehen und vergehen, Energie nicht. Noch einmal anders: Bevor Geist und Bedeutung in die Welt kamen, war diese völlig informationsfrei. Damit sind wir bei einem wichtigen Punkt: Ich schlage vor, die Theorie des Geistes als eine Theorie der Bedeutung auszuführen und auf diesem Weg den noch ungenauen philosophischen Begriff „Geist" zu präzisieren. Das setzt voraus, dass die Begriffe „geistig" und „bedeutend" äquivalent verwendet werden („bedeutend" hier im Sinne von „inhaltlich"). Meine Grundthese: Die einzige, aber auch einzigartige Kompetenz des Geistes besteht darin, sich und der Welt Bedeutung zu geben. Diese Theorie des Geistes in Gestalt einer Theorie der Bedeutung und in einheitswissenschaftlicher Absicht aufzubauen, ist eine kollektive Zukunftsaufgabe. In der letzten Abhandlung „Grundzüge einer logisch autonomen Theorie des Geistes" mache ich einen ersten Versuch. Abschließend noch ein Hinweis auf zwei gesellschaftstheoretische Folgen: Im Lichte der Theorie des Geistes wird sich erstens zeigen, dass wir – entgegen den täglich und gebetsmühlenhaft wiederholten Beteuerungen – noch immer keine Informations*gesellschaft* haben. Was wir haben, ist eine Informations*technologie*gesellschaft, die im Ignorieren dieses Unterschiedes bereits zu einer unseligen Allianz von Datenflut und Denkebbe geführt hat. Und zweitens hat die Theorie des Geistes zur Folge, dass die von der KI behauptete kognitive Ersetzbarkeit des Geistes durch den Computer unmöglich ist. Der Nachweis dieser Unmöglichkeit wird mit einem *Phänomentest* erbracht, der den Turingtest ersetzt.

Egon Becker (Prof. Dr. rer. nat), Bernd Fischer (Prof. Dr. med.), Dieter Mans (Prof. Dr. phil. nat, Dr. phil.) und Jürgen Ritsert (Prof. Dr. rer. pol) danke ich für die konstruktiv-kritische Durchsicht der entsprechenden Teile des Manuskriptes, für dessen Inhalt ich jedoch alleine verantwortlich bin.

Physik auf dem Wege zur Geisteswissenschaft ...

1. Das Elektron: Ein erster einheitswissenschaftlicher Hinweis

Es gibt zwei Arten der „welthistorischen Bedeutung" der Physik: Erstens ihre technischen Folgen und zweitens ihre „Veränderung des Denkens". Drei solcher Umbrüche gab es im ersten Drittel des 20. Jahrhunderts, die C. F. von Weizsäcker mit drei Namen verbindet: Albert Einstein, Niels Bohr und Werner Heisenberg. Bei allen Drei konstatiert er „äußerste philosophische Anstrengung", ohne die sie ihre physikalischen Entdeckungen nicht gemacht hätten. (von Weizsäcker 1977, S. 10/11) Ein *Zusammenhang* von Philosophie und Wissenschaft also, der lupenreine Szientisten befremdet, insbesondere in der *bestimmenden* Funktion der Philosophie. Neben epochalen wissenschaftlichen Erkenntnissen (z. B. die *Unschärferelation*) und ihren technischen Auswirkungen (z. B. die Quantenphysik als Voraussetzung der Computertechnik) haben alle Drei wesentliche Bausteine auch für die methodologische Einheit der Wissenschaften geliefert. Meine These: Der logische Status der Physik bzw. der physikalischen Theorie entwickelt sich seit dieser Zeit mehr und mehr *geistes*wissenschaftlich. Für den traditionellen Streit zwischen Monisten und Dualisten hat dies zwei Konsequenzen: Die Umkehr der Konvergenzrichtung hin zu einer *geistes*wissenschaftlich basierten Einheit zeigt erstens die Unangemessenheit der monistisch geforderten *Vorrang*stellung der Physik und zweitens die Unangemessenheit der dualistischen Unmöglichkeitsbehauptung der Einheit. Da die dualistische Position in der Regel von Geisteswissenschaftlern vertreten wurde und noch immer vertreten wird, vor der Ausführung der Argumentation noch eine Begriffsklärung: „Geisteswissenschaften" verwende ich pars pro toto für alle *Nicht*-Naturwissenschaften. Die Begründung: Der Streit um die Einheit der Wissenschaften wurde von Dualisten nicht pluralistisch, nicht unter der Orientierung an der großen *Vielfalt* der Disziplinen ausgetragen, sondern eben *dualistisch*, mit nur *zwei* Polen, mit der Folge, dass nicht die *Unterschiede* z. B. zwischen Soziologie und Germanistik, sondern ihre *Gemeinsamkeiten* das Bemühen um Abgrenzung von den Naturwissenschaften getragen haben (z. B. das geisteswissenschaftliche Merkmal der *Symbolvermitteltheit* der Untersuchungsgegenstände). So konnten sie, im gleichen „Lager" vereint, als geschlossener Gegenpart zum „Lager" der Naturwissenschaften auftreten. Dabei wechselte zwar gelegentlich die Bezeichnung (z. B. von „Geisteswissenschaften" zu „Kulturwissenschaften" oder zu „Sozialwissensschaften"), die methodologische Abgrenzungsargumentation aber blieb gleich. Die Auseinandersetzung über die Einheit der Wissenschaften war also ein *Zwei*-Parteien-Streit, der in dieser Arbeit um eine dritte Partei erweitert wird. Im Sinne einer Arbeitshypothese nennen wir den dritten Part „epistemischer Monismus", der später in einer logisch autonomen und Einheit stiftenden allgemeinen Theorie des Geistes ausgeführt wird. Optimistisch gesehen und im gleichermaßen fragenden wie fragilen Vertrauen in die Wahrheit von Sprichwörtern: *Wenn Zwei sich streiten, freut sich der Dritte?*

Ausgangspunkt der These von der *geistes*wissenschaftlichen Wende der Physik ist ihre Abwendung vom Empirismus. An die Stelle empirischer Beobachtungssätze treten logisch-mathematische Konstrukte. Wenn wir ohne Formerfordernis zur ersten Verdeutlichung eine Skala von 0 bis 1 einführen und „0" für „theorielos-empirisch" und „1" für „theoretisch-empirielos" setzen, so wird an einigen und wesentlichen Stellen physikalischer Theorien der Skalenwert „1" erreicht. Unter der Differenzierung nach *realitätsfrei/realitätswidrig/realitätskonform* sind Begriffe oder Annahmen mit dem Skalenwert „1" „realitäts*frei*" zu nennen. Es handelt sich um Terme mit *vollständig* leerer Extension („realitätsfrei" ist somit nicht deckungsgleich mit den in den Sozialwissenschaften verwendeten Begriffen „kontrafaktisch" und „idealtypisch"). Ein erstes physikalisches Beispiel für diese Realitätsfreiheit ist der Begriff „Elektron". In der üblichen Explikation wird das Elektron als „Massenpunkt" eingeführt. Das hat eine entscheidende Konsequenz: Der Term hat keinerlei Bezug zu Eigenschaften der äußeren Welt, er ist realitäts*frei*. Der Grund ist einfach: „Punkt" ist ein mathematischer Begriff, zu dem notwendig das Merkmal der Ausdehnungslosigkeit gehört. Da es in der physikalischen Welt jedoch keine ausdehnungslosen Dinge gibt, kann das so explizierte Elektron nicht Teil der äußeren, d. h. empirischen Welt sein. Und was nicht Teil der empirischen Welt ist, muss Teil der *geistigen* Welt sein. Tertium non datur. Die Zuordnung zum Reich des Geistes ist auch aus folgendem Grund zwingend: Die *gesamte* physikalische Welt basiert auf Masse und Energie, mit einer entsprechenden Raum-Zeit, die im Lichte der Allgemeinen Relativitätstheorie durch die Bindung zwischen Raum und Gravitation immer eine *Ausdehnung* hat. Das hat zur Folge, dass nur *ausgedehnte* Dinge Teil dieser Raum-Zeit sein können. Ein ausdehnungs*loser* Massenpunkt wie das Elektron, ein Etwas mit dem Radius 0, kann also nicht in Begriffen von Masse und Energie beschrieben/erklärt und nicht in der Einsteinschen Raum-Zeit lokalisiert werden. Masse, in welcher Konkretisierung auch immer, hat immer eine Ausdehnung, ihr Radius ist immer *größer* Null. Zwar kann die Ausdehnung klein sein, im Mikrokosmos sehr klein sogar (z. B. im Bereich der Plancklänge von 10^{-35} m liegen), aber sie kann niemals *Null* betragen. Folglich handelt es sich beim Elektron in seiner Explikation als mathematisch bestimmter Massen*punkt* um ein *nicht*physikalisches und damit rein geistiges Konstrukt. Das gilt auch für andere *mathematisch* bestimmte Größen der physikalischen Theorie (dazu später mehr). Wir können es verallgemeinernd so sagen: Da die Mathematik eine reine Geisteswissenschaft ist, ist die These von der *geistes*wissenschaftlichen Orientierung der modernen Physik im ersten Schritt plausibel gemacht. Das hören Physiker nur ungern, ist aber eine logische Folge der zunehmenden Mathematisierung.

Bestimmt man die Mathematik nicht als Natur-, sondern als Geisteswissenschaft – was sich in der Promotion zum Mathematiker im Titelkürzel „Dr. *phil. nat*" auch offiziell niederschlägt – und meint man damit, die Inhalte der Mathematik gäbe es nur in Symbolen und nicht in der Welt, so handelt es sich zugegebenermaßen nicht um eine einhellige Meinung, es gibt also Auffassungsunterschiede dazu. Zunächst eine kleine Anekdote des Mathematikers Alain Connes, leicht abgewandelt, aber sinngemäß wiedergegeben: Mit einem Sack voll schmutziger Wäsche ist ein experimenteller Physiker auf der Suche nach einer Wäscherei. Nach längerer Suche entdeckt er über einem Geschäft ein Schild mit der Aufschrift *Lebensmittel/Bäckerei/Wäscherei*. Er betritt erfreut den Laden, legt seine schmutzige Wäsche auf die Theke und fragt freundlich, wann er sie gewaschen wieder abholen könne. Ein ebenfalls freundlicher Herr hinter der Theke antwortet gleichermaßen taktvoll wie erstaunt: „Es tut mir leid, aber wir waschen keine Wäsche." Der Physiker verweist – seinerseits erstaunt – auf das Schild über dem Laden, auf dem unmissverständlich klar das Wort „Wäscherei" steht. Darauf sagt der freundliche Herr hinter der Theke: „Wir waschen nichts ... Wir verkaufen nur Aushängeschilder." Der Physiker verlässt diskussionslos und verwirrt den Raum. Zur Auflösung der Merkwürdigkeit: Der freundliche Herr hinter der Theke ist ein pensionierter Mathematiker. Will verallgemeinernd sagen: Mathematiker beschäftigen sich nicht mit schmutzigen Realitäten, sondern nur mit reinen symbolischen Wirklichkeiten (hier: mit dem *Symbol* „Wäscherei" und nicht mit dem Schmutz bewegenden *realen* Waschvorgang). In dieses Bild einer Mathematik, die mit der äußeren Welt fremdelt, passt auch Einsteins berühmte Bemerkung: „Insofern sich die Sätze der Mathematik auf die Wirklichkeit beziehen, sind sie nicht sicher, und insofern sie sicher sind, beziehen sie sich nicht auf die Wirklichkeit" (Einstein 1956a, S. 119/120). Die Entscheidungsfrage: Werden mathematische Größen entdeckt oder erfunden? Der Unterschied ist klar: Entdeckung ist ein Vorgang unter dem Primat der *Welt*, Erfindung ein Vorgang unter dem Primat des *Geistes*. In einer Abhandlung über Bertrand Russell macht Einstein seine konstruktivistische Auffassung sehr deutlich: Er nennt die Reihe der ganzen Zahlen eine „Erfindung des Menschengeistes" und eine „selbstständige Schöpfung des Denkens" (Einstein 1956b, S. 38).

Aber wie schon angemerkt: Die Annahme eines entkoppelten Verhältnisses zwischen Mathematik und Wirklichkeit ist nicht allgemeiner Konsens. In den metamathematischen Kontroversen gibt es dazu zwei Grundpositionen, nämlich Realismus und Konstruktivismus. Die Realisten behaupten, dass die mathematischen Objekte jenseits und unabhängig von der mathematischen Sprache in der Natur selbst existieren. Die Konstruktivisten dagegen nehmen an, dass die Mathematik eine Realität eigener Art ist, die zwar eine materielle Abbildung hat, aber nur im neuronalen Netzwerk des *Gehirns*, nicht in der *äußeren* Welt. In einer fruchtbaren Auseinandersetzung zwischen dem Mathematiker Alain Connes und dem Neurobiologen Jean-Pierre Changeux vertritt Letzterer – wie zu erwarten – den konstruktivistischen Standpunkt und bestreitet, dass z. B. die ganzen Zahlen oder $\pi = 3.14...$ in der *Natur* existieren (Changeux 1992, S. 216). Connes dagegen vertritt den realistischen Standpunkt und kontert u. a. mit diesem anschaulichen Beispiel: Man stelle sich vor, in einer klaren Sommernacht mittels Fernrohr und Taschenrechner nachzuweisen, dass die vier Jupitermonde mit mathematischer Genauigkeit und in gleichmäßiger Wiederholung gemäß den Keplerschen Gesetzen um den Planeten kreisen. „Dass diese Art kosmischer Harmonie eine Schöpfung des menschlichen Gehirns ist", könne er sich nur „schwer", meint: gar nicht vorstellen. (Connes 1992, S. 120) Klar ist: Das Gehirn hat weder die Materie des Jupiter noch die seiner vier Monde und auch nicht ihre Bewegungsform geschaffen. Dennoch ist die mathematische Formulierung der Bewegung in den Keplerschen *Gesetzen* eine *menschliche* Schöpfung, schon deshalb, weil sie nur *näherungs*weise für die Bewegungsform der Monde gilt. Desweiteren: Nehmen wir an, ein Hund würde durch das astromische Fernrohr schauen und genau das sehen, was auch wir sehen, nämlich sich bewegende Lichtpunkte – was realistisch vorstellbar ist. Nicht realistisch vorstellbar ist allerdings, dass der Hund so wie der Astronom eine „kosmische Harmonie" in der Bewegung der vier Jupitermonde sieht. Weder die Keplerschen Gesetze noch die „kosmische Harmonie" sind ein Teil der äußeren Welt, sondern eine „Schöpfung des menschlichen Gehirns" (später werden wir „Gehirn" durch „Geist" ersetzen). Noch einmal anders: Diese Art „Harmonie" kam erst mit Kepler in die Welt. Und auch die Basis dieser Harmonie, die Keplerschen Gesetze, sind aus dem o. g. Grund keine Entitäten der *äußeren* Welt, sondern geistiger Natur. Das heißt: Wir schlagen uns in dem Streit zwischen Realisten und Konstruktivisten auf die Seite der Letzteren, ersetzen aber „konstruktivistisch" durch „geistig". Unabhängig von diesem Streit ist Eines jedenfalls sicher: Einen „Massenpunkt" gibt es nur im Kopf des *Mathematikers* (bzw. des Physikers), nicht in der physikalischen *Welt*. Er existiert nur als Gedachtes, nicht als Wirkliches. Darin sehen wir eine erste Bestätigung unserer These vom zunehmend *geistes*wissenschaftlichen Status der physikalischen Theorie.

Wir werden sehen, dass es viele Beispiele dieser Art gibt, Beispiele, die unsere These bestätigen und zeigen, dass der Befund sich nicht nur auf ein paar Ausnahmen stützt, sondern Generalisierung rechtfertigt. Zum Beleg ein weiteres Beispiel, dieses Mal aus der Speziellen Relativitätstheorie. Es gibt mathematisch viele Arten von geschlossenen Räumen, aber Einstein hat sich in seiner Theorie für den *sphärischen* Raum entschieden. Dieser Raum ist dadurch ausgezeichnet, dass „alle seine Punkte gleichwertig sind". Dann führt Einstein weiter aus: „Da die Materie in Wahrheit im einzelnen ungleichmäßig verteilt ist, wird die wirkliche Welt vom sphärischen Verhalten im Einzelnen abweichen". (Einstein 1979, S. 90) Einsteins Entscheidung für den *sphärischen* Raum war nicht mit Blick auf die Beschaffenheit der „wirklichen Welt" entstanden, die sich seiner eigenen Verlautbarung zufolge gerade *nicht* „sphärisch verhält", sondern der Grund für die Wahl war die in der Symmetrie liegende mathematische *Einfachheit* dieses Raumes. Noch einmal anders: Einen sphärischen Raum gibt es nicht in der physikalischen *Welt*, sondern nur in Einsteins *Kopf*. Wie das Elektron als mathematischer Punkt, so hat auch der sphärische Raum nur eine *geistige* Realität. Der *sphärische* Raum, genauer: das Sphärische dieses Raumes, hat keine Entsprechung in der Außenwelt. Verallgemeinert: *Alles*, was keine materielle Entsprechung in der Welt hat, *muss* geistiger Natur sein. Eine dritte Möglichkeit gibt es nicht. Die banale, aber zwingende wissenschaftslogische Folge: Da geistige Entitäten *nicht*physikalischer Natur sind, können sie nicht physikalisch, d. h. unter Masse und Energie, sondern nur geisteswissenschaftlich interpretiert werden. Wir werden später sehen, dass in diesen Fällen Masse und Energie durch *Bedeutung* als logisch autonome Größe ersetzt werden. Die physikalische *Terminologie* (hier: „Raum") verschleiert diesen Sachverhalt des rein *geistigen* Status. Anders gesagt: Auch wenn Einstein den Begriff „sphärischer *Raum*" verwendet, so sichert das nicht seinen *empirischen* Gehalt. Noch einmal: Einen *sphärischen* Raum gibt es nicht als *Tatsache* in der physikalischen *Welt*, sondern nur als *Bedeutung* in der physikalischen *Sprache*. Wir werden immer wieder auf diese Problematik stoßen, sogar bis auf die Ebene der Moleküle. So wird nicht nur das Elementarteilchen Elektron punktförmig und damit ausdehnungslos, also realitätsfrei eingeführt, sondern die Rückführung der physikalischen Außenwelt auf rein *geistige* Zustände wird auch in der komplexeren Gastheorie vorgenommen. Gase verhalten sich nämlich nur dann ideal und „befolgen" (ein aufschlussreiches Wort aus dem Lehrbuch) die entsprechende Zustandsgleichung nur dann, wenn die Moleküle – so wie das Elektron – als *punkt*förmig angenommen werden (Meschede 2015, S. 301), was es in der Realität aber nicht gibt und nicht geben kann. Auch hier führt die Mathematik, also eine Geisteswissenschaft, Regie.

Nun stellt sich spätestens hier die Frage: Wie kann die Physik in der *Außen*welt so erfolgreich sein (zum Beispiel durch Anwendung in der Technik), wenn ihre Grundbegriffe und Grundannahmen realitäts*frei* sind?! Wie kann zum Beispiel eine Rakete unter Anwendung physikalischen Wissens zielgenau zum Mond fliegen – ein Vorgang unzweifelhaft in der *äußeren* Welt –, wenn die physikalische Theorie in der oben genannten Weise außenwelt*frei* ist? Die Antwort ist einfach: Der Kontakt der Theorie zur Außenwelt wird via Anfangs-

und Randbedingungen hergestellt, die aber nicht Teil der physikalischen *Theorie* sind, um die es uns hier alleine geht. Der Grund, warum wir uns auf *Theorie* beschränken, ist einfach und zwingend: Wir suchen nach einem Weg für die methodologische Einheit der *Wissen*schaften – und der kann nur auf der Ebene der durch Abstraktion entstehenden *Theorie* gefunden werden. Unter den immer *speziellen* Anfangs- und Randbedingungen kann es dagegen keine Einheit geben, weil sich hier die *Vielfalt* der Disziplinen in der irreduziblen Vielfalt ihrer *speziellen* Untersuchungsobjekte zeigt. Wie schon gesagt: Mit Menschen kann man reden, mit Elektronen nicht. Die Anwendung zum Beispiel der Methode des Interviews auf der Elementarteilchenebene trüge psychopathologische Züge. Aber ebenso gilt: Einzeller haben einen Stoffwechsel, Steine nicht. Wir wollen zeigen, dass das Einheitsvorhaben trotz dieser Unterschiede in den Gegenstandsbereichen auf der Ebene der *Theorie* bzw. *Methodologie* gelingen kann. Noch einmal anders: Hinsichtlich der Methode „Interview" gibt es keine Einheit, wohl aber auf der abstrakteren Ebene essentieller Eigenschaften und Folgen der Methode: So beeinflusst ein Interview das Verhalten des Untersuchten ebenso wie ein Gammastrahl das Verhalten des Elementarteilchens. Die klassische Annahme der Trennbarkeit von Erkenntnismethode und Gegenstand ist auch in der Physik passé. Diesen Versuch einer methodologischen Einheit setzen wir jetzt fort und prüfen, ob sich unsere These vom zunehmend *geistes*wissenschaftlichen Status der physikalischen Theorie auch in anderen Bereichen bestätigen lässt, so dass die Einheit auf eine Weise in Aussicht gestellt bleibt, die am Ende in einer allgemeinen Theorie des Geistes als Grundlage aller Disziplinen vollendet werden kann. Dabei wird neben der starken Theoretizität und der irreduziblen Komplexität auch die Aufwertung der Umgangssprache eine Rolle spielen, die in der neuen Physik – ebenfalls überraschend – nachweisbar ist.

2. Heisenbergs „Kenntnis vor Teilchen"

Der experimentell gesicherte Dualismus von Welle und Teilchen war ein Höhepunkt des neuen physikalischen Denkens: Ein Teilchen mit der Energie E und dem Impuls p ist gleichzeitig eine Welle mit der Frequenz $v = E/h$ und der Wellenlänge $\lambda = h/p$. Dies vorausgesetzt gelangen wir zu einer folgenreichen Verallgemeinerung: Es ist unmöglich, gleichzeitig Ort und Impuls eines Teilchens mit beliebiger Genauigkeit zu messen oder vorherzusagen. Den Zusammenhang für beide Unschärfen hat Heisenberg in der berühmten Unbestimmtheitsrelation formuliert: $\Delta x \, \Delta p \approx h$. Eine einfache Formel mit konvergenztheoretisch nutzbaren und weltbildformenden Folgen. Ein weiterer Punkt für unsere *geistes*wissenschaftliche Konvergenzthese: Die Unbestimmtheitsrelation wurde nicht *experimentell* ermittelt, sondern entstand zunächst „geistig", nämlich im *Gedanken*experiment, und dann präziser durch *theoretische* Ableitung, also ebenfalls geistig – ein Hinweis auf die größer werdende Rolle der Theorie in der modernen Physik, der eine abnehmende Rolle der Empirie entspricht (Empirie verstanden als via Sinne direkt Gegebenes).

Nach dem grandiosen *Theorie*beginn in der physikalischen Formel ($\Delta x \, \Delta p \approx h$) stellt sich mit Blick auf das *Experiment* zunächst diese Frage: Ist die Unbestimmtheitsrelation eine nie überwindbare Grenze der Messgenauigkeit oder kann sie irgendwann durch eine Verbesserung der Messinstrumente bis zum *völligen* Ausschluss von Messungenauigkeiten verringert oder eliminiert werden? Die Theorie, aus der die Unbestimmtheitsrelation abgeleitet ist, schließt dies mit Hinweis auf die Nichthintergehbarkeit des Planck'schen Wirkungsquants h aus, eine neue Naturkonstante, gefasst in dem Zahlenwert

$$h = (6{,}6260688 \pm 0{,}0000005) \cdot 10^{-34} \text{ Js (Meschede 2015, S. 465)}.$$

Eine Eliminierung der Unschärfe könnte dann und nur dann gelingen, wenn das Planck'sche Wirkungsquant h eliminierbar wäre, was eine Abbildung ohne *Wechsel*wirkung zwischen Messgerät und Messobjekt zur Folge hätte, der Theorie nach aber nicht möglich ist. Die Unbestimmtheitsrelation ist somit nicht hintergehbar.

Ihre konvergenztheoretischen Folgen erläutert Heisenberg in vielen Varianten, die alle auf einen Punkt zulaufen: das *Beziehungspostulat*. Der Weg dorthin: Zunächst einmal stellt Heisenberg die Nichttrennbarkeit von Teilchen und Beobachtung fest und nennt eine gravierende Folge: „Die Naturgesetze, die wir in der Quantentheorie mathematisch formulieren, (handeln) nicht mehr von den Elementarteilchen an sich, sondern von unserer Kenntnis der Elementarteilchen." (Heisenberg 1965, S. 12) Wenn aber der *Bezug* der Naturgesetze unsere *Kenntnis* ist, so heißt dies: Repräsentant (= Term „Unbestimmtheitsrelation") *und* Repräsentat (= Modell der Unbestimmtheit) sind *geistiger* Natur. Dann legt Heisenberg mit der Annahme eines Dauerzustandes dieser Beschränkung nach: Wir müssen uns mit der Unmöglichkeit einer „Objektivierung" von Naturvorgängen für alle Zeiten „abfinden" (Heisenberg 1965, S. 21). Diese Besonderheit, dass es nicht mehr wie in der klassischen Physik um Elementarteilchen an sich, sondern um unsere „Kenntnis" von ihnen geht, hat Eugene Paul Wigner mit einer gewagten kausalen Zurechnung zu Ende gedacht: „Die Ursache des Quantenprinzips ist das Bewusstsein". (siehe Bischof 2001, S. 411) Spätestens hier geraten Geisteswissenschaftler ins Schwärmen und Szientisten ins Schwitzen. Wigners geisteswissenschaftliche Grundlegung des Quantenprinzips ist so radikal wie überraschend, aber gleichermaßen klärungsbedürftig (z. B. treten bei der angenommenen *Kausal*relation zwischen Bewusstsein und Quantenprinzip/Quanten Probleme der Verletzung des Energieerhaltungssatzes auf). Wegen des erheblichen Begründungsaufwandes erwähne ich Wigner hier nur ohne weitere Erörterung und setze die Argumentation für die Konvergenzthese an den Folgen des Heisenbergschen Übergangs vom Teilchen zu seiner Kenntnis fort.

Den ernüchternden Befund des Verlustes klassischer Objektivität spitzt Heisenberg im letzten Satz des folgenden Zitates mit einer gleichermaßen radikalen wie irritierenden Schlussfolgerung zu:

„Wenn von einem Naturbild der exakten Naturwissenschaft in unserer Zeit gesprochen werden kann, so handelt es sich also eigentlich nicht mehr um ein Bild der Natur, sondern um *ein Bild unserer Beziehungen zur Natur*. Die alte Einteilung der Welt in einen objektiven Ablauf in Raum und Zeit auf der einen Seite und die Seele, in der sich dieser Ablauf spiegelt, auf der anderen, also die Descartes'sche Unterscheidung von res cogitans und res extensa, eignet sich nicht mehr als Ausgangspunkt zum Verständnis der modernen Naturwissenschaft. Im Blickfeld dieser Wissenschaft steht vielmehr vor allem das Netz der Beziehungen zwischen Mensch und Natur, der Zusammenhänge, durch die wir als körperliche Lebewesen abhängige Teile der Natur sind und sie gleichzeitig als Menschen zum Gegenstand unseres Denkens und Handelns machen. Die Naturwissenschaft steht nicht mehr als Beschauer vor der Natur, sondern erkennt sich selbst als Teil dieses Wechselspiels zwischen Mensch und Natur. Die wissenschaftliche Methode des Aussonderns, Erklärens und Ordnens wird sich der Grenzen bewusst, die ihr dadurch gesetzt sind, dass der Zugriff der Methode ihren Gegenstand verändert und umgestaltet, dass sich die Methode also nicht mehr vom Gegenstand distanzieren kann. *Das naturwissenschaftliche Weltbild hört damit auf, ein eigentlich naturwissenschaftliches zu sein.*" (Heisenberg 1965, S. 21)

Szientisten können sich nicht herausreden mit der Bemerkung, Heisenberg habe hier – jenseits seiner überragenden Fachkompetenz – dilettantische philosophische Spekulation betrieben. Das Gegenteil ist richtig: Die genannten Neuerungen sind präzise umgangssprachliche Erläuterungen oder Folgen der mathematisch gefassten Unschärfe $\Delta x\, \Delta p \approx h$. Dann stellt sich die Frage, was an die Stelle des von Heisenberg verabschiedeten *natur*wissenschaftlichen Weltbildes tritt. Eine Antwort gibt er nicht. In der Konsequenz muss sie aber lauten: ein *geistes*wissenschaftlich bestimmtes Weltbild. Zur Vermeidung eines Missverständnisses: Gemeint ist mit dieser Ersetzungsoperation selbstverständlich nicht, dass die Physik die Regie in der Methodologie oder ihre weltbildformende Funktion z. B. an die Germanistik abtritt, sondern gemeint ist, dass die Grundlagen der Physik und die Extensionen ihrer Begriffe und Sätze mehr und mehr *geistige* und immer weniger *empirische* Entitäten sind. Diese Schwerpunktverlagerung von Empirie zu Theorie durchzieht die gesamte moderne

Physik und ist eine der Voraussetzungen für unser Vorhaben, in einheitsstiftender Funktion später eine Theorie des Geistes einzuführen.

Schon an der oben zitierten facettenreichen Grundposition Heisenbergs kann gezeigt werden, dass einige der bekannten Argumente *gegen* die Möglichkeit einer Einheit der Wissenschaften ins Leere laufen. Am Beispiel von zwei einflussreichen Protagonisten des Dualismus: Adorno und Habermas. Beide haben zu Recht immer wieder auf den engen *Zusammen*hang von Methode und Gegenstand in den Geisteswissenschaften hingewiesen. So beeinflusst z. B. ein Interview durch die Art der Fragen und/oder durch das Verhalten des Interviewers die Antworten des Interviewten. In dieser Hinsicht der Veränderung des Untersuchungsobjekts durch die Methode ist die Quantenphysik der Geisteswissenschaft aber gleich. Heisenberg sagt oben ausdrücklich, „dass der Zugriff der Methode ihren Gegenstand verändert und umgestaltet" (z. B. wenn für die Ortsbestimmung kurzwelliges γ-Licht auf ein Elektron geschossen und dadurch seine Bahn *verändert* wird). An der modernen Physik vorbei geht auch die von Habermas nur für die Geisteswissenschaften reklamierte Besonderheit, „dass der von Subjekten veranstaltete Forschungsprozess dem objektiven Zusammenhang, der erkannt werden soll, durch die Akte des Erkennens hindurch selber zugehört" (Habermas 1972, S. 156). Nichts anderes und sehr differenziert sagt Heisenberg oben: Im Zentrum der neuen Physik „steht vielmehr vor allem das Netz der Beziehungen zwischen Mensch und Natur, der Zusammenhänge, durch die wir als körperliche Lebewesen abhängige Teile der Natur sind und sie gleichzeitig als Menschen zum Gegenstand unseres Denkens und Handelns machen". Als Ist-Beschreibung der Physik gedacht, zielt auch Adorno daneben, wenn er dem „Positivismus" vorhersagt: „Mit fortschreitender Differenzierung und Selbstreflexion zehrt er sich auf." (Adorno 1972, S. 77) Vorbei zielt diese Einschätzung insofern, als Adorno eine Übereinstimmung zwischen Positivismus und Physik unterstellte, die es zu dieser Zeit schon längst nicht mehr gab, wie Heisenberg in aller Klarheit oben zum Ausdruck bringt. Mit Blick auf die moderne Physik war seine Vorhersage eine Retrodiktion; denn sie hatte sich zum Zeitpunkt ihrer Äußerung schon 50 Jahre zuvor durch Heisenberg, Einstein und Bohr erledigt. Das wusste Adorno nicht, weil er wie die meisten Dualisten abgrenzende Annahmen nicht in Kenntnis der *neuen* Physik gemacht hat. Der Dualismus der 1960/70er Jahre war im Einrennen offener Türen über weite Strecken also ein Scheingefecht. Die methodologische Konvergenz zwischen Geistes- und Naturwissenschaften war längst auf dem Weg.

Der rigorose Abgrenzungshabitus der Dualisten wurde – jenseits von Einzelargumenten – auch von einer zu Unrecht unterstellten Grundorientierung der Physik getragen, die Habermas in seiner Schrift „Technik und Wissenschaft als Ideologie" (Habermas 1970a) im Begriff des „technischen Erkenntnisinteresses" zusammengefasst hat. Diese Akzentuierung des Forschungsmotivs weist von Weizsäcker mit Blick auf die theoretische Physik zurück und spricht zu

Recht von der bei „geistes- und sozialwissenschaftlichen Kritikern der Naturwissenschaft [...] verbreiteten Missdeutung [...], als stammten ihre letzten Motive aus technischer Zweckrationalität" (von Weizsäcker/Waerden 1977, S. 55). Die von Habermas abweichende Einschätzung findet sich auch in physikalischen Lehrbüchern: „Der berühmte faustische Anspruch zu wissen [...], was die Welt „im Innersten zusammenhält", ist dabei bis heute eine entscheidende Triebfeder der physikalischen [...] Forschung." (Meschede 2015, S. XVI)

Wahr ist allerdings auch: Heisenberg hat die im Lichte des Beziehungspostulats formulierte Neubestimmung der Physik nicht immer durchgehalten. Aus Angst vor der eigenen Courage befürchtet er als Folge dieses Postulates „subjektivistische Züge", die er durch Reduktion der Beobachterfunktion auf einen Registrator und mit der Äquivalenz von „Beobachter" und „Apparat" auszuschließen versucht (siehe Heisenberg 1970, S. 421). Technisch gesprochen: Den sog. „Schnitt" im quantenmechanischen Messprozess legt er *vor* den Beobachter. Auch wenn er damit die Annullierung der *konstruktiven* Theoriefunktion auf das Mes*resultat* beschränkt und mit dem „Übergang vom Möglichen zum Faktischen" begründet, so ist diese Beschränkung mit seinen vorher genannten Ausführungen nicht konsistent. Sie passt nicht zu seiner Feststellung, dass es nicht mehr um das Elementarteilchen, sondern um „unsere Kenntnis von ihm" geht. Mein Argument: Im Topos der Kenntnisnahme ist eine *grundsätzliche* Theorieabhängigkeit impliziert, die das „Faktische" (= Mes*resultat*) einbezieht. Auch das, was *klassisch* beschreibbar ist, ist nicht theorieneutral. Und da Theorien nur dann existieren, wenn Beobachter über sie verfügen, muss der Schnitt *hinter* den Beobachter gezogen werden. Die Redeweise, dass Apparate „Messergebnisse" registrieren, ist also unangemessen. Richtig ist: Apparate registrieren das, was *Physiker* im Lichte einer Theorie „Messergebnisse" *nennen* (sogar in einer *zwei*fachen Theorieabhängigkeit, nämlich hinsichtlich der Messobjekte und der Messgeräte). Noch einmal anders: Die von Elementarteilchen hinterlassenen „Spuren" in einer Wilson-Kammer kann zwar *Wilson*, aber nicht die Wilson-*Kammer als* Spuren von Elementarteilchen identifizieren. So denken Wheeler und von Weizsäcker konsequent: Der Messprozess ist erst mit einer *sinn*vollen Aufzeichnung (Bedeutung!) bzw. mit seiner *Kenntnis*nahme abgeschlossen (siehe Wheeler 1983 bzw. von Weizsäcker 1992, S. 841), so dass der „Schnitt" *hinter* den Beobachter zurückgezogen werden muss. „Die ψ – Funktion *ist* als Wissen definiert. [...] Sie geschieht noch nicht, solange nur Messobjekt und Messapparat wechselwirken, auch nicht, solange der Apparat nach Ablauf der Messwechselwirkung unabgelesen dasteht; sie *ist* der Wissensgewinn durch die Ablesung." (von Weizsäcker 1988, S. 526) So gilt die sprachtheoretisch erhellende pragmatistische Einsicht „Nicht der Satz beschreibt, sondern der Sprecher" (v. Savigny 1974, S. 169) analog für den Messprozess: Nicht das Gerät mißt, sondern der Experimentator – genauer: der *theorie*geleitete Experimentator. Auch das ist keine Musik in den Ohren von Szientisten.

Diese Qualifizierung, von der Wissenschaftstheorie der Physik seit Langem anerkannt, hat weitreichende Konsequenzen, die über die bloße Feststellung der Theorieabhängigkeit der Beobachtung hinausgehen. Sie führt am Ende nämlich zu der Notwendigkeit, im Messprozess selbst – zusätzlich zur Quantentheorie – eine physikunabhängige Theorie des Geistes zu berücksichtigen. Der Prozess dorthin vollzieht sich in drei qualitativ unterschiedlichen Phasen der Beobachtung. *Phase 1*: Die physikalischen Prozesse *im* Auge. Hier verfügt die Physik über gut gesichertes Wissen (Lichtbrechung im Kammerwasser etc.). Aber erkenntnistheoretisch entscheidend ist: Der Beobachter, der z. B. auf eine Kernfotoplatte schaut, *sieht* in diesem Moment der von der Fotoplatte reflektierten und ins Auge einschlagenden Photonen noch *nichts*, schon gar keine „Spuren von Elementarteilchen". *Phase 2*: Die neuronalen Prozesse *hinter* dem Auge: In den Sinneszellen der Retina werden die Photonen in elektrische Impulse umgewandelt und von den Nervenzellen der Netzhaut ins Gehirn und schlussendlich in den visuellen Cortex geleitet. Erst dann *sieht* der Experimentator etwas, nämlich Striche auf einer Fläche – aber noch immer *sieht* er keine „Spuren von Elementarteilchen". Schon dieser im Gehirn *hinter* dem Auge ablaufende Prozess der neuronalen Verarbeitung der physikalischen Eingangssignale rechtfertigt die Aussage: Wir sehen nicht mit dem Auge, sondern mit dem Gehirn. *Phase 3*: Die bewusste Wahrnehmung der Striche *als* „Spuren von Elementarteilchen": In dieser Phase drei, der *Bedeutungs*phase, entsteht ein naturwissenschaftliches Problem. Wegen der elektrisch-chemischen *Einheits*sprache der Neuronen können die in Modalität und Qualität *unterschiedlichen Inhalte* der Wahrnehmung (hier: „Spuren von Elementarteilchen") auf der *Neuronen*ebene nicht erfasst und abgebildet werden. Elektrisch-chemisch zum visuellen Cortex übertragen wird nämlich immer nur die *Intensität*, nicht aber die *Qualität* der Signale, i. e. ihr Inhalt. Genau hier beginnt das Reich des Bedeutung konstituierenden Geistes, der auf einer qualitativ anderen Ebene als auf einer physikalischen oder neurobiologischen operiert, deren Entstehung wir im Moment aber nur emergenztheoretisch beschreiben und leider noch gar nicht erklären können. Dass dieses Reich logisch autonom gegenüber der physikalischen und neuronalen Phase der Wahrnehmung ist, begründe ich später.

Klar ist: Eine Beschreibung des *Gesamt*prozesses der Beobachtung ist nicht ohne eine die Quantentheorie ergänzende Theorie des Geistes möglich. Erst in dem Moment, wenn die im Auge physikalischen und dann im Gehirn neuronalen Prozesse in den Geist, i. e. in den *Inhalt* der Theorie emergiert sind, beobachtet der Experimentator „Spuren von Elementarteilchen". Ist dieser Prozess auch nur im Prinzip korrekt beschrieben, so hat dies zwei Folgen: Erstens muss der Schnitt nicht nur hinter den mit Sinnen ausgestatteten Beobachter, sondern hinter den Beobachter als *Theoretiker* gezogen werden, denn der Gesamtprozess, insbesondere der *Inhalt* der Beobachtung, ist mit dem Begriff „Beobachter" nicht zu erfassen. Das führt zu einer begrifflichen Erweiterung, nämlich zum „Theoretiker-Beobachter". Und zweitens kann dieser Theoretiker-Beobachter selbst nicht quantentheoretisch beschrieben werden, was nämlich dem untauglichen Versuch gleichkäme, z. B. die Schrödinger*gleichung* und ihre Bedeutung *quanten*theoretisch zu erklären. Würde dagegen eine quantentheoretische Erfassung des Theoretiker-Beobachters gelingen, so hätte dies eine gravierende Folge: Das Denken selbst spielte sich auf der Quantenebene ab, was wiederum zur Voraussetzung hätte, dass die *Bedeutung* des Terms „Elektron" ein Quantenzustand wäre, wofür es aber kein physikalisches Indiz gibt. Gäbe es dieses Indiz oder gar einen physikalischen Beweis, so wären sowohl der aus dem Gehirn emergierte Geist wie auch das biologische Gehirn in ihren *kognitiven* Funktionen ersetzbar, was aber die Annahme denkender Quanten zur Voraussetzung hätte (was auch schon behauptet wurde). Wichtig ist: Mein Argument gegen die quantentheoretische Beschreibbarkeit des Theoretiker-Beobachters beruht auf der Annahme, dass Geist/Information sich *ausschließlich* auf der Bedeutungs-/Inhaltsebene konstituiert, die zwar physikalisch, chemisch, biologisch basiert ist, aber nicht darauf zurückgeführt werden kann. Mit dieser Einbeziehung einer Theorie des Geistes erhält die Quantentheorie eine ergänzende, zusätzliche Ebene, die schon in Heisenbergs Beziehungspostulat angelegt ist. Man kann diese Ergänzung als Fremdkörper der Physik betrachten, aber es ist ein notwendiger, der außerdem nur solange als fremd empfunden wird, als die Konsequenzen aus dem geisteswissenschaftlich akzentuierten logischen Status der physikalischen Theorie und der „Theoriegeladenheit" auch des Messvorgangs ignoriert werden.

Mit dieser Akzentuierung grenze ich mich auch von allen in jüngerer Zeit vermehrt auftretenden Versuchen ab, die Quantenmechanik selbst in eine kognitionstheoretische Führungsrolle und damit auf der Ebene ihres Untersuchungsgegenstandes in eine *direkte* Beziehung zum Geist zu bringen, gelegentlich sogar zum *religiös* interpretierten Geist. Zwischen Quanten und Geist gibt es aber keinerlei direkte *konstituierende* Beziehung, schon deshalb nicht, weil Quanten sich zwar schnell bewegen, aber einfach nicht selbst denken können. In den Worten des Physikers Hans-Peter Dürr, Doktorand von Edward Teller und später Mitarbeiter von Heisenberg: „Die neue Weltsicht hat tiefgreifende Konsequenzen. Von besonderer Bedeutung ist, dass sie einen Brückenschlag ermöglicht zwischen den Naturwissensschaften und den Religionen auf eine Weise, in der die Naturwissenschaften die eindeutige gesetzliche Determiniertheit und damit ihre Fähigkeit zu exakten Prognosen verlieren und damit der Situation der Religionen näher kommen". (Dürr 2012, S. 8) Meine Hinweise unterscheiden sich davon: Es sind nicht die *Quanten*, welche die Verbindung zum Geist ermöglichen, sondern es ist die *Theorie* der Quanten mit ihren bereits *geistes*wissenschaftlichen Teilen und Implikationen. Quanten als außenweltliche Materie haben keinerlei *direkte* Verbindung zum Geist, schon deshalb nicht, weil ihnen das Moment der Bedeutung fehlt, das ihnen allererst der *Geist* des Physikers qua Theorie verleiht.

Die genannten Besonderheiten machen nun eine Qualifizierung des Heisenbergschen Beziehungspostulates erforderlich, das ich der Einfachheit halber so formuliere: *Wir erkennen nicht die Natur, sondern unsere sprachlich geregelte Beziehung zu ihr.* In dieser über „theoretisch" hinausgehenden Fassung des Postulates steckt eine Aufwertung der Umgangssprache, die schon Heisenberg in der scheinbar lapidaren Feststellung vornimmt, „dass Wissenschaft im Gespräch entsteht". (Heisenberg 1969, S. 9) In dieser Aufwertung der Umgangssprache *inner*halb des Wissenschaftsprozesses sehe ich eine weitere Bestätigung der Konvergenzthese, die *Inter*subjektivität als Ersatz für die „alte" Objektivität ins Spiel bringt. Ein Übergang, der im kommunikationstheoretischen Modell von Habermas zu Recht angemahnt wird (Habermas 1988, S. 381). So erhält die Umgangssprache mit Heisenberg auch in der Physik eine *umfassende* systematische Funktion und wird in ihrem Wert gegenüber der üblichen sprachtheoretischen Einschätzung sogar überboten: Sie hat nämlich nicht nur das „erste Wort", worauf Austin beharrte, sondern auch das *letzte* Wort, was Austin bestritt, eben weil die Umgangssprache auch *nach* dem „Schnitt", also bei der klassischen Beschreibung der Spuren in der Wilson-Kammer, in Ergänzung zur Mathematik zum Einsatz kommt. In Heisenbergs Worten: „Es ist der ›faktische‹ Charakter eines mit den Begriffen des täglichen Lebens beschreibbaren Ereignisses, der im mathematischen Formalismus der Quantentheorie nicht ohne weiteres enthalten ist und der in ihre Kopenhagener Interpretation durch die Einführung des Beobachters eingeht." (Heisenberg 1970, S. 421) Auch das ist keine Musik in den Ohren von formalsprachlich fixierten Szientisten. Verallgemeinert: Die Umgangssprache ist die nie endende, auch sinnstiftende und disziplinunabhängige Begleitmusik *aller* wissenschaftlichen Neuerungen, Erfindungen, Diskurse, Dokumentationen, Mathematisierungen etc. etc. – und damit ein weiterer Grundstein für die Einheit der Wissenschaften. Mit dieser Anerkennung einer systematischen Funktion der natürlichen Sprache geht die Einschätzung einer, dass Formalisierbarkeit und Messbarkeit zwar wünschenswerte, aber nicht *notwendige* Merkmale von Wissenschaft sind. Es wird sich später zeigen, dass mit dieser Rehabilitierung der Umgangssprache die Tür auch zur einheitswissenschaftlichen Lösung des *Zeit*problems in den Naturgesetzen geöffnet wird, das bisher alle Einheitsversuche scheitern ließ.

3. Einsteins „Theorie vor Empirie"

Heisenberg hat zustimmend einen methodologisch revolutionären Satz erwähnt, den Einstein in einem Gespräch mit ihm äußerte: „Erst die Theorie entscheidet, was beobachtet werden kann" (Heisenberg 1969, S. 92). Für einen Physiker, der eingestand, ein strammer „Positivist" gewesen zu sein, ein ungewöhnlicher Satz. Aussagen dieser Art tauchen bei Einstein immer wieder auf und bestätigen unsere These immer wieder. So sagt er an anderer Stelle, „dass die menschliche Vernunft die Formen erst selbstständig konstruieren muss, ehe wir sie in den Dingen nachweisen können" und mit Bezug auf Kepler stellt er zustimmend fest, „dass aus bloßer Empirie allein die Erkenntnis nicht aufblühen kann" (Einstein 1956c, S. 151). In dieser starken Theoretizität, Ausdruck des Primats der Theorie vor Masse und Energie, bestätigt Einstein die These der *geistes*wissenschaftlichen Grundlegung der modernen Physik. Das „vor" im Vorrang der Theorie ist dabei in einer doppelten Bedeutung zu verstehen: zeitlich, d. h. in einer *Entdeckungs*funktion und sachlich, d. h. in einer via Bedeutung geführten gegenstands*konstituierenden* Funktion. Das von Heisenberg eingeführte Beziehungspostulat ist dann im Lichte der Einsteinthese so zu qualifizieren: *Wir erkennen nicht die Natur, sondern unsere via Theorie geregelte Beziehung zu ihr.*

Beginnen wir mit der Entdeckungsfunktion, also mit dem *zeitlichen* „vor" der Theorie. Einstein hatte, nachdem er in der Allgemeinen Relativitätstheorie die Gravitation als Kraft auf die Geometrie (des Raumes) zurückgeführt hat, die Hypothese aufgestellt, dass Licht sich unter dem Einfluss der raumkrümmenden Wirkung der Gravitation auf *krummen* Bahnen fortpflanzt. Ein Lichtstrahl, der an einem Himmelskörper vorbeigeht, sollte also zu diesem hin von seiner ursprünglichen Bahn „abgebogen" werden. Die mathematische Bestimmung dieser Ablenkung am Beispiel der Sonne: Der Ablenkungswinkel α wird bei einem Lichtstrahl, der in einer Entfernung von Δ Sonnenradien an der Sonne vorbeigeht, $\alpha = 1{,}7$ Sekunden $/ \Delta$ betragen (Einstein 1979, S. 100). Das Besondere: Die Annahme der Krümmung der Lichtstrahlen in der Nähe massereicher Körper hat Einstein schon 1911 im Zusammenhang mit der Krümmung des Raumes rein *theoretisch* eingeführt, zum ersten Mal *empirisch* getestet wurde sie von Eddington bei einer Sonnenfinsternis erst 1919 (die damals durch Bewölkung verursachten Ungenauigkeiten wurden später durch neue Experimente ausgeräumt). Abgesehen davon, dass Theorie *im Regelfall* der Empirie vorausgeht (das war auch bei Heisenbergs Unbestimmtheitsrelation so), ist hier von Wichtigkeit, dass es das Experiment ohne Vorlauf der Theorie gar nicht gegeben hätte (das gilt auch für das Neutrino – von Pauli 1930 theoretisch postuliert und 1953 in einem im Eis der Antarktis versenkten Detektor entdeckt –, das ein *rein* szientistischer, theoriefrei arbeitender Experimentator nie gefunden hätte, schon deshalb nicht, weil er nicht nach ihm gesucht hätte. Um ein fast masseloses Teilchen in der Empirie zu suchen und zu finden, ist das Licht der Theorie nötig). Da Theorien symbolische und damit geistige Entitäten sind, ist ihre wichtige *Entdeckungs*funktion ein weiterer Hinweis auf geisteswissenschaftliche Grundlagen der Physik.

Den Vorrang der Theorie vor Empirie hat Einstein an vielen Stellen geäußert, gelegentlich bis zur unverhohlenen Geringschätzung des Experimentes. So schreibt er im Zusammenhang mit der Kausalität zwischen der Krümmung des Raumes und der Krümmung der Lichtstrahlen an Besso im März 1914: „Nun bin ich vollkommen befriedigt und zweifle nicht mehr an der Richtigkeit des ganzen Systems, mag die Beobachtung der Sonnenfinsternis gelingen oder nicht." (zitiert in: Holton 1981, S. 224) Wichtig ist: Die Allgemeine Relativitätstheorie ist durch *keinerlei* Beobachtungen oder Experimente angeregt worden, Einsteins langjährige Beschäftigung mit ihr war also ausschließlich *theoretisch* motiviert. Aber wichtig ist auch: Die Geringschätzung des Experiments, die Einstein im Zitat oben anklingen läßt, ist keine Geringschätzung des „Physikalisch-Realen", sondern nur der oft überschätzten *Beweis*funktion des Experimentes. Was die Wahrheit von physikalischen Annahmen betrifft, so vertraute Einstein der Kraft der Theorie und damit der Kraft des Geistes auf dem Hintergrund dieser Überzeugung: „In einem gewissen Sinne halte ich es also für wahr, dass dem reinen Denken das Erfassen des Wirklichen möglich sei, wie es die alten geträumt haben." (zitiert in: Holton 1981. S. 221) Die Begründetheit dieses Vertrauens hat sich immer wieder bestätigt (siehe z. B. in der gravitationsabhängigen Relativität der Zeit, die er 1907 theoretisch abgeleitet hat und die erst 1960 im Pound-Rebka-Experiment und dann präziser 1976 mit einer Scout-D-Rakete empirisch bewiesen wurde).

Was das Verhältnis von Theorie und Empirie betrifft, so changiert Einstein allerdings im Laufe der Zeit zwischen beiden Polen. Er spricht vom „ewigen Gegensatz der beiden unzertrennlichen Komponenten unseres Wissens, Empirismus und Ratio" (Einstein 1956d, S. 114) – aber mit einer klar erkennbaren Tendenz zum Rationalismus, i. e. zum *Vor*rang der Theorie. Inhaltlich kann man sie festmachen an seiner Formulierung der *Allgemeinen* Relativitätstheorie. So schreibt er in einem Brief an Cornelius Lancos: „Vom skeptischen Empirismus etwa ›Mach'scher Art‹ herkommend hat das Gravitationsproblem mich zu einem gläubigen Rationalisten gemacht, d. h. zu einem, der die einzige zuverlässige Quelle der Wahrheit in der mathematischen Einfachheit sucht." (zitiert in Holton 1981,. S. 230/231) Einsteins Vertrauen in die Mathematik ist eine Form seines Vertrauens in die Theorie, was einmal mehr die These der *geistes*wissenschaftlichen Grundlegung der modernen Physik bestätigt; denn was die Reinheit des logischen Status als *Geistes*wissenschaft betrifft, so kann neben der Mathematik nur noch die Logik diesen Grad von *Reinheit* des Geistigen und damit des nur *geistes*wissenschaftlich Zugänglichen in Anspruch nehmen.

Eine Differenzierung: Der Anwendungsbereich der Mathematik beschränkt sich auf die *Begründungs*phase von neuen Ideen. In der *Entstehungs*phase von Neuem dagegen hat sie nach Einstein keinen Platz: „In wissenschaftlichen Werken wimmelt es zwar von komplizierten mathematischen Formeln, doch entspringt jede physikalische Theorie aus einem Denkvorgang, einer Idee, und nicht etwa aus Zahlengebilden." (Einstein/Infeld 1970, S. 182) Hinzuzufügen ist: Sie „entspringt" auch nicht aus der *Empirie*. Natürlich verliert Einstein als Physiker letztere nicht aus den Augen: Sie findet „durch die Folgesätze der Theorie ihre Darstellung" (Einstein 1956d, S. 115). Im gleichen Absatz bestärkt er aber auf überraschende und radikale Weise den Primat der Theorie und damit des rein Geistigen so: Ihre „Begriffe und Grundgesetze [...] sind [...] freie Erfindungen des menschlichen Geistes". Dann spricht er vom „rein fiktiven Charakter der Grundlagen der Theorie" und stellt sich schließlich ausdrücklich gegen Newtons Irrglauben, „dass die Grundbegriffe und Grundgesetze seines Systems aus der Erfahrung abzuleiten seien." (Einstein 1956d,. S. 115) Gegen Newtons „hypotheses non fingo" setzt Einstein also „hypotheses semper fingo". Wenn Einstein mit Bezug auf Theorien nicht nur von „Erfindungen", sondern von *„freien* Erfindungen" und vom *„rein* fiktiven Charakter der Grundlagen der Theorie" spricht, so heißt dies im Klartext, dass die so charakterisierte physikalische Theorie in ihren Grundlagen rein *geistig* und damit physik*frei* ist. Dann jedenfalls, wenn „physikalisch" nur mit *Welt*bezug verwendet werden soll, was Konsens unter Physikern ist. Ansonsten müsste der Ausdruck „physikalische Fiktion" zulässig sein, was aber unter der Voraussetzung *„Welt*bezug" ebenso selbstwidersprüchlich wäre wie „fiktives Faktum".

Schauen wir uns diesen „fiktiven Charakter" der Theorie an einem zentralen Beispiel einmal an. Nach Einstein ist „eine der grundlegendsten Fragen" die: „Gibt es ein Inertialsystem?" (Einstein/Infeld 1970, S. 141) Die Antwort ist deshalb so wichtig, weil das Naturgesetz der Konstanz der Lichtgeschwindigkeit *nur* in Inertialsystemen gilt. Und wodurch zeichnen sich Intertialsysteme aus? Inertialsysteme lassen nur gleichförmige Translationsbewegungen zu, was den Ausschluss der Gravitation zur Folge hat. Schon hier beginnt ein gravierendes logisches Problem: Wenn Gravitation nämlich empirisch *universell* wirkt, was in der Physik unbestritten ist, kann es Inertialsysteme *nirgendwo* in der empirischen Welt geben, denn Inertialsysteme werden ja gravitationsfeld*frei* eingeführt, was ebenfalls in der Physik bis heute unbestritten ist. In diesem Dilemma von Empirismus und Rationalismus schlägt sich Einstein in einem empiristischen Rückfall und mit einem Doppelschlag zunächst auf die Seite der Empirie und zieht den Schluss: „Wir wollen die Trugbilder ›absolute Bewegung‹ und ›Inertialsystem‹ nunmehr endgültig aus der Physik verbannen." (Einstein/Infeld 1970, S. 149)

Damit handelt er sich aber ein schwerwiegendes Problem ein: Wenn Inertialsysteme „endgültig aus der Physik verbannt" werden, verschwindet die Grundlage der Speziellen Relativitätstheorie, denn seinen eigenen Voraussetzungen zufolge gilt die Konstanz der Lichtgeschwindigkeit *nur* in Inertialsystemen. Hält er dagegen in empirischer Absicht am Prinzip der *Konstanz* der Lichtgeschwindigkeit fest, gibt es einen logischen Widerspruch zwischen der universellen Gültigkeit der Speziellen und der universellen Gültigkeit der Allgemeinen Relativitätstheorie. Zunächst Einstein: Er konstatiert unmissverständlich, „dass nach der allgemeinen Relativitätstheorie das schon oft erwähnte Gesetz von der Konstanz der Vakuumlichtgeschwindigkeit, das eine der beiden grundlegenden Annahmen der speziellen Relativitätstheorie bildet, keine unbegrenzte Gültigkeit beanspruchen kann. Eine Krümmung der Lichtstrahlen kann nämlich nur dann eintreten, wenn die Ausbreitungsgeschwindigkeit des Lichtes mit dem Orte variiert". (Einstein 1979, S. 69) Einstein sinniert dann kurz, dass durch diese Geltungseinschränkung die Spezielle Relativitätstheorie „zu Fall gebracht" sein könnte, bringt sich aber schnell mit einem bekannten Trick aus dieser Gefahrenzone heraus: Die Spezielle Relativitätstheorie gilt „nur insoweit, als man von den Einflüssen der Gravitationsfelder auf die Erscheinungen (z. B. des Lichtes) absehen kann" (Einstein 1979, S. 61). Noch einmal die Bestimmung von „Inertialsystem" in Einsteins Worten: „Der (Inertial-) Raum – oder genauer gesagt, dieser Raum mit der zugehörigen Zeit – bleibt übrig, wenn man Materie und Feld weggenommen denkt." (Einstein 1979, S. 120/121) Das Konditional „wenn" hat hier allerdings nur eine logische und keine physikalische Bedeutung, denn Einstein sagt klar: „Wenn man das Gravitationsfeld ... weggenommen denkt, so bleibt nicht etwa ein Raum vom Typus (1) (gemeint ist: der Inertial-Raum, d. A.), sondern überhaupt *nichts* übrig." (Einstein 1979, S. 125) Um die problematische logische Struktur auf den Punkt zu bringen, zwei Kernsätze: 1) Die Lichtgeschwindigkeit ist konstant (Spezielle Relativitätstheorie). 2) Die Lichtgeschwindigkeit variiert mit den Koordinaten (Allgemeine Relativitätstheorie), was heißt: Die Lichtgeschwindigkeit ist *nicht* konstant. Nimmt man für *Beide* eine *außer*theoretische Extension, also empirischen Bezug, an, so sind die Aussagen unter der Annahme der *universellen* Wirkung der Gravitation unüberwindbar logisch widersprüchlich.

Aus dieser Widersprüchlichkeit gibt es nur einen logisch befriedigenden Weg: Spezielle und allgemeine Relativitätstheorie haben einen unterschiedlichen logischen Status. Das heißt: Das Inertialsystem der Speziellen Relativitätstheorie ist ein reines Gedankenkonstrukt mit *leerer* Extension, während die Allgemeine Relativitätstheorie über *empirischen* Designata aufgebaut ist. Die Annahme der leeren Extension des Inertialsystems, i. e. sein durch mathematische Idealisierung entstandener rein geistiger Status, passt zu Einsteins Disqualifizierung als „Trugbild" (ein Trugbild *muss* rein geistiger Natur sein!), ein Verdikt, das er wegen der *universellen* Wirkung der Gravitation ausgesprochen hatte. Die vorgeschlagene Widerspruchsvermeidung durch Differenzierung des logischen Status wäre konsistent mit Einsteins schon zitierten, allerdings abweichend von „Trugbild" nicht pejorativ gemeinten Ausführungen zur Theorie: Ihre „Begriffe und Grundgesetze ... sind freie Erfindungen des menschlichen Geistes", die vom „rein fiktiven Charakter der Grundlagen der Theorie" bestimmt sind. (Einstein 1956d, S. 115) Auch bei der späteren Unterscheidung zwischen Gruppen- und Phasengeschwindigkeit eines Lichtimpulses treten in

Lehrbüchern der Physik – empirisch gesehen – merkwürdige Begriffe dieser Art auf. So wird die Phasengeschwindigkeit im Zusammenhang mit der optischen Informationsübertragung als „Scheingeschwindigkeit" bezeichnet, während die Gruppengeschwindigkeit in einem Medium mit Dispersion „langsames Licht" kennt. In atomaren Gasen ist es wegen der sehr starken Dispersion so langsam, „dass Lichtimpulse sogar von Fußgängern überholt werden können!" (Meschede 2015, S. 520/521) Da „Schein" hier nicht als erhellende Wirkung von Photonen im Sinne von „Lichtschein" gemeint ist, kann es eine „Scheingeschwindigkeit" nicht empirisch, sondern nur geistig geben – wenn „Schein" noch einen Sinn haben soll.

Das logisch problematische Verhältnis von Spezieller und Allgemeiner Relativitätstheorie tritt immer wieder auf, so auch in der Annahme, dass die Lichtgeschwindigkeit der Speziellen Relativitätstheorie nur im Vakuum gilt. Das Problem: Ein Vakuum gibt es nur *geistig*, nicht physikalisch; denn der Raum ist *nirgendwo* leer, sondern überall erfüllt, z. B. von der 3° K-Hintergrundstrahlung. An den physikalischen Eigenschaften des Vakuums scheiden sich auch methodologisch die Geister. Mittelstaedt z. B. charakterisiert Einsteins neue Physik als eine Theorie der Natur, „wie sie sich zeigt, wenn sie mit realen Maßstäben und Uhren untersucht wird". (Mittelstaedt 1976, S. 45) Diese Methodologie ist im Vakuum aber ausgeschlossen, weil es im Vakuum per definitionem *und* physikalisch keine Massen und damit auch keine „realen Maßstäbe und Uhren" geben kann. Würde in das Einsteinsche Inertialsystem in Messabsicht eine *reale* Uhr, also Masse eingeführt, würde das Inertialsystem eine wesentliche Eigenschaft, nämlich Gravitationsfeldfreiheit, verlieren, weil gleichzeitig mit der Masse der Uhr notwendig ein Gravitationsfeld entsteht. In den genannten Fällen (Inertialsystem, Elektron, Photon, Vakuum) gibt es – gegen Mittelstaedts Annahme – einen „autonomen Sprecher", der *nicht* „den Einschränkungen der physikalischen Realität unterworfen ist" (Mittelstaedt 1986, S. 12). In der Explikation der Grundbegriffe der Physik zeigt sich die *Freiheit* des Geistes gegenüber der Materie, seine logische *Autonomie*. Diese Besonderheit wird später in der Theorie des Geistes noch eine große Rolle spielen.

Noch ein kleiner Beweis für diese Freiheit: Wenn die Annahme gilt, dass sich ein Photon im Vakuum mit der Geschwindigkeit c fortpflanzt, so kann es laut Lehrbuch „Gerthsen Physik" kein „richtiges" Teilchen sein, weil ein „richtiges" Teilchen, also ein Körper, „bei der Geschwindigkeit c einen unendlich großen Impuls" erhält (Meschede 2015, S. 672). Um das zu vermeiden, hat man ohne *physikalische* Begründung und damit in *geistes*wissenschaftlicher Attitüde dem Photon die Ruhemasse Null gegeben. „Kein richtiges Teilchen" ist gleichbedeutend mit „rein geistiges Teilchen"; denn einen Körper mit der Masse Null gibt es nicht, unabhängig davon, ob der Körper in Ruhe oder in Bewegung ist. Egon Becker hat mich auf einen weiteren Grund für den rein geistigen Status von „Ruhemasse" aufmerksam gemacht: *Reale* Photonen sind *immer* in Bewegung, d. h. niemals in Ruhe. In Bezug auf reale Photonen hat der Begriff „Ruhemasse" also keinen empirischen Sinn. „Ruhemasse" ist ein rein geistiges, extensional leeres Konstrukt. Die moderne Physik ist durchsetzt von solchen rein geistigen Größen.

Dieses oft schwer entwirrbare Gemenge von empiriefreier und empiriehaltiger Theorie hat der notorische Wissenschaftsrebell Paul Feyerabend konsequent *geistes*wissenschaftlich aufgelöst: Im Unterschied zur klassischen Physik sind in der relativistischen Physik Masse, Volumen, Geschwindigkeit, Zeitintervalle etc. keine Eigenschaften, die Gegenstände selbst *haben* und die sich nur durch direkte *physikalische* Einwirkung verändern können, sondern die o. g. Eigenschaften sind „Beziehungen zwischen physikalischen Gegenständen und Koordinatensystemen, die sich *ohne physikalische Einwirkung* ändern können, wenn man ein Koordinatensystem durch ein anderes ersetzt". (Feyerabend 1986, S. 357) „Änderung ohne physikalische Einwirkung" – allein der Geist kann das bewirken. *Rein* geisteswissenschaftliche Lösungen haben allerdings eine Kehrseite. Sie zeigt sich in der Physik als zunehmende Tendenz, kontingente Größen aus der Theorie zu verbannen, d. h. die physikalischen Objekte werden mehr und mehr *vollständig* durch die Theorie bestimmt (siehe Hedrich 1990, S. 125) – und die *Phänomen*welt gelangt nur noch im zweiten Schritt und über Randbedingungen zur Geltung. Mit dieser Tendenz war der Dritte der großen Drei, Niels Bohr, nicht einverstanden.

4. Bohrs „Sinn vor Mathematik"

Beginnen wir unernst mit einer Anekdote, die Bohrs Denken gut charakterisiert. Bohr hatte einmal Gäste in seinem Ferienhaus, an dessen Eingangstür ein Hufeisen als Glücksbringer angebracht war. Einer der Gäste fragte verwundert, ob er als Wissenschaftler an so was glaube. Seine Antwort war ein logisch verzwicktes „Nein, aber": Natürlich glaube er *nicht* daran, *aber* er habe gehört, dass ein Hufeisen auch denen Glück bringe, die nicht daran glauben. (Bührke 1998, S. 181) Diese schillernde geistige Haltung zu Widersprüchen hat dann in der Debatte um den Welle-Teilchen-Dualismus zum Bohr'schen „Komplementaritätsprinzip" geführt. Es spielt in der heutigen Physik keine Rolle mehr, aber Bohrs breite *geistes*wissenschaftliche Bildung hat ihn zu weiteren Erkenntnissen geführt, die bis heute und nicht zuletzt beim Thema „*nicht*szientistische methodologische Einheit" von Bedeutung sind.

In seinem Essay „Die Einheit menschlicher Erkenntnis" kommt Bohr auf geisteswissenschaftlichem Reflexionshintergrund zu einer Forderung, die gnadenlose Formalisierer befremdet, in Wahrheit aber wesentlicher Teil jeder Wissenschaft ist (die Tätigkeit des Formalisierens eingeschlossen). Ich meine den an der Phänomenwelt orientierten Topos der Allgemeinverständlichkeit, der uns schon bei Heisenberg begegnet ist und dem Bohr mit ausdrücklich einheitswissenschaftlicher Funktion einmal mehr Gewicht verleiht: „Es ist die Absicht, mit solchen Argumenten zu betonen, dass alle Erfahrungen, die der Menschheit zum Nutzen dienen können – gleichviel ob es sich um Wissenschaft, Philosophie oder Kunst handelt –, mit Hilfe unserer gemeinsamen Ausdrucksmittel mitgeteilt werden müssen, und auf dieser Grundlage wollen wir uns der Frage der Einheit menschlicher Erkenntnis nähern." (zitiert in: Holton 1981, S. 192) Die Umgangssprache ist als Metasprache *aller* Wissenschaften ein wichtiger Baustein für die Einheit. Sie ist *das* Bindemittel der Disziplinen – so unterschiedlich sie auch in ihren Gegenstandsbereichen sein mögen. Damit hat Bohr auch den Weg bereitet für das, was heutzutage „Public understanding of science" heißt. Wichtig ist: Bei dieser Aufwertung der Umgangssprache kann sich Bohr auf eigene und erfolgreiche wissenschaftliche Erfahrung stützen (z. B. in seiner Atomtheorie). Nie waren mathematische Formeln *Ausgangs*punkt seiner Überlegungen (darin Einstein und Heisenberg gleich), sondern die Beschreibung der Erfahrung und damit die „unablässige Reflexion auf den Sinn der Begriffe" (von Weizsäcker 1988, S. 506). Wieder steht die *Bedeutung* im Mittelpunkt, dieses Mal in Form der Umgangssprache. Das ist Antireduktionismus in einer wichtigen Variante, denn die Umgangssprache kann nicht auf die Sprache der Mathematik reduziert werden, deren Grenzen sich aus ihrem rein *extensionalen* Charakter ergeben („extensional" ist hier im Sinne der formalen Logik gemeint, d. h. die Mathematik kann wie die Logik nur Symbol*umfänge*, aber keine Symbol*inhalte* operieren). Die Lehrbuchphysik und damit die Didaktik des physikalischen Denkens folgen nicht der Bohrschen Orientierung am konkreten Sinn von Begriffen. Danach sind nämlich die quantenmechanischen Zustandsfunktionen und Operatoren „leider" (immerhin ein Bedauern!) noch unanschaulicher als die Maxwellschen Felder der Elektrodynamik. Die fragwürdige Empfehlung: „Man muss sie zunächst einfach lernen und ihren Sinn durch Anwendung begreifen." (Meschede 2015, S. 699) Diese Didaktik hat Harald Lesch noch deutlicher so charakterisiert: Wenn Studenten nach der physikalischen Bedeutung der Begriffe fragen, müssen sie mit der Antwort „Shut up and calculate!" rechnen.

Ein solches „Shut up and calculate!" macht von Weizsäcker für Probleme vieler Physiker verantwortlich, die daher rührten, „dass sie mathematische Modelle des Geschehens voraussetzen, ohne gründlich zu fragen, wie die dabei verwendeten Begriffe mit Sinn erfüllt werden könnten." (von Weizsäcker 1988, S. 509) So spricht er bedauernd von der „Machtübernahme der Mathematik in der Quantentheorie", die in J. von Neumanns Buch „Mathematische Grundlagen der Quantentheorie" stattgefunden und die Bohr nie als angemessen akzeptiert habe (von Weizsäcker 1988, S. 511/512). So kann er im Sinne von

Bohrs Wertschätzung der Umgangssprache argumentieren, dass auch in der Physik das „Vorverständnis [...] in der unabgrenzbaren Umgangssprache (wurzelt)". (von Weizsäcker 1988, S. 514) Hier dürften Dualisten im Allgemeinen und Hermeneutikern im Besonderen freudig die Ohren klingeln. Ihr Pech: Das „Vorverständnis in der Umgangssprache" wird hier nicht zur Grundlage der methodologischen Spaltung, sondern zur Grundlage der *Einheit* der Wissenschaften.

Um ein Missverständnis zu vermeiden: Physiker können kein *grundsätzlich* kritisches Verhältnis zur beeindruckend erfolgreichen Mathematik haben, wohl aber hinsichtlich ihrer „Machtübernahme" in *allen* Phasen der Forschung. Die Realität der Physik ist ohnehin anders: Es gibt nur wenige Beispiele für diese „Machtübernahme" in der *frühen* Erkenntnisphase, worauf auch Einstein schon hingewiesen hat. Eines ist Diracs Elektronentheorie, die ohne umgangssprachlichen Vorlauf „direkt als mathematische Gleichung aufgestellt wurde." (Ziman 1982, S. 22) Noch ein Blick über den Tellerrand: Bohrs Aufwertung der Umgangssprache fügt sich nahtlos an § 120 von Wittgensteins *Philosophische Untersuchungen*, die Lorenz so zusammenfasst, dass man „die Sprache des Alltags, also die Umgangssprache, als Metasprache stets schon verwendet, gleichgültig, ob es um die idealsprachliche Präzisierung der Gebrauchssprache, oder um die Bestimmung des umgangssprachlichen Kerns der Gebrauchssprache geht". (Lorenz 1970, S. 110) Dass über die metasprachliche Funktion hinaus nicht mathematische Formeln, sondern umgangssprachlich geführte Analogien auch in der Physik oft Ausgangspunkt wissenschaftlicher *Neuerungen* sind, hat Koestler auf dem Hintergrund von Poincaré's Innovationsregel „Pour inventer il faut penser à coté" mit dem Begriff „Bisoziation" an vielen Beispielen eindrucksvoll belegt. (siehe Koestler 1966) In dieser *Entstehungs*phase des Neuen ist „*weg*denken" (à coté) gefragt, d. h. an etwas anderes denken oder etwas anderes tun, und nicht Ratio und Mathematik, sondern das Unbewusste und seine umgangssprachliche Erscheinung, gelegentlich von Bildern begleitet, führen dann die Regie. Poincaré, selbst berühmter Mathematiker und Physiker, musste es wissen – auch wenn ihn die Anwendung seiner Innovationsregel nicht zur lange versuchten mathematischen Lösung des *Dreikörperproblems* geführt hat. Jedenfalls wird seine Regel „wegdenken" auch in späteren Untersuchungen von Hadamard zur Entstehung von wissenschaftlichen Innovationen und auch in vielen Selbstzeugnissen von Mathematikern bestätigt.

In diese ausdrückliche Aufwertung von Alltagssprache und Alltagswelt passt Bohrs komplexer Phänomenbegriff. Für ihn waren Phänomene „nicht isolierte Sinneswahrnehmungen ..., sondern jeweils nur das verständliche Ganze einer *Situation*, in deren Rahmen Sinneseindrücke erst eine mitteilbare Bedeutung bekommen [....] Es handelt sich um sinnliche Wahrnehmungen an realen Gegenständen, die wir vorweg begrifflich interpretieren". (so von Weizsäcker 1988, S. 508) Von dieser Grundhaltung und der zentralen Rolle der Bedeutung zu einer allgemeinen Theorie des Geistes ist es nur ein Katzensprung. Gerade die Annahme der nicht hintergehbaren begrifflichen Vermitteltheit der Sinneseindrücke – von Kant schon hervorgehoben – vereint die Großen Drei (bei Einstein war es die Theorieabhängigkeit der Beobachtung, bei Heisenberg der Wechsel vom Elementarteilchen zu seiner Kenntnis). Aber auch Unterschiede zwischen den Dreien sind nicht zu übersehen. Am Beispiel der Unschärferelation: Einstein behauptete ontische *Schärfe*, d. h. in der außerexperimentellen physikalischen Welt sind Ort und Impuls gleichzeitig genau bestimmt. Die Unschärfe ist demnach nur eine Folge unserer begrenzten Erkenntnismittel. Für Heisenberg dagegen war die Unschärfe *ontische* Unschärfe, also eine Eigenschaft auch der messunabhängigen Realität. Zwischen diesen beiden Einschätzungen hat sich Bohr so positioniert: Heisenbergs Kenntnistopos interpretiert er abweichend von Heisenberg als *epistemische* Unschärfe, die jedoch *prinzipiell* nicht ontisch transzendierbar ist. Denn Gegenstand der Physik kann nur das sein, was wir wissen und damit das, was wir sagen können. Ein Jenseits von Sprache und Bedeutung ist uns nicht einmal *gedanklich* zugänglich. Mit dieser konsequent epistemischen Sichtweise widerspricht Bohr auch Einstein, der seine Annahme der ontischen Schärfe auch der Quantenwelt nie aufgab. Die strikt epistemische Position Bohrs fügt sich einmal mehr in Wittgensteins Sprachtheorie, nachdem er die frühe Tractatus-Abbildtheorie im Wechsel von ontischer zu epistemischer Ausdrucksweise so korrigiert hatte: Man glaubt, „der Natur nachzufahren", während man in Wahrheit „nur der Form entlang (fährt), durch die wir sie betrachten." (Wittgenstein 1967, § 114) Dieses schwierige Verhältnis von Sprache und Realität taucht immer wieder auf und ist ein wichtiger Teil des letzten Kapitels „Grundzüge einer logisch autonomen Theorie des Geistes".

Aus solch konsequent epistemischen Betrachtungsweisen zieht von Weizsäcker für die Quantentheorie einen radikalen Schluss: „Von den heutigen Kenntnissen der Physik her steht also einer Philosophie nichts im Wege, welche wagen würde, die Wirklichkeit, auf die sich das quantentheoretische Mehrwissen bezieht, als eine essentiell seelische oder geistige Wirklichkeit aufzufassen." (von Weizsäcker 1988, 637) Ersetzen wir „Philosophie" durch „Physik", trifft der Satz ins Schwarze. Genau diesen Schritt vollzieht Wheeler, wenn er via Folgerungen aus der Quantentheorie pathetisch anmahnt, „um der Grundlage der Existenz willen eine ›da draußen‹ angesiedelte Physik-Hardware aufzugeben und durch eine sinnvolle, bedeutsame Software zu ersetzen". (Zitiert in: Davies 1988, S. 246). Zeilinger führt den Unterschied zwischen Bohr und Einstein und mit Zustimmung zu Bohr weniger pathetisch in einem Vortrag so aus: „Bei Bohr ist es sozusagen Information, bei Einstein ist es die physikalische Wirklichkeit." Die Schlussfolgerung in den Worten von Davies: „Damit wird die Bedeutung – oder Information oder Software – zu einem primären Status erhoben, während Materieteilchen sekundär werden." (Davies 1988, S. 246) Das ist *geistes*wissenschaftliche Grundlegung der Physik pur.

Aber es bleiben noch einige nichttriviale Baustellen auf dem bisher skizzierten Weg zur Einheit der Wissenschaften. Eine könnte Bohrs berühmtes Dictum „Only an observed phenomen is a phenomen" sein. Läuft es seinem eigenen Einheitsanliegen zuwider? Jedenfalls haben Dualisten wie der Psychoanalytiker Alfred Lorenzer versucht, mit der abgrenzenden Charakterisierung der Physik als „Beobachtungswissenschaft" den Dualismus zu begründen. (Lorenzer 1974, S. 36) In der Tat: Auch die Bohrsche Physik kann auf Beobachtung nicht verzichten. Aber: Bohrs Dictum ist kein Versuch, die Physik als „Beobachtungswissenschaft" zu charakterisieren, was nicht nur andere seiner Grundannahmen, sondern gleichermaßen Heisenberg und Einstein konterkarieren würde. Im Gegenteil: Das *Nicht*beobachtbare und seine Besonderheiten waren ein wesentlicher, d. h. irreduzibler Teil seiner Theorie, so dass im Geiste Bohrs „observed" durch „recognized" ersetzt werden kann. Mehr noch: Er hat das Nichtbeobachtbare der Quantenmechanik konvergenztheoretisch genutzt, in der Absicht also, den Dualismus von Natur- und Geisteswissenschaften grundsätzlich in Frage zu stellen. So wird er gegen den Psychoanalytiker Alfred Lorenzer via Analogie gerade zum Brückenbauer hin zur Psychoanalyse: Es „entspricht die Schwierigkeit, der Vorstellung des Unterbewusstseins einen anschaulichen Inhalt zu geben, der prinzipiellen Begrenzung anschaulicher Deutung des quantenmechanischen Formalismus." (Bohr 1970, S. 398) Auch Pauli hat – mit einem anderen Bezug – durch einen Vergleich zwischen dem nicht beobachtbaren Unbewussten und nicht beobachtbaren physikalischen Feldern auf eine wissenschaftslogisch erhebliche Analogie aufmerksam gemacht. (Pauli 1990, S. 85 f.). Leider haben nur sehr vereinzelt Vertreter der Geisteswissenschaften diesen konvergenztheoretisch geschlagenen Ball aufgefangen. Zu den Ausnahmen zählt Danto, der genau umgekehrt zu Lorenzer am Problem der Nichtbeobachtbarkeit tragfähige Analogien zwischen Physik und Geschichtswissenschaft herausgearbeitet hat. So stellt er zutreffend fest, „dass Naturwissenschaftler in der Regel keinen Zugang – via direkter Beobachtung – zu ihrem Gegenstand haben, gerade weil das, womit sie zu schaffen haben, nicht beobachtbar ist, greifen sie zurück auf detailliert ausgearbeitete Theorien und Techniken, und was die Naturwissenschaftler wirklich direkt beobachten können, steht womöglich in keinem intimeren Verhältnis zu ihrem Gegenstand, als das, was Historiker unmittelbar beobachten können – Münzprägungen und Manuskripte und Tonscherben –, zu ihrem Gegenstand in Beziehung steht". (Danto 1980, S. 158) In der Feststellung von Analogien ähnlich vermutet MacIntyre beim Elektron „einen ähnlichen logischen Status" wie beim Begriff des Unbewussten. (MacIntyre 1968, S. 80) Aber das sind leider Ausnahmen von geisteswissenschaftlichen Versuchen, Kontakt mit den Naturwissenschaften aufzunehmen.

Es erstaunt um so mehr, als schon Altmeister Sigmund Freud für diese am Problem der Nichtbeobachtbarkeit festgemachte Konvergenz gute Vorarbeit geleistet hat, indem er unbewusste und damit unbeobachtbare Prozesse als Ursache für beobachtbare „krankhafte Symptome" postuliert hat (Freud 1952a, S. 209). Und Kenntnis erlangen wir von unbewussten Vorgängen „nur als Bewusstes ... An und für sich sind sie unerkennbar" (Freud 1952d, S. 264 bzw. 286). Dann stellt er zum logischen Status der Grundbegriffe (Trieb, nervöse Energie etc.) fest, dass sie wohl „auf längere Zeit so unbestimmt bleiben wie die der älteren Wissenschaften (Kraft, Masse)." (Freud 1952g, S. 81) Das alles ist streng analogisch zur Quantenmechanik: So wie in der Psychoanalyse unbewusste, nicht beobachtbare Prozesse beobachtbare Symptome (z. B. Angstverhalten) verursachen, so erzeugen in der Quantenmechanik unbeobachtbare Teilchen beobachtbare Spuren (z. B. in der Nebelkammer). Die weitere Analogie: Kenntnis erlangen wir vom Unbewussten nur auf der Ebene des Bewusstseins, so wie in der Quantenmechanik die Existenz der Teilchen nur auf der makroskopischen Ebene der bewussten Beobachtung (indirekt) in Erscheinung tritt. In beiden Fällen muss deshalb zwischen Beweis- und Erklärungsebene unterschieden werden: Das Beobachtbare *beweist* das Nichtbeobachtbare, während umgekehrt das Nichtbeobachtbare das Beobachtbare *erklärt*. Freuds Feststellung von Verwandtschaftsbeziehungen zwischen Psychoanalyse und Physik ist somit kein „szientistisches Selbstmissverständnis", wie Habermas monierte (Habermas 1970c, S. 263), sondern Ausdruck der gleichen Problemlage, die auch in Bohrs Analogie Ausdruck fand (auf den *problematischen* Teil der Freudschen *natur*wissenschaftlichen Bestimmung der Psychoanalyse gehe ich später ein).

5. Symbolische vs. nichtsymbolische Realität

Zur Erinnerung: Heisenberg, Einstein und Bohr haben unterschiedliche Auffassungen darüber vertreten, was „physikalische Realität" ist. Aber keiner von ihnen hat die außersymbolische Realität in ihrer Eigenständigkeit geleugnet. In manchen Theorien der Informationsgesellschaft ist aber genau das der Fall. Ein Beispiel: „Wer gegenwärtig noch die Differenzen von realen und fiktiven, wirklichen und virtuellen Zuständen aufrechterhalten will, gerät in Beweisnot." (Palm 2007, S. 13) In Wahrheit ist aber nicht der Unterschied zwischen „realen und fiktiven Zuständen ... in Beweisnot", sondern die Behauptung seiner Nichtexistenz. Zwei Beispiele: Dass die Außenwelt *nicht* virtuell ist, ist der Grund, warum nur Selbstmörder freiwillig aus dem realen 10. Stock springen – im Vertrauen auf die Wirksamkeit der *realen* Gravitation. Der Sprung in der *virtuellen* Welt würde *nicht* das gewünschte Ergebnis erzielen. Wir können durch die Freiheit des Geistes zwar einen Körper gravitationsfeldfrei *denken* und so im Computer simulieren, aber ein Körper kann nicht gravitationsfeldfrei *sein*. Auch dass die gute Stube nicht durch ein *virtuelles* Feuer in der Computer*simulation* warm wird, sondern durch *reale* chemische Reaktionen in der Elektronenhülle, also im Atom bei $r \approx 10^{-10}$ m, beweist den *Unterschied* der beiden Welten. Dennoch: Das Thema der Separierbarkeit/Nichtseparierbarkeit der symbolischen und nichtsymbolischen Realität bleibt auch nach Heisenberg, Einstein und Bohr zu Recht virulent. Zweierlei können wir allerdings sicher sagen: 1) Die Außenwelt *ist* nicht symbolisch. 2) Wir *erkennen* sie nur *als* symbolische, nämlich via Theorie. Das gilt gleichermaßen für Geistes- und Naturwissenschaften. Dieser Unterschied zwischen der sinnvollen Annahme der *Existenz* einer symbolunabhängigen Außenwelt und der sinnlosen Annahme einer symbolunabhängigen *Erkennbarkeit* der Außenwelt wird uns später noch einmal beschäftigen.

Auch Planck hat dieses Thema Kopfzerbrechen bereitet. Es lohnt sich, seinen Überlegungen etwas Raum zu geben, auch um zu zeigen, dass sich – über Einstein, Heisenberg und Bohr hinaus – geisteswissenschaftliche Tendenzen in der Physik auf breiter Front und einmal mehr an höchster Stelle nachweisen lassen. So stellt Planck fest, dass die theoretische Physik Ereignisse eines wirklichen Messvorgangs durch einen „nur gedachten Vorgang" ersetzt: „An die Stelle der Sinnenwelt [...] (setzt sie) das physikalische Weltbild, welches eine bis zu einem gewissen Grade willkürliche Gedankenkonstruktion darstellt." (Planck 1953a, S. 8) Der erste geisteswissenschaftliche Punkt: „willkürliche Gedankenkonstruktion" heißt nichts anderes als „ohne empirisches Repräsentat", i. e. im Status rein geistig. Dann erläutert er: Jede physikalische Größe (Länge, Zeitintervall, Masse etc.) hat „eine zweifache Bedeutung, je nachdem man sie als durch irgendeine Messung unmittelbar gegeben betrachtet oder sie auf das physikalische Weltbild übertragen denkt. In der ersten Bedeutung ist sie stets nur unscharf zu definieren und daher niemals durch eine ganz bestimmte Zahl darstellbar; im physikalischen Weltbild aber bedeutet sie ein gewisses mathematisches Symbol, mit dem nach ganz bestimmten genauen Vorschriften operiert werden kann." (Planck 1953a, S. 8) „Direkt beobachtbare Größen kommen im Weltbild überhaupt nicht vor, sondern nur Symbole." (Planck 1953a, S. 9) Und weiter: Wesentliche „Bestandteile" des Weltbildes haben „für die Sinnenwelt [...] gar keine Bedeutung [...] Partialschwingungen, Bezugssysteme usw." (Planck 1953a, S. 9) Damit haben diese „Bestandteile" der physikalischen Theorie einen Status, der mit „realitätsfrei" beschrieben werden muss, was einmal mehr methodologisch den *geistes*wissenschaftlichen Status der physikalischen Theorie zeigt. Wieder einmal müssten Szientisten irritiert sein. Damit kein Missverständnis entsteht: „Weltbild" verwendet Planck nicht philosophisch weich, sondern synonym mit „physikalische Theorie". Das tangiert sogar die „Kausalverkettung", die nicht „unabhängig vom menschlichen Geist

49

(ist), der sie betrachtet", sondern als Teil der Theorie „eine Schöpfung menschlicher Einbildungskraft von provisorischem und wandelbarem Charakter (ist)." (Planck 1953a, S. 19/20) Die methodologischen Übereinstimmungen mit Einstein zeigen sich bis in einzelne Formulierungen hinein, z. B. wenn er Theorien „freie Erfindungen des menschlichen Geistes" nennt.

Wie die großen Drei zuvor versucht auch Planck immer wieder erfolglos, sich aus der Einsicht in die Notwendigkeit einer *geistes*wissenschaftlich bestimmten Grundlegung der Physik herauszuwinden, eine Einsicht, die Heisenberg zu der schon zitierten unangenehmen, aber zwingenden Schlussfolgerung geführt hat: „*Das naturwissenschaftliche Weltbild hört damit auf, ein eigentlich naturwissenschaftliches zu sein.*" Aber bei all seinen Klimmzügen zwischen Theorie und Empirie bleibt es am Ende auch bei Planck dabei: „Sicheren Boden" gibt es nur in der „künstlichen" Theorie, also im Geiste. Und das liegt nach Planck und in völliger Übereinstimmung mit Heisenberg daran, dass Sinnesorgane und Messgeräte „ein Teil der Natur" und deren Gesetzen unterworfen sind, „während eine derartige Bindung für den idealen Geist nicht besteht" (Planck 1953a, S. 22). Wir werden später sehen, dass diese Ungebundenheit *die* Grundlage für eine autonome Theorie des Geistes ist, die Teilen der Hegelschen Philosophie gleichermaßen späte wie überraschende Rechtfertigung durch einen Physiker verschafft. In unseren Worten: Der Geist des Physikers operiert mit dem Mittel seiner geistigen Freiheit *nicht*physikalische Designata, also solche mit empirisch leerer Extension. Das lässt einem Physiker keine Ruhe. So macht Planck einen letzten Versuch mit einer *Drei*-Welten-Theorie (reale Welt, Sinnenwelt, Weltbild) (Planck 1953b, 8 f.), die aber ebenfalls die Dominanz des physikalischen Welt*bildes* und seine Besonderheiten nicht zum Verschwinden bringt. Fazit: Die physikalische Theorie kann sich aus der geisteswissenschaftlichen Umklammerung nicht lösen. Dann stellt sich die Frage: Haben empirische Welt und „künstliche" Theorie denn gar nichts gemein? Im Zusammenhang mit der prognostischen Kraft von Kausalgesetzen kommt Planck zu einer weichen Lösung: „Dass wir wenigstens bis zu einem gewissen Grade imstande sind, künftige Naturereignisse unsern Gedanken zu unterwerfen … müsste ein völlig unverständliches Rätsel bleiben, wenn sie nicht zum mindesten eine gewisse Harmonie ahnen ließe, die zwischen der Außenwelt und dem menschlichen Geist besteht." (Planck 1953a, S. 23) „Ahnungen", die selbst wieder geistiger Natur sind.

Was sagt die analytische Wissenschaftstheorie? Sie bestätigt zunächst einmal die These, dass die Extensionen grundlegender Begriffe der Physik infolge zunehmender Theoretizität leer oder fast leer und damit vollständig oder fast vollständig *geistiger* „Natur" sind. Nehmen wir noch einmal das Beispiel „Elektron", in zwei Interpretationen, einmal als mathematischer Punkt und dann als String. Zunächst zu seiner *Punkt*förmigkeit. Mit der Einführung des Elektrons als Punktteilchen sind zwei Besonderheiten verbunden: Es hat den Radius Null und ist ohne Struktur. Die Annahme eines Null-Radius hat dies zur Folge: Elementarteilchen haben weder Masse noch Energie und können keine raumzeitlichen Objekte sein und sind deshalb niemals *als* Massenpunkte empirisch nachweisbar. Aber was sind sie dann? Es gibt nur eine Antwort: Sie sind *als* Punktteilchen rein *geistiger* Natur. Bunge ist in der Erläuterung seiner ansonsten erhellenden Unterscheidung zwischen „Bezug" und „Beweis" nicht konsequent, wenn er feststellt: „Bezugsmäßig [...] zielt eine physikalische Theorie in unmittelbarer Weise auf ein begriffliches Modell, welches selbst ein reales System irgendeiner Art symbolisieren soll." (Bunge 1970, S. 448) Er räumt also ein, dass der *Bezug* des Terms „Elektron" ein nicht-empirischer ist („begriffliches Modell"), dann kann aber der Term „Elektron" nicht „ein reales System irgendeiner Art symbolisieren", weil die Eigenschaft der *Punkt*förmigkeit eine Abbildung in der Empirie kategorisch ausschließt. Es bleibt also dabei: Das Designat des Terms ist hinsichtlich der *Punkt*förmigkeit in Form der mathematischen Idealisierung rein *geistiger* „Natur". Noch einmal anders: Wir können ein Elektron punktförmig *denken*, aber ein Elektron kann nicht punktförmig *sein*. Auch die Lehrbücher der Physik kommen beim Problem der Punktförmigkeit nicht zum Punkt und sind in sich widersprüchlich, anstatt die geisttheoretischen Konsequenzen aus der Problemlage zu ziehen. Die Widersprüchlichkeit beginnt bereits *vor* der Explikation, nämlich beim Begriff selbst. „Massenpunkt" ist nämlich ein Widerspruch in sich, einfach deshalb, weil ein (mathematischer) Punkt wegen seiner Ausdehnungslosigkeit keine Masse haben kann. So täuscht der Begriff eine physikalische Eigenschaft nur vor. Die uneingestandene Absicht ist klar: Mit dem Teilbegriff „Masse" soll eine Verbindung zur *Empirie* vorgegaukelt werden, die es aber nicht gibt. Im dem renommierten Lehrbuch *Gerthsen* geht das so: Zunächst werden „Massenpunkte" als solche eingeführt, bei „denen man von der Ausdehnung der Körper absehen [...] kann". Schon hier beginnt das Problem: Bei einem Körper „kann" man *nicht* von seiner Masse absehen, jedenfalls nicht *physikalisch*, weil ein Körper dadurch seiner *Existenz* beraubt wird und verschwindet. Dann folgt ein entlarvendes Eingeständnis: „Dieser Begriff des Massenpunktes ist nicht so unproblematisch wie er klingt." Anmerkung: Für uns klingt er von Anfang an *problematisch*. Und mit Bezug auf das Atom wird eingeräumt: „Selbst ein Atom ist eigentlich kein Massenpunkt: Es kann u. a. rotieren und Rotationsenergie aufnehmen, was ein Massen*punkt* nicht kann." Hier wird ein begrifflicher Eiertanz vollführt, der im Wörtchen „eigentlich" zur Erscheinung kommt. Eigentlich müsste man nämlich „eigentlich" in dem Satz des Lehrbuchs ersatzlos streichen. Richtig ist: Das reale Atom ist *kein* Massenpunkt, u. a. wegen seiner Rotationsbewegung. Und es gibt noch ein gravierendes und eingestandenes Problem: „Eine weitere dem Begriff des Massenpunktes innewohnende Schwierigkeit, nämlich dass er eine unendliche Energie haben müsste, macht der Physik der Elementarteilchen noch heute zu schaffen." (85) Vorher war es „eigentlich", jetzt ist es „müsste", was den Eiertanz um die Widersprüchlichkeit des Begriffskonstruktes „Massenpunkt" einmal mehr zum Ausdruck bringt. Richtig ist: Ein Massen*punkt* hat weder Masse noch Energie – und nicht nur keine unendliche Energie, sondern auch keine endliche! Anders gesagt: Die angenommene Ausdehnungslosigkeit ist mit Bezug auf das Atom realitätsfrei und das so gedachte Atom rein geistiger Natur. Auch der zu erwartende Versuch einer *modell*theoretischen Rechtfertigung wäre hier eine Ausrede, weil die Ausdehnungs*losigkeit* des Elektrons oder des Atoms in der Theorie eine *wesentliche* Eigenschaft ist, weswegen sie keine modelltheoretisch *verkürzte* Eigenschaft eines empirisch ausgedehnten Elektrons oder Atoms sein kann. Am Beispiel: Man kann einen Gegenstand mit einem Volumen von 1 cm^3 zwar auf 0,00001 cm^3 und immer weiter verkleinern, aber im *Null*volumen wird der Gegenstand nicht „verkürzt", sondern zum Verschwinden gebracht.

Oder bildet der Term „Elektron" in seiner Explikation als Punktteilchen zusätzlich *andere* Eigenschaften als die o. g. der Ausdehnungslosigkeit ab, solche, die *empirischer* Natur sind, z. B. Ort und Impuls? Das war einmal in der frühen Bohrschen Atomtheorie so, als ein Elektron immer einen festen Ort und einen festen Impuls hatte. Nach der Quantenphysik, die Bohr dann ins Atommodell eingeführt hat, ist diese Bestimmtheit aber nicht mehr gegeben. Vor der Messung sind die „Observablen" Ort und Impuls nämlich nur im Zustand der *Möglichkeit*, die erst in der Interaktion mit dem Messsystem aktualisiert wird. Mit Blick auf unsere Grundthese heißt dies: Da das Elektron gemäß Theorie nicht nur ausdehnungs- und strukturlos, sondern auch ohne feste Lage und ohne festen Impuls ist, hat es mit Bezug auf die physikalische Außenwelt eine leere Extension, bildet empirisch also nichts ab und ist somit einmal mehr eine *rein geistige* (i. e. realitätsfreie) Größe. Mit dieser quantenphysikalischen Explikation wird der Grad der Geistigkeit des *mathematischen* Punktkonstrukts sogar noch übertroffen: Während der *mathematische* Punkt zwar keine Ausdehnung, aber doch eine genaue *Lage* hat, ist nicht einmal das quantenphysikalisch beim Elementarteilchen gegeben.

Dieser Status der reinen Geistigkeit wird – wie schon ausgeführt – auch nicht durch die Einführung als theoretischer Term aufgehoben. Nach Stegmüller sind Terme dieses Typs dadurch gekennzeichnet, „dass diese Begriffe von zwei Seiten her eine nur partielle Interpretation erfahren können: Einerseits eine strukturelle Interpretation auf dem Wege der Axiome und Definitionen innerhalb des formalen Systems; andererseits eine partielle empirische Interpretation, welche *gewisse* Begriffe der Theorie ... mit empirischen Gegebenheiten verknüpft" (Stegmüller 1970a, S. 278). Da die Existenzfrage für Elektronen nur innerhalb der Theorie der Elektronen, heutzutage im Rahmen der Quantenelektrodynamik, gestellt werden kann, und nach Stegmüller die Bedeutung von „Elektron" von der *Theorie* festgelegt wird, ist auch eine *„partielle* empirische Interpretation" nicht direkt möglich, eben weil die *Theorie* des Elektrons eine Ausdehnung, eine bestimmte Lage und einen bestimmten Impuls von Elektronen kompromisslos ausschließt – und weil außerdem die Frage nach einem theorie*freien* Elektron sinnlos ist. Die genannten Explikationsmerkmale zeigen: Nicht nur der Term selbst, sondern auch sein *Bezug* ist geistiger Natur. Diese *doppelte* Geistigkeit, dieser doppelte Status als Information (Repräsentant *und* Repräsentat) gesteht Essler nur Geisteswissenschaften wie der Psychologie zu. Anders als Essler annimmt, geht es aber in dieser Hinsicht in der Mikrophysik zu wie in der Psychologie, deren Sprache nach Essler „über Bewusstseinsinhalten interpretiert" ist. (Essler 1972, S. 255) Genau das gilt gleichermaßen für den Term „Elektron", der mit der zugewiesenen Eigenschaft z. B. der Ausdehnungslosigkeit nicht über einem außersprachlichen *Ding* Elektron, sondern über einem *Bewusstseinsinhalt* Elektron interpretiert ist – reiner, empiriefreier Gedanke (genauso Plancks Partialschwingungen, Bezugssysteme etc.). Locke's empiristische These ›Nihil est in intellectu, quod non fuerit in sensu‹ (nichts ist im Intellekt, was nicht zuvor in den Sinnen war) ist widerlegt, weil ein ausdehnungsloses Teilchen oder Partialschwingungen etc. etc. in unseren *Sinnen* prinzipiell keinen Platz haben. Das ist das Reich des Geistes.

Nach dieser Art „Vergeistigung" der physikalischen Theorie stellt sich nun erneut und dringend die Frage, wie die Physik den Anschluss an die außersymbolische Realität herstellt. Eine entwicklungsgeschichtliche Perspektive bringt dabei etwas Licht ins erste Dunkel, in das Szientisten sich wohl gehüllt fühlen dürften. Es lohnt sich, zunächst auf die Entstehungsbedingungen für die Einführung der Punktförmigkeit des Elektrons kurz einzugehen. In der *klassischen* Theorie wird das Elektron noch nicht punktförmig, sondern mit einem Radius größer Null („winzige Kugel") und mit gleichförmig verteilter elektrischer Ladung eingeführt. Nun stoßen sich aber gleichartige Ladungen ab, so dass die Ladung an der einen Stelle des Elektrons auf die Ladung an einer anderen Stelle eine *ab*stoßende Kraft ausübt. Dies führt zu einer „nach außen gerichteten Gesamtkraft", die das Elektron auseinander zu reißen droht. Um dies zu verhindern, müsste es ausgleichende Gegenkräfte geben. Dieser Ausgleich zwischen anziehenden und abstoßenden Kräften ist der Physik aber nicht gelungen. Als Ausweg aus dieser Aporie wurde dann die Punktförmigkeit geboren, die in einer mechanischen Theorie keine Schwierigkeiten der o. g. Art macht. Mit der Lösung des alten Problems entstand aber ein anders geartetes neues Problem: Die elektrostatische Energie des Elektrons wird durch die Punktförmigkeit, also bei einem Radius Null, unendlich groß. Nun besitzt aber nach der Allgemeinen Relativitätstheorie jede Energie eine Masse, so dass das Elektron wegen der unendlich großen „Selbstenergie" auch eine unendlich große Masse haben müsste. In den Gleichungen der Theorie löst man dieses störende physikalische Unendlichkeitsproblem auf elegante Art: Man verschiebt den Nullpunkt der Energieskala so, dass für die „beobachtbare" Masse ein endlicher Wert entsteht. Der Anschluss der irrealen Annahme der Punktförmigkeit der

Theorie an die *Nicht*punktförmigkeit der *Realität* wird also einmal mehr auf *geistige* Weise erreicht (mathematisch: man erzielt endliche Resultate, indem von unendlichen Integralen unendliche Größen abgezogen werden). Eine solche willkürliche „Skalenverschiebung" heißt in der Physik „Renormierung" (siehe dazu z. B. Davies/Brown 1992, 84 f.). Sie ist ein wichtiger Kunstgriff für den Übergang von Theorie zu Realität. Sinnvoller, wenn auch schwieriger wäre es, an Theorien zu arbeiten, die nicht renormierungsbedürftig sind, was zur Voraussetzung hätte, die Komplexität der Phänomenwelt und damit auch die Randbedingungen von Anfang an in die Theorie aufzunehmen. Mit der zunehmenden Rechenleistung der Computer, insbesondere mit Blick auf den in der Entwicklung befindlichen Quantencomputer, sollte das einmal möglich sein.

Zugegeben: In Grundlagenfragen ist auch die Physik nicht einheitlich. So gibt es – gleichermaßen überraschend wie merkwürdig – sogar im Rahmen von *Experimenten* Mutmaßungen über *reale* Punktförmigkeit oder auch Volumenabschätzungen des Elektrons. Seit Hertz und Lenard versucht man Erkenntnisse über das Innere von Teilchen zu erzielen, indem man sie mit anderen Teilchen beschießt. Bei diesen Experimenten gab es bisher bei Leptonen (Elektron, Neutrino, Myon) keinerlei Hinweise auf eine innere Struktur. Die Schlussfolgerung der Lehrbuchphysik: „Leptonen sind entweder wirklich punktförmig oder jedenfalls kleiner als die angegebene Grenze" (Meschede 2015, S. 972). Hier tun sich ungeklärte Abgründe auf, welche die Physik noch überwinden müsste (bei der Punktförmigkeit z. B. die Frage, wie ausdehnungslose Teilchen beobachtbare, also ausgedehnte Spuren auf einer Kernfotoplatte hinterlassen können). An anderer Stelle gibt es im Zusammenhang mit der Unverträglichkeit zwischen der Punktförmigkeit und dem Pauli-Prinzip eine Abweichung von der Punktförmigkeit in der Annahme eines *Volumens* im Impulsraum nach $\Delta p_x \Delta p_y \Delta p_z = h^3 / abc = h^3 / V$ (Meschede 2015, S. 1007). „In normaler Materie" wird dann für die Angabe eines Elektronvolumens die Formel vom Bohr-Radius $r_B = 4\pi\varepsilon_0 h^2 / (me^2)$ eingesetzt, wobei der Bohr-Radius für das Elektron leider auch nur „etwa" gelten soll. Eine Zwischenbemerkung zu den Formeln: Physikalisch weniger interessierte Leser müssen die formalen Einzelheiten nicht nachvollziehen. Wichtig ist hier vor Allem: Bohr nimmt einen Radius *größer* als Null an, was die Annahme der *Punkt*förmigkeit verletzt. Wie auch immer! Mit Blick auf unsere These von der zunehmenden *Geistes*wissenschaftlichkeit der Physik bleibt Folgendes: Auf der am Anfang genannten Skala von 0 (= theorielos-empirisch) bis 1 (= empirielos-theoretisch) ist das Elektron als *Punkt*teilchen eindeutig bei 1 einzuordnen, d. h. mit einem *rein* geistigen Status (Repräsentant *und* Repräsentat sind geistiger Natur). Mit der Einführung des Bohr-Radius findet zwar eine Verschiebung auf der Skala weg von der 1 statt, da der Term „Elektron" dann hinsichtlich Ausdehnung ein empirisches Designat hat, das allerdings nicht direkt, sondern wiederum nur im

Lichte der Theorie *indirekt* via Spuren zugänglich ist. Ohne diese Theorie wäre niemand auf die Idee gekommen, die „Striche" in der Nebelkammer als „Spuren von Elementarteilchen" zu deuten – ganz abgesehen davon, dass experimentelle Physiker und Techniker erst gar keine Nebelkammer gebaut hätten. Es bleibt also auch in diesem Fall trotz des teil-empirischen Designats uneingeschränkt die starke Theoretizität erhalten, die letztendlich den erkenntnistheoretischen Vorrang der Bedeutung und die Nichttrennbarkeit von Tatsachen und Bedeutung zum Ausdruck bringt, die Quine gegen Carnap zu Recht geltend gemacht hat. Diese „Entstehung" z. B. des Elektrons im Bedeutungszusammenhang der Theorie ist einer der Gründe, warum letztendlich nur eine Theorie des Geistes die physikalische Theorie in den Grundlagen tragen und darüber hinaus die Einheit der Wissenschaften sicherstellen kann. Dass der Begriff „Entstehung" problembeladen ist und in die Gefahr führt, schlecht konstruktivistisch die äußere Welt zu verlieren, ist wahr, der Begriff kann aber ohne diese Konsequenz ausgeführt werden (dazu später mehr). In der Realismus-Konstruktivismusdebatte zwischen dem Mathematiker Connes und dem Neurobiologen Changeux macht Letzterer auf diesem Minenfeld einen typischen Halbe-Wahrheit-Fehler: „Die Atome existieren in der Natur. Sicherlich. Aber das Bohrsche Atom existiert nicht." (Changeux/Connes 1992, S. 21) Der Fehler besteht darin, „in der Natur" ein theoriefreies „Atom" zu unterstellen. Aber das war schon zu Demokrits Zeiten nicht so. „Atome" gab es schon damals nicht „da draußen in der Natur", sondern es gab ein Modell davon, das nicht in der Natur existierte, schon daran erkennbar, dass Demokrits Atommodell keinen Bestand hatte, wovon die äußere Welt mit Sicherheit unberührt blieb. Changeux übersieht den Unterschied zwischen der Annahme einer *unbestimmten* theoriefreien äußeren *Welt* und der niemals theoriefreien *Erkenntnis* derselben.

Auch die Superstringtheorie zwingt zu keiner Revision der These von der geisteswissenschaftlichen Grundlegung der Physik. Sie ersetzt zwar den mathematischen Punkt durch die eindimensionale Kurve, ist aber damit nur prima facie näher an der Empirie. Denn auch die eindimensionale Kurve bleibt im Status rein geistig, und das aus zwei Gründen: Erstens hat eine mathematische Kurve so wie der Punkt keine Ausdehnung im Sinne von „Breite", so dass ihm die *physikalische* Realität fehlt (der Versuch, dieses Problem durch die Annahme „unendlich dünn" zu lösen, ist eine mathematische und keine physikalische Lösung – und ist außerdem Ausdruck einer Breite *über* Null, der dadurch mit dem mathematischen Begriff der Linie kollidiert). Und zweitens gibt es seit Einstein physikalisch nur *vier*dimensionale und keine *ein*dimensionalen Objekte. Auch die spätere Lösung von Scherk, Green und Schwarz via „Supersymmetrie" im Rahmen einer TOE (theory of everything) überzeugt nicht: Die Strings werden in einem 10-dimensionalen Raum zu „Punktteilchen von der Größe der Plancklänge" (Meschede 2015, S. 982), wodurch das Problem des Unendlichwerdens zwar vermieden, aber mit dem Preis einer weiteren Entphysikalisierung bezahlt wird. Einen 10-dimensionalen Raum gibt es nämlich nur mathematisch und damit nur geistig, nicht physikalisch. Hinzu kommt: Auch wenn die Plancklänge, aufgebaut aus den Naturkonstanten/Naturgesetzen der Quanten- und der beiden Relativitätstheorien, unvorstellbar klein ist, nämlich $l_p = \sqrt{Gh/c^3} \approx 10^{-35}$ m (Meschede 2015, S. 979), so ist sie doch größer als Null. Damit wird das *mathematische* Erfordernis der Punktförmigkeit, nämlich Radius Null, erneut verletzt. Ein „Punktteilchen von der Größe der Plancklänge" gibt es nicht, ist ein Widerspruch in sich. Nach diesem Eiertanz der Theorien (von punktförmig zu eindimensional, von physikalischen zu mathematischen Räumen und zurück) nennt Feynman „die ganze Geschichte mit den Superstrings verrücktes Zeug". (Feynman 1992, S. 21). Warten wir es ab, ob und wie die Mathematik der Stringtheorie Anschluss an die physikalische Welt findet.

6. Komplexität vs. Reduktionismus

Richtig ist: Ob bei Menschen oder bei toter Materie, die physikalisch-chemischen Vorgänge vollziehen sich alle nach denselben Gesetzen. Ob ein Stein oder ein menschlicher Körper, alles fällt nach dem Gravitationsgesetz in Richtung der größeren Masse, auf der Erde also nach „unten". Diese Gemeinsamkeit allerdings reduktionistisch zu deuten, wäre falsch. So stellt schon Heisenberg fest, dass wir für die Beschreibung der „komplizierten Vorgänge" in Lebewesen „neue Begriffe brauchen, die über die der üblichen Physik und Chemie hinausgehen", das Erfordernis „neuer mathematischer Formen" inklusive (Heisenberg 1967, S. 137). Und Schrödinger sekundiert: „Nach allem, was wir von der Struktur der lebenden Materie wissen, müssen wir darauf gefasst sein, dass sie auf eine Weise wirkt, die sich nicht auf die gewöhnlichen physikalischen Gesetze zurückführen lässt." (zitiert in: Davies 1988, S. 256) Das sind grundsätzliche Absagen an alle Spielarten des physikalistischen Reduktionismus. Nach Schrödinger und Heisenberg können jedenfalls weder die einzelnen Terme der nichtphysikalischen Disziplinen noch ihre Gesetze auf die Physik zurückgeführt werden. Auch die Herstellung der Einheit durch das Kriterium der Definierbarkeit aller Terme durch Wahrnehmungsprädikate hat sich nicht zuletzt in der Physik als undurchführbar erwiesen.

Auch das elaboriertere reduktionistische Modell von „Einheitswissenschaft" von Oppenheim und Putnam hat Schwächen, die in einer grundsätzlichen Undurchführbarkeit enden. Zwar räumen sie – Schrödinger und Heisenberg noch überbietend – ein, dass der Versuch „grotesk" wäre, z. B. Phänomene der Psychologie mittels subatomarer Theorien „direkt" zu erklären. Aber „es ist nicht absurd anzunehmen, dass schließlich die Gesetze der Psychologie im Sinne des Verhaltens einzelner Neuronen im Gehirn erklärt werden können, dass das

Verhalten einzelner Zellen endlich wird erklärt werden können im Sinne ihres biochemischen Aufbaus, und dass das Verhalten der Moleküle zum Schluss erklärt werden kann „im Sinne der Gesetze der Atomphysik". (Oppenheim/ Putnam 1970, S. 343). Für diese „Mikroreduktion" als logische Klammer der Einheitswissenschaft nennen sie 6 Stufen: 6) soziale Gruppen, 5) mehrzellige lebende Wesen, 4) Zellen, 3) Moleküle, 2) Atome und 1) Elementarteilchen. Nach Putnam/Oppenheim ist die „Mikroreduktion die einzige Methode, die gegenwärtig ernstlich verfügbar ist, um die Einheitswissenschaft zu erreichen". (Oppenheim/Putnam 1970, S. 345). Die anspruchsvollen Ausführungen und Kriterien von Oppenheim und Putnam müssen hier nicht in extenso behandelt werden, weil die Undurchführbarkeit des Programms an einem einzigen wichtigen Punkt gezeigt werden kann. Zwar trifft es zu, wie auch von Hedrich schon hervorgehoben, dass alle höheren Stufen auf die niedrigeren Stufen angewiesen sind (wenn ich aus einem Organismus z. B. die Moleküle entferne, hört er auf zu existieren), aber das ist eher banal und indiziert noch nicht die Möglichkeit einer *Reduktion* der höheren Stufen auf die niedrigeren. Letzteres wäre nur dann der Fall, wenn die Richtung der von Oppenheim und Putnam sogenannten „Inklusionsbeziehung" zwischen den 6 Evolutionsstufen *von unten nach oben* verliefe, und nicht umgekehrt, wie es tatsächlich der Fall ist. Ein Beispiel: Die Ebene der Atome (höhere Ebene) schließt die Ebene der Elementarteilchen (niedrigere Ebene) ein – und nicht umgekehrt. Verliefe die Inklusionsbeziehung in umgekehrter Richtung, dann müssten z. B. das Gehirn oder die Relativitätstheorie letztendlich schon in den Elementarteilchen *angelegt* sein, was anzunehmen ziemlich absurd ist. Oppenheim und Putnam haben solcherart Reduktion zu Recht selbst „grotesk" genannt. Aber an der Undurchführbarkeit der Reduktion ändert sich auch dann nichts, wenn sie über *Zwischen*schritte, nämlich via „Mikroreduktionen" verläuft. Nehmen wir hier der Einfachheit halber wieder die beiden untersten Stufen: Elementarteilchen und Atome. Richtig ist: Zwischen den Atomen und den Elementarteilchen besteht in dem Sinne eine „Inklusionsbeziehung", als Atome grundsätzlich Elementarteilchen enthalten. Das haben wir schon festgestellt. Aber *reduziert* werden können Atome nicht auf Elementarteilchen, und dies schon deshalb nicht, weil Atomkerne und Elementarteilchen wie z. B. das Photon *qualitativ* unterschiedlichen Kräften und damit verbunden qualitativ unterschiedlichen Gesetzen genügen, nämlich einmal der „starken" Kernkraft mit sehr kurzer Reichweite (nur ca. $1{,}4 \cdot 10^{-15}$ m), und zum Anderen der elektromagnetischen Kraft mit langer Reichweite. Das Entscheidende gegen die Möglichkeit der „Mikroreduktion": Die Kernkraft kann nicht aus der elektromagnetischen Kraft und die Atome können nicht aus Elementarteilchen *abgeleitet* werden.

Das läßt sich auch kosmologisch zeigen: Eine Hundertstelsekunde nach dem Urknall und bei einer Temperatur von 10^{11} Grad gab es noch keine Atome, noch nicht einmal Atomkerne, sondern nur Elementarteilchen, nämlich Elektronen, Positronen, Neutrinos und Photonen. Eine Sekunde nach dem Urknall, bei einem Radius des Universums von ca. 300.000 km und einer Temperatur von 10^{10} Grad, begann dann die Bildung von Kernen aus Protonen und Neutronen. Und erst nach 700.000 Jahren, als das Universum auf 3000 Grad abgekühlt war, haben sich die freien Elektronen mit den freien Kernen zu Wasserstoff- und Heliumatomen verbunden. Bei einer höheren Temperatur hätte dieser Zusammenschluss nicht erfolgen können. Dass es aber zu dieser *Abkühlung* kam, war nicht eo ipso naturgesetzlich, nicht zwangsläufig so, sondern die Abkühlung war Folge der *Ex*pansion des Universums, also einer kontingenten Randbedingung. Nun sind aber andere kosmologische Randbedingungen durchaus denkbar, solche, die den Abkühlungsprozess z. B. nach 100.000 Jahren gestoppt hätten mit der Folge, dass sich die freien Elementarteilchen und die Protonen und Neutronen *nicht* zu Atomen zusammengeschlossen hätten. Zur Entstehungszeit der Elektronen war die für die Entstehung von Atomen benötigte Temperatur nicht nur noch nicht gegeben, sondern es stand noch nicht einmal fest, dass es diese Temperatur später einmal geben würde. Andere kosmologische Theorien leugnen diese Ausdehnung sogar ganz (z. B. die steady-state-Theorie von Hoyle), aber sie leugnen nicht die Existenz von Elementarteilchen und Atomen. So oder so: In keinem Fall besteht zwischen Atomen und Elementarteilchen ein natur*gesetzlicher* Ableitungszusammenhang vom Einfachen zum Komplexen. Mit Blick auf einen echten einheitswissenschaftlichen Effekt erfordert der Begriff „Mikroreduktion" aber genau diese Möglichkeit, nämlich höhere Ebenen auf niedrigere Ebenen im Sinne eines *Ableitungs*verhältnisses zu reduzieren. Was man sagen kann, und was auch Heisenberg schon in anderen Worten zum Ausdruck gebracht hat: Die niedrigere Stufe (in unserem Beispiel: die Elementarteilchen) ist eine *notwendige* Bedingung der nächsthöheren Stufe (in unserem Beispiel: die Atome). Eine *reduktionistisch* tragfähige Einheit wäre aber nur dadurch in Aussicht gestellt, wenn die untere Ebene notwendige *und* hinreichende Bedingung wäre, was aber nicht der Fall ist, denn die Elementarteilchen sind nicht die Verursacher z. B. der Abkühlung des Universums. Dieser Effekt kam durch die *Ex*pansion zustande. Die Entstehung der Atome 700.000 Jahre nach dem Urknall hätte unter der Ableitbarkeitsthese schon eine Hundertstelsekunde nach dem Urknall vorhersagbar gewesen sein müssen. Für diese Annahme gibt es keinen physikalischen Grund. So war das Universum von Beginn an ein *offenes* System. Verallgemeinert: Oppenheim/Putnams „Mikroreduktion" würde nur dann funktionieren, wenn der Verlauf der *gesamten* physikalischen, chemischen, biologischen und sozialen Evolution *logisch* gewesen wäre und auch in alle Zukunft logisch bleiben würde. Aber die Evolution ist *schöpferisch* verlaufen und war voller Überraschungen. Anders gesagt: Die „Mikroreduktion" im Sinne einer logischen Operation reduziert nicht, sondern eliminiert – und zwar Wesentliches (die Operation „Atom minus Kernkraft" zum Beispiel *eliminiert* das Atom und führt es nicht auf Elektronen, Positronen, Neutrinos und Photonen zurück).

Unbeabsichtigt und unbemerkt sind wir – an einem *einheits*wissenschaftlichen Programm interessiert – an einem heiklen Punkt, zumindest in einer Gefahrenzone angelangt. Es stellt sich nämlich folgende Frage: Hat die Ablehnung des Reduktionismus nicht eine unerwünschte Nebenwirkung und wird zum Plädoyer für den Dualismus, kommen also die einschlägigen dualistischen Abgrenzungsbegründungen – sogar mit naturwissenschaftlicher Unterstützung – doch noch zu ihrem Recht?! Sind die von Heisenberg und Schrödinger angedeuteten *Besonderheiten* der lebenden Materie *methodologisch* folgenreich in dem Sinne, dass sie ausschließlich für die komplexeren und in diesem Sinne *höheren* Organisationsebenen des Lebens gelten und so das Einheitsprogramm unerfüllbar machen? Noch einmal anders: Ist *Komplexität* die Trennungslinie zwischen Natur- und Geisteswissenschaften? Schon mit Rückblick auf das oben im Zusammenhang mit dem Atom Ausgeführten können wir eine erste Entwarnung geben: Bereits im *inner*atomaren Verhältnis der Bestandteile des Atoms gerät der Reduktionismus an seine Grenze. Die Unmöglichkeit des Reduktionismus indiziert also keine Grenzziehung zwischen Natur- und Geisteswissenschaften. Das wollen wir mit weiteren Beispielen bestätigen. Beginnen wir mit der Lehrbuchphysik: Mit der Quantenmechanik stehen die theoretischen Mittel zur Verfügung, um Eigenschaften der Atome, Moleküle und der „kondensierten" Materie angemessen zu beschreiben. Aber es handelt sich bereits auf der *atomaren* Ebene nur um notwendige, nicht um hinreichende Mittel, denn „jeder Baustein, den wir unserem System hinzufügen, lässt seine Komplexität rasch anwachsen, und wir stoßen sehr schnell an die Grenze des streng systematischen Vorgehens auf einem einmal eingeschlagenen theoretischen Weg. Nur physikalische Intuition kann aus dieser Verlegenheit helfen, die schon beim Helium beginnt, dem einfachsten Atom nach dem perfekten und idealtypischen Wasserstoff." (Meschede 2015, S. 819) Der Grund: Bereits beim Helium beginnt Komplexität in Form des analytisch nicht lösbaren „Drei-Körper-Problems", das eine Rückführung auf Einteilchen-Probleme nicht zulässt und zur Folge hat, dass anstelle der gewünschten analytischen nur numerische Näherungslösungen möglich sind. Irreduzible Komplexität ist also kein Alleinstellungsmerkmal der Geisteswissenschaften, dualistisch nicht nutzbar.

Mit diesem in der Physik neuen Begriff der irreduziblen *Komplexität* wollen wir nun den Versuch der methodologischen Einheit fortsetzen. Er fügt sich ein in den Zusammenhang mit anderen Begriffen wie Ganzheit, Makrodeterminiertheit, Holismus, Emergenz, System etc. Neben dem genannten Dreikörperproblem noch ein paar weitere naturwissenschaftliche Beispiele (siehe Küppers 1990, S. 24 f.): Bei elektrischen Vorgängen entsteht ein unterschiedlicher Gesamtwiderstand in Abhängigkeit davon, ob zwei Widerstände in einem Stromkreis nacheinander oder parallel geschaltet werden. Also kann das Verhalten des Systems nicht *alleine* aus der Kenntnis seiner Einzelteile abgeleitet werden, Das Ganze ist mehr als die Summe seiner Teile. Diese „Makrodeterminiertheit" kennt auch die Thermodynamik: Der Temperaturbegriff bezieht sich nicht auf ein einzelnes Teilchen, sondern auf ein Ensemble von Teilchen, d. h. Temperatur entsteht erst als Emergenz auf der Systemebene. Auch Prigogines chemisches Gleichgewicht („chemische Uhr") ist ein gutes Beispiel für irreduzible Komplexität, denn die „chemische Uhr" kann nicht aus dem Verhalten der Einzelmoleküle abgeleitet werden. Der Umschlag von einem Zustand des Systems in einen anderen geschieht instantan koordiniert. Die geringe Reichweite der Wechselwirkung zwischen den Molekülen von nur 10^{-8} cm erzwingt den Schluss, dass das System als *Ganzes* reagiert (siehe Prigogine/Stengers 1981, S. 156 f., S. 171). Diese Ganzheit ist nicht eliminierbar, entzieht sich also reduktionistischer Vereinnahmung.

Auf diesem Hintergrund der Anerkennung von Komplexität spricht Paul Davies von einem „neuen Paradigma" der Physik, das „die kollektiven, kooperativen und organisierten Erscheinungen der Natur (betont); es sieht sie weniger aus einer analytischen und reduktionistischen, sondern vielmehr aus einer synthetischen und holistischen Sicht" (Davies 1988, S. 8). Wichtig ist: Die niedrigeren Stufen sind zwar notwendige Voraussetzungen der höheren, aber nicht durch sie determiniert, so dass die jeweils höhere Stufe „etwas wirklich Neues" ist. Genau deshalb ist es unmöglich und zwar *systematisch* unmöglich, z. B. das Verhalten einer Fußballmannschaft oder das Physiklehrbuch *Gerthsen* aus dem Verhalten von Quanten oder auch nur aus der Quanten*theorie* abzuleiten. Das neue Paradigma in anderen Worten: Es ist ein Übergang von Einfachheit zu Komplexität, von Geschlossenheit zu Offenheit, von Symmetrie zu Asymmetrie, von Linearität zu Nichtlinearität, von Gleichgewicht zu Nichtgleichgewicht, von Hardware zu Software-Eigenschaften, welche die Geisteswissenschaften nicht mehr als exklusive und damit nicht in die Naturwissenschaften übertragbare Besonderheiten nur für sich reklamieren können. Die von Adorno und Habermas im „Positivismusstreit" z. B. am Begriff der irreduziblen „Totalität" angeführten Begründungen des Dualismus sind durch die Anerkennung von Komplexität in der Physik einmal mehr außer Kraft gesetzt. Adorno sagt zu Recht: „Um zu wissen, was ein Arbeiter sei, muss man wissen, was kapitalistische Gesellschaft ist." (Adorno 1972, S. 55) Analog gilt: Um zu wissen, was ein Elektron oder ein Planet sei, muss man wissen, was ein Atom bzw. was ein Sonnensystem ist. Es gibt keinen *methodologisch* relevanten Unterschied.

Mindestens zwei dualistische Argumente im Zusammenhang mit „Komplexität" stehen allerdings noch auf festen Füßen. Es handelt sich erstens um die „doppelte Hermeneutik" und zweitens um Teleologie in Abgrenzung zur Kausalität. Zunächst zur Hermeneutik: Mit Hinweis auf Giddens vertritt Habermas die Auffassung, dass die „doppelte Hermeneutik [...] den Kern einer dualistischen Wissenschaftsauffassung in sich (trägt)" (Habermas 1988a, S. 160). Seine

Begründung: In den Geisteswissenschaften entsteht das Erfordernis des Verstehens „nicht erst bei der theoretischen Beschreibung der Daten", sondern bereits vorher bei ihrer „Gewinnung". (Habermas 1988a, S. 162) Nicht nur „die Wahrnehmung von Tatsachen ist symbolisch strukturiert, sondern die Tatsachen als solche". (Habermas 1970b, S. 188) Deshalb findet nicht nur wie in den Naturwissenschaften eine Kommunikation zwischen Forschungs*subjekten* statt, sondern zusätzlich eine Kommunikation zwischen Forschungssubjekt und Forschungs*objekt*. Richtig ist: Im Unterschied zu Menschen kann man mit Elektronen nicht reden. Das wird sich niemals ändern. Aber: Der hermeneutische Einwand betrifft nur die nicht eliminierbare Vielfalt der *Methoden* und nicht eo ipso die hier angestrebte Einheit der *Methodologie*. Außerdem: Aus der hermeneutischen Besonderheit eine *dualistische* Konsequenz zu ziehen, überzeugt aus zwei weiteren Gründen nicht. Erstens sind nicht *alle* „Tatsachen" der Geisteswissenschaften kommunikativ zugänglich, und zweitens kennt zwar nicht die Physik, wohl aber die *Biologie* Zeichen verwendende und damit kommunikativ zugängliche Untersuchungsobjekte, wovon in der Ethologie auch häufig Gebrauch gemacht wird (Konrad Lorenz und seine Gänse haben unter Einhaltung des *Repräsentations*erfordernisses miteinander kommuniziert, eine Möglichkeit, die auch Haustierbesitzer reichlich nutzen).

Ein paar Beispiele für *nicht* kommunikativ zugängliche Untersuchungsobjekte der Geisteswissenschaften: Man kann zwar mit Michelangelo und da Vinci, aber nicht mit David und Mona Lisa reden, mit Goethe, aber nicht mit Faust, auch nicht mit der Gesellschaft oder mit Institutionen – so wenig wie mit Elementarteilchen. Und Beispiele für kommunikativ zugängliche Untersuchungsobjekte in der Naturwissenschaft Biologie gibt es über das o. g. hinaus en masse: Wale, Vögel, Affen etc. etc., was dann entsprechend der Begründungslogik von Habermas den Ausschluss der Biologie aus den Naturwissenschaften zur Folge haben müsste. Die nicht zu leugnende Tatsache, dass ein *Teil* der geisteswissenschaftlichen Untersuchungsobjekte kommunikativ zugänglich ist, rechtfertigt nicht die Konsequenz einer alternativen und damit dualistischen Methodologie.

Kommt man zu einem Argument, wenn man den dualistischen Einwand schwächer fasst und „kommunikativ zugänglich" durch „symbolisch strukturiert" ersetzt? Nehmen wir das Beispiel Mona Lisa. Man kann zwar nicht mit ihr reden, aber das Bild ist insofern „symbolisch strukturiert" als es unter Anwendung von Kulturtechniken entstanden und insofern ein Kulturprodukt ist. Aber selbst aus dieser schwächeren Fassung ergibt sich kein *dualistisches* Argument. Der Grund: Auch physikalische Messinstrumente/-prozesse sind *Kultur*produkte und insofern „symbolisch strukturiert". Wir finden sie ja nicht in der Natur vor, sondern stellen sie mit Hilfe aufwändiger Theorien und theoriegeleiteter technischer Kunstgriffe allererst her. Janichs unwiderlegbare Feststellung, dass Physik kein Natur-, sondern ein „Kulturprodukt" ist (siehe dazu

Janich 1992), erzwingt diesen Schluss. Zur Erinnerung: Physik ist auch in ihren Experimenten nicht hintergehbar von Theorien, also Symbolsystemen, durchdrungen. Alle physikalischen Tatsachen sind insofern „symbolisch strukturiert", als Theorie und Tatsache nicht separierbar sind. Insofern ist dann auch die – begriffene – Natur ein „Kulturprodukt". Wer das leugnet, setzt die Annahme von theoriefreien Beobachtungen und „nackten" Tatsachen voraus, eine Annahme, welche schon die großen Drei (Heisenberg, Einstein und Bohr) hinter sich gelassen haben. Dass darin das Risiko der fortwährenden Selbstbestätigung von Theorien steckt, kann nicht geleugnet werden. Es handelt sich aber um eine unvermeidbare Gratwanderung, gegen die am Ende nur das Intersubjektivitätskriterium und in der Gemeinschaft der Forscher anerkannte Regeln (z. B. über die formalen Anforderungen an Beweise) als Korrektiv gesetzt werden können. Die „starke Theoretizität", i. e. durchgängige Theorieabhängigkeit *aller* Wissenschaften in *allen* Phasen bleibt also ein tragendes Argument für die Einheit der Wissenschaften. Es richtet sich auch gegen neurobiologische Spielarten des Reduktionismus, welche die Tatsachen des Gehirns (= neuronales Netzwerk) als letzten Bezugspunkt einführen und Geist auf diese Tatsachen zurückführen wollen. Auch wenn es unwiderlegbar richtig ist, dass es kein Denken ohne neuronale Materie gibt, es auf sie zu reduzieren, ist unwiderlegbar falsch. Theoretische Terme im Allgemeinen und unser Elektron im Besonderen zeigen es: Es ist logisch und empirisch unmöglich, z. B. einen ausdehnungslosen mathematischen Punkt in einer ausgedehnten Welt, d. h. hier: in einem ausgedehnten Neuron, abzubilden (später dazu mehr).

Bleibt noch die Teleologie – mit einer eigenen Erklärungslogik und in Abgrenzung zur Kausalität – als zweites dualistisches Argument. Oder gibt es Teleologie auch in der Physik? Nach Planck ja, sogar wörtlich bis in seinen Sprachgebrauch, denn er stellt fest, „dass sich die Photonen [...] wie intelligente Lebewesen (verhalten): von allen möglichen Kurven wählen sie immer diejenigen aus, die sie am schnellsten zu ihrem Ziel bringen [...] Es hat einen klar teleologischen Charakter". (Planck 1949, S. 178) Solche Beschreibungen – und dazu noch von einem der wichtigsten Physiker des 20. Jahrhunderts – treiben Szientisten den Angstschweiß auf die Stirn. Dieses Mal aber aus *gutem* Grund, jedenfalls klingen Plancks Ausführungen eher esoterisch als physikalisch. Photonen mit Wahlmöglichkeiten und damit Absichten gehören zum Kanon unangemessener Anthropomorphismen, die bis in die heutige Lehrbuchphysik reichen. Ein paar delikate Beispiele: Im Zusammenhang mit der leichten Abtrennbarkeit von Elektronen bei den Metallen gibt es eine „Tendenz zur Sozialisierung dieser Elektronen" (Meschede 2015, S. 872). Einen Vorgang auf der atomaren Ebene „Sozialisierung" zu nennen, ist animistisch, entleert den Begriff und bereichert die Physik nicht. Aber es geht noch weiter mit animistischen Tiraden im physikalischen Lehrbuch: Bei der Entstehung eines schwarzen Lochs, wenn minimaler Radius und maximale Masse zusammenkommen und die Materie der Umgebung mit Lichtgeschwindigkeit in ihm verschwindet, „stößt sie einen [...] γ-Todesschrei aus (Hawking-Strahlung)". (Meschede 2015, S. 660) Und das Geschrei ist noch steigerbar, dann nämlich, wenn ein Elektron oder ein Photon kurz vor dem Zusammenprall mit dem Antiteilchen durch einen „Entsetzensschrei" Energie und Impuls „in Ordnung" bringt. (Meschede 2015, S. 971) Und noch eine letzte anthropomorphe Delikatesse: Bei der Unterscheidung zwischen realen/beobachtbaren und „virtuellen"/nicht beobachtbaren Teilchen werden letztere „illegal" genannt (Meschede 2015, S. 971), allerdings ohne die juristische Konsequenz einer Bestrafung, d. h. sie bleiben Bestandteil der physikalischen Theorie.

Auf solchem Sand literarisch-metaphorischer Weisen kann die Brücke zu den Geisteswissenschaften nicht gebaut werden. Wir halten deshalb zunächst einmal fest: Es gibt Teleologie zwar bei Physikern, aber nicht in der physikalischen Außenwelt. Somit hat der Dualismus mit der Besonderheit „Teleologie" gepunktet, aber noch nicht gesiegt. Das wäre erst dann der Fall, wenn es in *keiner* Naturwissenschaft teleologische Objekteigenschaften gäbe. Wie schon gesagt, ist die Naturwissenschaft *Biologie* das Gegenbeispiel. Hierzu noch kurz ein paar Beispiele (ausführlicher siehe Davies 1988, S. 147 f.). Teleologische Prozesse gibt es in der Biologie sowohl auf der Makroebene des Organismus, wenn z. B. ein Hund einer Duftspur folgt und sein gesamtes Verhalten auf das Ziel „Erlegen des Jagdobjektes" abstimmt, wie auch auf der Mikroebene beim genetischen Bauplan, wenn sich aus gleichartigen Zellen ganz unterschiedliche Organe entwickeln. Für Teleologie in der Biologie gibt es viele weitere Beispiele: Der Vogelflug über mehrere Kontinente oder das bekannte Beispiel des Süßwasserpolypen Hydra, der, in viele Einzelstücke zerhackt, sich ohne Einwirkung von außen wieder zu einem funktionstüchtigen Organismus zusammenfügt. Leistungen dieser Art sind ohne eine in einem Bauplan implementierte Zielgerichtetheit nur schwer vorstellbar. Somit eignet sich auch die Teleologie nicht für eine Begründung des *Du*alismus, dann jedenfalls nicht, wenn die Biologie weiterhin den Naturwissenschaften zugerechnet werden soll.

7. Struktur der Zeit vs. Invarianz der Naturgesetze gegenüber Zeitumkehr

Das stärkste Argument gegen die Einheit der Wissenschaften ist nach wie vor die in Lehrbücher fest gemeißelte Annahme der raum-zeitlich *universellen* Geltung der Naturgesetze. Im Unterschied dazu sind *gesellschaftliche* Regeln und Regelmäßigkeiten *historischer* Natur. Das begründet ihren *normativen* Status, der wiederum zur Folge hat, dass sie *verletzt* werden können. Ob die Einheit gelingt, hängt letztendlich davon ab, ob sich die Physik auch *zeittheore-*

tisch auf die Geisteswissenschaften zubewegt – und die *Zeitlichkeit* auch in die Naturgesetze einführt.

Zunächst eine Begriffsklärung. Was genau meint „Universalität der Naturgesetze"? Die Physik erläutert sie am engen Zusammenhang von Erhaltungssätzen, Symmetrien und Invarianzen. So ist jeder Erhaltungssatz Ausdruck einer Symmetrie der Welt, die wiederum die Invarianz der Naturgesetze gegenüber bestimmten Transformationen zur Folge hat. Betrachten wir zunächst die Symmetrieeigenschaft in Form der Homogenität des Raumes. Die Homogenitätsforderung führt dazu, „dass eine Translation des Bezugssystems auf das Verhalten von Teilchen [...] keinen Einfluss haben darf" (Meschede 2015, S. 979), so dass die zwischen den Teilchen wirkenden Kräfte nur von ihrem Abstand bestimmt werden. Dann und nur dann sind Naturgesetze invariant gegenüber Raumtranslationen. In einer solch universell homogenen Welt läge aber der Keim für eine universelle Langeweile. Nur so ist der Lehrbuchsatz zu verstehen: „Im einzelnen ist die Welt zum Glück von Ort zu Ort verschieden." (Meschede 2015, S. 980) Wenn wir „zum Glück" durch „in Wirklichkeit" ersetzen, kommen wir der Wahrheit näher. Dennoch hält die Physik an der Homogenitätsannahme fest, denn die zugestandene Inhomogenität „betrifft nicht die Naturgesetze, sondern die Anfangsbedingungen". (Meschede 2015, S. 980) Diese Widersprüchlichkeit ist also eine zwischen der Zeitlichkeit der Anfangsbedingungen und der Zeitlosigkeit der Naturgesetze, die nur unter einer Voraussetzung logisch auflösbar ist: Die Extension der Naturgesetze ist hinsichtlich ihres *Welt*gehaltes leer, d. h. auch die Naturgesetze sind rein *geistiger* Natur.

Nehmen wir als Beispiel Newtons Trägheitsgesetz: ›Jeder Körper verharrt in seinem Zustand der Ruhe oder der gleichförmigen Bewegung, wenn er nicht durch eine einwirkende Kraft daraus entfernt wird.‹ Das Problem: Körper, auf die keine Kraft einwirkt, sind in der heutigen Physik ausgeschlossen. Das 1. Axiom Newtons haben schon Einstein/Infeld kritisch so kommentiert, „dass dieses [...] nur durch einen spekulativen Denkvorgang abgeleitet werden konnte [...] Der Idealversuch kann niemals wirklich ausgeführt werden." (Einstein/Infeld 1970, S. 12) Der Gehalt des Axioms ist empiriefrei, rein geistig. Wie schon erwähnt hat sich Einstein an anderer Stelle in gleicher Weise und verallgemeinernd geäußert, wenn er vom „rein fiktiven Charakter der Grundlagen der Theorie" spricht (Einstein 1956d, S. 115). Stegmüller schwächt die Annahme der empirischen Leere nur geringfügig ab und nennt die Grundgesetze der Physik „beinahe leer" (Stegmüller 1980, S. 156), was ihre Immunität gegen Widerlegung zur Folge hat. Mit anderen Worten und mit Blick auf unsere Grundthese vom zunehmend *geistes*wissenschaftlichen Status der Physik: So wenig wie es Strafgesetze *in* der Gesellschaft gibt, so wenig gibt es Naturgesetze *in* der Natur. Vielmehr verhält sich die Natur nur gemäß den von Physikern formulierten Naturgesetzen – meistens nur näherungsweise und gelegentlich gar nicht, wie die Paradigmen*wechsel* in der Physik beweisen. Sowohl Naturgesetze wie auch Strafgesetze „gibt" es nur in den Köpfen von Physikern bzw. in den Köpfen von Juristen. Dass die Naturgesetze nicht Bestandteile der physikalischen *Welt*, sondern nur des physikalischen *Weltbildes* sind, ist schlüssig an der *Evolution* der Physik nachzuweisen: Beim Übergang von Newton zu Einstein hat sich nur die Theorie, nicht die Natur geändert. Der nichtempirische, also rein geistige Status der Naturgesetze ist der Grund, dass Einstein gegen die Newtonschen Gesetze und gegen seine Annahmen über Raum und Zeit „verstoßen" konnte, so wie ein Richter „contra legem" entscheiden kann. So gesehen gibt es also keine *Natur*, sondern nur eine *Kultur* der Naturgesetze. Die Logik der Begründung: Wenn die Naturgesetze nicht Gesetze der Natur, sondern der Natur*wissen*schaft sind und wenn Naturwissenschaft kein Natur-, sondern ein *Kultur*produkt ist, dann sind auch die Gesetze ein Kulturprodukt, nämlich geistige Konstrukte. Noch eine Variante der Begründung: Es gibt in der Natur auch deshalb keine Gesetze, weil dies die Abstraktionsfähigkeit der *Natur*, hier: den Übergang vom Besonderen zum Allgemeinen, zur Voraussetzung hätte. Es gibt in der Außenwelt nur einzelne fallende Steine, aber kein allgemeines Gesetz der Gravitation, das diese jeweils einzelnen und besonderen Vorgänge verallgemeinert. Abstraktion ist eine genuine Leistung des *Geistes*, die in der Natur nicht vorkommt. Nimmt man sie an, ist man im Reich des Animismus.

Kommen wir noch einmal zurück zum physikalischen Erfordernis der raum-unabhängigen Geltung der Naturgesetze. Selbst wenn wir die Ausführungen oben unberücksichtigt lassen und kontrafaktisch annehmen, es gäbe die Naturgesetze „in" der Natur, so gibt es eine zeitliche Geltungs*grenze*, der eine *räumliche* Geltungsgrenze korrespondiert, eine Grenze, die nicht mit der räumlichen Ausdehnung des Universums identisch ist. Sie umfasst die sogenannte Planck-Epoche, die zeitlich zwischen der Urknall-Singularität und der Planck-Zeit (= 10^{-43} s) liegt. Mit diesem Angriff auf die Geltungs*universalität* der Naturgesetze beginnt die letzte Bastion des Dualismus zu wanken. Sekundiert wird die Einführung der *universellen* Zeitlichkeit auch auf der untersten Ebene der Physik: Viele Teilchen haben nur eine sehr kurze Lebensdauer und zerfallen in Bruchteilen von Sekunden (z. B. das Myon in $2{,}2 \cdot 10^{-6}$ s). Und selbst beim langlebigen Proton wird eine Zerfallszeit von 10^{30} Jahren angenommen. An diese *Phänomen*zeitlichkeit hat sich die Physik – ungern – längst gewöhnt. Aber sie beantwortet noch nicht die Frage nach den Eigenschaften und der Wirklichkeit „der Zeit". Was sagen die großen Drei?

Das Neue in Einsteins Theorie: Er hatte Raum und Zeit nicht nur in einem unauflösbaren Zusammenhang, sondern als *materielle* Größen eingeführt, die sich in Abhängigkeit von der Gravitation verändern (als Krümmung beim Raum und als Dilatation bei der Zeit). Aber Einsteins Zeit kennt keine den Unterschied von Vergangenheit, Gegenwart und Zukunft begründende *Gerichtetheit*, die er eine subjektive „Täuschung" nennt. Die Zeit und ihre Modi sind für Einstein real, nicht aber der Zeit*fluss*. Bereits hier zeigen sich systematisch erhebliche Abweichungen von den Zeitvorstellungen des Alltags. Und nicht nur hinsichtlich der Zeit*richtung*, nämlich hin in die Zukunft, sondern schon bei der Explikation der Zeit*modi*: Ereignisse der Vergangenheit existieren nicht mehr, Ereignisse der Gegenwart existieren jetzt und Ereignisse der Zukunft existieren noch nicht – so die Vorstellungen der Alltagswelt. Als Konsequenz aus der Relativität der Gleichzeitigkeit sagt die Relativitätstheorie dagegen: Ereignisse in allen *drei* Zeitmodi sind real, d. h. ein Ereignis der Zukunft ist genauso real wie eines aus der Vergangenheit oder der Gegenwart. Hier fängt der Alltagsverstand zu streiken an. Ich möchte diese alltagsweltlich eher befremdliche Merkwürdigkeit nicht weiter ausführen, weil uns Einsteins Zeit durch Leugnung der im unterschiedlichen Realitätsstatus begründeten *strukturellen* Unterschiede der alltagsweltlichen Zeitmodi nicht weiter in Richtung Einheit führt. Mit einer Ausnahme, nämlich beim Gegenwartsbegriff und damit beim „Jetzt". Im relativistischen Lichtkegel ist die Gegenwart nämlich kein Schnittpunkt zwischen Vergangenheit und Zukunft, sondern ein *ausgedehnter* Bereich. Das deckt sich mit empirischen Ergebnissen der Hirnforschung, die von einem „Gegenwart-Fenster von etwa drei Sekunden" ausgeht, wobei das Jetzt allerdings nur als „Attribut des Bewusstseinsinhalts" aufgefaßt wird. (siehe dazu Pöppel 1987, S. 62 ff.)

Hilft die Quantenmechanik zeittheoretisch in Richtung Einheit weiter? Heisenberg hat einen wesentlichen, über Einstein hinausgehenden Konvergenzschritt vollzogen: Er schreibt den mikrophysikalischen Objekten *vor* der Messung die Ontologie der *Möglichkeit* zu und hat damit die *Offenheit* der Zukunft auf der fundamentalen Ebene in die Physik eingeführt. Ein wichtiger erster Schritt. Aber dieses Merkmal der Offenheit gilt auch für die Vergangenheit, dann jedenfalls, wenn wir Heisenbergs *ontischer* Deutung der Unschärfe folgen. Wiederum streikt das Alltagsverständnis. Bei Einstein war es die befremdliche Annahme der *Realität* der Zukunft und bei Heisenberg die der Offenheit auch der *Vergangenheit*. Beiden gemein ist: Es gibt die Zeit, aber es gibt keine *Vorzugs*richtung der Zeit. Als Folge davon gilt in *beiden* Theorien die zeitliche Symmetrie der Modi und damit die Einheit verhindernde Invarianz der Naturgesetze gegen Zeitumkehr. Mit einer Ausnahme in der Quantenmechanik: Die Symmetrie der Zeit endet in dem Moment, wenn im Messprozess ein Elementarteilchen eine Spur hinterlässt, in der sich die Vergangenheit verfestigt und abgeschlossen hat. Dann ist die Vorwärts-Rückwärts-Symmetrie am Ende (siehe dazu auch Genz 1999, S. 234 f.). Im Kontakt mit der Realität endet die Invarianz gegen Zeitumkehr. Auch beim Kaonenzerfall wurde das Labor zur Nagelprobe, als die zeitliche Asymmetrie der Prozesse zum Schrecken der Physiker nicht mehr weggerechnet oder geleugnet werden konnte.

Hier müssen wir genau sein! Dass bestimmte *Prozesse* nicht umkehrbar sind, heißt nicht, dass die *Zeit* nicht umkehrbar ist. Am Beispiel der „relativistischen Kausalität": Verursacht ein Ereignis A ein (nachfolgendes) Ereignis B, so kann Ereignis B nicht (das vorausgehende) Ereignis A verursachen. Eine klare zeitliche Asymmetrie, die Einstein nie bestritten hat. Dennoch hält die Relativitätstheorie an der Invarianz der Natur*gesetze* gegen Zeitumkehr fest. Das geht wieder einmal nur mit dem bekannten Trick, der die Logik von Naturgesetzen wirksam vor der Realität schützt: Die zeitliche Asymmetrie der Prozesse und damit der „Zeitpfeil" werden über die *Randbedingungen* eingeführt, welche die Symmetrie der Zeit und der Naturgesetze selbst unberührt lassen. Das wiederum funktioniert nur unter der schon genannten *geistes*wissenschaftlichen Voraussetzung: Die Extension der Zeit in den Naturgesetzen ist in Relation zur äußeren Realität leer. Die Invarianz gegenüber Zeitumkehr ist keine Eigenschaft der physikalischen *Welt*, sondern der physikalischen *Formeln*, in denen die Gravitation, die starke Wechselwirkung etc. ihre mathematische Form finden (siehe dazu auch Vollmer 1988, S. 235 f.). Wenn die Gleichungen im *Bezug* nicht auf die äußere Realität, sondern auf *begriffliche* Modelle gerichtet sind, sind wieder einmal Repräsentant *und* Repräsentat realitätsfrei, rein *symbolischer* und damit rein geistiger Natur.

Was für Zeitumkehr gilt, gilt gleichermaßen für Bewegungsumkehr. Obwohl die meisten realen Naturprozesse irreversibel sind, sind alle fundamentalen Gleichungen reversibel, also invariant gegen Bewegungsumkehr. Aber selbst auf der *fundamentalen* Ebene kann sich die Theorie nicht ganz gegen die Außenwelt immunisieren; denn die Zahl*werte* der Naturkonstanten (Gravitation, Planck'sches Wirkungsquant etc.) sind *kontingent*. Sie könnten also an anderen Orten des Universums andere sein bzw. für unsere Fragestellung wichtiger: Sie könnten sich in der Zeit ändern und so die Zeitumkehrinvarianz außer Kraft setzen. Anders als Einstein und Heisenberg haben andere große Physiker wie Milne und Dirac dieses geschichtliche Moment bereits angedacht. Änderungen auf der fundamentalen Ebene, die nicht Folge einer fehlerhaften *Theorie*, sondern Folge einer Veränderung der *Natur* sind, sind für die Physik trotz mancher zeit- und erkenntnistheoretischer Fortschritte jedoch schwer zu ertragen. So erwähnt Planck „absolut richtige und endgültige Sätze, ebenso wie es in der Ethik absolute Werte gibt […] sind hier zu nennen die Größen der sogenannten absoluten Konstanten, wie das Elementarquantum der Elektrizität oder das elementare Wirkungsquantum und manche andere. Diese Konstanten ergeben sich immer als die nämlichen, nach welchen Methoden man sie auch messen mag. Sie aufzufinden und alle physikalischen Vorgänge auf sie zurückzuführen, kann man geradezu als das Endziel der wissenschaftlichen Forschung bezeichnen". (Planck 1953c, S. 28) Ein Zwischenhoch für Szientisten und endlich einmal Musik in ihren Ohren. Stimmt Plancks Einschätzung, ist die Zeit mit dem umgangssprachlich wichtigen logischen *Unterschied* von Vergangenheit, Gegenwart und Zukunft kein Teil der physikalischen Theorie. Wir nehmen das Gegenteil an. Allerdings kann die Annahme der Absolutheit der „absoluten Konstanten" derzeit nur hypothetisch in Frage gestellt, aber nicht widerlegt werden. Dass sich der Zahlenwert des Planckschen Wirkungsquantums im Laufe der Zeit nicht verändert haben soll, ist aber zum Beispiel angesichts des physikalischen Weltzustandes in der Urknallsingularität, in der die *gesamte* Energie des heutigen Universums mit seinen Milliarden Galaxien mit jeweils Milliarden von Sternen in einem winzigen Raumbereich weit unterhalb der Größe eines Stecknadelkopfes verdichtet war, eher unwahrscheinlich (die Unwahrscheinlichkeit wird unterstrichen durch die Einsteinsche *Äquivalenz* von Masse und Energie). Sollten sich die „absoluten Konstanten" dagegen in der Zeit verändern, so hätte das weitreichende Folgen, auch für die Deutung von empirischen Phänomenen (z. B. könnte die bekannte Rotverschiebung des Sternenlichtes eine Folge der Veränderung der „Konstanten" und nicht – wie heute angenommen – eine Folge der *Expansion* des Universums sein). Wir entscheiden uns hier aus dem o. g. Plausibilitätsgrund und unter dem umgangssprachlich geführten Zeitbegriff für die Zeitlichkeit auch der „Konstanten". Wittgenstein hat im *Tractatus* die physikalisch übliche Fixierung auf Konstantes in eine interessante Analogie gestellt. Der Haltung liege „die Täuschung zugrunde, dass die sogenannten Naturgesetze Erklärungen der Naturerscheinungen seien. So bleiben sie bei den Naturgesetzen als bei etwas Unantastbarem stehen, wie die älteren bei Gott und dem Schicksal". (Wittgenstein 1969, S. 110)

Alles in Allem: Einstein und Heisenberg haben hinsichtlich der Wirklichkeit der Zeit bzw. der Offenheit der Zukunft wichtige Schritte gemacht. Aber sie reichen nicht aus, um die Invarianz der Naturgesetze als Hindernis der Einheit aus dem Weg zu räumen. Selbst der zweite Hauptsatz der Thermodynamik, aus dem gewöhnlich der „Zeitpfeil" hergeleitet wird, lässt sich zunächst nur als unumkehrbare Richtung von energetischen *Prozessen*, aber nicht als unumkehrbare Richtung der *Zeit* auffassen. Als Parameterzeit folgt aus ihm „nicht die Auszeichnung jeweils eines Zeitpunktes als Gegenwart, auch nicht das Gewesensein der Vergangenheit und das Nochnichtsein der Zukunft" (von Weizsäcker 1988, S. 149). Genau diesen Unterschied benötigen wir aber für das Einheitsprogramm, weil nur so die Brücke zu den Geisteswissenschaften gebaut werden kann. Gelingt dies nicht, ist der Einheitsversuch gescheitert. Genau diesen Schritt und im Geiste der Bohrschen Phänomenologie geht von Weizsäcker, wenn er die Zeit einführt „nicht mathematisch als Zahlenkontinuum, sondern in der Gliederung von Gegenwart, Vergangenheit und Zukunft, die unserer Erfahrung zugrundeliegt" (Weizsäcker 1988, S. 509). Dass die natürliche Sprache zum Hebel für die Lösung des physikalischen Zeitproblems wird, ist bemerkenswert und von von Weizsäcker in überraschender Klarheit begründet: „Die Umgangssprache ist hier wie so oft präziser als die bisher vorliegende mathematische Sprache der Wissenschaft." (Weizsäcker 1988, S. 74) Die Probleme, die viele Physiker mit diesem umgangssprachlich orientierten Zeitbegriff haben, führt er, wie schon erwähnt, auf die sinnfreie Einführung mathematischer Modelle zurück. Die nötige Übernahme der Zeitstruktur der Umgangssprache in die Physik liefert dagegen ein wesentliches methodologisches Bindeglied zwischen Physik und Geisteswissenschaften, das ein wesentliches dualistisches Abgrenzungsargument zu Fall bringt.

Von Weizsäcker begründet die *Struktur* der Zeit nicht zuletzt über die wahrheitstheoretischen Unterschiede der drei Zeitmodi: Eine Aussage über ein vergangenes Ereignis ist hinsichtlich ihrer Wahrheit abschließend entscheidbar; eine Aussage über ein gegenwärtiges Ereignis ist nur für den Zeitpunkt ihrer Äußerung entscheidbar; eine Aussage über ein zukünftiges Ereignis ist nicht entscheidbar. Diese aus der Umgangssprache (!) entwickelte zeitliche Logik ist für von Weizsäcker die „Grundlage der Physik" (von Weizsäcker 1988, S. 207). In der radikalsten Formulierung: „Alles was ist, ist letzten Endes Zeit" (von Weizsäcker 1982, S. 346). Das kann die logische Form der Naturgesetze nicht unberührt lassen: Die *Struktur* der Zeit schließt Invarianz gegenüber Zeitumkehr aus (siehe genauer D'Avis 1994, S. 152 ff.). Hier ist noch viel Theoriearbeit, auch Mathematisierung, zu leisten. Aber das größte Hindernis für die Anerkennung der umgangssprachlichen Zeit könnte emotional-ästhetischer Art sein: „Theoretische Physiker lieben die Symmetrie." (Meschede 2015, S. 982) Bestätigend sagt Heisenberg in einem Gespräch mit von Weizsäcker: „Wenn man mit einer Forderung anfängt, dann ist Symmetrie der beste Anfang. Symmetrie ist schön." (von Weizsäcker 1992, S. 911) Oder Dirac: „[...] dass die Schönheit der Gleichung wichtiger ist als die vollkommene Übereinstimmung mit dem Experiment." (zitiert in: Koestler 1966, S. 268) Auf den Punkt gebracht hat es Bachelard in der schönen Formulierung: „Im Zustand der Reinheit [...] ist die Wissenschaft eine Ästhetik des Verstandes." (Bachelard 1987, S. 43) Wieder einmal dominiert der Geist die physikalische Welt, hier in der Form „Ästhetik". Allerdings wird das ästhetische Verlangen der Physiker von der Realität immer wieder ausgebremst. So führt Heisenberg an anderer Stelle aus, dass „es keinen Grund für eine Invarianz des Grundzustandes ‚Welt' gegenüber den Symmetrieoperationen der Grundgleichung (gibt)" und stellt empirisch ernüchtert fest: „Im Gegenteil, die Welt ist wahrscheinlich ganz unsymmetrisch." (Heisenberg 1967, S. 39) Damit ist einmal mehr bewiesen, dass Symmetrie in der Physik nicht als Eigenschaft der *Welt*, sondern als Eigenschaft der *Gleichungen* eingeführt wird. Den gleichen Sachverhalt hatten wir schon anderer Stelle, nämlich bei Einsteins *sphärischem Raum*. Für beide Fälle gilt: Geistiger Status pur!

In anderer Terminologie, aber in den wissenschaftslogischen Konsequenzen von Weizsäcker gleich, argumentiert auch Prigogine *gegen* die Invarianz und damit gegen ästhetische oder mathematische Vorlieben der Physiker. Sein Schlüsselbegriff: dissipative Systeme. Ausgezeichnet durch große Schwankungen, können sie nicht mehr durch Trajektorien beschrieben werden. Um – wie in der Dynamik – eine Trajektorie zu bestimmen, ist nämlich zweierlei erforderlich: Erstens die Kenntnis des Gesetzes, nach dem die Trajektorie verläuft und zweitens die Kenntnis des jeweiligen Zustands eines Systems in einer „vollständigen Beschreibung" seiner Positionen und Geschwindigkeiten. Mit diesen Informationen ist es dann möglich, die Trajektorie in die Vergangenheit wie auch in die Zukunft hinein zu entwickeln. „Das dynamische Gesetz ist ein reversibles Gesetz […] Zukunft und Vergangenheit haben in der Dynamik eine genau äquivalente Bedeutung, nämlich überhaupt keine". (Prigogine/Stengers 1981, S. 202) Das widerspricht der Dissipativität und ihren Eigenschaften der Komplexität, Gleichgewichtsferne, Instabilität, Offenheit und Nichtlinearität. Eine Folge: Dissipative Prozesse „sind nicht invariant gegenüber Zeitumkehr". (Prigogine/Stengers 1981, S. 226) Mehr noch: Anders als in der klassischen Dynamik ist die Zeit kein bloßer Parameter der Bewegung von Materie im Raum, „sondern misst innere Entwicklungen". (Prigogine/Stengers 1981, S. 25) Dieser qualitativ neue Zeitbegriff trägt nicht mathematisch *idealisierten* Vorlieben (z. B. Symmetrie), sondern den *wirklichen* physikalischen Prozessen Rechnung, die in der Regel irreversibel sind. Das erfordert die Einführung der asymmetrischen Zeit auf der *fundamentalen* Ebene. Dadurch wird die Theorie zwar komplexer, aber auch physikalischer. Und der Gewinn für ein Programm der Einheit der Wissenschaften ist durchschlagend, denn ist „erst einmal die Wirklichkeit der Zeit begründet, so ist die Hauptschwierigkeit für eine größere Einigkeit zwischen den Naturwissenschaften und den Geisteswissenschaften ausgeräumt". (Prigogine/Stengers 1981, S. 25) Zustimmung aus ganzer Überzeugung!

Die bisherige Argumentation sollte gezeigt haben, dass die Titelthese der *geisteswissenschaftlichen* Grundlagen der Naturwissenschaften sowohl physikalisch als auch wissenschaftstheoretisch begründet werden kann. Damit ist die Basis dafür gelegt, einen dritten Weg zu einer Einheit der Wissenschaften zu versuchen, der die traditionelle *Dichotomie* zwischen Geistes- und Naturwissenschaften hinter sich lässt. Dieser Versuch erscheint nun aus wenigstens drei systematisch erheblichen und disziplinübergreifenden Gründen als durchführbar: Erstens wegen der starken Theoretizität der Grundbegriffe/-gesetze unter Einschluss der *Struktur* der Zeit, zweitens wegen der irreduziblen Komplexität und drittens wegen der unverzichtbaren inter- und intradisziplinären Funktion der Umgangssprache. Den Anfang für diese Einheit haben die großen Drei gemacht: Heisenberg mit „Kenntnis vor Teilchen", Einstein mit „Theorie vor Empirie" und Bohr mit „Sinn vor Mathematik". Unabhängig davon, ob sich die Physik im Schwerpunkt weiter als mathematisch-logisch oder als phänomenologisch basierte Theorie entwickelt, die genannten Einheit stiftenden Momente gelten für beide Fälle. Dabei laufen alle die Wende der modernen Physik kennzeichnenden Besonderheiten auf die Notwendigkeit zu, die Einheit der Wissenschaften in einer allgemeinen und logisch autonomen Theorie des Geistes zu suchen. Der Gefahr eines schlechten Idealismus, der die *Dinge* der realen Welt aus den Augen verliert und entbunden von allem Materiellen sein Werk verrichtet, gehen wir mit einer klaren Hypothese aus dem Weg: Wann immer der Geist im Denken in Erscheinung tritt, ist neuronale Aktivität des Gehirns im Spiel. Dieser notwendige Zusammenhang von Geist und Gehirn hat aber nicht zur Folge, dass geistige Prozesse auf Gehirnprozesse *zurückgeführt* werden können. Die noch vorzustellende Theorie des Geistes ist also logisch autonom. Um den Zusammenhang wie auch die Unterschiede von Geist und Gehirn klarer zu erfassen, wird sich die nächste Abhandlung neben der Physik auch mit der Neurobiologie befassen, mit ihren beeindruckenden Ergebnissen, aber auch mit ihren Aporien.

Leitwissenschaft: Physik oder Neurobiologie?

1. Kriterien und Status

Leitwissenschaft wird eine Disziplin durch zwei Besonderheiten: Erstens durch Theorien mit fachübergreifenden und weltbildformenden Wirkungen und zweitens durch bedeutende praktische Folgen (technische, medizinische, gesellschaftliche, ökonomische etc.). Beide Kriterien erfüllt die moderne Physik. Zunächst ein einfaches Beispiel mit Blick auf die Relativitätstheorie: Zu wissen, wieviel Uhr es ist, ist das Eine, zu wissen, was Zeit ist, ist das Andere, nämlich *weltbildformende* Information. Und ein Beispiel aus der Quantentheorie: Mit der Unschärferelation $\Delta x \, \Delta p \approx h$ wurde die klassische Vorstellung einer beobachterunabhängigen Objektivität außer Kraft gesetzt. Das Neue in umgangssprachlicher Verallgemeinerung: Wir erkennen nicht die Natur, sondern unsere *Beziehung* zu ihr (siehe dazu Heisenberg 1965, S. 21). Wichtig für den Leitbildstatus ist: Die Unschärferelation war eine *nicht*monotone Erweiterung des Wissens, also ein Paradigmen*wechsel*, eine geistige Revolution. Wie in anderen Fällen (z. B. bei der Lichtgeschwindigkeit) zeigte sich auch hier der Fortschritt im Nachweis einer nicht hintergehbaren *Limitation* unserer Erkenntnismöglichkeiten, welche die Quantenmechanik methodisch, mathematisch und inhaltlich auf ein vorbildliches Theorieniveau gebracht hat. Über die Physik hinaus hat das neue Paradigma zu erkenntnistheoretischen Debatten z. B. über die unauflösbare Verschränkung von *res cogitans* und *res extensa*, von Subjekt und Objekt geführt. Mehr noch: Mit dem o. g. Beziehungspostulat hat Heisenberg schon zu Beginn des 20. Jahrhunderts – z. B. via Einflussnahme des Mess*instrumentes* auf das Mess*objekt* – erste *konstruktivistische* Momente in der Physik anerkannt, die Einstein zur *Theorie*abhängigkeit der Empirie verschärft hat und die später im neurobiologischen Konstruktivismus auf eigene Weise bedeutsam wurden. Neben der weltbildformenden Wirkung erfüllt die Quantentheorie auch das zweite Erfordernis einer Leitwissenschaft: Sie hat epochale technische Folgen. Ein Beispiel: Ohne Quantentheorie gäbe es den Computer nicht. Beide leitwissenschaftlichen Kriterien lassen sich auch an der Relativitätstheorie zeigen: Einsteins Relativität der Zeit hat unser Weltbild auf höchstem Theorieniveau neu orientiert, mit technischen Wirkungen bis in die jüngste Zeit. Auch hier nur eines von vielen Beispielen: Das GPS würde ohne Berücksichtigung der Zeitdilatation/-kontraktion nicht genau funktionieren. Die Begründung in Kurzform: 24 Satelliten bewegen sich mit hoher Geschwindigkeit im erdnahen Raum und senden Daten an der Empfänger (z. B. im Auto), auch Zeitangaben, auf der Basis von Atomuhren. Nun bewegen sich die in den Satelliten installierten Uhren sehr schnell, nämlich mit 3,8 km/s. Der Zeiteffekt: Nach der *Speziellen* Relativitätstheorie gehen bewegte Uhren langsamer (relativ zu Uhren auf der Erde). Dem steht die Annahme der *Allgemeinen* Relativitätstheorie gegenüber, dass die Zeit fernab von großen Massen wegen der geringeren Gravitationsfeldstärke schneller vergeht (die Satellitenuhren befinden sich in einer Entfernung von ca. 20.000 km von der Erde). Würde man diese beiden gegenläufigen Effekte nicht miteinander verrechnen, wäre das GPS schon nach kurzer Zeit so ungenau, dass der Autofahrer sein Ziel verfehlen würde.

Hat die Neurobiologie die Physik in dieser Leitbildfunktion schon abgelöst oder ergänzt, ist sie auf dem Weg dahin oder kann sie den hohen Anspruch nicht einlösen? Es begann im Jahr 1990, als der amerikanische Präsident Bush sen. das Jahrzehnt zur „Dekade des Gehirns" erklärte. Im gleichen Jahr erklärt S. J. Schmidt, dass „Experten" die Kognitionswissenschaften „für die bedeutendste theoretische und technische Revolution seit der Atomphysik mit unabsehbaren Folgewirkungen auf die gesellschaftliche Entwicklung dieses wie kommender Jahrhunderte (halten)" (Schmidt 1990, S. 7). Es folgten intensive Forschungen, üppige Budgets und Publikationen en masse. Und schon im Jahr 2004 war der Durchbruch geschafft: „Unverkennbar schwingt sich die Hirnforschung [...] zur Leitwissenschaft des beginnenden Jahrhunderts auf. Gleichgültig, ob Pädagogik, Religion, Rechtsprechung oder Musikwissenschaft: Überall mischt sie sich inzwischen ein." (Spiegel 2003, S. 3) Die euphorische Einschätzung und der weltbildformende Anspruch reichen bis in die jüngste Zeit. Ein Beispiel: Die in der klassischen Philosophie verteidigte Annahme vom freien Willen kann auf dem Prüfstand der Neurobiologie nicht mehr aufrechterhalten werden. Das tangiert unser Welt- und Selbstbild. Dem jahrhundertelang philosophisch geschützten Stolz, mit dem der Mensch sich aus der Natur heraushob, ist die Grundlage entzogen, und das nicht mit einer *spekulativen* Gegenannahme, sondern *experimentell* begründet. Das klingt nicht nur spektakulär, sondern ist es auch, dann jedenfalls, *wenn* aus dem Experiment die Schlussfolgerung „Der freie Wille ist eine Illusion" tatsächlich gezogen werden kann. Ist der Schluss korrekt, dann könnte die Neurobiologie unter dem Kriterium „weltbildformendes Wissen" in einem wesentlichen Punkt und in einem ersten Schritt den Status einer Leitwissenschaft beanspruchen. Wir führen das nun etwas ausführlicher aus, auch deshalb, weil der Nachweis, dass der freie Wille eine Illusion ist, auch unser Vorhaben, eine logisch autonome Theorie des Geistes aufzubauen, zu Fall bringen würde.

Begonnen hat der Angriff auf den freien Willen mit dem berühmten Libet-Experiment. Sein wesentlicher Kern: Versuchspersonen hatten die Aufgabe, zu einem von ihnen selbst gewählten Zeitpunkt und willentlich eine motorische

Handlung auszuführen (z. B. einen Finger zu bewegen). Diesen Vorgang hat Libet mit einem Elektroencephalogramm aufgezeichnet. Dabei zeigte sich, dass die für Motorik zuständigen Hirnbereiche schon aktiv wurden, *bevor* die Probanden den Entschluss fassten, ihren Finger zu bewegen (die Neuronen feuerten etwa eine drittel Sekunde vor dem bewussten Akt). Die neurobiologische Schlussfolgerung: Der (bewusste) Wille, den Finger zu bewegen, war determiniert durch (unbewusste) vorausgehende neuronale Aktivität und insofern nicht frei. Das Experiment widerlegt also nicht die *Existenz* des Willens, sondern nur die Annahme seiner *Freiheit*. Dass wir nur *glauben*, wir hätten etwas in freier Entscheidung getan, in Wahrheit uns darüber jedoch täuschen, ist ein logisch *möglicher* Sachverhalt, der Freud schon lange vor Libet bekannt war. Die offene Frage: Schließt das Experiment erstens zwingend und zweitens für *alle* Willenshandlungen und damit verallgemeinerungsfähig die Willensfreiheit und ihr nachfolgend die Handlungsfreiheit aus?! Zunächst einmal muss Beides unterschieden werden: Der Wille kann determiniert sein, was aber nicht notwendig zur Folge hat, dass auch die Ausführungshandlung determiniert ist. Denn es ist eine alltägliche Erfahrung, dass wir etwas *wollen*, dann aber den Willen nicht in einer Handlung zur *Ausführung* bringen. So könnte das Moment der Freiheit zu einem späteren Zeitpunkt, nämlich *nach* der Entstehung des Willens, auftreten und darin liegen, die Handlung zu vollziehen oder auch nicht zu vollziehen. Libet hat die Aussagekraft seines Experimentes schon selbst in diesem Sinne eingeschränkt. Auf eine solche Differenzierung von Wille und Ausführungshandlung hat auch schon Heisenberg hingewiesen, mit einem wohl auf Schopenhauer zurückgehenden Diktum: Man könne zwar tun, was man will, aber nicht wollen, was man will.

Konzentrieren wir uns zunächst auf das Spektakuläre, nämlich die Leugnung der Willensfreiheit, die seit Jahren von renommierten und philosophisch reflektierten Neurobiologen vertreten wird. So spricht Wolf Singer in einer Diskussion mit Thomas Metzinger unter dem Titel „Ein Frontalangriff auf unser Selbstverständnis und unsere Menschenwürde" von „mythologisch verbrämten Utopien" (Singer 2006, S. 70). Geht der „Frontalangriff" nicht ins Leere, so hat er wichtige und das Philosophische transzendierende praktische Folgen, z. B. für das Strafrecht. Das sieht der Neurobiologe Gerhard Roth sehr klar, wenn er feststellt, „dass es Freiheit im Sinne einer subjektiven Schuldfähigkeit nicht gibt". (Roth 2002, S. 61). Zur Erläuterung ein paar Worte zum strafrechtlichen Zusammenhang, zum sog. *Verbrechensaufbau* und zu seiner Systematik. Mit Blick auf eine Straftat unterscheidet das Strafrecht drei Komponenten: Tatbestandsmäßigkeit, Rechtswidrigkeit und Schuld. Alle drei Merkmale müssen erfüllt sein, damit eine Verurteilung z. B. in Form einer Gefängnisstrafe erfolgen kann. Dabei spielt der freie Wille eine entscheidende Rolle. Stellt sich nun die Frage, an welcher Stelle des Verbrechensaufbaus die Freiheit des Willens die Entscheidung eines Richters bestimmt. Die Antwort des renommierten Strafrechtlers Baumann: „Das Problem der Willensfreiheit tritt bei der strafrechtlichen Schuld auf." (Baumann 1966, S. 377). Diese Auffassung ist Konsens unter Strafrechtlern ebenso wie die Überzeugung, dass zur Schuldfähigkeit die Willensfreiheit *notwendig* dazugehört. Die Folge: Gibt es diese Willensfreiheit nicht, wie Singer und Roth annehmen, ist die Verurteilung eines Täters unabhängig von der Schwere seiner Tat *prinzipiell* ausgeschlossen, also auch dann, wenn die beiden anderen Merkmale des Verbrechensaufbaus, nämlich Tatbestandsmäßigkeit und Rechtswidrigkeit eines Handelns, voll umfänglich erfüllt sind. Tatbestandsmäßigkeit und Rechtswidrigkeit sind also nur notwendige, aber keine hinreichende Bedingung für eine „Freiheitsstrafe". Die Schuld muss als dritte Komponente hinzukommen, für deren Erfüllung der freie Wille des Täters eine notwendige Bedingung ist. Die Leiche liegt im Keller, der Täter ist auf der Grundlage von eindeutigen Beweisen überführt, d. h. die Tatbestandsmäßigkeit liegt vor, die Rechtswidrigkeit des Handelns ebenso – und dennoch kann der Täter nicht zu einer Gefängnisstrafe verurteilt werden. Noch einmal der Grund: Die dritte Anforderung des Verbrechensaufbaus, die Schuld nämlich, ist nicht erfüllt, weil zur Schuld notwendig der *freie* Wille bei der Ausführung der Tat gehört. Da es laut Singer und Roth aber keinen freien Willen gibt, wäre eine Verurteilung auf der Grundlage des geltenden Strafrechtes prinzipiell ausgeschlossen. Aus der Sicht der Neurobiologie: Die Tat wurde nicht freiwillig, sondern unter *sub*cortikalem Zwang begangen. Das Delikate: Das ist auch dann so, wenn der Täter ein Geständnis ablegt und fest und überzeugend beteuert, die Tat absichtlich begangen zu haben. Der neurobiologische Angriff auf die Willensfreiheit ist also nicht nur philosophisch spektakulär, sondern wahrlich auch praktisch konsequenzenreich.

Zunächst zwei kurz gehaltene methodische Einwände von Scheich und Walden gegen das Libet-Experiment: Scheich wendet gegen Libets „biologischen Determinismus" ein, der Proband habe schon *vor* der Ausführung des Versuchs grundsätzlich die Entscheidung zur Fingerbewegung gefällt. Das Gehirn hat sich also schon in seinem motorischen Cortex darauf vorbereiten können. Diese Vorbereitung sei von Libet insofern unterschlagen worden als er seine deterministische Schlussfolgerung nur aus dem *Jetzt* gezogen habe: In der Phase der Ausführung der Fingerbewegung im Zusammenhang mit der willentlichen Entscheidung „ging (es) nur noch um das ›Jetzt!‹" (Scheich 2006, S. 67). Und Walde merkt kritisch an, dass Libet nur solche Handlungen untersuchte, „bei denen der Abstand zwischen Absicht und Ausführung maximal einige Sekunden betrug". (Walde 2006, S. 56) Das Ergebnis könnte in Fällen mit langer Planung (z. B. bei einem Verbrechen oder bei der Berufswahl), wenn also Absicht und Umsetzung Tage oder Monate zeitlich differieren, ganz anders sein. Diese und andere Einwände gegen die These von der „Illusion" der Willensfreiheit haben Roth und Singer unbeeindruckt gelassen. Bis in die jüngste Zeit halten beide an der grundsätzlich und ausnahmslos gemeinten These fest.

Kann sie verteidigt werden, ist nicht nur das Strafrecht an einer entscheidenden Stelle ohne wissenschaftlichen Grund, sondern auch mein Vorschlag für eine logisch *autonome* Theorie des Geistes, die mit der Freiheit des Geistes steht und fällt. Ist der Geist nicht frei, ist die in Aussicht gestellte logisch autonome Theorie des Geistes ausgeschlossen. Wegen der Wichtigkeit dieser Entscheidungsstelle noch ein paar Ausführungen zur Freiheit des Willens bzw. zu ihrer Leugnung.

Auf einer Tagung der *Evangelischen Akademie Hofgeismar* im Jahr 2017, an der Hirnforscher, Philosophen und Theologen teilgenommen haben, war Gerhard Roth der prominenteste Teilnehmer. Die Tagung referierend, zitiert Michael Schrom Roth so: „Menschen können im Sinne eines moralischen Verschuldens nichts für das, was sie sie wollen und wie sie sich entscheiden." (Schrom 2017, S. 26) Die Vorstellung von einem Menschen, der sich frei entscheiden könne, ist nach Roth eine „Illusion". In Wirklichkeit sei nicht der freie Wille der Auslöser für die Ausführung einer Handlung, sondern das „Zusammenspiel von genetischen Veranlagungen, vorgeburtlichen Prägungen und frühkindlichen Erfahrungen". (Schrom 2017, S. 26/27) Deshalb sei „die Situation eines Gewalttäters eher vergleichbar mit einem Autofahrer, der bei Glatteis einen Unfall verursacht". (Schrom 2017, S. 26/27) Das mag bei einem Gewalttäter vielleicht so sein, aber dass die Entscheidung, z. B. eine Differentialgleichung zu lösen, nicht *frei* getroffen wurde, sondern von „genetischen Veranlagungen, vorgeburtlichen Prägungen und frühkindlichen Erfahrungen" bestimmt ist, erschließt sich mir nicht. Wie bei Roth, spitzen die Kirchen – dieses Mal die *Katholische Akademie in Bayern* – beim Thema Willensfreiheit die Ohren und geben Singer das Wort. Die Generalhypothese, die der gesamten Argumentation gegen die Willensfreiheit zugrundliegt, fasst Singer so zusammen, dass „alles, was im Gehirn abläuft, den Naturgesetzen folgt" (Singer 2015, S. 27). In Argumentform: „Wenn Entscheidungen neuronalen Zuständen entsprechen und diese notwendige Folge von Vorgeschichte und Kontext sind, ist natürlich auch die Entscheidung notwendige Folge." (Singer 2015, S. 27) Prima facie ist das logisch. Aber was heißt hier „entsprechen"? Heißt dies verallgemeinert, dass geistige Vorgänge mit neuronalen Vorgängen gleichzusetzen oder auch nur durch letztere strikt determiniert oder auf sie zurückzuführen oder aus ihnen ableitbar sind?! Nur unter diesen alternativen Voraussetzungen ist Singers Argument zwingend – mit der in der Tat *zwingenden* Folge der Unmöglichkeit von Willensfreiheit.

Nehmen wir ein einfaches Beispiel: X betritt ein Zimmer und beginnt nach kurzer Zeit unwillkürlich zu frieren. Auslöser dafür ist die rein physikalisch zu bestimmende Temperatur der Luftmoleküle, die auf die Haut von X treffen und mit ihr wechselwirken. Auf diese physikalische Wechselwirkung reagiert X mit Symptomen (z. B. Erkaltung der Hautoberfläche, Änderung des Blutkreislaufs, Zittern etc.), die automatische, ausschließlich vom Gehirn und nicht von seinem Willen gesteuerte physiologische Vorgänge sind. Daraufhin entdeckt X ein weit geöffnetes Fenster, durch das kalte Zugluft in den Raum strömt. Da er nicht durch seine Gene (zu ihrem Entstehungszeitpunkt gab es noch keine Fenster), sondern durch Erfahrung weiß, dass das Schließen des Fensters den kalten Luftstrom unterbricht und er eine Erhöhung seiner Körpertemperatur und damit ein Nachlassen oder ein Verschwinden des unangenehmen Frierens erwarten kann, trifft er den Entschluss, das Fenster zu schließen – und führt diesen in einer Handlung auch aus. Die von X erwartete und erwünschte Folge tritt nach kurzer Zeit ein: X friert nicht mehr. Die Sicht Singers: Die Ausführung der Handlung ist nicht ausgelöst worden durch den freien Willen von X, sondern der Wille ist verursacht durch – Bruchteile von Sekunden vorausgehende – messbare neuronale Prozesse z. B. im motorischen Cortex, und dieser selbst determinierte, also nicht freie Wille führt dann seinerseits zwingend zur Ausführung der Handlung. Damit ist an *keiner* Stelle des Prozesses ein Spielraum für Freiheit. Die Konsequenz verallgemeinert: *Alle* unsere absichts- und zweckgeleiteten Handlungen sind in Wahrheit *Zwangs*handlungen. Wir sind alle Neurotiker. Dem Generalangriff auf die Willensfreiheit folgend muss diese Zwanghaftigkeit selbst in den Bereichen gelten, bei denen – anders als beim Schließen des Fensters – der *Körper* und seine Bewegungen keinerlei Rolle spielen. Ein Beispiel: X beschäftigt sich mit der Speziellen Relativitätstheorie. Zum Zeitpunkt t_1 will er wissen, welche Rolle die Zeit in Einsteins Theorie spielt und entscheidet sich zum Zeitpunkt t_2 für einen Vergleich zwischen der *Lorentztransformation* (ein wichtiger Teil der Speziellen Relativitätstheorie) und der *Galileitransformation*. Bei diesem Vergleich stellt er zum Zeitpunkt t_3 fest, dass die Zeit in den beiden Transformationen ganz unterschiedlich berücksichtigt wird: Bei zwei verschiedenen Koordinatensystemen sind die Zeit t und t' in der *Galileitransformation* identisch und in der *Lorentztransformation* verschieden. Der Grund dieser Verschiedenheit: In der *Galileitransformation* der klassischen Mechanik hat die Zeit in jedem Koordinatensystem einen absoluten und auf diese Weise gleichen Wert, während in der *Lorentztransformation* t im Koordinatensystem 1 und t' im Koordinatensystem 2 differieren. Stimmt die These von Roth und Singer, müsste der *ganze* Ablauf ohne freie Willensentscheidung ausgeführt worden sein. Nehmen wir nur die Anfangsphase: X will wissen, welche Rolle die Zeit in der Speziellen Relativitätstheorie spielt. Roth und Singer zufolge ist dieser Wille bzw. die Annahme seiner Freiheit eine „Illusion", denn er ist determiniert durch neuronale Prozesse, die dem Willen vorausgehen. Die Determinanten dieser Prozesse sind nach Roth „genetische Veranlagungen, vorgeburtliche Prägungen und frühkindliche Erfahrungen", was Singer „notwendige Folge von Vorgeschichte und Kontext" nennt. Ich sehe mich schlichtweg außerstande, zwischen Roths und Singers Determinanten des Willens und dem Willen, die Zeit in Einsteins Theorie zu verstehen, irgendeinen Zusammenhang zu erkennen, der maßgeblich ist auch in dem Sinne, dass

X *gezwungen* war, sich auf diese Weise und zu diesem Zeitpunkt mit dem Zeitthema zu befassen. Dass z. B. die Gene von X in *irgendeiner* Weise eine Rolle spielen, dürfte niemand bestreiten, aber dass sie für den *Inhalt* des Willens relevant sind, ist schon deshalb eine abenteuerliche Vorstellung, weil die Gene von X und die von Schimpansen zu 98% identisch sind und Schimpansen die Relativitätstheorie weder entwickelt noch verstanden haben. Die Abenteuerlichkeit der Annahme gilt auch für die anderen Determinanten (z. B. „vorgeburtliche Prägung"). Eine gewisse Berechtigung könnte die Annahme darin haben, dass die Entscheidung von X, sich mit der Zeit der Speziellen Relativitätstheorie zu beschäftigen, von „Vorgeschichte und Kontext" abhängt. Sicher wird niemand die Entscheidung treffen, Informationen über die Spezielle Relativitätstheorie einzuholen, wenn er nicht eine bestimmte „Vorgeschichte" hat: z. B. Physikunterricht in der Schule. Auch der „Kontext" seiner Entscheidung dürfte (mit-)bestimmenden Charakter haben: z. B. eine Diplomarbeit über das Thema „Zeit". Aber daraus folgt nicht, dass er aufgrund von vorausgehenden neuronalen Prozessen zu seiner Entscheidung *gezwungen* war, d. h. nicht hätte anders entscheiden können. Für diese Art von *Zwang*haftigkeit geben die Ausführungen von Roth und Singer *nichts* her.

Fazit: Das *Resultat* der Argumentation von Roth und Singer, nämlich die *Illusion* der Willensfreiheit, ist wahrlich spektakulär und rüttelt an den Grundfesten unseres Selbstverständnisses. Im Unterschied zum Spektakulären des *Resultats* steht aber die *Beweiskraft* der Argumentation und damit ihre Logik auf tönernen Füßen. Selbst bei dem vorher genannten einfacheren Beispiel „Entscheidung das Fenster zu schließen". Der einzige „Beweis" für die Unfreiheit des Willens liegt nämlich auch bei diesem Beispiel darin, dass im Gehirn von X bereits *vor* seinem Entschluss, das Fenster zu schließen, neuronale Aktivität im motorischen Cortex messbar ist bzw. sein soll. Das ist aus mindestens vier Gründen als Widerlegung der Willensfreiheit nicht überzeugend: Erstens stellt sich die Frage, ob dieses strenge „vor" tatsächlich gegeben ist; denn der Prozess der Willensbildung kann mit einer ersten Phase bereits begonnen haben, ohne dass der Entschluss schon *vollständig* oder *abschließend* gefällt war. In einem Prozess geschieht nichts gleichzeitig, d. h. alles hat einen Anfang, bei dem das Ende nicht notwendig absehbar ist. Und zweitens ist die zeitliche Folge auch dann, wenn noch *keinerlei* vorbereitendes kognitives Moment des Entschlusses begonnen hat, kein Beweis für ein *Kausal*verhältnis zwischen dem ersten Feuern der Neuronen und dem nachfolgenden Entschluss und seiner Ausführung. Es könnte nämlich der Fehlschluss *Post hoc ergo propter hoc* (= danach, *also* deswegen) vorliegen, was ich in diesem Fall auch annehmen möchte. Und drittens ist es möglich, dass die vorausgehende neuronale Aktivität nur eine notwendige und keine hinreichende Bedingung für den Entschluss war. Um die These von der Unfreiheit des Willens zu verteidigen, müsste jedoch das im motorischen Cortex vorausgehende Neuronenfeuer notwendig und hinreichend für das Entstehen und für die Ausführung des Willens sein. Und viertens ist nicht ausgeschlossen, dass, selbst wenn der *Wille* determiniert wäre, seine *Ausführung* im Sinne einer *Handlungs*freiheit nicht determiniert sein muss (siehe Schopenhauer). Diese Determiniertheit auch der Handlungs*ausführung* wird aber von den Gegnern der Willensfreiheit in einem Aufwasch grundlos miterledigt.

Singer versucht diejenigen, die über den Verlust ihrer Willensfreiheit enttäuscht sind, an anderer Stelle mit einer Tür zu einer anders gearteten Freiheit zu trösten. Zunächst einmal stellt er mit erhobenem Zeigefinger fest, dass der Disput über Willensfreiheit, bei dem die Verteidiger eines freien Willens sich im „Selbstwertgefühl angegriffen fühlen", eine Folge ihrer rückständigen Orientierung an der Physik des 19. Jahrhunderts im Allgemeinen und der klassischen Mechanik im Besonderen sei, gekennzeichnet durch *lineare* Vorgänge. Nur unter dieser Voraussetzung sei die Folge, dass nicht nur das Verhalten einzelner Individuen, sondern die gesamte Geschichte der Menschheit von A bis Z determiniert sei. Nach Singer ist der Schlüssel für ein angemessenes, d. h. nicht veraltetes physikalisches Verständnis der Problematik der Begriff der *Nicht*linearität, der aus einem *totalen* Determinismus so herausführe: Ein nichtlineares System – z. B. das Gehirn – hat die Besonderheit, „dass trotz der Determiniertheit von Folgezuständen langfristige Entwicklungs-Trajektorien grundsätzlich nicht voraussagbar sind". (Singer 2015, S. 28) Berücksichtige man das, „dann sind zwei Aussagen kompatibel, die sich scheinbar widersprechen. Einmal, dass im Augenblick der Entscheidung keine Möglichkeit war, sich anders zu entscheiden, aber dass, wie sich eine Person entscheiden wird, grundsätzlich nicht festgelegt ist". (Singer 2015, S. 28) Ist diese Argumentation überzeugend? Auch nach der Einführung der nichtlinearen „Entwicklungs-Trajektorien" beharrt Singer also auf der starken These, dass eine tatsächlich gefällte Entscheidung in dem Moment, wenn sie getroffen wird, notwendige Folge von vorausgehenden neuronalen Prozessen und nicht frei gewählte Folge eines autonomen Willens ist. Zunächst eine kurze Erläuterung des Begriffs „Trajektorie": In der Physik versteht man darunter eine Bahnkurve, auf der sich ein Punkt oder ein Körper in der Zeit verschiebt. Die Bewegung des Punktes kann dabei stetig oder unstetig sein, abhängig von der Art der Dynamik. Ein Beispiel für einen stetigen Verlauf sind die Planetenbahnen. Aber diese Art Trajektorie hat Singer nicht im Auge. Um langfristige Offenheit und Freiheit des Prozesses zu erreichen, muss der Kurvenverlauf deshalb auf einer *nicht*linearen Dynamik beruhen, die zusätzlich noch die Eigenschaft der *Diskontinuität* der Bahnkurve sicherstellen muss. Denn nur unter dieser Voraussetzung sind langfristige Entwicklungen nicht durch den Anfang völlig *determiniert* – und damit nicht präzise vorhersagbar. Die Vorhersagbarkeit bzw. Nichtvorhersagbarkeit ist in dem Sinne eine Funktion der Zeit, als sie immer schwieriger bzw. unmöglicher wird, je weiter wir die Trajektorie in die Zukunft verlängern. Trotz dieser Art von langfristiger Offenheit gibt es mit Blick auf den Dualismus von Determiniertheit und Freiheit einen entscheidenden und ernüchternden Punkt: Auch die unstetigen, diskontinuierlichen Trajektorien sind letztendlich eine Folge der Summe der *inkrementellen*, schrittweisen Änderungen des Kurvenverlaufs und in diesem Sinne von Punkt zu Punkt determiniert. Offenheit ist dann nur eine Folge unserer *Unwissenheit* und kein objektives Merkmal des Prozesses selbst. Dies betrifft auch die mathematische Form, aus der sich Trajektorien meist ergeben: die Differentialrechnung. Die Kurven sind geometrische Darstellungen der Lösungen von Differentialgleichungen. Das Problem: Die Differentialmathematik befasst sich mit sanften und stetigen Veränderungen und Übergängen und ist für die Abbildung unregelmäßiger Prozesse nicht geeignet.

Die mathematische Form der Trajektorie führt also auch mit Blick auf *lang*fristige Entwicklungen nicht wirklich ins Reich der Freiheit, wo uns Singer aber hinführen wollte und wohin wir auch wollen, auch die Eigenschaft „nichtlinear" erfüllt diesen Zweck nicht, einschließlich der *dis*kontinuierlichen nichtlinearen Verläufe. Und das nicht zuletzt deshalb, weil auch diese Verläufe *monoton* sein können. „Sprünge" sind nicht notwendig Sprünge in eine andere *Qualität* (siehe Quantensprünge), d. h. Diskontinuitäten sind nicht notwendig *nicht*monotoner Natur (dazu später mehr). Um in Entwicklungsprozessen *wirklich* Neues, Nichtdeterminiertes und Freies zu erfassen, reicht das Instrument der nichtlinearen Trajektorie also nicht aus. Ist Singers Blick in die (langfristige) Freiheit dann doch ein Blick ins Leere?!

Selbst wenn wir die Rückführbarkeit des Kurvenverlaufs auf inkrementelle Änderungen und die Einschränkungen durch das mathematische Mittel der Differentialrechnung unberücksichtigt lassen: Was bedeutet die langfristig nicht vorhersagbare Trajektorie für unser Problem der *Willens*freiheit? Nur dieses: Wir wissen noch nicht, welchen Willen wir in Zukunft haben werden. Das entspricht in der Regel den Realitäten, ist also nachvollziehbar, hat aber mit Freiheit nichts zu tun. Auch bei langfristigen nichtlinearen Prozessen, die Singer besonders betont, kehrt das Moment der Freiheit nicht zurück. Mehr noch: Durch die Kopplung von Unwissen und Freiheit verliert Letztere ihren positiven Sinn. Die Freiheit des Willens in einer langfristigen Entwicklung bestünde dann in reiner *Potentialität* des Willens, die zeitgleich mit dem Übergang zu seiner *Realität* das Moment der Freiheit verliert. Die Merkwürdigkeit noch einmal anders: Solange wir nicht wissen, welchen Willen wir in Zukunft haben werden, sind wir in der Entscheidung frei. Paradox formuliert: Frei ist der Wille nur im Moment seiner Nichtexistenz. Sobald er existiert, tritt das Moment der Unfreiheit ein; denn *jeder* Wille ist nach Singer *immer* durch einen vorausgehenden neuronalen Vorgang *determiniert*. An dieser Grundaussage hält Singer bei allen Blicken in die ferne Zukunft fest. Die o. g. Paradoxie wird in seiner Darstellung verschleiert, und nur deshalb kann er den Widerspruch zwischen Determiniertheit und Freiheit als „scheinbar" qualifizieren: „Dass im Augenblick der Entscheidung keine Möglichkeit war, sich anders zu entscheiden, aber dass, wie sich eine Person entscheiden wird, grundsätzlich nicht festgelegt ist." (Singer 2015, S. 28) Anders als Singer annimmt, lässt sich der Widerspruch aber nicht durch Einführung der Nichtlinearität vermeiden.

Auch Roths Interpretation des Libet-Experimentes unter Rekurs auf das *Unbewusste* überzeugt nicht: „Unbewusst arbeitende, tiefer liegende (subcorticale) Zentren können die Cortex-Aktivität bei Handlungen bestimmen, die wir als von uns gewollt erleben. Anders gesagt, fällt die Entscheidung zu einer Handlung schon auf unbewusster Ebene, bevor man sich bewusst dazu entschließt." (Roth 2006, S. 27) Entscheidend ist hierbei: Ist *vor* der Entstehung des Willens im Bewusstsein überhaupt etwas passiert, was mit dem Wort „Entscheidung" angemessen beschrieben ist?! Ist der vorausgehende, subcorticale Vorgang schon *kognitiv* gewesen? Dass der Neurobiologe Roth auf die psychologische Kategorie des *Unbewussten* rekurrieren muss, zeigt eher die Relevanz der Psychoanalyse als die Erklärungskraft der Neurobiologie. Jedenfalls gibt es streng neurobiologisch weder ein Unbewusstes noch ein Bewusstes, sondern was es alleine gibt, sind feuernde oder nicht feuernde Neuronen (dazu später mehr). Wir wollen an dieser Stelle die Diskussion um den freien Willen abbrechen und sie später bei der Theorie des Geistes wieder aufnehmen, wenn es hauptthematisch um die Autonomie und Freiheit des Geistes geht. Dann haben wir noch einmal zu prüfen, ob es vielleicht andere Argumente der Neurobiologie gibt, welche die These von der „Illusion" der Willensfreiheit logisch und empirisch tragen – und damit unser Vorhaben einer logisch autonomen Theorie des Geistes zu Fall bringen. Bisher haben die Argumente gegen die Freiheit des Willens noch nicht überzeugt. Damit bleibt auch unsere Frage, ob die Neurobiologie an dieser Stelle weltbildformendes Wissen liefert und so zur Leitwissenschaft taugt, noch offen.

Der Anspruch der Neurobiologie ist jedenfalls vorhanden, breit angelegt, und damit unabhängig vom Willensthema, also auch auf andere Weise und bis in die Lehrbücher hinein. So kümmert sich die Hirnforschung inzwischen sogar „um die neuronalen Grundlagen von religiöser Erfahrung ... oder um das „Gedankenlesen" durch neue bildgebende Verfahren" (Engel 2016, S. VII). Ein sehr breit gefasster Geltungsanspruch also, der zu einer Invasion in andere Disziplinen geführt hat, begleitet durch Popularisierungen in den Feuilletons, und gefolgt von Heerscharen von geschäftstüchtigen Beratern und Seminaranbietern, die unter Berufung auf die Hirnforschung ökonomischen, schulischen oder privaten Erfolg versprechen. Auch der Buchmarkt nutzt die Gelegenheit. Nur ein Beispiel: Unter dem Titel „Wie der Bauch dem Kopf beim Denken hilft" überholt „die Kraft der Intuition" die Vernunft in diesen Worten: „Jahrhundertelang galt die Vernunft als das Maß aller Dinge. Doch inzwischen kommen Neurowissenschaftler [...] zu ganz anderen Ergebnissen [...] Während sich die Ratio oft eindimensional, um nicht zu sagen: dumm verhält, erweist sich das vermeintlich Irrationale als klüger als die Vernunft." (Kast 2007, S. 66) Der Hintergrund solcher Verirrungen war wohl die vorübergehend von Populärwissenschaftlern unter dem Begriff „Bauchhirn" vertretene Behauptung, im Darm gäbe es Nervenzellen mit autonomen kognitiven Funktionen. Diese Einschätzung hätte von Anfang an schon deshalb stutzig machen müssen, weil selbst große Darmoperationen, sogar großräumige Darm*entfernungen*, keine *kognitiven* Störungen nach sich ziehen. Wie für das Herz, die Leber etc. etc. gilt auch für den Darm: Die Anweisungen und Steuerungen kommen vom Gehirn, wo Nervenzellen den Darm repräsentieren, und in diesen im Gehirn *repräsentierten* Darmregionen und nicht im Darm selbst entsteht das berühmte „Bauchgefühl", das vorwissenschaftlich mit „Intuition" in Verbindung gebracht wird.

Diese und andere falsche, aber immer noch weit verbreitete Vorstellungen, die auch durch Lehrbücher aufrechterhalten werden (z. B. „Gedankenlesen"), sind in Wirtschaft, Politik und Gesellschaft nur schwer zu beseitigen. Möglichkeiten gab es genug. Denn die Euphorie der Vielen, nicht zuletzt durch ästhetisch beeindruckende Hirnscans angeheizt, wurde von Beginn an von ernüchternden Stellungnahmen Einzelner begleitet. So sagt Singer bescheiden: „Wir haben ja nicht einmal die simple Frage vollständig geklärt, wie eigentlich Wahrnehmungen im Gehirn neuronal verwirklicht werden." (Singer 2003a, S. 23) Vom „Gedanken lesen" also keine Spur. Und mit Blick auf Theoriebildung sieht Pawelzik die Neurobiologie noch immer im fleißigen Datensammelmodus und damit „in einer prä-galileiischen Phase." (Pawelzik 2006, S. 39) Die Ernüchterung reicht bis in die jüngste Vergangenheit. So hat die sog. „Reflexive Neurowissenschaft" den Anspruch auf Führung verabschiedet und mahnt Bescheidenheit an – nicht zuletzt wegen des bescheidenen Standes der Theorie. Ein wesentlicher Punkt der Kritik: Das Gehirn dürfe nicht, wie üblich, isoliert, sondern müsse als „biosoziales Kontextorgan" verstanden werden. Am weitesten geht die Kritik von Northoff, der moniert, dass nicht einmal „das ganz basale" verstanden sei und schlussfolgert: „Deswegen ist für mich der Begriff einer reflexiven Neurowissenschaft auch einfach insuffizient, wir müssen nicht nur Neurowissenschaften betreiben und dann ein bisschen reflexiver werden, wir müssen selber unsere grundsätzlichen Paradigmen ändern – zelluläre Ebene! Da sollten wir anfangen." (Northoff 2015) Eine Wissenschaft im Anfangsstadium kann keine Führungsrolle übernehmen. Leitwissenschaft also schon wieder ade?! Im Folgenden beschränken wir uns auf die Frage, ob die Hirnforschung – trotz der selbst eingestandenen Aporien – auf andere Weise doch schon weltbildformendes Wissen liefert.

2. Weltbildformendes Wissen 1 (direkte elektrische Stimulierung des Gehirns)

Jahrtausende lang galt die Annahme als sicher, dass wir mit den Ohren hören, mit den Augen sehen, mit der Haut empfinden etc. Das gehörte zu den selbstverständlichen Grundlagen unseres Weltbildes, bis in den Alltag hinein. Nicht zuletzt die Neurochirurgie hat diese Annahme radikal und experimentell widerlegt. Ein Beispiel: Calvin und Ojeman führten ein Experiment durch, bei dem das freiliegende Gehirn eines Patienten an unterschiedlichen Stellen elektrisch stimuliert wurde. (siehe Calvin, W. H./Ojeman, G. A. 1995, S. 92 f.) Die Reaktion: Zeitgleich mit der ersten Stimulierung sagte der Patient, er höre Musik von Led Zeppelin – obwohl es diese Musik weder im Operationssaal noch außerhalb gab. Schallwellen der Außenwelt waren also nicht im Spiel, und trotzdem *hörte* der Patient die Musik. Es gab nur den *unspezifischen* physikalischen Reiz der Elektrizität, auf den der Patient erstens spezifisch, nämlich mit einem *Hör*erlebnis, und zweitens informationell, nämlich mit der *Musik* von Led Zeppelin reagierte. Man kann diese Reaktion so bagatellisieren, wie es einer meiner Studenten versucht hat: Die Reaktion sei nicht überraschend und zeige nur, dass die Musik an der stimulierten Stelle aus einem früheren Musikerlebnis gespeichert und dann durch die elektrische Stimulierung wieder aktiviert wurde. Der Versuch der Bagatellisierung geht aber an der Brisanz des Vorgangs ganz vorbei. Warum? Zwar können akustische Signale nichtakustisch kodiert und elektrisch aktiviert werden, aber sie sind in dieser Kodierung nicht *hör*bar, sondern bedürfen dafür der Umwandlung in *akustische* Signale. Es ist unmöglich, aus *elektrischen* Signalen das *akustische* Erlebnis *abzuleiten*. Dennoch hat der Patient die Musik *gehört*, also als *Schall*wellen und nicht als Elektronen- bzw. Ionenfluss erfahren. Den Vorgang – wie gelegentlich zu lesen – „Neuronenmusik" zu nennen, ist allerdings unangemessen, denn elektrische Impulse kann man nicht *hören*. Nach dieser überraschenden Led-Zeppelin-Einlage legte der Chirurg *denselben* elektrischen Stimulator mit der *gleichen* Stromstärke an einer *anderen* Stelle des Gehirns an – und im gleichen Moment sagte der Patient, jemand habe seine Hand berührt, was aber nicht der Fall war. Seine Hand lag ruhig und ohne Fremdkontakt auf dem Operationsbett. Auch in diesem Fall kann das *Berührungs*erlebnis nicht aus der *elektrischen* Stimulierung des Gehirns abgeleitet werden, weil der *gleiche* Strom vorher das anders geartete *Hör*erlebnis ausgelöst hat. Die äußere Welt (inklusive Haut) war an dem Berührungs*erlebnis* nicht beteiligt, auch wenn der Patient vom Gegenteil überzeugt war (er glaubte ja, ein *fremder* Finger habe seine *reale* Hand berührt). Richtig ist: Das Berührungserlebnis fand ausschließlich *im* Gehirn statt, und zwar an der Stelle, wo die reale Hand informationell repräsentiert ist (Analoges gilt für das Led-Zeppelin-Hörerlebnis).

Diese für das Verständnis des Gehirns und unserer kognitiven Prozesse aufschlussreiche Besonderheit wird in neurowissenschaftlichen Lehrbüchern mit klaren neuroanatomischen Lokalisierungen präzisiert. So bewirkt eine elektrische Reizung des somatosensorischen Cortex ein Kribbeln in der Haut, während die Reizung des motorischen Cortex bestimmte Muskeln zum Zucken bringt. *Kognitiv* besonders interessant ist dieses Beispiel: Eine elektrische Stimulation „des vorderen Teils der ersten Schläfenwindung auf der rechten Seite" führte dazu, dass der Patient ohne Aufforderung und ohne entsprechenden thematischen Kontext das Wort „Straßenecke" aussprach. Auf die Frage „Wo?" präzisierte er: „In South Bend in Indiana, an der Ecke Jacob- und Washingtonstraße". Damit nicht genug. Aufgefordert zu mehr Erklärung äußerte der Patient, er sähe sich in dieser Situation in einem jüngeren Alter (siehe Bear/Connors/Paradiso 2016, S. 836). Auch hier ist auffällig: Die *gleiche* elektrische Stimulation führt – abhängig nur vom *Ort* der Reizung – zu qualitativ ganz *unterschiedlichen* Reaktionen des Gehirns.

Diese Besonderheit, dass der *Ort* im Gehirn für die Unterschiedlichkeit der Reaktionen eine entscheidende Rolle spielt, zeigt die Hirnforschung auf beeindruckende Weise auch mit einer anderen Art von Beispielen, die nicht wie oben durch elektrische Stimulierung, sondern durch Verletzungen von bestimmten Teilen des Gehirns zustande kommen und zu kognitiven Einschränkungen führen – und die in den Konsequenzen ebenfalls welt- und selbstbildformendes Potenzial haben. Die ersten Arbeiten dazu gehen auf den Neuropsychologen Hécaen zurück. Hier nur eine kleine Auswahl aus dem Bereich der hirnanatomisch lokalisierten mathematischen Kompetenz, die der Neurobiologe Changeux zusammengefasst hat (siehe Changeux 1992, S. 82 f.): Liegt eine „Alexie oder Agraphie von Zahlen" vor, dann kann der Betreffende Zahlen weder lesen noch schreiben, ist aber immer noch in der Lage, Buchstaben zu benutzen. Die Unfähigkeit ist Folge von Verletzungen in der *linken* Hirnhälfte im Allgemeinen und des linken Parietallappens im Besonderen. Ein anderes und an anderer Stelle lokalisiertes mathematisches Defizit: Patienten mit einer „räumlichen Akalkulie" haben Probleme, Zahlen aneinander zu reihen, wobei sich die Augen beim Übergang zur jeweils nächsten Zahl ja etwas bewegen müssen, also eine *räumliche* Operation erfordern. Dieses Problem wird – der groben anatomischen Funktionsaufteilung gemäß – in der *rechten* Hemisphäre lokalisiert, wo es auch um die Steuerung der Augenbewegungen geht. Eine andere kognitive Störung heißt „Anarithmetie", bei der die Patienten Zahlen zwar lesen und schreiben können, aber nicht mehr in der Lage sind, eine mathematische Operation im Sinne einer Rechnung (z. B. eine Addition) auszuführen. Und ist der Frontalcortex beschädigt, so treten folgende Defizite auf, die einem höheren kognitiven Niveau als das oben behandelte zuzurechnen sind: Die Patienten verstehen das zu lösende Problem nicht mehr, sind nicht mehr in der Lage, Schlussfolgerungen zu ziehen, reagieren ohne thematischen Bezug und insofern scheinbar grundlos impulsiv, verweigern Korrekturen von Fehlern und sind unfähig, sich auf neue Situationen einzustellen. Dieser Zusammenhang von kognitiver Funktion und anatomischer Lokalisierung wird auch für Tests genutzt: Ist ein Patient nicht in der Lage, aufeinander folgende Subtraktionen auszuführen, wird eine Läsion des frontalen Cortex angenommen. Nicht nur die vorher genannten Besonderheiten (z. B. dass die *elektrische* Stimulierung des Gehirns ein *akustisches* Musikerlebnis auslöst), sondern auch die zuletzt genannten haben weltbildformende Bedeutung und schließen die Möglichkeit des *reinen* Idealismus aus. Die einfache Begründung: Wenn die Ausschaltung eines *Hirn*teils zwingend zur Ausschaltung der entsprechenden *kognitiven* Funktion führt, kann es Denken, Gedanken und Geist ohne *materielle* Grundlage nicht geben. Wir wollen jetzt zu der Frage übergehen, ob es für diese beeindruckenden empirischen Beispiele schon theoretische Grundlagen gibt bzw. die Möglichkeit, sie zu generalisieren und auf diese Weise für eine neurobiologische Theorie nutzbar zu machen.

Die Frage der Generalisierbarkeit, die eng verknüpft ist mit dem Anspruch auf *weltbildformendes* Wissen der Neurobiologie, stellt sich dann so: Treten die o. g. Besonderheiten nur in den Fällen auf, bei denen die Stimulierung – wie in dem Led Zeppelin-Beispiel – ohne nach außen gerichtetes Sinnesorgan *direkt im* Gehirn stattfindet, oder auch bei solchen, die via Sinne aus der *Außen*welt ins Gehirn gelangen, so dass wir informationell *immer* auf gehirn*interne* Modelle und nicht auf die Außenwelt reagieren? Genau das ist der Fall. Bevor ich das an Beispielen zeige, möchte ich vorbereitend die Theorie des Mediziners *Kuhlenbeck* einführen, der unabhängig von Maturana und Varela und von der international geführten Debatte weitgehend unbeachtet den Konstruktivismus nicht mit Namen, aber in der Sache mit starken Argumenten und weltbildformenden Schlussfolgerungen eingeführt hat. Eine Schlüsselrolle spielt dabei das sog. Gehirnparadox: Das Gehirn erzeugt nicht nur alle Bewusstseinsphänomene, sondern auch sich selbst. „Das Gehirn selbst (ist) ein Gehirnphänomen." (Kuhlenbeck 1986, S. 25)

Nur ein paar Punkte aus seiner breit angelegten und von Fichte und Hume philosophisch inspirierten Theorie. Kuhlenbeck postuliert eine „physiologische Evidenz", dass nicht nur die Qualia (Farben, Töne etc.), sondern auch die primären Eigenschaften der Materie (Ausdehnung, Gestalt, etc.) „als Aspekt von Hirnfunktion und nicht als Aspekt irgendeines ›Objektes‹ anzusehen sind". (Kuhlenbeck 1986, S. 136) Diese Einschätzung erinnert an Heisenbergs *Beziehungspostulat* (*Wir erkennen nicht die Natur, sondern unsere Beziehung zu ihr*). Die Materie selbst begreift Kuhlenbeck als „eine Schlussfolgerung, eine Abstraktion aus Bewusstseinserscheinungen." (Kuhlenbeck 1986, S. 33) Aus der Schusslinie, in die Solipsismen üblicherweise geraten, nimmt er sich elegant mit der Qualifizierung „*methodologischer* Solipsismus" heraus. Damit bestreitet er also nicht die *Existenz* einer gehirnunabhängigen äußeren Welt, sondern nur, dass ihre *spezifischen Eigenschaften* gehirnunabhängig sind. Wir können die Außenwelt via Theorie nur erschließen oder postulieren, aber nicht direkt erfahren. Wie in der ersten Abhandlung „Physik auf dem Wege zur Geisteswissenschaft" schon ausgeführt, sah Planck das in der Differenzierung seiner Drei-Welten-Theorie (reale Welt, Sinnenwelt, Weltbild) mit der Annahme der Nichterfahrbarkeit der „realen Welt" ähnlich. So konzediert auch Kuhlenbeck die Selbstverständlichkeit, dass es eine Welt zeitlich vor einem Bewusstsein gab, aber „die ›vorhergehende‹ lange kosmische Entwicklung (war) kein raum-zeitliches Geschehen, sondern nur ein unerforschlicher Aspekt der unbegreiflichen Ordnung X [...], weil das, was wir in Ausdrücken physikalischer Ereignisse zu beschreiben belieben, mit Notwendigkeit bereits in dem Symbolismus von Bewusstsein eingehüllt ist. Anders gesagt, ›Materie‹ ist schon im Bereich von Bewusstsein eingeschlossen". (Kuhlenbeck 1986, 144/145) Auch hier ist Fichtes Zirkel am Werk, der unsere Erkenntnis gleichermaßen bedauerlich wie unvermeidlich gefangen und Szientisten in Atem hält. In dieser Logik konsistent argumentiert Kuhlenbeck auch mit Blick auf Ereignisse des Alltags: Wenn ich z. B. eine Landschaft betrachte, so ist ihre raum-zeitliche Dimension eine Funktion der Wahrnehmung und nicht ihr bedingender Kausalfaktor. „Die ganz alltäglich wahrgenommene Landschaft, ihre Lage außerhalb von Körper und Gehirn und die Beziehung zwischen Hirnereignissen und wahrgenommener Landschaft ist naturwissenschaftlich völlig unerklärlich und ein wirkliches „Wunder"; sie ist gleichsam eine Folge des Hirnparadoxes [...]. Da es jedoch offensichtlich so scheint, als ob wahrgenommenes Licht von der wahrgenommenen Landschaft her das Auge erreicht und von dort umgewandelt als N-Ereignisse zum perzeptuellen Gehirn gelangt, dürfen wir die bequeme Fiktion physikalischer Ereignisse in einem von der Wahrnehmung unabhängigen öffentlichen physikalischen Raum-Zeit-System benutzen." (Kuhlenbeck 1986, S. 142)

Der Befund in der Terminologie von Maturana und Varela: Das Gehirn ist operational-informationell geschlossen, aber energetisch offen. Einer so formulierten konstruktivistischen Grundeinschätzung geht die Außenwelt nicht verloren, und sie ist außerdem durch unwiderlegbare physikalische Tatsachen gesichert (siehe z. B. die unterschiedlichen Wellenlängen im elektromagnetischen Spektrum, die aber erst *im* (!!) Gehirn zu Farben werden). Wichtig ist dieser Unterschied: Die Außenwelt an sich ist keine „Fiktion", sondern nur die Annahme, ihre Wahrnehmung und ihre Erkenntnis auf der einen Seite und ihre Existenz und ihre Eigenschaften auf der anderen Seite seien identisch, so wie es z. B. der dogmatische Marxismus in der Abbildtheorie der Wahrheit behauptet hat. Das unlösbare erkenntnistheoretische Problem der subjektunabhängigen Außenwelt kann etwas entschärft werden, nämlich mit dem in der Physik verwendeten Begriff des „statistischen Gewichtes", ein Begriff, der bei fehlenden, gar *grundsätzlich* fehlenden *Kenntnissen* über den objektiven Zustand eines Systems seine „Apriori-Wahrscheinlichkeit" zum Ausdruck bringt (siehe Meschede 2015, S. 1003). D. h. hier: Die Apriori-Wahrscheinlichkeit einer gehirnunabhängigen Außenwelt ist sehr hoch, nur können wir sie *niemals* erfahren – das Apriori gilt also für alle Zeiten. Ich komme später noch einmal darauf zurück.

3. Weltbildformendes Wissen 2 (Stimulierung des Gehirns via Sinne)

Nach der kleinen Theorieeinlage über das Verhältnis von erkennendem Subjekt und Außenwelt greifen wir die Frage wieder auf, ob sich die z. B. bei dem Led-Zeppelin-Hörerlebnis durch *interne* Stimulierung nachgewiesene *konstruktive* Funktion des Gehirns generalisieren lässt, also auch für die via Sinne hergestellte *Außen*welt-Relation gilt. Nur so kann der Anspruch der Neurobiologie auf *welt*bildformendes Wissen ganz eingelöst werden, ein Wissen, das eine Korrektur und in manchen Fällen eine Erschütterung unseres Selbstverständnisses zur Folge hat. Wir werden sehen, dass es für das Erlangen des Weltbildformats von Wissen nicht ausreicht, nur die Fakten zur Kenntnis zu nehmen, sondern es müssen die entsprechenden *Schlussfolgerungen* gezogen werden.

Einführend ein paar bekannte Beispiele: Halte ich meine rechte Hand zwanzig Zentimeter und meine linke Hand vierzig Zentimeter vor meine Augen, so sehe ich – der tatsächlichen Größe der Hände entsprechend – beide Hände gleich groß, obwohl die Abbildung der rechten Hand auf der Netzhaut doppelt so groß ist wie die Abbildung der linken Hand. Abbildungen auf der Netzhaut und ihre Wahrnehmungen differieren. Der gleiche Abbildungsunterschied zwischen Auge und Gehirn zeigt sich, wenn ich eine Münze *schräg* vor die Augen halte. Die *Netzhaut*projektion ist dann eine flache *Ellipse*, aber ich *sehe* die Münze als *Kreis*. In beiden Fällen nehme ich also nicht das wahr, was von den Objekten der Außenwelt im Auge abgebildet wird, sondern das, was das Gehirn – *gegen* die Abbildung auf der Netzhaut – daraus macht (dass die Netzhaut neuerdings als Teil, nämlich als eine Ausstülpung des Gehirns gesehen wird, hat für das Argument keine Bedeutung). Das Gleiche gilt für Helligkeitsgrade, die wir nicht den physikalischen Intensitäten der aus der Außenwelt kommenden Lichtreize entsprechend sehen. So erscheint uns eine Fläche trotz konstanter Lichtintensität unterschiedlich hell, wenn die *Umgebung* der Fläche ihre Helligkeitsintensität ändert. Eine weitere Merkwürdigkeit: Objekte der Außenwelt werden nach der Abbildung auf der Netzhaut im Gehirn in die Bestandteile Farbe, Form und Bewegung zerlegt, so dass die *Einheit* des Objektes verlorengeht. Die getrennten Bestandteile werden dann in unterschiedlichen Hirnbereichen verarbeitet – und dennoch sehen wir das auseinanderdividierte Objekt als *Einheit* und nicht nach Farbe, Form etc. getrennt. Das Gehirn leistet also Zweierlei: Es *zerlegt* Objekte in Einzelteile, was wir bewusst nicht bemerken, und es *vereint* sie wieder, was sich in unserer bewussten Wahrnehmung und der Realität entsprechend als *Einheit* des Objektes zeigt.

Die konstruktive Arbeitsweise des Gehirns lässt sich auch aus Fehlfunktionen der Sinne schlussfolgern. So wird zum Beispiel das aus der Außenwelt kommende Licht von der Linse nicht präzise im Brennpunkt zusammengeführt, was eine schlechte Qualität des Netzhautbildes zur Folge hat. Das müsste sich in der Wahrnehmung als *Unschärfe* bemerkbar machen, was aber nicht der Fall ist, weil das Gehirn die Ungenauigkeiten der Netzhaut ausgleicht und ein scharfes Bild *konstruiert*. *Dass* dieser Ausgleich geschieht, ist ein Fakt, *wie* er geschieht, ein Rätsel. Die beeindruckenden neurobiologischen Fakten stehen „nackt", i. e. ohne explanatorische Theorie, im empirischen Raum (natürlich nicht ganz nackt, sondern nur hinsichtlich eines systematisch explizierten Erklärungsmodells). Ein weiterer Beweis für die konstruktive, d. h. sinnesunabhängige Arbeit des Gehirns ist der sog. „Augentremor". Dabei handelt es sich nicht um eine Krankheit, sondern um den Normalzustand des Auges. Hätte das *Auge* die Herrschaft über die Wahrnehmung, so müsste der Tremor zu einem ständig verwackelten Bild führen. Aber auch das ist nicht der Fall, weil das Gehirn die durch das Auge verursachte Verwacklung korrigiert. Die These von der *konstruktiven* Rolle des Gehirns könnte mit vielen weiteren Beispielen belegt werden (z. B. auch mit den optischen Täuschungen). Zwischenergebnis: Es gibt erstens keine 1:1-Abbildung des Objektes der Außenwelt auf der Netzhaut und zweitens keine 1:1-Abbildung des Netzhautbildes im Gehirn. Die vorläufige Schlussfolgerung: Wir sehen nicht mit dem Auge, sondern mit dem Gehirn, was schon – ohne Kenntnis der o. g. Fakten – im klassischen Griechenland vermutet, dann aber wieder verworfen wurde. Kann dieser konstruktivistische Befund zu einer *generellen* Hypothese für alle Außenweltreize aufgewertet werden?

Auf der Suche nach weltbildformendem Wissen der Neurobiologie, eingeführt als notwendiges Merkmal einer Leitwissenschaft, kommen wir jetzt zu einer Besonderheit, welche die oben genannten an irritierender Wirkung übertrifft und die Bezeichnung „Paradigmenwechsel" einmal mehr rechtfertigt. Wir bleiben zunächst bei der Modalität „Sehen". Der Prozess in aller Kürze: Dem Gehirn vorgeschaltet ist das Auge, das bereits eine *Filter*funktion erfüllt. Die Sinnesrezeptoren auf der Netzhaut reagieren nämlich nur auf die Licht*stärke* (abhängig von der Menge der Lichtquanten pro Zeiteinheit) und die Wellen*länge* des einfallenden Lichtes – und das auch nur in einem eingeschränkten Bereich des elektromagnetischen Spektrums, nämlich zwischen 380–760 Nanometer (die Nanometerbandbreite wird in der Literatur nicht immer einheitlich angegeben). Der Eintritt des optischen Signals ins *Gehirn* ist mit der Filterung und Verarbeitung des Lichtes im Auge aber noch nicht gewährleistet. Um ins Gehirn zu gelangen, müssen die Photonen bereits auf der Netzhaut in *elektrische* Impulse umgewandelt werden. Nur die „versteht" das Gehirn und erst dann kann seine Arbeit für den Aufbau einer Wahrnehmung beginnen. Das Gehirn reagiert also nicht auf die elektromagnetischen Wellen der Außenwelt, sondern nur auf deren in der Netzhaut *umgewandelte* Form. Nach dieser Transduktion spielen die für Licht zuständigen und damit auf die Außenwelt gerichteten Fotorezeptoren keine Rolle mehr. Jetzt übernehmen die Neuronen den Staffelstab. Winzig klein, nämlich zwischen 0,001–0,05 mm, geben sie die elektrisch tranduzierten optischen Ausgangssignale an Nachbarneuronen weiter. Diese elektrischen Impulse oder „Aktionspotenziale" der Zelle haben alle dieselbe Größe und dieselbe Dauer (ca. 2 ms) und werden über viele Stationen durch das Axon in Richtung der jeweiligen Nachbarzelle geleitet – bis sie dort angekommen sind, wo das entsteht, was wir im Sinne des subjektiven Erlebens „Wahrnehmung" nennen. Die Neurowissenschaft verfügt über sehr differenzierte Beschreibungen dieser Prozesse, aber hier ist zunächst einmal nur dies von Bedeutung: Außer den Aktionspotenzialen, die in den Ganglienzellen (ca. eine Million an der Zahl) entstehen, gibt es keine weiteren Ausgangssignale, die von der Netzhaut in das Gehirn gesendet werden. Dass die gehirninterne Verarbeitung der optischen Außenwelt für das Gehirn eine besonders große Herausforderung ist, zeigt ein Größenverhältnis: Immerhin die Hälfte unserer Großhirnrinde wird für die Analyse und den „Aufbau" der sichtbaren Welt in Anspruch genommen.

Eine weitere Besonderheit mit weltbildformendem Charakter: Die Transduktion in elektrische Impulse erfolgt nicht nur beim Sehen, sondern bei *allen* Sinnen in *allen* Modalitäten (Hören, Riechen etc.) und Qualitäten (Farbe, Form, Bewegung etc.). An der jeweiligen Schnittstelle zur Außenwelt werden somit alle besonderen Merkmale der das Sinnesorgan erreichenden Schall-Licht-etc.-Signale in elektrische Impulse, in Aktionspotenziale umgewandelt. Das ist die „Einheitssprache" des Gehirns und nur die versteht es. Das Mysteriöse und noch immer Ungeklärte: Die Unterschiede der Modalitäten und Qualitäten können – analog zur gehirninternen Auslösung der Led-Zeppelin-Musik – nicht aus den elektrischen Impulsen *abgeleitet* werden. Werden die Impulse unmittelbar nach ihrer Entstehung gemessen, so gibt das Gemessene *keinerlei* Hinweis, welcher Natur das Signal aus der Außenwelt war, z. B. ob optisch oder akustisch. Die im Ohr (nach der Registrierung in den Haarzellen) und in der Netzhaut (nach der Registrierung in den Photorezeptoren) in der elektrischen Einheitssprache nivellierten Unterschiede der Modalitäten und Qualitäten entstehen dann „irgendwie" in *nach*folgenden Verarbeitungsschritten, wobei ein topologisches Kriterium eine wichtige Rolle spielt: Je nachdem, *wo* die Signale ankommen, ob im optischen oder im visuellen Cortex, entsteht bei gleicher elektrischer Stimulierung der subjektive Eindruck, etwas zu sehen oder zu hören. All diese Vorgänge sind sehr komplex und ihre Funktionserfüllung grenzt an ein Wunder. Noch einmal der schon genannte und rätselhafte erste Eindruck am Beispiel des Sehens: Die verschiedenen Objekteigenschaften – ihre Farbe, Form und Bewegung – werden schon beim Eintritt ins Gehirn *getrennt* und dann parallel von ganz unterschiedlichen Zellen an ganz unterschiedlichen Stellen des visuellen Systems verarbeitet. Das Objekt wird auseinander dividiert, in einzelne Bestandteile zerlegt – und dennoch *sehen* wir das Objekt als *Einheit*. Hierfür muss das Gehirn einen immensen Aufwand betreiben, was sich daran ablesen lässt, „dass der Output von einer Million Ganglienzellen die Aktivität von weit mehr als einer Milliarde corticaler Neuronen im Hinterhaupts-, Scheitel- und Schläfenlappen hervorrufen kann! Auf bislang ungeklärte Weise führt diese ausgedehnte corticale Aktivität zu einer einzelnen, kohärenten Wahrnehmung der visuellen Welt". (Bear/Connors/Paradiso 2016, S. 375) Es bestätigt sich einmal mehr: Sehen, hören etc. sind primär eine Hirn- und keine Sinnesleistung. Schon dieses, wenn auch noch sehr unabgeschlossene und ergänzungsbedürftige empirische Wissen der Neurobiologie hat weltbildformenden Charakter und rechtfertigt ihren Anspruch auf Leitwissenschaft. Seiner endgültigen Einlösung steht allerdings noch eine große Aufgabe bevor, nämlich der Aufbau einer *Theorie*, welche die genannten empirischen Besonderheiten *erklären* kann (von Malsberg und Singer haben z. B. mit dem Synchronisationsmodell für die Erklärung der *Einheit* des Objekts trotz räumlich *getrennter* Komponenten einen aussichtsreichen *Anfang* gemacht).

Ist der Konstruktivismus ein geeigneter Kandidat, der die Theorielücke schließen kann? Nein, denn als vornehmlich *beschreibende* Theorie leistet er diese *explanatorische* Funktion nicht. Zudem kann er z. B. nicht erklären, warum wir ein in Komponenten *zerlegtes* Objekt als *Einheit* sehen. Dennoch: Auch wenn eine Theorie mit Erklärungskraft noch fehlt, ergeben sich schon aus dem empirischen Faktum, dass wir entgegen der festen subjektiven Überzeugung mit dem Gehirn und nicht mit den Sinnen wahrnehmen, weitere revolutionäre Schlussfolgerungen, welche Grundannahmen der Physik (z. B. über die physikalische Nicht-Existenz von Farben) neurobiologisch ergänzen und die Fahrt in Richtung paradigmenbildender Leitwissenschaft weiter befeuern. Dazu gehören: Das Gehirn hat nicht nur die Sinne in der anatomisch-physiologischen Wahrnehmungs*funktion*, sondern auch im Aufbau der Wahrnehmungs*inhalte* ersetzt. Außerhalb des Gehirns existieren keine Inhalte. In der Außenwelt gibt es nämlich weder Farben noch Töne, weder Gerüche noch Geräusche – *all* das sind Produkte des Gehirns bzw. des Geistes, wie wir später noch sehen werden. Am Beispiel: Es gibt keine *Musik* in der Außenwelt, sondern nur Energie übertragende Schwingungen von Molekülen eines elastischen Stoffs (z. B. Luft) mit einer bestimmten Frequenz und Stärke – sonst nichts. Die 5. Symphonie erklingt nicht im Raum, auch nicht im Ohr, sondern im auditorischen Cortex des Gehirns. Das Alltagsdenken am meisten überraschen, ja bis zur völligen Verständnislosigkeit irritieren dürfte die Schlussfolgerung, dass es in der äußeren Welt noch nicht einmal Helligkeit gibt (die elektromagnetische Strahlung ist weder hell noch dunkel). Was es gibt sind Photonen, die über einen Viel-Instanzen-Umwandlungs-Prozess im Gehirn am Ende zum subjektiven Eindruck einer fiktional in die Außenwelt projizierten Helligkeit führen. Penzlin hat das in den schönen Satz gefasst: „Wir erblicken also bei der Geburt nicht das Licht der Welt, sondern schalten es uns selbst an." (Penzlin 2004, S. 6) Die göttliche Funktion im biblischen Schöpfungsmythos „Es werde Licht!" erfüllt das *Gehirn*, in jedem Augenblick aufs Neue. Für Szientisten sind das wieder einmal keine guten Nachrichten. Bevor ich die These weiter verteidige, dass die Neurobiologie nur im Verbund mit einer *explanatorischen* Theorie Leitwissenschaft werden kann, möchte ich eine Physik und Neurobiologie verbindende zeittheoretische Besonderheit an einem einfachen, aber mit Blick auf weltbildrelevantes Wissen folgenreichen Beispiel zeigen.

4. Physik und Neurobiologie: Ein weltbildformendes Verhältnis

Wir stellen uns vor, einen Sonnenuntergang zu beobachten und nehmen an, wir sehen die Sonne knapp über dem Horizont. Eine Beobachtungssituation, die jeder kennt. Die Frage: Wann ist die Sonne hinter dem Horizont verschwunden? Aus der Alltagsperspektive schätzen wir erfahrungsgemäß, dass dies in wenigen Minuten der Fall sein wird. Die Prognose „in wenigen Minuten" ist aus der Perspektive der Physik jedoch falsch, und zwar grundfalsch. In dem Moment, wenn wir die Sonne knapp *über* dem Horizont *sehen*, ist sie nämlich *tatsächlich* schon hinter ihm verschwunden, also *unsichtbar* (siehe Abb. 1).

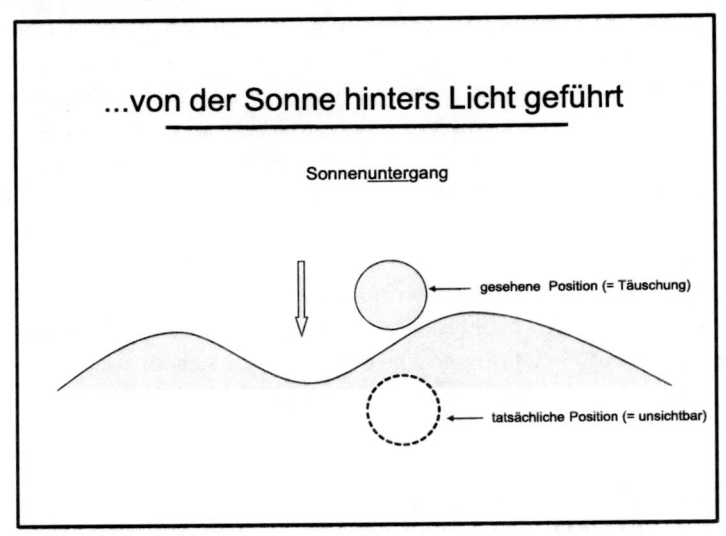

Abb. 1: Sonnenuntergang

> **...von der Sonne hinters Licht geführt**
>
> Sonnen<u>unter</u>gang
>
> gesehene Position (= Täuschung)
>
> tatsächliche Position (= unsichtbar)

Die Frage: Wie kann die Sonne schon *unter*gegangen sein, wenn wir sie noch *über* dem Horizont sehen?! Wichtig ist: Beide Objekte, also die Sonne mit durchgezogener wie auch die mit gestrichelter Linie sind exakt zur gleichen Zeit, sagen wir um 20.00 Uhr an einem Sommerabend, existent (einmal im Kopf und einmal in der Realität). Um diese Merkwürdigkeit zu erklären, benötigen wir sowohl Physik wie auch Neurobiologie.

Zunächst der physikalische Teil der Begründung: Die Sonne ist ca. 150 Millionen Kilometer von der Erde entfernt. Um diesen Raum zu durchqueren, benötigt das Licht 8 Minuten (es dauert etwas länger wegen der sog. atmosphärischen Refraktion, aber dieses Detail spielt für das Argument keine Rolle). Erst wenn das Licht unser Auge erreicht, können wir die Sonne sehen bzw. genauer: *beginnt* der Prozess der Wahrnehmung. Soweit eher *banale* physikalische Tatsachen. Nun das Entscheidende: Durch die Erddrehung *verändert* sich das räumliche Verhältnis zwischen Sonne und Erde. Und zwar ununterbrochen, also auch in der Zeit, in der die Photonen von der Sonne zu uns unterwegs sind, was 8 Minuten dauert. Die logisch zwingende Folge aus diesen physikalischen Tatsachen: Wir sehen die Sonne immer an der Stelle, an der sie vor 8 Minuten *war*. Sehen wir sie also knapp *über* dem Horizont, *muss* sie in Wahrheit schon *hinter* ihm verschwunden sein. Die Physik nennt das „Vergangenheitslichtkegel". Er ist eine physikalische Einschränkung unserer Wahrnehmung der Außenwelt, die wir niemals überwinden können (es sei denn, die Relativitätstheorie würde durch den Nachweis *instantaner* „Ausbreitung" der Photonen widerlegt). Umgangssprachlich formuliert: Was wir sehen, ist immer schon Vergangenheit. Der Anblick der Gegenwart ist uns *prinzipiell* verstellt. Damit gilt der Vergangenheitslichtkegel für *jede* Wahrnehmung zu jedem Raum- und Zeitpunkt, also auch dann, wenn sich die wahrgenommenen Objekte in unserer *Nähe* befinden (nur ist wegen der geringeren räumlichen Distanz die zeitliche Verzögerung entsprechend geringer). Außerdem: Der Vergangenheitslichtkegel gilt gleichermaßen für den Sonnenaufgang: Steht die Sonne *tatsächlich* schon knapp *über* dem Horizont, so können wir sie dennoch nicht sehen, und wenn wir sie zum ersten Mal sehen, steht sie in Wahrheit schon höher – und zwar genau um den räumlichen Betrag, welcher den 8 Minuten Übertragungsdauer des Lichtes von der Sonne zu unserem Auge entspricht (siehe Abb. 2).

Abb. 2: Sonnenaufgang

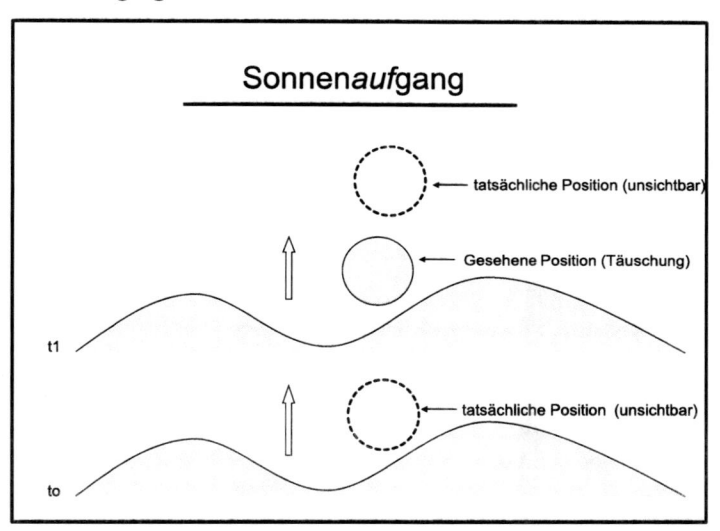

Aus diesen unbestreitbaren physikalischen Tatsachen ergibt sich zwingend eine weitere Schlussfolgerung: Wenn wir die Sonne (oder irgendetwas Anderes) sehen, schauen wir nicht in den Raum *hinein* – keinen Millimeter. Das ist physikalisch unmöglich. Der einfache Grund: Die Photonen kommen vom Objekt zum Auge und nicht umgekehrt. Jahrhunderte lang galt letztere falsche Annahme. Mit Ausnahme von Empedokles dachten nämlich alle großen Denker der Antike (Aristoteles, Platon, Euklid und sogar später noch Descartes), dass unsere Augen Licht in den Raum emittieren, das den Gegenstand hell und für uns sichtbar macht. Machen wir uns die irritierende Schlussfolgerung, dass wir nicht in den Raum *hinein*schauen, mit einem irrealen Konditional und den Konsequenzen klar: Würden wir in Richtung Sonne in den Raum tatsächlich *hinein*schauen, so würden wir beim Sonnen*unter*gang an der wahrgenommenen Stelle (also knapp *über* dem Horizont), der *tatsächlichen* physikalischen Lage entsprechend, nur *freien* Himmel und keine Sonne sehen. Tatsächlich sehen wir aber in aller Klarheit die rot leuchtende Sonne, also *keinen* freien Himmel. Ich habe dieses Beispiel des Sonnenuntergangs mit unterschiedlichen Gesprächspartnern diskutiert. Dass solche *ohne* naturwissenschaftliche Ausbildung die Vorstellung befremdlich fanden, dass wir nicht in den Raum *hinein*schauen, war nicht erstaunlich. Dass aber auch ein Teil der Naturwissenschaftler, denen alle physikalischen Fakten bekannt waren, aus diesen Fakten nicht die entsprechende *Schlussfolgerung* gezogen haben (nämlich Reichweite unseres Blicks in den Raum = 0), erstaunt.

Dieser auf dem Hintergrund des Vergangenheitslichtkegels sichere physikalische Befund ist *psychologisch* nur schwer zu akzeptieren. Machen wir uns deshalb die Besonderheit mit einer Analogie verständlich. Nehmen wir an, wir sitzen in einem Zimmer neben der Küche und riechen plötzlich Knoblauch. Die Geruchsempfindung haben wir nicht, weil wir unsere Nase in den Kochtopf *hinein*stecken, sondern weil die freigesetzten Duftmoleküle des Knoblauchs sich vom Kochtopf in der Küche ins Nebenzimmer zu unserer Nase hin*bewegen*. Die Analogie: So wie wir nicht in den Kochtopf *hinein*riechen, schauen wir nicht *in* den Raum *hinein* zur Sonne hin, und so wie die Duftmoleküle zu unserer Nase kommen, kommen die Photonen zu unseren Augen (bei einer akustischen Quelle verhält es sich analog). Das weltbildformende Wissen, dass wir entgegen unserer subjektiven Empfindung nicht in den Raum hineinschauen, liefert die Physik.

Um den Zusammenhang von Entfernung, Zeit und Wahrnehmung vollständig zu beschreiben, ist die Neurobiologie nun am Zuge. Sie kann dabei zunächst einmal auf weitere harte Fakten der Physik bauen (siehe z. B. Meschede 2015, S. 515 f.), die zeigen, wie komplex der scheinbar einfache Vorgang des Sehens bereits im Auge ist (das Licht muss verschiedene Schichten mit unterschiedlichen Brechzahlen durchdringen: Cornea, Kammerwasser, Linse, Pupille, Glaskörper etc.). Dieses Wissen über die Augenkomponenten ist anspruchsvoll und wichtig, aber *weltbildformend* ist es noch nicht. Der qualitative Übergang zum weltbildformenden Wissen beginnt erst bei der *letzten*, gehirnnahen Schicht des Auges, der Retina. Ein paar empirische Informationen: Die Retina ist ca. 0,2 mm dick, etwa so groß wie eine 2-Euro-Münze, besteht aus mehreren Schichten mit unterschiedlichen Zelltypen und hat 100 Millionen Nervenzellen – und ist *die* weltbildformende Schnittstelle. Warum? Wie wir schon wissen, sehen wir ein Objekt nicht in dem Moment, wenn die von ihm emittierten Photonen unser Auge erreichen, sondern erst dann, wenn sie durch die Photorezeptoren der Retina in elektrische Impulse umgewandelt und von deren Nervenzellen weitergeleitet werden – und schließlich den visuellen Cortex erreichen. Viele Einzelheiten wären noch zu erwähnen (z. B. die Umsetzung des Aktionspotenzials in ein chemisches Signal, indem das Axon Neurotransmitter in den synaptischen Spalt ausschüttet, die zum Rezeptor des Nachbarneurons diffundieren, wo dann wieder ein elektrisches Signal entsteht etc. etc.). Aber diese Einzelheiten sind für unser Argument nicht wichtig. Wichtig ist hier nur: Alle physikalischen und chemischen Prozesse im neuronalen Netzwerk benötigen *Zeit*. Eine *instantane* Signalausbreitung ist also nicht nur in der Außenwelt, sondern auch gehirnintern ausgeschlossen. So kommt also zum Vergangenheitslichtkegel der Physik, der durch die zeitliche Differenz zwischen dem Zeitpunkt der Emission der Photonen auf der Sonne und ihrer Ankunft im Auge entsteht, eine zweite zeitliche Verzögerung hinzu, bedingt durch die Zeitspanne zwischen dem Einschlag der Photonen im Auge und der Wahrnehmung des Objektes im visuellen Cortex, der im *hinteren* Bereich des Gehirns liegt. Auch wenn die Zeitspanne im gehirninternen Vorgang nur Bruchteile von Sekunden beträgt, die Zeit*differenz* beweist einmal mehr, dass wir erstens Objekte der Außenwelt niemals in ihrem *Gegenwarts*modus wahrnehmen und zweitens, dass wir nicht in den Raum *hinein*schauen; denn – abgesehen von der im Vergangenheitslichtkegel begründeten Unmöglichkeit – zum Zeitpunkt der *Wahrnehmung* des Objektes sind im Gehirn keine *Photonen* mehr im Spiel, die ja grundsätzlich und vollständig bereits auf der Netzhaut in elektrische Impulse transduziert wurden. Genauer müssen wir sagen: keine Photonen mit einer Wellenlänge zwischen 380–760 Nanometer, die ja die Voraussetzung für unsere optische Wahrnehmung sind. Im Bild: Das Licht der Sonne ist im Moment der Wahrnehmung eines Objektes schon ausgeknipst – Objekte unmittelbar vor unseren Augen inklusive. Weltbildformend im Sinne eines neuen Paradigmas ist dieses Wissen auch deshalb, weil Sehen bei totaler Finsternis, d. h. ohne Photonen aus dem sichtbaren Bereich des elektromagnetischen Spektrums, vollständig dem Weltbild des Alltags widerspricht. So wie es keine Helligkeit in der Außenwelt gibt, gibt es nach dem heutigen Stand der neurobiologischen Theorie auch keine Helligkeit im Gehirn – und dennoch *sehen* wir! Wie bei der Lichtgeschwindigkeit und der Unschärferelation ist es auch beim zeitlichen Verhältnis von Gehirn und Außenwelt eine *Limitation*, die zu weltbildformendem Wissen führt: Eine Erfahrung der *Gegenwart* von Ereignissen ist unmöglich. Mit einer Ausnahme: die Erfahrung der eigenen Gedanken. Die Selbsterfahrung des eigenen Geistes ist die einzige *Gegenwarts*erfahrung, die wir haben können. Alles andere ist *scheinbare* Gegenwart, tatsächliche Vergangenheit oder mögliche Zukunft. Auch deshalb ist die später zu behandelnde und logisch autonome Theorie des Geistes von ganz besonderer „Natur". Die Neurobiologie wird dazu einen Beitrag leisten, der aber in wesentlichen Teilen ergänzungsbedürftig ist.

Zurück zum Anspruch auf Leitwissenschaft. Den genannten Kriterien zufolge kann er nicht alleine mit empirischem Faktenwissen eingelöst werden, von dem die Neurobiologie schon viel geliefert hat, auch Wissen mit weltbildformendem Status. Aber eingelöst werden kann er nur mit einer erklärenden *Theorie*. Stellt sich nun also die Frage, ob die Neurobiologie über eine solche Theorie verfügt.

5. Theorie und Theorielücken der Neurobiologie

Am Beispiel des Sonnenuntergangs haben wir zwei Besonderheiten festgestellt: Wir sehen die Sonne erstens erst dann, wenn sie in der Außenwelt am physikalischen Ort der Wahrnehmung bereits unsichtbar, nämlich untergegangen ist, und zweitens sehen wir sie ohne Blick in den Raum *hinein*. Wie ausgeführt, sind beide Unmöglichkeiten physikalisch bzw. neurobiologisch beweisbar. Mit diesem Beweis ist aber die weitergehende Frage nicht beantwortet, *warum* wir die Sonne oder irgendetwas Anderes *überhaupt* sehen, d. h. warum wir eine *optische* Wahrnehmung, also eine *Phänomen*erfahrung aus dem sichtbaren Bereich des elektromagnetischen Spektrums haben, wenn die Photonen schon in den Photozellen der Retina in *elektrische* Impulse umgewandelt und einschließlich der Wahrnehmung nicht mehr in Photonen rückgewandelt werden. Um diese Frage zu beantworten, greifen wir den bekannten Streit zwischen ›Piktoralisten‹ und ›Deskriptionalisten‹ auf, wenden die Grundgedanken aber analog auf Bilder an, die von *außen* via Auge ausgelöst werden.

Piktoralisten bleiben eng am Phänomen und gehen davon aus, dass unser optischer Eindruck von der Sonne als runde und rote Fläche tatsächlich im Gehirn *als* optischer existiert. Diese Annahme einer grafischen Repräsentation bestreiten Deskriptionalisten und setzen dagegen: Das subjektive optische Erlebnis ist in Wahrheit eine Menge von Propositionen. Wir bilden uns nur ein, ein *Bild* von der Sonne zu sehen. Wer hat Recht? Vor einer Erklärung steht immer eine korrekte Beschreibung – und die liefern die Piktoralisten. Fest steht: Wir können etwas *sehen*, was es in der Wirklichkeit der *Außen*welt in diesem Moment nicht gibt (z. B. die bereits untergegangene Sonne, auch die bekannten optischen Täuschungen oder die Bilder in unseren Träumen belegen das). Aber die deskriptionalistische Annahme, dass wir die Sonne in ihrer Geometrie, Farbe und räumlichen Position auch als gehirn*internes* Phänomen nicht wirklich als *optisches* erleben und uns die rote Rundheit auf der Grundlage von Propositionen nur einbilden, ist unbegründet und unbegründbar. Sie käme nämlich der logischen Unmöglichkeit gleich, die Aussagen „X bildet sich ein, die Sonne am Ort x zu sehen" und „Die Einbildung von X ist *als* Einbildung nicht wirklich" gleichzeitig zu verteidigen. Richtig ist: Die *Einbildung* des *optischen* Phänomens ist *wirklich*, entspricht aber keiner *äußeren* räumlichen Realität. Noch einmal anders: Wir können uns die rote Rundheit der Sonne nicht einbilden, sondern nur ihre Existenz in der *Außen*welt. Fazit: Die Einbildung einer Einbildung ist eine logisch unsinnige bzw. extensional leere Konstruktion und ins Unendliche reflexiv fortsetzbar.

Der deskriptionalistische Versuch einer Ersetzung des Optischen durch Propositionen unterschlägt die optische Realität der Einbildung, ist aber auch deshalb untauglich: Nur aus dem *Satz* „Die Sonne ist rund und rot" kann der *optische* Eindruck niemals abgeleitet werden. Er kann zwar durch die Proposition *ausgelöst* werden, aber nur unter der entscheidenden Voraussetzung, dass X den optischen Eindruck *zuvor* schon einmal hatte und ihn im Zusammenhang mit der sprachlichen Repräsentation gespeichert hat. Den K.o.-Schlag für den Deskriptionalismus erteilt jeder Säugling beim ersten Augenaufschlag unmittelbar nach seiner Geburt: Was immer er sieht, er sieht es ohne Propositionen. Offensichtlich ist bei Deskriptionalisten die (bisherige) neurobiologische Unerklärbarkeit des Optischen *als* Optisches der Vater des Gedankens seiner Ablehnung. Soll aber die Wahrnehmung, oder anders: die Phänomenwelt, nicht aus der Neurobiologie ausgeschlossen werden, zeigt sich hier eine fundamentale Erklärungslücke, ein „hartes Problem". Vielleicht ist es niemals lösbar und Emil Du Bois-Reymond's frühe Resignation „Ignorabimus" berechtigt. Aber schon jetzt im Theoriebemühen aufgeben, dafür gibt es keinen Grund.

Die herrschende Meinung der Neurobiologie ist antipiktoralistisch. So lehnt Roth alle Vorstellungen von inneren „Bildern" mit dem Hinweis auf eine unerwünschte Nebenwirkung ab: Wenn wir konkrete Bilder im Gehirn annehmen, so benötigen wir eine „Instanz […], welche sich die Abbildung ›ansieht‹ ... Nehmen wir aber eine solche Instanz an, so geraten wir in einen unendlichen Regress" (Roth 1996, S. 98). Auch das schon erwähnte Lehrbuch der Neurowissenschaften schließt dies mit folgender Begründung aus: In der primären Sehrinde gibt es keine Bilder, die sich ein kleiner „Homunculus" im Gehirn anschauen könnte: „Obwohl ... die anatomische Projektion eine Art von Abbildung zwischen der Netzhaut und der primären Sehrinde herstellt, basiert doch unsere Wahrnehmung auf der Interpretation verteilter Aktivitätsmuster durch das Gehirn und nicht auf tatsächlichen „Schnappschüssen" der Umwelt." (Bear/Connors/Paradiso 2016, S. 352) Zurück zum Unendlichkeitsproblem! Um diese unerwünschte Nebenwirkung auszuschalten, so Roth, müsse man auf die Annahme von Bildern im Gehirn ganz verzichten. Ich teile diese Auffassung nicht (sie gälte dann im Übrigen analog für *alle* Sinnesmodalitäten!). Angesichts der richtigen *Beschreibung* bzw. der subjektiven *Erfahrbarkeit* des optischen Phänomens ist nicht der Verzicht, sondern die (vielleicht vorübergehende) Akzeptanz des Unendlichkeitsproblems die angemessene Reaktion. Auch aus logischen Gründen: Aus der unbestreitbaren Erfahrung gehirninterner optischer Vorstellungen folgt zwingend ihre gehirninterne Existenz. Wie schon gesagt: Man kann sich eine Einbildung nicht einbilden. Abgesehen von der Sinnlosigkeit entstünde mit dem Konstrukt der Einbildung einer Einbildung ja ebenfalls ein unendlicher Regress. Wir halten also an der unleugbaren *Existenz* optischer Erfahrung fest. Das hat eine gravierende Folge: Es *muss* einen Codierungs- und Verarbeitungsmodus *jenseits* der elektrisch-chemischen Einheitssprache des Gehirns geben, weil wir zwar darin irren können, dass das, was wir sehen, in der Außenwelt existiert, aber nicht darin, dass das, was wir sehen, ein gehirninternes Phänomen ist, d. h. dass wir den *optischen* Eindruck *tatsächlich* haben.

Dieses Jenseits der neuronalen Einheitssprache muss ein *Photonen*code im sichtbaren Bereich des elektromagnetischen Spektrums sein, der vielleicht in Feldform die Neuronen umgibt (Analoges gälte dann für die Akustik etc.). Connes hat sich zu Recht über die geringe elektrische Signalausbreitungsgeschwindigkeit im Gehirn gewundert, die unter der des Schalls liegt, was er „ein Rätsel" nennt (Changeux/Connes 1992, S. 74). Und die Rätselhaftigkeit wird noch größer, wenn man nicht nur die niedrige Geschwindigkeit der *elektrischen* Signalwege betrachtet, sondern auch die der *chemischen*, nämlich bei der Signalübertragung durch Botenstoffe im synaptischen Spalt. Ist die neurobiologische Vorstellung, dass die *Einheit* eines Wahrnehmungsobjektes, das im Gehirn ja in seine Form, Farbe etc. *separiert* wird, durch „Bindung" und kohärentes Feuern der weit auseinanderliegenden Neuronen entsteht, so kann diese Kohärenz bei einer so niedrigen Signalübertragungsgeschwindigkeit physikalisch nicht entstehen, so dass Farbe und Form z. B. der Sonne – den unterschiedlichen Verarbeitungsorten im Gehirn gemäß – *nebeneinander*, also getrennt wahrgenommen würden. Das Bindemittel für diese *Einheit* des Objekts, die wir ja auch *tatsächlich* wahrnehmen, könnten Photonen sein. Angesichts der Art der noch ungelösten und nichttrivialen Probleme ist die unter Neurobiologen verbreitete Auffassung, dass elektromagnetische Wellen im neuronalen Netzwerk keine Rolle spielen, erstaunlich.

Auch wenn die explanatorische Kraft dieses ersten, nur angedeuteten Lösungsvorschlags noch schwach ist, der Gedanke selbst ist logisch zwingend. Stimmt die Annahme vom Photonencode, dann wäre Penzlins schon genannte Lichtschalterfunktion des Gehirns mehr als eine Metapher, nämlich intra- und interneuronale physikalische Realität. Im Übrigen ist die physikalische Grundlage für ein solches Modell schon gegeben: *Alle* Materie emittiert elektromagnetische Strahlung, also auch das Gehirn und seine Neuronen.

Gibt es bereits andere theoretische Ansätze, die auf das „harte Problem" eine überzeugende Antwort geben? Ich beschränke mich auf zwei bekannte Positionen. Die erste ist die Emergenztheorie, die das Neurobiologische bereits transzendiert. Sie basiert nämlich auf der Annahme, dass geistige Phänomene (z. B. die Modalität „Sehen") zwar aus Gehirnprozessen hervorgehen, sich aber nicht aus ihnen deduzieren lassen. Das materielle Gehirn ist eine notwendige, aber keine hinreichende Bedingung für die Modalitäten und Qualitäten unserer Wahrnehmung. Noch einmal anders: Geistige Phänomene sind logisch autonom und real, aber (noch nicht) erklärbar. Sie gehen „irgendwie" aus dem Gehirn plus Randbedingungen hervor. Vertreter dieser Position sind z. B. Lorenz, Searle und Polanyi. Der Antipode ist der strenge Materialismus. Er nimmt an, dass geistige Phänomene vollständig auf die Eigenschaften von Nervenzellen zurückgeführt werden können. Einer der konsequentesten Vertreter ist der Neurobiologe Churchland. Er denkt die Reduktionsthese auch terminologisch konsequent zu Ende: *Mentalistische* Begriffe können aus dem Wissenschaftsvokabular ganz eliminiert und durch neurophysiologische Begriffe ohne Gehaltverlust ersetzt werden. An unserem Sonnenbeispiel: „Ich sehe zum Zeitpunkt t die rote Sonne knapp über dem Horizont" wäre demnach durch den Satz ersetzbar „Die zuständigen Neuronen meines Gehirns sind zum Zeitpunkt t elektrisch oder chemisch aktiv". So wären mentale Phänomene „nicht mehr als eine besondere Ausdrucksform von Materie und Energie [...] (Sie) sind rein physiologische Phänomene". (Churchland 1997, S. 248 f.)

Mit dieser Reduktion entsteht ein zu den Propositionen der Deskriptionalisten analoges Problem. Die starke Behauptung der vollständigen Ersetzbarkeit könnte nämlich nur unter einer Bedingung verteidigt werden. Dann nämlich, wenn Churchland in der Lage wäre, ohne vorherige Kenntnis der Korrelation zwischen einem optischen Beobachtungserlebnis und den entsprechenden neuronalen Aktivitäten bereits bei *erstmaliger* Untersuchung des Gehirns alleine aus den neuronalen Aktivitäten und Zuständen das entsprechende optische Bild (Sonne, rot etc.) abzuleiten und zu beschreiben oder aufzumalen – was aber schon wegen der *Einheits*sprache der Neuronen unmöglich ist. Fazit: Modalität (Sehen etc.) und Qualität (Farbe etc.) werden in der reduktionistischen Theorie nicht in die „Sprache" der Neuronen transduziert, sondern ersatzlos eliminiert. Damit wird die Verarbeitung der *Phänomen*welt im Gehirn nicht als erklärungsbedürftig, sondern als überflüssige Frage behandelt.

Churchlands materialistische Reduzierbarkeitsthese ist Ausdruck einer *allgemeinen* Annahme, nämlich der, dass Geist in seiner Erscheinungsform als Information auf Masse und Energie zurückgeführt bzw. in terms von Masse und Energie expliziert werden kann. Da hier der problematische Kern des Materialismus im Allgemeinen wie auch der Grund für die neurobiologische Erklärungslücke im Besonderen liegt, hier ein weiteres Gegenargument noch einmal am Beispiel „Elektron". Das Elektron wird in der Physik als mathematischer Punkt eingeführt, d. h. als „Größe" mit einem Radius Null. In der realen physikalischen Welt gibt es aber keine Objekte ohne Ausdehnung, so dass der Term „Elektron" empirisch eine leere Extension hat und nur als *geistige* Größe in der physikalischen *Theorie* existiert (zu mehr Einzelheiten siehe die erste Abhandlung). Daraus entsteht für den neurobiologischen Materialismus ein unüberwindbares logisches Problem: Die in der physikalischen Theorie eingeführte *Ausdehnungslosigkeit* des Elektrons kann niemals in der Materie eines immer *ausgedehnten* Neurons abgebildet oder rekonstruiert werden (dieses Ausschlussverhältnis gilt analog beim Begriff „unendlich"). Churchland könnte sein Leben lang neuronale Netzwerke von Physikern untersuchen und würde doch niemals die Eigenschaft „ausdehnungslos" entdecken, was aber unter seiner reduktionistischen These nötig wäre. Noch einmal der einfache Grund: Ein mathematischer Punkt kann nicht *als* mathematischer Punkt, nämlich ausdehnungslos, in einem immer ausgedehnten Neuron abgebildet werden. Das spezifisch Geistige ist nicht eliminierbar bzw. ersetzbar. Da ich vorgeschlagen habe, die Theorie des Geistes als eine Theorie der Bedeutung auszuführen, noch eine Variante des Einwandes. Richtig ist: Wann immer Churchland an die Bedeutung von „Neuron" denkt, sind Neuronen seines Gehirns aktiv. Die neuronale Aktivität ist eine notwendige, aber keine hinreichende Bedingung. Deshalb ist diese Annahme falsch: Das Denken der Bedeutung *ist* ein neuronaler Vorgang. Falsch ist sie auch deshalb, weil es kein umkehrbar eindeutiges Verhältnis gibt zwischen dem Denken der Bedeutung (z. B. des Wortes „Neuron") und der Aktivität bestimmter Neuronen. Noch ein Beispiel aus der Physik: Bei der schon erläuterten sogenannten „Renormierung" werden von unendlichen Integralen unendliche Größen abgezogen, um von den Unendlichkeitsannahmen der Theorie zu endlichen Resultaten in der physikalischen Wirklichkeit zu kommen. Solche Operationen in einem räumlich und zeitlich *begrenzten* Neuron materiell abzubilden, ist logisch unmöglich.

Um ein mögliches Missverständnis auszuschließen: Ich verwende hier keinen Abbildungsbegriff im Sinne einer konkreten 1:1-Abbildung, sondern stelle ihn nur unter die Forderung, dass von der Abbildung auf das Abgebildete, vom Reduzierenden auf das Reduzierte geschlossen werden kann. Das heißt: Es müsste möglich sein, nur aus der Beobachtung/Messung der elektrisch-chemischen Aktivitäten der Neuronen die Eigenschaft der Ausdehnungslosigkeit des Elektrons zu erschließen, was aber *nicht* möglich ist. Auch deshalb nicht: Die Erregungszustände der Neuronen bilden ausschließlich die *Intensität* der Erregungsursache, aber nicht ihre *Natur* ab. Wenn Churchland oben behauptet, mentale Phänomene (hier: der Term „Elektron") sind „rein physiologische Phänomene", so ist dies logisch und empirisch falsch. Die Argumentation gegen die materialistische Grundthese könnte an allen theoretischen Termen der Physik und aller anderen Wissenschaften ausgeführt werden, ebenso an allen Abstraktionen und Klassenbegriffen etc. etc. – und auch am Term Neuron. Der einfache logische Grund: Die Bedeutung von „Neuron" kann nicht aus empirischen Neuronen bzw. deren Beschreibung abgeleitet oder erschlossen werden. Eine Ableitung liegt auch dann nicht vor, wenn – prima facie richtig – behauptet wird, man könne aus einem bestimmten neuronalen Muster darauf schließen, was der Untersuchte gerade denkt. Diesen Vorgang „Ableitung" zu nennen ist deshalb unangemessen, weil der Zusammenhang *zuvor* schon festgestellt wurde, der *Inhalt* also erst bei einer *Wiederholung* genannt werden kann. Weil wir an einer Schlüsselstelle der neurobiologischen Behandlung des Kognitionsproblems angekommen sind, noch ein letztes widerlegendes Beispiel: Unser *Geist* kann den formallogischen Satz vom ausgeschlossenen Widerspruch verletzen, die *Materie* unseres Gehirns kann dies nicht – folglich können wir die Regelverletzung des Geistes nicht auf die Neuronenmaterie zurückführen. Somit ist Kognition bzw. Bedeutung – jenseits und unabhängig von Masse und Energie – ein Zustand bzw. eine Eigenschaft eigener Art.

Unsere Suche nach theoretischen Ansätzen für die abschließende Erfüllung der Leitbildfunktion der Neurobiologie war bisher nicht erfolgreich. Weder der Materialismus noch der Emergentismus noch der Konstruktivismus erfüllen dieses Theorieerfordernis. Kann nach den negativen Befunden unsere Ausgangsthese, dass die Neurobiologie Potenzial für eine Leitwissenschaft hat, dennoch verteidigt werden? Ja, aber immer noch unter Einschränkung. Das Potenzial kann nämlich nur dann umgesetzt werden, wenn das schon Erreichte, nämlich weltbildformendes *empirisches* Faktenwissen, durch die *explanatorische* Funktion einer starken Theorie ergänzt wird. Das Theoriedefizit der Neurobiologie zu beseitigen, ist eine schwierige, aber grundsätzlich lösbare Aufgabe. Beginnen könnte es mit einer wissenschaftstheoretischen Rekonstruktion der Grundbegriffe, nicht zuletzt des Begriffs „Information". Auch in den neurobiologischen Lehrbüchern ist ständig von „Information" die Rede, schon am Beginn neuronaler Prozesse in den Sinnesorganen. Zum Beispiel wird bereits die Transduktion von Photonen in Aktionspotenziale auf der Netzhaut als „Informationsübertragung" beschrieben. Diese Beschreibung ist jedoch unangemessen. Richtig ist: Information steckt nicht in den Photonen, sondern entsteht erst in späteren Verarbeitungsphasen in corticalen Arealen, wenn die physikalisch-chemischen Prozesse eine *Interpretation* erfahren, also eine Bedeutungskomponente erhalten. Auf dem Hintergrund des hier verwendeten Informationsbegriffs ist Information *grundsätzlich semantisch* zu verstehen (selbst bei sogenannten „uninterpretierten Zeichen", die es bei genauer Analyse nicht gibt). Eine wichtige erste Aktion zur Verbesserung der neurobiologischen Theorie wäre dann die Einführung des Informationsbegriffs als theoretischer Term, mit dem z. B. das Problem der Nichtbeobachtbarkeit von Information erfasst werden kann.

Abgesehen von wissenschaftstheoretischen Reflexionen der Grundbegriffe könnte vielleicht auch die Physik beim Abbau des neurobiologischen Theoriedefizits einen Beitrag liefern. Erste Schritte dieser Art gab es schon (z. B. Pribrams hologrammartige Modellierung des Gehirns oder Pauens „mentale Felder", die sich zu Neuronen verhalten wie Magnetfelder zu Elektronenströmen in einer Spule). Auch Popps Biophotonentheorie wäre auf neurobiologische Anwendbarkeit genauer zu prüfen. Besonders aussichtsreich dürften Anleihen bei Prigogines Theorie dissipativer Systeme sein. Solche Systeme zeichnen sich nämlich durch Eigenschaften aus, die auch beim Gehirn nachweisbar sind: z. B. Komplexität, Gleichgewichtsferne, Offenheit und Nichtlinearität. Die Modellierung des Gehirns als dissipatives System wäre ein wichtiger Schritt beim Abbau des Theoriedefizits. Aber auch er könnte die Lücke zur Erfüllung der neurobiologischen Leitbildfunktion in ihrem *kognitiven* Anspruch nur verkleinern, aber nicht schließen. Kognition ist ein „Ding" anderer Art, dessen materielle Grundlagen physikalisch präzisiert werden können (z. B. durch das o. g. Hologramm), das aber nicht auf Masse und Energie zurückgeführt werden kann (dazu später mehr in der Theorie des Geistes). Ebenfalls eine Illusion wäre der Glaube, dass die Schließung der Lücke mit einer Zunahme der Mathematisierung der Neurobiologie automatisch gelingt. Richtig ist: Der Mathematisierungsgrad der Neurobiologie ist noch sehr gering (Ausnahmen sind z. B. die Nernst-Gleichung und die Goldmann-Gleichung, die im Zusammenhang mit Ionenströmen und Membrandurchlässigkeiten in Neuronen angewendet werden) – und es ist noch viel Raum für mathematische Weiterentwicklung der Theorie. Sie ginge mit der Anwendung der o. g. physikalischen Modelle automatisch und mit Präzisionszunahme einher. Wegen der gewaltigen Komplexität des Gehirns, schon daran erkennbar, dass jedes der 100 Milliarden Neuronen eine *individuelle* Gestalt mit individueller Funktion hat, dürfte die zu Recht gewünschte weitere Mathematisierung allerdings schnell an ihre Grenzen stoßen. Zumal dann, wenn man die immens große Anzahl von *Synapsen* berücksichtigt: 10^{15}. Von Edelmann stammt das folgende Beispiel, das die gewaltige Quantität eindrucksvoll zeigt. Die Frage: Wie viel Zeit brauchen wir, um alle Synapsen unseres Gehirns zu zählen? Der Zählvorgang soll dabei ununterbrochen laufen, Tag und Nacht. Die Schätzantworten liegen meist im Bereich von ein paar Wochen oder Monaten. Die Wahrheit ist: Wir müssten 32 Millionen Jahre lang ohne Unterbrechung zählen, bis wir die letzte Synapse unseres Gehirns abgezählt hätten. Das Ergebnis ist mathematisch leicht nachvollziehbar, wenn man annimmt, dass bei dem Zählvorgang pro Synapse eine Zählzeit von einer Sekunde zur Verfügung steht.

Die gewaltige Komplexität von lebenden Systemen hat schon Heisenberg gesehen und deshalb in diesem Zusammenhang eine „neue Mathematik" gefordert – was auch immer das konkret in der Ausführung heißen mag. Käme sie, so wäre das sicher ein Fortschritt, in Form der Formalisierung der Prozesse des Lebens. Aber wir dürfen die Mathematik nicht als Allheilmittel missverstehen und müssen ihre grundsätzliche *Grenze* im Auge behalten. Diese Grenze besteht – wie bei der formalen Logik – in ihrer Extensionalität, d. h. mathematisch erfassbar ist nur der *Umfang* eines Prädikates, aber nicht sein *Inhalt*. Diese Einschränkung hat zur Folge, dass der Schub, mit dem die „*kognitive* Neurowissenschaft" in ihrer Theorieentwicklung beflügelt werden kann, nicht in erster Linie aus der *Mathematik*, sondern von einer zwar neurobiologisch basierten, aber logisch autonomen Theorie des Geistes kommen wird, die das *Bedeutungs*problem in den Mittelpunkt der Kognition stellt. Die Begründung kennen wir schon: Ohne Neuronen gibt es zwar keine Kognition, aber Neuronen und ihre elektrisch-chemischen Aktivitäten sind nur eine notwendige, aber keine hinreichende Bedingung für Denken. Letzteres deshalb, weil aus Neuronen keine kognitiven *Inhalte* erschlossen werden können, die aber zur Kernfunktion *jeder* geistigen Tätigkeit gehören. Wenn in Lehrbüchern von „kognitiver Neurowissenschaft" die Rede ist, die sich mit den neuronalen Grundlagen von „Ich-Bewusstsein, geistiger Vorstellungskraft und Sprache" befasst (Bear/Connors/

Paradiso 2016, S. 15) und dies kein Etikettenschwindel sein soll, muss sie über den Tellerrand der Neuronen hinausschauen und das Bedeutungsproblem lösen oder lösen lassen.

Mit der hier vorgeschlagenen Theorie des Geistes in Form einer Theorie der Bedeutung sind wir jetzt an einer wichtigen Schnittstelle: Neurobiologie und Theorie des Geistes greifen in der Diagnose und der damit gesetzten Agenda wie Zahnräder ineinander. So sagt Roth ausdrücklich: „Wahrnehmung ist ... Bedeutungszuweisung zu an sich bedeutungsfreien neuronalen Prozessen [...] Wahrnehmung *ist* Interpretation, *ist* Bedeutungszuweisung" (zitiert in: Schmidt 1988, S. 14/15). Und in seiner über die Wahrnehmung hinausgehenden, gar synonymisierenden, Verallgemeinerung „kognitive, d. h. bedeutungshafte Prozesse" (Roth 1996, S. 32) wird einmal mehr die Notwendigkeit unterstrichen, das Kognitionsmodell in einer Theorie des Geistes, ausgeführt als Theorie der Bedeutung, zu entwickeln. Erfreulich ist die Klarheit der Benennung der *Grenzen* der Neurobiologie, wenn Roth unmissverständlich von „an sich bedeutungsfreien neuronalen Prozessen" spricht. Aus seiner Beschreibung der Neuronenaktivitäten als „an sich bedeutungsfrei" bei gleichzeitiger Feststellung „Wahrnehmung *ist* [...] Bedeutungszuweisung" folgt die Notwendigkeit einer *ergänzenden* Theorie des Geistes. Diese klare, im Bedeutungsausschluss bestimmte Grenze der Neurobiologie, muss dann aber in einer grundsätzlichen Unterscheidung durchgehalten werden: Die neuronale *Grundlage* der Kognition ist das Eine, die Kognition *selbst* ist das Andere, dann jedenfalls, wenn sie *bedeutungs*theoretisch ausgeführt wird, was die neuronale Ebene auch aus dem von Roth konzedierten Grund transzendiert. Diese logisch autonome Theorie des Geistes könnte dann mit neurobiologischen Theorien in einem fruchtbaren Ergänzungsverhältnis stehen, analog zum Verhältnis von Quantentheorie und Messprozess: So wie z. B. die Spuren auf einer Kernphotoplatte ein Beweis für die Existenz des nicht beobachtbaren Elektrons sind, wären die neuronalen Prozesse des Gehirns – sichtbar gemacht z. B. in bildgebenden Verfahren – die Beweisebene für die ebenfalls nicht beobachtbare *Bedeutung*, i. e. den nicht beobachtbaren *Inhalt* der Kognition. Wir werden das später im Kapitel zur Theorie des Geistes präzisieren. Die Analogie mit der Quantentheorie zu Ende gedacht heißt dann aber auch: So wie die Spuren auf der Kernphotoplatte nicht das Elektron *sind*, es also keine *Gleichheit* zwischen Elektron und Spur als seiner Erscheinungsform gibt, so *ist* auch der Geist nicht *gleich* der in einem bildgebenden Verfahren sichtbar gemachten neuronalen Aktivität des Gehirns. Die von Neurobiologen gelegentlich gemachte Bemerkung, dass sie beim Hirn-Scanning dem Geist bei der Arbeit zuschauen („Gedankenlesen"), ist also unangemessen, jedenfalls höchstens die *halbe* Wahrheit.

Mit den genannten beiden Ergänzungen, nämlich intradisziplinäre Stärkung der *explanatorischen* Kraft der neurobiologischen Theorie (z. B. durch Anreicherung mit physikalischen Modellen) plus Bündnis mit einer Theorie des

Geistes, sind die Aussichten für eine Leitwissenschaft der Zukunft gut. Auch deshalb, weil das Gehirn insofern das *zentralste* Organ ist, als es über die kognitiven Funktionen im engeren Sinne hinaus auch Informations- und Steuerungszentrale des gesamten *Körpers* ist (alle Organe, hormonelle Prozesse, Muskeltätigkeit etc.).

Mit Blick auf den engen Zusammenhang von Hirn und Körper eröffnet sich für die Neurobiologie die Möglichkeit, eine weitere Anforderung für den Status einer Leitwissenschaft zu erfüllen: ihre bedeutenden *praktischen* Folgen nämlich. Nur ein Beispiel: Den zu erwartenden, jedenfalls erhofften Theoriefortschritt vorausgesetzt, dürfte die Hirnforschung die gesamte Medizin der Zukunft neu, nämlich vom Kopf her, orientieren. Der einfache Grund: Der Körper und alle seine Teile sind im Gehirn repräsentiert und werden von dort aus gesteuert. Der Zusammenhang kann nicht zuletzt an Fehlleistungen des Gehirns gezeigt werden, zum Beispiel an den schon genannten Einschränkungen mathematischer Fähigkeiten bei Hirnverletzungen, aber auch am Beispiel des Phantomschmerzes. Wenn ein Patient Schmerz an einem Fuß empfindet, der durch Amputation zuvor entfernt wurde, dann kann dieser Schmerz aus logischen und empirischen Gründen nur deshalb entstehen, weil die Repräsentation des Fußes im *Gehirn* noch nicht entsprechend korrigiert wurde. Dieses enge Verhältnis von Hirn und Körper ist in seiner medizinischen Nutzbarkeit noch längst nicht ausgeschöpft. Aber nicht nur beim Verhältnis von Hirn und Körper, sondern auch beim Verhältnis von Hirn und Geist sind spannende Entwicklungen zu erwarten. So könnte eine neurobiologisch basierte Theorie des Geistes *die* Grundlage für die Einheit der Wissenschaften sein. Die methodologische Orientierung dieser Theorie: Unter Beibehaltung der *Unterschiede* der Disziplinen und Wissenschafts*gegenstände*, denen unterschiedliche Forschungsmethoden entsprechen, würde die Einheit in der *Übereinstimmung* der neurobiologischen und kognitiven Funktionen der Wissenschafts*subjekte* gesucht. Ob Physiker, Neurobiologe, Psychologe oder Germanist, die neurobiologischen Grundlagen ihrer *Gehirne* und die Grundlagen ihres bedeutungstheoretisch gefassten *Geistes* sind gleich – trotz der Unterschiede der Disziplinen. Aber bis diese beiden die Einheit tragenden Säulen, nämlich theoretisch angereicherte Neurobiologie und bedeutungstheoretisch ausgeführte Theorie des Geistes, ausformuliert und aufeinander abgestimmt sind, ist es noch ein weiter und schwieriger Weg. Im letzten Teil versuche ich einen ersten Schritt.

Das Unbewusste:
Max Planck contra Sigmund Freud

1. Planck: Von der Unmöglichkeit einer Wissenschaft des Unbewussten

Abgesehen von einem strikten, ausschließlich an Beobachtungsdaten orientierten Empirismus wurde die Existenz des Unbewussten nie bestritten – weder in den Wissenschaften noch im Alltag. Aber erst Freud hat seine Erforschung *systematisch* betrieben und das Unbewusste in den *Mittel*punkt seiner Theorie gestellt. Gegen diese wissenschaftliche Aufwertung argumentiert Planck logisch und vernichtend so:

„Zwar spielen sich sicherlich viele Vorgänge, vielleicht sogar die ausschlaggebenden, in unserem Unterbewusstsein ab. Aber diese sind einer wissenschaftlichen Behandlung nicht fähig. Denn eine Wissenschaft des Unbewussten oder Unterbewussten gibt es nicht. Sie wäre eine contradictio in adjecto, ein Widerspruch in sich. Was unterbewusst ist, weiß man nicht. Daher sind alle Probleme, die sich auf das Unterbewusstsein beziehen, Scheinprobleme." (Planck 1953c, S. 17)

Planck leugnet also nicht die *Existenz* des Unbewussten bzw. des Unterbewussten, wohl aber die Möglichkeit einer *Wissenschaft* davon. Stimmt seine These, wäre die Psychoanalyse eine „*Schein*wissenschaft". Wichtig ist: Plancks Urteil ist *prinzipiell* angelegt, bezieht sich nämlich auf den *Gegenstand* „Unterbewusstsein" – und nicht auf forschungsmethodische Kinderkrankheiten, die jede Wissenschaft am Anfang auskurieren muss. Nein, nach Planck ist „eine Wissenschaft des Unterbewussten" unmöglich – ein Scheinproblem. Ob seine starke These verteidigt werden kann, entscheidet sich daran, was er unter „Scheinproblem" versteht und ob seine Explikation des Begriffs die Psychoanalyse tatsächlich trifft.

Planck unterscheidet zwei Formen eines Scheinproblems: Es ist entweder sinnlos oder ungenau formuliert. Will man wissen, ob ein Problem *sinnlos* ist, schlägt er vor, „die Voraussetzungen genau (zu) prüfen, die in der Formulierung des Problems enthalten sind" (Planck 1953c, S. 5). Ein Beispiel für diesen ersten Scheintypus ist das Perpetuum mobile. Seine Machbarkeit setzt nämlich voraus, dass der thermodynamische Satz von der Erhaltung der Energie nicht universell gilt. Da diese Voraussetzung nicht gegeben ist, entpuppt sich das Problem als Scheinproblem. Eine Maschine, die ohne Energieveränderung in der umgebenden Natur ständig Arbeit verrichtet, kann es aus einem naturgesetzlichen Grund nicht geben. Der Versuch, eine solche Maschine zu bauen, ist somit sinnlos. Schwieriger als bei falschen Voraussetzungen liegt es in den Fällen, wenn ein Scheinproblem durch ungenaue Formulierung entsteht (Planck 1953c, S. 8). Plancks Beispiel hierfür ist die Frage, ob ein Elektron in *Wirklichkeit* ein „Korpuskel" oder eine „gebeugte Lichtwelle" ist. Diese Frage bleibt so lange eine unbeantwortbare Scheinfrage, als nicht angegeben wird, auf welche *Untersuchungsmethode* sich die Frage nach der Wirklichkeit des Elektrons bezieht. Das heißt: Bezieht sie sich auf ein Elektronenmikroskop, das die *Korpuskel*eigenschaft des Elektrons zeigt, oder auf einen Kristall mit Auffangschirm, mit dem seine *Welle*neigenschaft zum Vorschein kommt? Wird die Untersuchungsmethode nicht ausdrücklich genannt, ist im gegebenen Dualismus von Welle und Teilchen die Frage nach dem *wirklichen* Status des Elektrons als Folge ungenauer Formulierung eine Scheinfrage.

Die bisher genannten Fälle sind nach Plancks Einschätzung relativ einfach als Scheinprobleme zu entlarven. Schwieriger wird es dagegen beim sog. Leib-Seele-Problem, das auch die Psychoanalyse thematisiert. Plancks Kriterien zufolge ist zunächst nach seinem Sinn zu fragen. Und Sinn macht es nur unter der Voraussetzung, dass es zwischen Leib und Seele eine *Beziehung* gibt. Gibt es *keinerlei* Beziehung, dann hat das Problem aus wissenschaftlicher Sicht keinen Sinn und ist ein Scheinproblem. Tatsächlich gibt es aber vielfältige Beziehungen zwischen Leib und Seele. Planck verdeutlicht dies am Beispiel von Sprechen und Hören so: Der Prozess verläuft über jeweils vier Stationen: Es gibt einen Sender, der in dieser Reihenfolge Worte emittiert: Sinn der Worte – Nervenbahnen im Gehirn – Kehlkopf – Schallwellen. Und es gibt einen Empfänger, der in dieser Reihenfolge Worte aufnimmt: Schallwellen – Ohr – Nervenbahnen im Gehirn – Sinn der Worte. In beiden Fällen stellt sich unter der Annahme einer *Beziehung* zwischen Leib und Seele die Kausalitätsfrage: Sind die seelischen Prozesse (= Verstehen des Wortsinns) Ursache der körperlichen Prozesse (= neuronale Verarbeitung) oder umgekehrt? Gibt es diese Kausalität zwischen den beiden Bereichen, so müsste bei jeder Aktivierung der Kausalrelation ein Energie*übertrag* stattfinden – z. B. vom seelischen Vorgang zum leiblichen Vorgang. Findet dieser Übertrag tatsächlich statt, dann müsste wegen des Energieerhaltungssatzes die Bilanz der Seele und Leib zur Verfügung stehenden Energie im *Gesamt*prozess unverändert bleiben (was die Seele an Energiemenge an den Körper abgibt, hat dieser an Energiemenge dann dazu gewonnen). Um das *wissenschaftlich* feststellen zu können, müsste es eine Energieanalogie zu rein physikalischen Prozessen geben. Nehmen wir als Beispiel den Prozess der Verbrennung von Kohle. Dabei wird nach der Einsteinschen Formel $E = mc^2$ ein Teil der Masse in die Energieform „Wärme" umgesetzt (nebenbei bemerkt: Der *Betrag* der Umsetzung ist erstaunlich klein: Nur 10^{-10}, also ein Zehnmilliardstel der Kohlemasse wird bei der Verbrennung in Wärme umgewandelt. Und selbst bei der Kernfusion ist es nur ein Prozent – was die ungeheure Energiedichte der Materie zeigt). Der Vorgang ist berechenbar und messbar. Analog zu dem Wärmeäquivalent im Fall der Kohleverbrennung müsste es nun im Falle des Leib-Seele-Problems wegen der Kausalrelation „ein numerisch bestimmtes mechanisches Seelenäquivalent geben" (Planck 1953c, S. 12). Für dessen Messung – seine Existenz hypothetisch angenommen – gibt es aber keine Methode. Folglich handelt es sich nach Plancks Methodenkriterium beim Leib-Seele-Problem um ein Scheinproblem.

Da Planck als gründlicher Denker nicht an einer schnellen Erledigung des Themas, sondern an genauer Prüfung interessiert ist, legt er das Leib-Seele-Problem noch nicht in toto ad acta, sondern nur hinsichtlich der angenommenen *Kausal*relation. Er öffnet nämlich – dieses Mal anders als beim physikalischen Wärmeäquivalent – mit einer *tragenden* Analogie aus dem Mechanischen eine überraschende Tür zum Seelischen. Er gibt ihm nämlich die Funktion eines auslösenden Momentes – *ohne* den Energieerhaltungssatz zu verletzen. Dabei verweist er in Analogieabsicht auf „die sogenannten steuernden oder lenkenden Kräfte" in der Physik, die *ohne* Energieaufwand eine Wirkung erzielen. Sein Beispiel: Der Widerstand von Eisenbahnschienen, der den Zug in einer Kurve ohne Energieverbrauch in der gewünschten Richtung hält. Phänomene mit solch überraschenden Eigenschaften gibt es auch mikrophysikalisch. Eines ist die „Suprafluidität", die „ein Kennzeichen wechselwirkender Quantenflüssigkeiten" ist, bei denen „ein reibungsfreier Fluss (stattfindet)" (Meschede 2015, S. 786), der die Energiebilanz also unberührt lässt. Analog dazu könnten Seelenkräfte ohne Energieaufwand Gehirnprozesse, also körperliche Vorgänge, steuern. So wäre das Leib-Seele-Problem doch noch ein *echtes*, also wissenschaftlich erfassbares Problem. Aber der erste Hoffnungsschimmer in Richtung Wissenschaftlichkeit hält nicht lange an. Unmittelbar nach der analogischen Einführung von „lenkenden Kräften" in das Seelenleben sieht Planck schon wieder „unüberwindliche Schwierigkeiten" – trotz der *grundsätzlichen* Möglichkeit einer auslösenden Funktion des Seelischen. Seine Begründung: Die Neurophysiologie ist in der Lage, alle Vorgänge im Gehirn *ohne* Bezug auf eine „besondere Seelenkraft" zu erklären. Für eine solche lenkende Funktion des Seelischen gibt es also keinen wissenschaftlichen Bedarf. Trifft diese Annahme zu, so hat sich das Leib-Seele-Problem schon wieder als Scheinproblem herausgestellt; denn ein bereits gelöstes Problem kann kein Problem mehr sein. Ob allerdings Plancks Behauptung der – bereits erreichten – umfassenden Erklärungskraft der Neurophysiologie verteidigt werden kann, werden wir später sehen.

Trotz des erneut negativen Resultates ist Planck hartnäckig und beendet noch immer nicht seine Analyse des Leib-Seele-Problems. Nach den ersten negativen Befunden stellt er nun eine Grundsatzfrage: „Was wissen wir denn überhaupt von seelischen Kräften?" (Planck 1953c, S. 14) Zunächst konstatiert er, dass es in der evolutionsbiologischen Stufenleiter von niederen zu höheren

Lebewesen keine prinzipielle Grenze für Seelisches gibt. Das Seelische ist nicht nur dem Menschen vorbehalten. Aber dann findet er *innerhalb* des menschlichen Erkenntnisvermögens eine andere Grenze, die für ihn „von ausschlaggebender Bedeutung ist" und welche die wissenschaftliche Zugänglichkeit des Seelischen einmal mehr in Frage stellt. Diese Grenze kann genau bestimmt werden: Sie liegt am Übergang zwischen den seelischen Prozessen in anderen Menschen und denen „im eigenen Ich". Nur letztere erleben wir „unmittelbar". Die seelischen Vorgänge von Dritten dagegen erfahren wir nur *mittelbar* aus ihren Äußerungen, Gesten etc. Die Empfindungen der Anderen *erschließen* wir analogisch aus unseren *eigenen* Empfindungen, erfahren sie aber nie direkt. Fehlen diese Äußerungen, Gesten etc. des Anderen, dann erhalten wir niemals Kenntnis von seinem Seelenzustand.

Gegen diese Argumentation liegt der Einwand der heutzutage inflationär bemühten und inzwischen biologisch mit „Spiegelneuronen" begründeten Empathiefähigkeit nahe. Aber er bringt Plancks Argument nicht wirklich ins Wanken. So verweist er selbst – ohne Verwendung des Empathiebegriffs, aber in der Sache gleich – beispielhaft auf Ärzte, welche die Fähigkeit in Anspruch nehmen, die Gefühle der Patienten so zu empfinden wie die Patienten selbst. Das Problem nach Planck: Es lässt sich „niemals einwandfrei beweisen". Diese Unmöglichkeit wird am deutlichsten in extremen Situationen: „Die bohrenden Schmerzen, die ein Patient bei einer zahnärztlichen Behandlung manchmal auszuhalten hat, vermag auch der feinfühligste Arzt nicht unmittelbar zu verspüren. Er kann sie nur mittelbar aus den Wehlauten oder Zuckungen des Patienten entnehmen." (Planck 1953c, S. 15/16) Auch die zu Plancks Zeiten noch unbekannten Spiegelneuronen helfen hier nicht weiter; denn der beim Anblick des Patienten (mit-) gefühlte Schmerz des Arztes ist sein *eigener* Schmerz und nicht der des Patienten, auf den es in Plancks Argumentation aber ankommt. Diesen „Gegensatz" zwischen unmittelbarer und mittelbarer Erkenntnis hält Planck für „fundamental", weil es in der Wissenschaft „in erster Linie auf den Gewinn unmittelbarer Erkenntnis ankommt". (Planck 1953c, S. 16) Und diese unmittelbare Erkenntnis könnte der Zahnarzt nur über den „allein zulässigen äußeren Standpunkt" (Planck 1953c, S. 23) erreichen, der aber nur bei der Blutung der Wunde, aber nicht beim Schmerzempfinden des Patienten möglich ist. Planck verallgemeinert: „Was jemand fühlt, was er denkt, was er will, weiß unmittelbar nur er selber." (Planck 1953c, S. 16)

Der Unterschied von unmittelbarer und mittelbarer Erkenntnis, von Planck verschärfend „Gegensatz" genannt, kann nicht geleugnet werden: Dass ein Neurophysiologe das freiliegende Gehirn eines Patienten *direkt* untersuchen kann, im Unterschied zu einem Psychoanalytiker, der die Seele eines Patienten nur indirekt, nämlich durch seine Äußerungen, zum Gegenstand der Untersuchung machen kann, ist ein systematisch erheblicher Unterschied. Daraus zieht Planck eine wichtige Konsequenz. Wegen der prinzipiellen Unmöglichkeit eines *unmittelbaren* Kontaktes mit der Seele eines Dritten schränkt er seine weitere Analyse des Leib-Seele-Problems so ein: Es geht von nun an nur noch um den Zusammenhang zwischen unseren – unmittelbar erfahrbaren – *eigenen* seelischen und körperlichen Zuständen. Zur Erinnerung die schon genannte Einschränkung: Nur *bewusste* Zustände der Seele sind Gegenstand seiner Untersuchung, da das Unbewusste nach Planck schon aus *logischen* Gründen keiner wissenschaftlichen Betrachtung zugänglich ist. Das Unbewusste bleibt also weiterhin außen vor.

Planck analysiert nun den weiteren Zusammenhang von Leib und Seele an einem einfachen bewussten Vorgang: Wir stechen uns mit einer Nadel in die Hand und haben eine Schmerzempfindung. Den körperlichen Teil des Vorgangs, insbesondere die durch den Stich verursachte Wunde, kann *jeder* sehen, also auch derjenige, der den Stich nicht erlitten hat. Den seelischen Teil des Vorgangs, nämlich den Schmerz, kann *niemand* sehen, auch nicht derjenige, der den Stich erleidet. Den Schmerz kann man nur *empfinden*, und *nur derjenige* kann ihn empfinden, dem der Nadelstich zugefügt wurde. Planck fragt dann nach einer Methode, um den Zusammenhang zwischen Schmerz und Stichwunde, zwischen dem seelischen und dem körperlichen Teil „aufzuklären" und konstatiert überraschend, dass es „hier gar nichts aufzuklären (gibt)". Seine Begründung: Die Wunde und ihre Wahrnehmung (= der körperliche Teil) einerseits und die Empfindung des Schmerzes (= der seelische Teil) andererseits stehen zwar in einer Verbindung, sind aber so verschiedener Natur wie Erkennen und Fühlen. Seine Schlussfolgerung: „Daher stellt die Frage nach ihrem Wesenszusammenhang kein sinnvolles Problem vor, sondern nur ein Scheinproblem." (Planck 1953c, S. 17/18) Zwischen Erkennen und Fühlen gibt es eben keinen *wesentlichen* Zusammenhang.

Dann führt er weiter aus: Der Nadelstich und die Schmerzempfindung lassen sich in allen Einzelheiten genau prüfen. Aber es sind zwei sich gegenseitig ausschließende Methoden, denen zwei sich *ausschließende* „Standpunkte der Betrachtung" entsprechen, nämlich ein physiologischer und ein psychologischer. Wichtig ist: Die Betrachtung vom psychologischen Standpunkt aus ist ausschließlich im *Selbst*bewusstsein des Schmerzempfindenden verankert, also „unmittelbar nur auf die Untersuchung der eigenen seelischen Vorgänge anwendbar" (Planck 1953c, S. 18). Im Unterschied dazu ist die Betrachtung vom physiologischen Standpunkt aus auf die Außenwelt bezogen und „erfasst unmittelbar nur die körperlichen Vorgänge. Die beiden Standpunkte sind unvereinbar" (Planck 1953c, S. 18). Die körperlichen und seelischen Vorgänge können nicht „von einem einheitlichen Standpunkt" aus unmittelbar überschaut werden. Wegen des disjunktiven Verhältnisses beider Methoden (entweder physiologisch oder psychologisch) verliert das Suchen nach einem *Zusammenhang* von Leib und Seele wieder einmal seinen Sinn. Es gibt entweder körperliche oder seelische Vorgänge, aber „niemals beide zugleich". Aus dieser Disjunktion zieht Planck einen überraschenden Schluss: „Körperliche und seelische Vorgänge sind gar nicht verschieden voneinander. Es sind die nämlichen Vorgänge, nur von zwei entgegengesetzten Seiten betrachtet." (Planck 1953c, S. 19) Der Befund ist logisch merkwürdig, aber nur prima facie; denn Planck macht ihn mit einer Analogie verständlich, die sich in folgendem beweiskräftigen Beispiel zeigen lässt: Wir nehmen an, X steht gegenüber von Y. X sagt: „Dein linkes Auge ist gerötet." Y sagt *widersprechend* und „entgegengesetzt": „Nein, mein rechtes Auge ist gerötet." Im Bezug handelt es sich um denselben Sachverhalt, nur von zwei entgegengesetzten, unvereinbaren Positionen aus betrachtet. Analog verhält es sich mit dem physiologischen und dem psychologischen Standpunkt. Damit löst sich die schwierige offene Frage des klassischen Parallelismus, wie Körper und Seele nach je eigenen Gesetzmäßigkeiten, also unabhängig voneinander, und dennoch harmonisch so eng zusammenwirken können, in Wohlgefallen auf. Das Leib-Seele-Problem ist gar kein Problem, sondern ein Scheinproblem; denn „die Verkoppelung ist hiernach selbstverständlich." (Planck 1953c, S. 19/20) Und Selbstverständliches kann bekanntlich kein Problem sein. Für X ist es das linke Auge, für Y das rechte. Beide Standpunkte sind unvereinbar (die Perspektive von X ist konträr zu der von Y) und dennoch „verkoppelt" im gemeinsamen Bezug „Auge von Y".

Vielleicht hilft eine sprachtheoretische Analogie, um Plancks Argument noch besser zu verstehen. Nehmen wir die Worte „Sonne" und „soleil". Beide sind syntaktisch und phonetisch vollkommen verschieden, ohne Beziehung zueinander und unvereinbar. Sagt der Franzose in einer deiktischen Handlung „C'est le soleil!", und widerspricht der Deutsche mit „Nein, das ist die Sonne!", so ist der Widerspruch jedoch ein Scheinproblem, weil er eine Beziehung zwischen den beiden Worten und damit die Möglichkeit eines „einheitlichen Standpunktes" (Planck) voraussetzt. Tatsächlich sind aber die beiden nationalsprachlichen Ausdrucksformen unvereinbar. Diese Unvereinbarkeit lässt sich über das Syntaktische und Phonetische hinaus an wesentlichen weiteren Merkmalen nachweisen, nicht zuletzt am Unterschied des Artikels (so ist „Sonne" weiblich und „soleil" männlich – mit entsprechenden unterschiedlichen mythologischen Konnotationen). Dennoch ist die *Extension* der beiden Worte identisch: Sie bezeichnen denselben Gegenstand. Wenn Planck sagt: „Körperliche und seelische Vorgänge sind gar nicht verschieden voneinander. Es sind die nämlichen Vorgänge, nur von zwei entgegengesetzten Seiten betrachtet.", so gilt dies analog für das Sprachbeispiel, wenn wir „körperlich" und „seelisch" durch „deutsch" und „französisch" ersetzen. Der Widerspruch des Deutschen gegen die Aussage des Franzosen ist also ein Scheinproblem.

Zurück zum Leib-Seele-Problem. Zur Erinnerung: Der letzte Teil der Planckschen Analyse stand unter zwei Einschränkungen. Erstens kommen nur *bewusste* Sachverhalte in Frage, die zweitens nur demjenigen unmittelbar zugänglich sind, der das Bewusstsein von einem Sachverhalt selbst hat. Solche

Sachverhalte können also nur von einem „inneren Standpunkt" aus erreicht werden (Planck: „Was jemand fühlt, was er denkt, was er will, weiß unmittelbar nur er selber."). Für Planck ist aber die *unmittelbare* Erkenntnis durch einen Dritten eine Bedingung der Möglichkeit von Wissenschaft, was er mit dem „allein zulässigen äußeren Standpunkt" paraphrasiert. Die mit Blick auf die zuständigen Disziplinen wissenschaftslogisch dramatische Folge: Fühlen, Denken, Wollen können nicht Gegenstand der Forschung sein, auch wenn ihre Realität nicht zu bestreiten ist und von Planck auch nicht bestritten wird. Es kann nicht nur keine Wissenschaft vom *Unbewussten* geben, sondern es wäre *prinzipiell* eine Theorie des Seelischen oder Geistigen ausgeschlossen. Eben weil es zu den Gegenständen Fühlen, Denken, Wollen keinen „äußeren Standpunkt", sondern nur die (unwissenschaftliche) Methode der Introspektion gibt. Diese rigorose Position, es könne wissenschaftlich keinen „inneren Standpunkt" geben, versucht Planck dann so zu einem tröstenden Abschluss zu bringen. Zwar ist der „innere Standpunkt" *wissenschaftlich* ausgeschlossen, „dafür tut sich aber hier eine andere Erkenntnisquelle auf, nämlich das Selbstbewusstsein." (Planck 1953c, S. 24) Es gibt also Erkenntnis über die Seele, das Bewusstsein etc., nur keine der *wissenschaftlichen* Art. Wir werden später sehen, ob der hier vorausgesetzte Wissenschaftsbegriff tragfähig ist und/oder ob Planck kein Scheinproblem scharfsinnig entlarvt, sondern unter Verletzung seiner eigenen Kriterien selbst ein Scheinproblem erzeugt hat. Bevor wir aber prüfen, ob seine ernüchternden Befunde zur wissenschaftlichen Erfassbarkeit des Seelischen die Psychoanalyse tatsächlich treffen, muss zuvor Freud mit den Kernpunkten seiner Theorie zu Wort kommen.

2. Freud: Von der Notwendigkeit einer Wissenschaft des Unbewussten

Freuds Psychoanalyse steht und fällt mit der Existenz des Unbewussten, die Planck nicht bestreitet. Darin besteht Konsens. Während Freud jedoch die *wissenschaftliche* Zugänglichkeit des Unbewussten annimmt, schließt Planck dies kategorisch aus. Klar ist: Nach Freud ist das gesamte seelisch-geistige Geschehen ohne Berücksichtigung des Unbewussten nicht zu verstehen. Bevor ich versuche, die sich ausschließenden Positionen entscheidbar zu machen, ein paar Grundannahmen aus Freuds Modell des Unbewussten.

Zunächst zu seiner Entwicklungsgeschichte: Entstanden ist die Annahme eines Unbewussten im Bemühen, neurotische Erkrankungen zu erklären und zu therapieren. In Freuds Theorie handelt es sich dabei um verdrängte, „unbewusste Wunschregungen (Freud 1952b, S. 354), „unbewusste Intentionen" (Freud 1952e, S. 415) und „unbewusste Gedanken" (Freud 1952c, S. 433), die bei einem Neurotiker einschränkende Symptome hervorrufen, z. B. Angst. Das Besondere: Unbegründet ist diese Angst nur aus der Perspektive eines Nicht-Neurotikers. Ein Beispiel: Jemand verfällt beim Anblick eines kleinen, friedlichen, noch weit entfernten und an der Leine geführten Hundes in panische Angst. Die Folge für sein Verhalten: Der Verängstigte kann seinen Weg nicht fortsetzen und kehrt um – obwohl er noch nie zuvor negative Erfahrungen mit einem Hund gemacht hat. Auch beruhigende Worte des Hundehalters können ihn von der Umkehr nicht abhalten. Dann kann, rational betrachtet, der Hund in der Außenwelt nicht Ursache seiner Angst sein, eben weil dieser Hund aus den genannten Gründen keine *wirkliche* Gefahr für ihn ist. Stattdessen nimmt die Psychoanalyse an, dass es in diesem Fall *verborgene* Ursachen für die Angst gibt, d. h. solche, die dem Unbewussten des Verängstigten zuzurechnen sind. In diesem Fall steht der „Hund" für etwas Anderes, im Zweifel für eine Erfahrung in der frühen Kindheit. Die Angst ist dann ein Symptom dieser ins Unbewusste verdrängten Erfahrung, die durch die Psychoanalyse bewusst gemacht werden soll, was wiederum eine Voraussetzung für eine erfolgreiche Therapie ist. In Freuds Worten: Man „übersetzt ihnen bloß ins Bewusste, was sie im Unbewussten schon wissen". (Freud 1952a, S. 209) Trifft die Annahme über den genannten Zusammenhang zwischen der Angst im Unbewussten und der bewussten Angst vor dem kleinen Hund zu und wird dieser Zusammenhang vom Neurotiker selbst erkannt und anerkannt, ist die Befreiung von der Angst die Folge, was als empirischer Beweis für die Richtigkeit der Annahme gilt.

Nun stellt sich diese Frage: Woher weiß der Psychoanalytiker, was der Neurotiker nicht bzw. nur unbewusst weiß? Mit welcher Methode erlangt er die Kenntnis, dass der Neurotiker in unserem Hundebeispiel nicht Angst vor dem Hund der Außenwelt, sondern Angst vor verdrängten Motiven seiner eigenen Innenwelt hat, die durch den Hund nicht verursacht, sondern nur ausgelöst werden? Eine *Ableitung* der Angst aus dem Phänomen der Außenwelt, hier: der ungefährliche Hund, ist unmöglich. Würde der Psychoanalytiker also nur die Beziehung zwischen dem realen Hund und der realen Angst des Neurotikers zugrundlegen, gäbe es keine Erklärung seines Verhaltens. Da die Hypothese gilt, dass die Ursache für die Angst des Neurotikers nicht vollständig im Bewusstsein liegt, stellt sich die Frage nach der *Methode*, mit der das Unbewusste erreicht oder erschlossen werden kann. Eine wesentliche Methode, vom Unbewussten Kenntnis zu erlangen, ist nach Freud – neben der Analyse der beobachtbaren neurotischen Symptome – die Traumdeutung, die er als „Via Regia" zum Unbewussten besonders auszeichnet: „Die Traumsprache ist die Ausdrucksweise der unbewussten Seelentätigkeit." (Freud 1952c, S. 405) Folglich muss der Psychoanalytiker die Träume des Neurotikers deuten und sein Unbewusstes so zur Sprache bringen.

Auf den ersten Blick erscheint diese Verbindung von Traum und Unbewusstes insofern fragwürdig, als der Traum aus *bewussten* Vorstellungen und insbesondere Bildern besteht, die beim Träumenden *bewusst* erlebte Ängste auslösen und sogar die Intensität eines Albtraumes erreichen können. Aber diese erste Irritation löst Freud in seinem Traummodell auf, indem er unterscheidet zwischen den „latenten Traumgedanken" und dem „manifesten Trauminhalt", der durch „Traumarbeit" aus dem Unbewussten hervorgeht. Dabei hat die Traumarbeit eine wichtige Funktion: Sie *verändert* die latenten Traumgedanken, häufig nach moralischen Normen. Ein Beispiel: Nehmen wir an, der fünfjährige X träumt, er habe das von ihm ungeliebte, aber von seinen Eltern sehr geliebte einjährige Geschwister im hohen Bogen aus dem Fenster des 5. Stocks auf einen gepflasterten Bürgersteig geworfen – eine moralisch verwerfliche Tat. Dann setzt die Traumarbeit ein: Sie macht das Verwerfliche durch „Umkehrung" für den Träumenden moralisch unbedenklich, indem – umgekehrt zur Kausalität der *latenten* Traumgedanken – im *manifesten* Traum das *Geschwister* den Träumenden in die Tiefe schleudert. Will man die latenten Traumgedanken, also den *eigentlichen* Inhalt des Unbewussten, erreichen, so muss die Traumarbeit mit Hilfe des Therapeuten entschlüsselt werden. Der manifeste Trauminhalt, das ins Bewusstsein Gerückte, ist also nur die „Oberfläche" des seelischen Geschehens, was nach Freud für das Bewusstsein insgesamt gilt. Diese Annahme einer umfassenden Funktion des Unbewussten, die über den Fall des Neurotikers hinaus eine *generelle* Abhängigkeit des Bewussten vom Unbewussten indiziert, ist ein Grundpfeiler der Freudschen Theorie. Dass unser Verhalten vornehmlich von rationalen Motiven bestimmt wird, ist eine Illusion.

Über die Psychologie hinaus hat dieses asymmetrische Verhältnis von Bewusstem und Unbewusstem die Menschen in ihrer ganzen Kulturgeschichte immer und unabhängig von Ausbildung und Stand – und mit oder ohne Unbehagen – beschäftigt, auch Physiker. So zollt selbst der Rationalist Planck ihm auffällig hohen Tribut, indem er einräumt, dass sich „sicherlich viele Vorgänge, vielleicht sogar die ausschlaggebenden, im Unterbewusstsein (abspielen)" (Plank 1953c, S. 17). Und Heisenberg hat für diese Asymmetrie eine schöne *poetische* Formulierung gefunden. Er spricht vom „Meer der unbewussten Vorgänge, das sich unter dem Wellenschlag des Bewusstseins bewegt." (Heisenberg 1990, S. 50) Und schon vor Freud hat der Physiker und Satiriker Lichtenberg den vom Unbewussten bestimmten Traum als „Medium der Selbsterkenntnis" und die bewussten Gedanken als Produkt des *Es* betrachtet: „›Es denkt‹, sollte man sagen, so wie man sagt ›Es blitzt‹. Zu sagen ›cogito‹ ist schon zu viel, sobald man es durch ›Ich denke‹ übersetzt." (zitiert in: Koestler 1966, S. 155).

Auch Nietzsche hat das Thema pointiert reflektiert und eine abendländische Überbewertung des Bewusstseins und der Rationalität moniert. Seine erhellende Metapher: Mit Blick auf das Unbewusste sind wir alle in der Situation eines Taubstummen, der aus der Lippenbewegung Worte entschlüsselt, die er nicht hören kann. In die therapeutische Situation übertragen: Der Psychoanalytiker „entschlüsselt" – analog zu den Lippenbewegungen – aus den Bildern des Traumes das unbewusste Geschehen, das er nicht direkt sehen kann. Und ganz im Sinne Freuds ist für Nietzsche das Unbewusste nicht nur der größere, sondern auch der wichtigere Teil des menschlichen Innenlebens. Nur fehlen uns für seine direkte Erfahrung die „Beobachtungsmittel". Im Unterschied zum (fast) alles beherrschenden Unbewussten hat das Bewusstsein dagegen eine sehr eingeschränkte Funktion: Es ist nur „unsere Relation mit der „Außenwelt", welche es entwickelt hat (Nietzsche 1964, S. 359). Die eigentliche „Direktion" bleibt unbewusst. Die Ursachen der bewussten Vorgänge sind uns verborgen. Das Bewusstsein ist nach Nietzsche „nur ein Mittel der Mitteilbarkeit ... im Verkehr entwickelt ... . Es ist nicht die Leitung, sondern ein Organ der Leitung" (Nietzsche 1964, S. 360). Auf dem Hintergrund dieser Priorität des Unbewussten spricht er – 40 Jahre vor Freud – von einem „Hauptirrtum der Psychologen", die „Dunkelheit" des Unbewussten als eine mit der „Helligkeit" des Bewusstseins verglichen „niedrigere Art" der Vorstellung zu deklassieren. Dabei ist die Abwertung nur Folge einer Verzerrung aus der Bewusstseinsperspektive; denn „was aus unserem Bewusstsein sich entfernt und deshalb dunkel wird, kann [...] an sich vollkommen klar sein". (Nietzsche 1964, 361) Dem würde Freud nicht widersprechen. Diese im Unbewussten schon gegebene Klarheit *sichtbar* zu machen, ist dann die Tätigkeit des Psychoanalytikers.

Wir sind mit den Erläuterungen des Freudschen Modells vom Unbewussten noch nicht an einem Punkt, an dem entschieden werden kann, ob Plancks Verdikt der Unerforschbarkeit des Unbewussten gerechtfertigt ist oder nicht. Schauen wir uns deshalb weitere zentrale Annahmen zum Unbewussten an, insbesondere mit Blick auf Verallgemeinerbarkeit; denn Freud sagt zunächst einmal einschränkend: „Die unbewussten Vorgänge werden für uns nur unter den Bedingungen des Träumens und der Neurosen erkennbar." (Freud 1952d, S. 286) Gibt es also dieses allgemeinere Modell, das geeignet ist, nicht nur das Unbewusste von Neurotikern, sondern das Unbewusste von *allen* Menschen wissenschaftlich nachzuweisen bzw. zu erklären? Ansonsten wäre die ohnehin schon zerbrechliche Schlussfolgerung von beobachtbaren neurotischen Symptomen auf das nichtbeobachtbare Unbewusste um eine weitere Schwachstelle ergänzt: Der Schluss vom Neurotiker auf den Nicht-Neurotiker ist begründungsaufwändig, also nicht per se gegeben.

Von einigen, im Laufe der Zeit erfolgten Umformulierungen seiner Theorie abgesehen, ist Freuds mit einem *allgemeinen* Anspruch auftretendes Drei-Instanzen-Modell der Psyche konstant geblieben. Es gehört zum Kern seiner Theorie. In diesem Modell unterscheidet er erstens ein „Es", welches das Unbewusste repräsentiert und in dem Triebe, Wünsche und Verdrängtes lokalisiert sind. Zweitens ein „Ich", das im Zustand der Bewusstheit existiert und an der äußeren Realität orientiert ist. Und drittens ein „Über-Ich", das die Normen und Werte der Gesellschaft repräsentiert und durch Sozialisierung entsteht.

Nicht zuletzt durch Unverträglichkeiten zwischen den sexuellen Wünschen des (unbewussten) Es mit den (wesentlich an Rationalität, Konformität und am Überleben orientierten) Ich- und Über-Ich-Anforderungen entstehen Konflikte, die im Unbewussten wirksam sind, zu Beeinträchtigungen führen können oder auch nur im Sinne der „Psychopathologie des Alltagslebens" als merkwürdig, prima facie unerklärliche Verhaltensweisen, verrückt anmutende Tag- und Nachtträume, Rationalisierungen oder scheinbar unbeabsichtigte Versprecher in Erscheinung treten. Letzteres ist in der Formulierung „Freudscher Versprecher" auch im Alltag zum geflügelten Wort geworden. In diesem Drei-Instanzen-Modell ist für Freud das „Es", also das Unbewusste, der wichtigste Teil der Seele. Mit Blick auf die Universalität des Unbewussten ist wichtig: Freud hat es nur gelegentlich mit Trieben und Verdrängtem gleichgesetzt. Er differenziert nämlich das Unbewusste so: Es „umfasst einerseits Akte, die bloß latent, zeitweilig unbewusst sind, sich aber sonst von den bewussten in nichts unterscheiden, und andererseits Vorgänge, wie die verdrängten, die, wenn sie bewusst würden, sich von den übrigen bewussten aufs grellste abheben müssten" (Freud 1952d, S. 270f). Dennoch bleiben die Triebe, auch im Sinne von An-Triebe, zentral, denn „der Kern des Ubw besteht aus Triebrepräsentanzen, die ihre Besetzung abführen wollen, also aus Wunschregungen". (Freud 1952d, S. 285)

Soweit ein paar Kernpunkte des theoretischen Modells. Will die Psychoanalyse mit *wissenschaftlichem* und damit explanatorischem Anspruch auftreten, ist die Beweisfähigkeit des Unbewussten der Schlüssel. Einen *direkten* empirischen Beweis gibt es nicht; denn nach Freud erlangen wir „Kenntnis des Unbewussten [...] nur als Bewusstes" (Freud 1952d, 264). Die unbewussten Prozesse sind „an und für sich [...] unerkennbar" (Freud a. a. O. S. 286). Endet hier schon der wissenschaftliche Anspruch, d. h. hat Planck mit seiner Unmöglichkeitsthese recht? Obwohl es keine direkte Zugänglichkeit des Unbewussten gibt, macht Freud dennoch beschreibende Aussagen über die Unterschiede und das Verhältnis von Unbewusstem und Bewusstem: „Die beiden sind nicht [...] verschiedene Niederschriften desselben Inhalts an verschiedenen psychischen Orten, auch nicht verschiedene funktionelle Besetzungszustände an demselben Orte, sondern die bewusste Vorstellung umfasst die Sachvorstellung plus der zugehörigen Wortvorstellung, die unbewusste ist die Sachvorstellung allein." (Freud 1952d, S. 300) Damit sind wir beim methodisch wichtigen Übergang von dem einen in den anderen Bereich. Es sind die „Wortvorstellungen: durch ihre Vermittlung werden die inneren Denkvorgänge zu Wahrnehmungen gemacht". (Freud 1952e, S. 250) So wird Psychoanalyse zu einer Symboloperation, mit der das Unbewusste ins Bewusste übersetzt und damit überhaupt erst erkennbar wird.

In dieser Gemengelage von unerkennbarem Unbewusstem und bewusster Symbolisierung sieht Freud überraschend eine Analogie zu den Naturwissenschaften. Gerade „die Auffassung, das Psychische sei an sich unbewusst, gestattet, die Psychologie zu einer Naturwissenschaft wie jede andere auszugestalten. Die Vorgänge, mit denen sie sich beschäftigt, sind an sich ebenso unerkennbar wie die anderer Wissenschaften, der chemischen oder physikalischen, aber es ist möglich die Gesetze festzustellen, denen sie gehorchen, ihre gegenseitigen Beziehungen." (Freud 1952h, S. 80) Dann stellt sich die Frage: Wie ist die logische Struktur dieses Übergangs von der Psychoanalyse zu den Naturwissenschaften? Zunächst schließt Freud von „unbewusst" auf „unerkennbar". Außerdem erweitert er den Bereich des Unbewussten auf das Psychische insgesamt. Und die Übereinstimmung mit den Naturwissenschaften stellt das „an sich" her („an sich unerkennbar"). Dieses wichtige „an sich" lässt Freud semantisch ungeklärt, es kann aber konsistent aus dem Kontext mit „direkt" übersetzt werden: Das Unbewusste ist nicht direkt erkennbar/beobachtbar. Dann ist die Vergleichbarkeit mit der Problemlage der Physik in dieser Form sichergestellt: Wie das Unbewusste ist auch z. B. das Elektron nicht „direkt", also nicht „an sich" erkennbar/beobachtbar, sondern nur indirekt, und wie die Psychoanalyse bringt die Physik es erst in „Wortvorstellungen" (= Theorie) zur Erkenntnis.

Für den Anspruch Freuds, die Psychoanalyse „zu einer Naturwissenschaft wie jede andere auszugestalten", ist die Gemeinsamkeit der nicht *direkten* Erkennbarkeit von Untersuchungsobjekten aber nur ein erster Schritt. Die sonstigen Annahmen der Freudschen Theorie (Drei-Instanzen-Modell etc.) sind jedenfalls die eines „reinen" Psychologen, können also die Einführung der Psychoanalyse als *Natur*wissenschaft noch nicht begründen. Auf welche Weise versucht Freud nun die weitere Etablierung der Psychoanalyse als Naturwissenschaft? Er macht diesen Versuch im Rahmen des bekannten Leib-Seele-Problems, das schon Planck gründlich analysiert hat. Was sagt Freud zu diesem Verhältnis? Er hatte exzellente fachliche Voraussetzungen für die Lösung des Problems, auch hinsichtlich seiner *Leib*-Komponente; denn er arbeitete zunächst in der Forschung unter dem berühmten Mediziner Charcot als Neurologe in Paris.

Zum Verhältnis von Leib und Seele konstatiert Freud zunächst allgemein, „dass das Seelenleben die Funktion eines Apparates ist, dem wir räumliche Ausdehnung und Zusammensetzung aus mehreren Stücken zuschreiben". (Freud 1952h, S. 67) Und unter ausdrücklichem Hinweis auf „die anderen Naturwissenschaften" nimmt er an, „dass im Seelenleben eine Art von Energie tätig ist, aber es fehlen uns alle Anhaltspunkte, uns ihrer Kenntnis durch Analogien mit anderen Energieformen zu nähern". (Freud 1952h, S. 86) Diese selbst eingestandene Unklarheit steht nach Freud allerdings nicht unter einer Ewigkeitsklausel; denn „die Zukunft mag uns lehren, mit besonderen chemischen Stoffen die Energiemengen im seelischen Apparat direkt zu beeinflussen". (Freud 1952h, S. 108) So handelt es sich in Freuds Einschätzung um Kinderkrankheiten einer neuen Wissenschaft, bei der „die Grundbegriffe [...] (Trieb, nervöse Energie) auf längere Zeit so unbestimmt bleiben wie die der älteren Wissenschaften (Kraft, Masse)" (Freud 1952h, S. 81). Diesen „harten" Leib-Schwerpunkt konkretisiert Freud z. B. in der klaren Behauptung, dass „die Kräfte, welche den seelischen Apparat zur Tätigkeit treiben, in den Organen des Körpers erzeugt werden" (Freud 1952f, S. 227), was sich nicht zuletzt bei der Libido und ihren „somatischen Quellen" zeige. Nach dieser starken leiblich-organischen Akzentuierung könnte der Verdacht entstehen, der zweite Teil des Leib-Seele-Problems, nämlich das Seelische, sei dabei auf der Strecke geblieben. Freud klärt aber mit einer Funktionsdifferenzierung auf: „Nur die therapeutische Technik ist rein psychologisch; die Theorie versäumt es keineswegs, auf die organische Grundlage der Neurose hinzuweisen." (Freud 1952a, S. 276) Freud differenziert also, bleibt aber bei seiner fachlichen Verortung: „Die Psychologie ist auch eine Naturwissenschaft; aber ihr Fall liegt anders." (Freud 1952h, S. 143) Nicht zuletzt deshalb ist sie „anders", weil die Psyche aus *zwei* systematisch zu unterscheidenden Teilen besteht: Erstens aus dem Gehirn (= Nervensystem) und zweitens aus „Bewusstseinsakten" (Freud 1953, S. 9), die sich in drei „psychische Qualitäten" differenzieren (bewusst, vorbewusst, unbewusst) (Freud 1953, S. 20) – was an seiner naturwissenschaftlichen Einordnung der Psychoanalyse aber nichts geändert hat. Habermas hat ihm deshalb „ein szientistisches Selbstmissverständnis" vorgeworfen (Habermas 1970c, S. 263).

Mit dieser starken organischen Akzentuierung der psychoanalytischen Theorie provoziert Freud einen verifikationstheoretisch angelegten Einwand, der die Naturwissenschaftlichkeit seines Anspruchs in Frage stellen könnte – jedenfalls aus szientistischer Sicht. Wo sind nämlich die experimentellen *Beweise*? Zu Freuds Zeiten gab es keine. Aber er pariert diesen szientistischen Einwand nicht nur geschickt, sondern auch überzeugend mit einer Analogie: Wer der Psychoanalyse wegen dieses Mangels an experimenteller Prüfbarkeit die Wissenschaftlichkeit abspreche, sei gezwungen, „denselben Einwand […] gegen die Astronomie (zu) erheben". (Freud 1952g, S. 23) Das stimmt, denn weder der Andromedanebel noch schwarze Löcher und schon gar nicht die Urknallsingularität sind für Physiker experimentell im Sinne einer instrumentellen Eingriffsmöglichkeit direkt erreichbar! Auf diesem Hintergrund der psychoanalytischen Theorie ist nun zu prüfen, ob Plancks Attacken auf das Leib-Seele-Problem im Allgemeinen und auf das Unbewusste im Besonderen berechtigt sind, d. h. ob der Freudschen Psychoanalyse der Status einer Wissenschaft abgesprochen werden muss.

3. Planck gegen Freud: Punktsieg, K.o.-Schlag oder Schlag ins Leere?

Zunächst noch einmal Plancks zentrales Argument gegen die Möglichkeit einer Wissenschaft vom Unbewussten bzw. Unterbewussten:
„Zwar spielen sich sicherlich viele Vorgänge, vielleicht sogar die ausschlaggebenden, in unserem Unterbewusstsein ab. Aber diese sind einer wissenschaftlichen Behandlung nicht fähig. Denn eine Wissenschaft des Unbewussten oder Unterbewussten gibt es nicht. Sie wäre eine contradictio in adjecto, ein Widerspruch in sich. Was unterbewusst ist, weiß man nicht. Daher sind alle Probleme, die sich auf das Unterbewusstsein beziehen, Scheinprobleme." (Planck 1953c, S. 17)

Zunächst einmal: Plancks Angriff beginnt mit einer Merkwürdigkeit, nämlich dem Eingeständnis der *Existenz* des Unterbewusstseins. Dann stellt sich die Frage: Woher *weiß* Planck, dass es dieses Unterbewusstsein *gibt*?! Zwar schränkt er den *Grad* der Sicherheit seiner Existenzannahme durch die Verwendung des umgangssprachlichen Wortes „sicherlich" etwas ein („sicher" wäre für die Existenzbehauptung stärker gewesen), was aber seine Annahme der *Wahrscheinlichkeit* des Unterbewusstseins nicht tangiert. Schließt man einmal aus, dass Planck hier eine *willkürliche* Existenzbehauptung gemacht hat, so ist eine solche Existenzbehauptung in der Regel eine *Schlussfolgerung*. Da Planck als *Wissenschaftler* argumentiert, muss diese Schlussfolgerung nach der Argumentationslogik mindestens zwei Kriterien erfüllen: Die aus den Prämissen gefolgerte Aussage muss nach logisch bestimmten Schlussregeln (z. B. nach dem Modus ponens) zustande kommen und die Prämissen müssen außerdem wahr sein (siehe dazu z. B. Salmon 1983). Eine solche logische Struktur ist bei Planck aber weder in dem o. g. Aussagenkomplex noch an anderer Stelle erkennbar. Planck behauptet etwas, nämlich die *Existenz* des Unterbewusstseins, ohne die Behauptung ausreichend zu begründen.

Wichtiger als dieser fehlende, aber vielleicht nachlieferbare Begründungszusammenhang ist allerdings etwas Anderes: Die *Existenz* des Unbewussten einzuräumen – was Planck tut – und gleichzeitig seine *wissenschaftliche* Zugänglichkeit zu bestreiten, ist fragwürdig bzw. erklärungsbedürftig. Plausibler ist dagegen zunächst einmal diese Annahme: Existierendes ist *grundsätzlich immer* einer wissenschaftlichen Bearbeitung zugänglich – auch wenn es zum Zeitpunkt der Existenzbehauptung vielleicht *noch* nicht wissenschaftlich *erklärbar* ist. Der Begriff „Existenz" impliziert die wissenschaftliche Zugänglichkeit. An dieser Implikation vorbei hat Planck allerdings den schon genannten Ausweg konstruiert, indem er *neben* der Wissenschaft eine zweite „Erkenntnisquelle" eröffnet, nämlich unser „Selbstbewusstsein". Es liefert Erkenntnis, aber keine der *wissenschaftlichen* Art (siehe Plank 1953c, S. 24). So gelangt Plancks Existenzbehauptung über das Unterbewusstsein bei gleichzeitiger Leugnung seiner wissenschaftlichen Zugänglichkeit aus der Gefahrenzone der impliziten Selbstwidersprüchlichkeit heraus. Ob diese kategorische Differenzierung der Erkenntnisquellen und damit der kategorische Ausschluss des Selbstbewusstseins als Gegenstand der Wissenschaft oder als Erkenntnismethode verteidigt werden kann, ist allerdings eine andere Frage.

Nach dieser Diagnose der kleinen immanenten Unstimmigkeit in dem Planckschen Ausschlussargument prüfen wir jetzt gemäß seinen Kriterien, ob das Unbewusste in Freuds Explikation tatsächlich ein „Scheinproblem" und damit die Psychoanalyse eine Scheinwissenschaft ist. Die beiden schon genannten Planckschen Kriterien lauten: Sinnlosigkeit und/oder ungenaue Formulierung. Beginnen wir mit der Frage, ob das Unbewusste ein sinnvolles oder ein sinnloses Problem ist. Eine Form der Sinnlosigkeit ist die logische Widersprüchlichkeit. Und genau die behauptet Planck im Falle einer „Wissenschaft des Unterbewussten [...] Sie wäre eine contradictio in adjecto [...] Was unterbewusst ist, weiß man nicht". M. a. W.: Man kann keine Wissenschaft auf das gründen, was man nicht weiß. Dieser Angriff Plancks ist zunächst schlüssig und trifft ins Mark der Psychoanalyse, zumal die Munition der Angegriffene selbst liefert. So sagt Freud sehr klar: Die unbewussten Prozesse sind „an und für sich [...] unerkennbar" (Freud 1952d, S. 264). Die einfache Schlussfolgerung: Da die Erkennbarkeit eine Bedingung *jeder* Wissenschaft ist, kann es eine Wissenschaft vom Unbewussten/Unterbewussten/Unterbewusstsein nicht geben.

Und Freud liefert weitere Munition, mit der im Sinne Plancks in die gleiche Richtung und gegen den Wissenschaftsanspruch der Psychoanalyse gefeuert werden kann. Im Lichte der Planckschen Kriterien „sinnlos oder ungenau formuliert" gibt es in der Freudschen Theorie eine Reihe von grundlegenden Begriffen, die Plancks Vorhalt der Scheinwissenschaft bestätigen oder doch als möglich erscheinen lassen. Es handelt sich um semantische Inkonsistenzen oder Unschärfen, die im Extremfall die Form von logischen Widersprüchen und von Kategorienfehlern annehmen können. Welche Begriffe sind das? Die Scheinstatus indizierende Unschärfe beginnt schon beim Begriff „Unterbewusstsein", den Planck bedeutungsgleich mit dem von Freud favorisierten Begriff „Unbewusstes" verwendet. Analysieren wir zunächst den Begriff „Unterbewusstsein", der auch in die Alltagswelt breiten Einzug gehalten hat. Das Problem: Mit der Teilkomponente „Bewusstsein" bzw. mit der Vereinigung der *zwei* Begriffsmomente („unter" und „Bewusstsein") in *einem* Begriff wird die Möglichkeit eröffnet, das Unterbewusstsein als eine Form des Bewusstseins zu verstehen, eben als ein Bewusstsein unter dem Bewusstsein – so wie die Unterstufe in der traditionellen „Zwergschule" eine Stufe in der Klassenhierarchie mit einer Oberstufe oder das Untergeschoss in einem Haus ein Geschoss des Hauses ist, das mindestens ein *Ober*geschoss haben muss, wenn der Begriff

„Untergeschoss" einen Sinn haben soll. Dann wäre das entsprechende psychoanalytische Begriffspaar: Unterbewusstsein und Oberbewusstsein.

Genährt und bestätigt wird diese implizite Verbindung zum Bewusstsein durch andere zentrale psychoanalytische Begriffe. So spricht Freud von „unbewussten Intentionen", „unbewussten Wunschregungen", „unbewussten Gefühlen", „unbewussten Gedanken" und „unbewusster Angst". Und in der Therapie von Neurotikern „übersetzt man ihnen bloß ins Bewusste, was sie im Unbewussten schon wissen" (Freud 1952a, S. 209). Diese Wortkombinationen und ihre Verwendung in Aussagen sind auf dem Hintergrund der Semantik natürlicher Sprachen sinnlos und leisten der Planckschen Diagnose „Scheinproblem" Vorschub. Ersichtlich wird die Sinnlosigkeit, wenn man die genannten Wortkombinationen in Aussagen zuspitzt. Ein paar Beispiele der Zuspitzung: „Ich habe die Absicht, nach Hause zu gehen, nur weiß ich es nicht"; „Ich wünsche mir ein zufriedenes Leben, nur weiß ich das nicht"; „Ich freue mich, nur weiß ich das nicht"; „Ich habe Angst, nur weiß ich das nicht". Die allen Aussagen *zugrundeliegende* allgemeine logische Struktur: „Ich weiß es, nur weiß ich das nicht". Das logische Problem wird auch nicht durch Differenzierung des Bezuges gelöst: „Ich weiß es im Unterbewusstsein, aber ich weiß es nicht im Bewusstsein". Schon die Bedeutungen von „Ich" und von „wissen" schließen aus, dass beide Teilaussagen gleichzeitig behauptet werden können. So sind alle o. g. Aussagen implizit oder explizit selbstwidersprüchlich und damit sinnlos. In mindestens einem Fall, nämlich bei der Begriffskombination „unbewusste Absicht" handelt es sich sogar um einen Kategorienfehler. Die Begründung: Gäbe es im neurotischen Ablauf tatsächlich eine *Absicht*, dann wäre die Annahme einer *Kausal*relation ausgeschlossen, was dann wiederum der Beschreibung neurotischer Abläufe als *Zwangs*handlungen widersprechen würde. In aller Kürze: Die einschlägige Explikation von „Kausalrelation" beschreibt das Verhältnis von Ursache und Wirkung durch die Regularitäts- und die Kontingenzannahme. Beide Annahmen gelten für das Verhältnis von Absicht und Ausführung gerade *nicht*. Die Absicht *muss* nicht in Verhalten überführt werden, d. h. intentionale Relationen enthalten immer ein Moment von *Freiheit*, das dem Neurotiker aber gerade fehlt. Mit Blick auf die Regularitätsannahme, die im neurotischen Verhalten erfüllt wird: Immer dann, wenn der schon erwähnte Neurotiker einen Hund sieht, wird er zwanghaft von Angst befallen und muss z. B. die Straßenseite wechseln. Mit Absicht hat das nichts zu tun, weil eine Absicht den *Zwang* zu ihrer Ausführung gerade *nicht* impliziert. Somit ist es problematisch, den Begriff der Absicht im Kontext des Unbewussten im Allgemeinen und der neurotischen Zwangshandlung im Besonderen zu verwenden.

Das problematische Verhältnis der o. g. Wortkombinationen betrifft nicht nur die kognitive, sondern auch die emotionale Ebene: Eine „unbewusste Angst" zum Beispiel kann es auf dem Hintergrund der natürlichsprachlichen

Semantik von „Angst" nicht geben, wohl aber eine unbewusste *Ursache* der (immer bewußten) Angst. Freud hat das Problematische seiner Wortkombinationen, also die Ungenauigkeit seiner Formulierungen mit dem Risiko ihrer Sinnlosigkeit oder Selbstwidersprüchlichkeit, an einer Stelle selbst erkannt und sich im selben Satz korrigiert. Im Zusammenhang mit der Analyse von Symptomen spricht er nämlich davon, „dass unbewusste Vorstellungen – besser: die Unbewusstheit gewisser seelischer Vorgänge – die nächste Ursache der krankhaften Symptome sind". (Freud 1952a, S. 23/24) Offenbar ist auch für Freud die Vorstellung einer „unbewussten Vorstellung" ohne Sinn. „Vorstellungen" jenseits von Bewusstsein zu verwenden, ist nicht konsistent explizierbar. In dieser Gefahrenzone der nicht konsistenten Explizierbarkeit bewegt sich auch der allgemeinere Begriff des Unterbewusstseins. Legt man die begriffliche Selbstkorrektur Freuds zugrunde („die Unbewusstheit gewisser seelischer Vorgänge" anstelle von „Unterbewusstsein"), entkommt die Psychoanalyse zunächst einmal der Gefahr der Sinnlosigkeit und Selbstwidersprüchlichkeit. Die Einschränkung „zunächst einmal" ist darin begründet, dass Planck den Vorwurf „Scheinproblem" ausdrücklich unabhängig von der Differenzierung Unterbewusstsein vs. Unbewusstes/Unterbewusstes/Unbewusstheit erhebt, d. h. auch nach der Entscheidung, nur noch den Begriff „Unbewusstes" zu verwenden, bleibt Plancks Vorhalt des Scheinproblems, weil er ihn ausdrücklich auch auf den Begriff „Unbewusstes" bezieht: „Denn eine Wissenschaft des Unbewussten oder Unterbewussten gibt es nicht." (Planck 1953c, S. 17)

Aber sehen wir einmal von den o. g. unklaren bzw. semantisch inkonsistenten Begriffskombinationen ab, auch deshalb, weil sie in allen großen Theorien vorkommen (z. B. in der Relativitätstheorie und in der Quantenmechanik) – ohne die Folge, ihnen die Wissenschaftlichkeit abzusprechen. Wichtiger ist: Freud punktet gegen Planck an mehreren anderen und forschungslogisch entscheidenden Stellen. Zunächst einmal: Freud nimmt *nicht* an, das Unbewusste sei *selbst*, d. h. *als* Unbewusstes, wissenschaftlich zugänglich. Stattdessen sagt er sehr klar, dass wir „Kenntnis des Unbewussten nur als Bewusstes" und damit jenseits des Unbewussten erlangen, denn das Unbewusste selbst ist „an und für sich unerkennbar". Es ist also zu unterscheiden zwischen unbewusstem Wissen (was die Gefahr der Selbstwidersprüchlichkeit in sich trägt) und Wissen über das Unbewusste (was dieser Gefahr nicht ausgesetzt ist). Letzteres eröffnet die Möglichkeit, die Psychoanalyse als eine Wissenschaft vom bewusst gemachten Un*b*ewussten der Seele aufzubauen – so wie die Physik eine Wissenschaft vom bewusst gemachten Un*g*ewussten der Natur ist. Die Annahme der wissenschaftlichen Zugänglichkeit des Unbewussten ist jedenfalls nicht eo ipso eine contradictio in adjecto, wie Planck annimmt. Aber der Zugang ist nur *in*direkt, z. B. durch Schlussfolgerung, möglich.

Plancks Vorhalt der Scheinwissenschaft ist aber auch nach der terminologischen Selbstkorrektur von Freud, also nach dem Wechsel von „unbewussten

Vorstellungen" zur „Unbewusstheit gewisser seelischer Vorgänge", noch nicht ganz vom Tisch. Es ist jetzt nämlich zu prüfen, auf welche *methodisch kontrollierte* Weise dieser Übergang vom Unbewussten zum Bewussten vollzogen wird. In einem Satz und in Freuds Worten: Die unbewusste „Sachvorstellung" wird mit Hilfe des Psychoanalytikers zur bewussten „zugehörigen Wortvorstellung" (Freud 1952d, S. 300), ein Übergang, bei dem nicht zuletzt die Methode der freien Assoziation eine wichtige Rolle spielt. Leider wird Freud mit dem Begriff der unbewussten „Sachvorstellung" begrifflich wieder rückfällig und gerät erneut in den Gefahrenbereich der Planckschen Kritik. Auch ich vermag mir eine unbewusste *Vorstellung* („Sachvorstellung") nicht vorzustellen. Aber wir belassen es hier bei dem bloßen Hinweis und konzentrieren uns auf das, was grundsätzlich aus diesem Gefahrenbereich herausführen könnte. Dabei ersetzen wir Freuds Begriff „Sachvorstellung" durch „nichtsymbolisierte unbewusste Vorgänge". Der nächste Schritt ist nun, dass die unbewussten Vorgänge durch Symbolisierung („zugehörige Wortvorstellung") zu „Wahrnehmungen gemacht" werden (Freud 1952e, S. 250). Damit ist das begriffliche Problem entschärft. Auf diese Weise der Verbindung der unbewussten Prozesse mit der „zugehörigen Wortvorstellung" erhalten die unbewussten Prozesse (z. B. die Ursache einer diffusen Angst) mit therapeutischer Hilfe für den Neurotiker eine Bedeutung: Seine Angst, in Freuds Terminologie eine „Sachvorstellung", wird in der „Wortvorstellung" bewusst – und damit bearbeitbar. Dieser als Symbolisierung gefasste Übergang vom Unbewussten zum Bewussten ist in hohem Maße präzisionsbedürftig, aber hier, d. h. bei der Prüfung, ob Plancks Angriff gerechtfertigt ist, geht es nur um Prinzipielles. Wir unterstellen jetzt also einmal, dass dieser Übergang vom Unbewussten zum Bewussten präzisionsfähig ist. Dann gibt es im Grundsätzlichen zunächst einmal eine Freud entlastende schlichte Analogie zur Physik. Auch in der Physik geht es um die Symbolisierung von Nichtsymbolischem, nämlich um die Transformation von „Sachen" (z. B. der beobachtbare Mond) in Beschreibungen und Theorien, mit denen die „Sachen" verständlich und erklärbar werden. Die Symbolisierung an sich und das damit einhergehende Moment des Vermittelten kann das Problem also nicht sein; eben weil es gleichzeitig Bedingung und Grenze *jeder* Wissenschaft ist. Hier kann Planck nicht punkten.

Dennoch ist Plancks Vorwurf „Scheinproblem" noch immer nicht in allen Facetten erledigt. Mit der Präzisierung, dass wir „Kenntnis des Unbewussten nur als Bewusstes" erlangen, hat sich Freud zwar aus der Schusslinie der Selbstwidersprüchlichkeit entfernt, sich aber ein anderes, schwerwiegendes Problem eingehandelt, mit einem Gewicht, das für sich genommen nach Planck schon den Vorwurf der Scheinwissenschaft rechtfertigt. Die Logik des Argumentes: Der Rekurs auf das Bewusste ist ja eine Folge der Nichtbeobachtbarkeit des Unbewussten. Beobachtbar sind nur die Symptome (z. B. eine bewusst erlebte Angst mit entsprechendem Verhalten), nicht aber das Unbewusste selbst. Diese *prinzipielle* Nichtbeobachtbarkeit hat zur Folge, dass es keine Methode für eine *direkte* Erfahrung und in Folge keine „unmittelbare" Erkenntnis des Unbewussten geben kann (im Unterschied zum oben erwähnten Mond, der *selbst* beobachtbar/erkennbar ist). Zur Erinnerung: Für Planck ist der Unterschied zwischen mittelbarer und unmittelbarer Erkenntnis „von ausschlaggebender Bedeutung", gar als „Gegensatz" charakterisiert. Er ist für ihn „fundamental", weil es „in erster Linie auf den Gewinn unmittelbarer Erkenntnis ankommt". Wegen dieser fehlenden Unmittelbarkeit hat Planck die Grenze der wissenschaftlichen Zugänglichkeit schon beim *Bewusstsein* gezogen, was dann a fortiori für das Unbewusste gilt: Der „allein zulässige äußere Standpunkt" ist beim Unbewussten gänzlich unerreichbar. Unter den Kriterien Plancks ist die Psychoanalyse jedenfalls in dieser Hinsicht eine Scheinwissenschaft. Ist Planck also der K.o.-Sieger?

Die Entscheidung wäre verfrüht. Es ist jetzt nämlich an der Zeit, Planck selbst einmal auf den Prüfstand zu stellen – unter Anwendung seiner eigenen Kriterien. Noch einmal sein Ausgangspunkt: Die *unmittelbare* Erkennbarkeit ist „fundamental", jedenfalls bei solcher mit *wissenschaftlichem* Anspruch, bei der es „in erster Linie auf den Gewinn unmittelbarer Erkenntnis ankommt". Das äußerte Planck in einem Vortrag im Jahre 1946, der im Jahre 1947 in der ersten Auflage veröffentlicht wurde. Auf diesem Hintergrund und ohne Reflexion auf seine Begründetheit muss die Psychoanalyse, die definitiv *keinen* direkten Zugang zum Unbewussten hat, zur „Scheinwissenschaft" degradiert werden. Das Problem: Mit dieser Position fällt Planck nicht nur hinter das Methodenbewusstsein von Heisenberg und Bohr, sondern auch hinter seine eigenen forschungslogischen Reflexionen zurück, die er bereits 1929 und 1932 dann in vielen nachfolgenden Auflagen ohne Änderungen publiziert hat. Planck positioniert sich nämlich in diesen frühen Arbeiten klar gegen den Empirismus, indem er bestreitet, die physikalische Theorie enthalte nur „direkt beobachtbare Größen [...]. Im Gegenteil: direkt beobachtbare Größen kommen [...] überhaupt nicht vor, sondern nur Symbole. Ja, das Weltbild enthält sogar stets Bestandteile, die für die Sinnenwelt nur sehr indirekte oder gar keine Bedeutung haben, wie [...] Partialschwingungen, Bezugssysteme usw." (Planck 1953a, S. 9) Und mit Bezug auf die zentrale Wellenfunktion der Quantenmechanik betont er, dass sie „überhaupt keinen Anhalt für eine unmittelbare Deutung für die Sinnenwelt (bietet), schon deshalb, weil sie sich gar nicht auf den gewöhnlichen Raum bezieht, sondern auf den Konfigurationsraum, der so viel Dimensionen besitzt, als unabhängige Koordinaten in dem vorliegenden physikalischen Gebilde vorhanden sind". (Planck 1953a, S. 14/15) Planck argumentiert hier im Rahmen seiner Drei-Welten-Theorie: Welt 1: die physikalische Theorie. Welt 2: die messbare Sinnenwelt. Welt 3: die „grundsätzlich unerkennbare reale Welt" (Planck 1953b, S. 10), für die „eine direkte Erkenntnis [...] nicht möglich (ist)" (Planck 1953b, S. 11). Und er konstatiert sogar einen

Trend in der „neuen Physik", die sich nämlich in ihrer „Struktur immer weiter von der Sinnenwelt entfernt". (Planck 1953b, S. 14) Um der Gefahr von Physik als rein mathematisch und damit geisteswissenschaftlich basierte Wissenschaft zu entgehen, stellt Planck nach der Fülle von forschungslogisch relevanten Besonderheiten der modernen Physik, welche Szientisten als höchst irritierend empfinden müssen, am Ende beruhigend fest: „In letzter Instanz kommt es selbstverständlich auf die Ereignisse der Sinnenwelt an." (Planck 1953a, S. 9) Wer oder was *genau* diese „letzte Instanz" ist und wie man vom vieldimensionalen „Konfigurationsraum" zur „letzten Instanz [...] der Sinnenwelt" gelangt, sagt er nicht. Für die Bewertung von Plancks Position ist hier nur eines wichtig: Der „vieldimensionale Konfigurationsraum" ist nicht direkt empirisch zugänglich, schon gar nicht direkt beobachtbar, und dennoch ist er für Planck ein Konstrukt mit *wissenschaftlichem* Status. Was Planck in der Physik anerkennt, kann er der Psychoanalyse aber nicht verwehren, jedenfalls nicht mit guten Gründen. Fazit: Die *wissenschaftliche* Zugänglichkeit des Unbewussten kann nicht von seiner *direkten* Zugänglichkeit, d. h. von seiner „unmittelbaren Erkennbarkeit" abhängen.

Wendet man Plancks strenge Anforderungen (z. B. „unmittelbare Erkenntnis") auf diese „neue Physik" an, so trifft sie das Verdikt „Scheinwissenschaft" nicht weniger als die Psychoanalyse. Bleibt man dagegen bei seiner frühen und zum Beispiel mit Heisenberg und Bohr übereinstimmenden Charakterisierung der „neuen Physik", dann springen die Analogien ins Auge. An einem Beispiel: Freud sagt: „Die unbewussten Prozesse sind an und für sich [...] unerkennbar." Planck spricht von der „grundsätzlich unerkennbaren realen Welt", eine Welt, bei der „eine direkte Erkenntnis [...] nicht möglich ist". Auch wenn die Gründe für die „Unerkennbarkeit" bzw. die Unmöglichkeit einer „direkten Erkenntnis" für beide Disziplinen verschieden sind, der forschungslogisch erhebliche Grundtatbestand ist gleich: Physik und Psychoanalyse sind gleichermaßen auf indirekte Kontaktaufnahme und Schlussfolgerungen und damit auf Theorie angewiesen. In der Psychoanalyse sind es beobachtbare Tatsachen der Sinnenwelt (z. B. neurotische Symptome), aus denen auf das nichtbeobachtbare Unbewusste geschlossen wird und die durch das Unbewusste verursacht werden. In genauer Analogie dazu sind es in der Physik ebenfalls beobachtbare Tatsachen der Sinnenwelt (z. B. die Spuren von Elementarteilchen in einer Nebelkammer), aus denen auf das nichtbeobachtbare Elementarteilchen geschlossen wird und die durch das nichtbeobachtbare Elementarteilchen hervorgerufen werden. Unter der strengen forschungslogischen Anforderung Plancks nach „unmittelbarer Erkenntnis" wäre jedenfalls auch die Quantenmechanik eine Scheinwissenschaft. Sinnvoller und in Übereinstimmung mit der tatsächlichen Forschungslogik ist es, den Unterschied von „direkt/indirekt" in Bunges bekannter Bezug-/Beweisdifferenzierung (siehe Bunge 1970) abzubilden. In der Quantenphysik: Der *Bezug* z. B. von „Elektron" ist ein begriffliches Modell in explanatorischer Funktion und keine Beobachtungstatsache, während der *Beweis* des Elektrons via beobachtbare makroskopische Spuren in der Wilsonkammer geführt wird, die durch das theoretische Modell erklärt werden. Auf die Psychoanalyse angewendet: Der *Bezug* von „das Unbewusste" ist ein begriffliches Modell in explanatorischer Funktion und keine Beobachtungstatsache, während der *Beweis* des Unbewussten via beobachtbare neurotische Symptome geführt wird, welche ihrerseits durch das theoretische Modell erklärt werden. Dieser methodologisch übereinstimmende Sachverhalt führt dazu, auch den Begriff „Unbewusstes" als theoretischen Term einzuführen, so wie es in der Physik z. B. für den Begriff „Elektron" bereits erfolgt ist. Damit ist eine Reihe methodologischer Besonderheiten verbunden, z. B. diese: Da der Sachverhalt, für den der Term steht, nicht beobachtbar ist, kann kein operationales Verfahren angegeben werden, mit dem er eine empirische Bedeutung erhält. Vielmehr erhält er seine Bedeutung erst im Kontext einer *Theorie*. Und erst dann entsteht die Möglichkeit einer „partiellen" empirischen Interpretation dadurch, dass *manche* Begriffe der Theorie sich auf empirische Sachverhalte beziehen (siehe dazu Stegmüller 1970b). Die Frage „Was ist eigentlich ein Elektron?" oder „Was ist eigentlich das Unbewusste?" ist somit sinnlos, weil Fragen über die Natur des Elektrons oder über die Natur des Unbewussten nicht außerhalb einer Theorie gestellt werden können. Schon MacIntyre hat diese Analogie zwischen Psychoanalyse und Quantenmechanik vorsichtig so gemutmaßt: Der Begriff des Unbewussten könne „vielleicht [...] einen ähnlichen logischen Status wie der des Elektrons" haben (MacIntyre 1968, S. 80). Aus den genannten Gründen wäre es sinnvoll, weitere Grundbegriffe der Psychoanalyse als theoretische Terme einzuführen: z. B. Seele, Es/Ich/Über-Ich, weil auch deren Designata nicht direkt beobachtbar sind. Gleichwohl erfüllen sie eine explanatorische Funktion, dann nämlich, wenn Beobachtbares im Lichte der Theorie erklärt werden soll.

Für diese forschungslogische Argumentation *pro* Psychoanalyse können zwei Physiker mit höchster physikalischer Autorität in Anspruch genommen werden, die Plancks Annahme von der Unmöglichkeit einer Wissenschaft des Unbewussten *nicht* teilen: Bohr und Pauli. Dabei spielt die Umgangssprache eine unerwartet starke Rolle. In einem Aufsatz mit dem bezeichnenden Titel „Einheit des Wissens" stellt Bohr nämlich gleich zu Anfang und mit Bezug auf die Klärung der Bedeutung von Begriffen fest: „Unser Hauptwerkzeug ist selbstverständlich die Umgangssprache" (Bohr 1970, S. 389). Für Szientisten im Allgemeinen und Formalisierer im Besonderen dürfte die hohe Wertschätzung der Umgangssprache ein Greuel sein. Zumal unter Bohrs Begriff „Hauptwerkzeug", der ihren breiten Geltungsanspruch indiziert: Sie ist ein nicht hintergehbares Mittel der Kommunikation *jeder* Wissenschaft und darüber hinaus das einzige Mittel für den Nachweis von Verbindungen und Schnittmengen *zwischen* den Disziplinen. Ein notwendiger Baustein für die Einheit der Wissenschaften also. Sie verbindet – jenseits von mathematischen Formeln – auch solche Disziplinen, die in Gegenstand und Methode weit auseinander liegen und nichts gemein zu haben scheinen, wie zum Beispiel Quantenphysik und Psychoanalyse. In Bohrs Worten: „Bei einem solchen Vergleich entspricht die Schwierigkeit, der Vorstellung des Unterbewusstseins einen anschaulichen Inhalt zu geben, der prinzipiellen Begrenzung anschaulicher Deutung des quantenmechanischen Formalismus." (Bohr 1970, S. 398). Auch Pauli sieht die methodologische Schnittstelle im gemeinsamen Problem der Nichtbeobachtbarkeit zentraler Untersuchungsgegenstände, führt sie aber nicht an den Elementarteilchen, sondern am physikalischen Feld aus: Wie beim Unbewussten wird auch dem physikalischen Feld trotz Nichtbeobachtbarkeit eine *Realität* zugesprochen, die sich nur über seine *Wirkungen* zeigt (z. B. an der Kompassnadel oder an Eisenfeldspänen) (siehe dazu Pauli 1990, S. 85 f.). Fazit: Dass das Unbewusste nicht „unmittelbar" zugänglich ist, was Planck ja gefordert hat, schließt nach Bohr und Pauli seine *wissenschaftliche* Zugänglichkeit nicht aus. Das Unbewusste ist kein Scheinproblem und damit die Psychoanalyse in dieser Hinsicht keine Scheinwissenschaft.

Diese erste *methodologische* Abwehr von Plancks massivem Angriff gegen die wissenschaftliche Zugänglichkeit des *Unbewussten* und damit gegen die Psychoanalyse insgesamt schließt allerdings nicht eo ipso aus, dass andere, nämlich *ontologische* Facetten seiner Kritik berechtigt sind, die er am Leib-Seele-Problem mit dem Ergebnis „Scheinproblem" ausgeführt hat. Zu beachten ist: Die bisherige Argumentation pro Psychoanalyse hat – z. B. via theoretische Terme – nur gezeigt, dass Psychoanalyse und Quantenmechanik *methodologische* Gemeinsamkeiten haben. Eine andere und weitergehende Frage ist die, ob die Psychoanalyse eine *Natur*wissenschaft *ist*, was Freud ja behauptet. Das wollen wir abschließend am Leib-Seele-Problem prüfen.

Wie schon ausgeführt konstatiert Freud unmissverständlich, „dass das Seelenleben die Funktion eines Apparates ist, dem wir räumliche Ausdehnung und Zusammensetzung aus mehreren Stücken zuschreiben" und „dass im Seelenleben eine Art von Energie tätig ist", für die es aber noch keine Analogie zu den herkömmlichen physikalischen Formen der Energie gebe. Er konkretisiert seinen naturwissenschaftlichen Anspruch z. B. mit der Behauptung, dass „die Kräfte, welche den seelischen Apparat zur Tätigkeit treiben, in den Organen des Körpers erzeugt werden". Nicht zuletzt die in der Freudschen Theorie so zentrale Libido hat „*somatische* Quellen". Gibt es bei all dieser Physikalisierung und Somatisierung überhaupt noch Platz für ein genuin *Seelisches* oder *ist* das Seelische physikalisch? Wir müssen Freud genau lesen! Er macht nämlich an dieser Stelle zum physikalischen „Apparat" keine ontologische Aussage zum Status des Seelischen, sagt also nicht, dass das Seelenleben ein aus mehreren Teilen zusammengesetzter Apparat *ist*, sondern dass es „die *Funktion* eines Apparates ist". Somit ist zu unterscheiden zwischen dem naturwissenschaftlich zu verstehenden „Apparat" und dem in diesem Apparat ablaufenden Seelenleben (analog zum Verhältnis von Gehirn und kognitiven Prozessen). Eine wie auch immer geartete Identitätstheorie vertritt Freud also nicht. Auch bei der naturwissenschaftlichen Einschätzung der Libido ist Differenzierung gefragt. Wenn Freud sagt, sie habe „somatische Quellen", heißt dies nicht, sie sei *selbst* somatischer Natur. Sagt X „Ich begehre dich" und ist dies tatsächlich so, dann sind zwar immer auch hormonelle Vorgänge im Spiel, aber das Begehren selbst und der entsprechende Wunsch sind nicht nur hormoneller, sondern vor allem psychischer Natur. Deshalb ist das „auch" in Freuds Verortung „Die Psychologie ist auch eine Naturwissenschaft; aber ihr Fall liegt anders" so zu verstehen, dass sie nicht *nur* eine Naturwissenschaft ist.

Dennoch: Mit den o. g. Begriffen und Annahmen ist Freud bei der bekannten und von Planck gründlich analysierten Leib-Seele-Beziehung und damit in einer nichttrivialen Gefahrenzone angekommen. Die naturwissenschaftliche Komponente der Psychoanalyse hebt Freud klar dann hervor, wenn er eine „Art von Energie" und „Kräfte" annimmt, die „in den Organen des Körpers erzeugt werden" und die „den seelischen Apparat zur Tätigkeit treiben". Wenn das alles nicht rein metaphorisch gemeint ist, trifft Plancks Kritik dieses Mal ins Schwarze. Im Unterschied zu den vorher behandelten Facetten seiner Kritik kommen wir hier schnell *contra* Freud zu einem überzeugenden negativen Befund. Das Argument: Wenn Kräfte und Energie im Zusammenspiel von Leib und Seele kausal wirken, muss ein Energie*übertrag* vom einen in den anderen Bereich stattfinden, jedenfalls dann, wenn der Energieerhaltungssatz seine Gültigkeit behalten soll. Wenn die „somatischen Quellen" in die Libido sprudeln, wie Freud annimmt, muss die Energie in einem energetischen Libidoäquivalent nachweisbar, d. h. messbar sein. Da es keine wissenschaftlich akzeptable Methode zur Durchführung dieser Messung gibt, ist der Nachweis nicht zu erbringen. Nach Plancks Kriterium ist das Fehlen dieser Methode der Beweis für ein Scheinproblem. Es gibt auch keine Hinweise von Freud, dass diese das *Verhältnis* von Leib und Seele betreffende Messung der Energie in Zukunft einmal möglich sein wird. Dieses Problem der kausalen *Beziehung* zwischen Leib und Seele wird auch nicht mit seinem Hinweis auf zukünftige Entwicklungen gelöst: „Die Zukunft mag uns lehren, mit besonderen chemischen Stoffen die Energiemengen im seelischen Apparat direkt zu beeinflussen". Auch wenn diese Einflussnahme im physikalisch-chemischen „*Apparat*" durchaus gelingen kann, aber im *seelischen* Geschehen, das Freud zufolge ja nur eine *Funktion* dieses physikalischen Apparates und damit logisch autonom ist, muss diese Einflussnahme aus dem genannten Grund ausgeschlossen werden. Sind und bleiben die beiden Bereiche (Leib und Seele) so verschieden wie die *Chemie* von Hormonen und die *Emotion* der Lust, so gilt Plancks prima facie merkwürdige Argumentation: Beide Bereiche sind trotz der Verschiedenheit die Nämlichen, und dies insofern, als sie nur zwei unterschiedliche und unvereinbare Betrachtungsweisen *derselben* Sache sind. Da nun die naturwissenschaftliche Betrachtung (z. B. der Hormone) keiner erklärenden Hilfe durch die Psychoanalyse (z. B. durch die Annahme einer Libido) bedarf, wäre Letztere überflüssig bzw. ein Scheinproblem. Gelingt diese Ersetzung ohne Gehaltverlust, was Freud gelegentlich selbst für die Zukunft erwartet hat, hätte Planck in *dieser* Hinsicht am Ende Recht behalten. Wie ist die Lage 80 Jahre nach Freud und Planck und im Lichte der modernen Neurowissenschaften? Ist das Seelische durch das Neuronale, die Seele durch das Gehirn ersetzbar oder nicht?

4. Seele und Geist: Auf dem Prüfstand der Neurowissenschaften

Die modernen Neurowissenschaften haben sich breit aufgestellt. Es gibt die molekulare, die zelluläre, die systemische, die verhaltensorientierte – und die *kognitive* Neurowissenschaft. Letztere befasst sich zum Beispiel mit Ich-Bewusstsein, geistiger Vorstellungskraft und Sprache (siehe Bear/Connors/Paradiso 2016, S. 14/15) – und tritt so in Konkurrenz zu den Geisteswissenschaften. Interdisziplinär angelegt, reicht das Spektrum von theoretischen Neurowissenschaftlern, die mathematische Modelle der Gehirnfunktionen entwickeln, bis zu „Psychophysikern", welche die Leistungen der Sinneswahrnehmungen messen (Bear/Connors/Paradiso 2016, S. 17). Der Begriff „Psychophysik" ist dabei neu und vielversprechend, gerade für unsere Fragestellung und damit unter der Erwartung, dass „Psychophysiker" auf weiterentwickelten theoretischen und empirischen Grundlagen das Verhältnis von Leib und Seele besser als Planck und Freud zu klären vermögen. Für die noch nicht abschließend beantwortete Frage, ob Planck oder Freud Recht hat, sind wir offensichtlich an der richtigen Stelle.

Durch die Teildisziplin „*kognitive* Neurowissenschaft" wird zunächst intuitiv eine erste Hoffnung auf Versöhnung zwischen Natur- und Geisteswissenschaften geweckt. Aber der Anschein trügt, denn die Lehrbücher machen in Bezug auf das Leib-Seele-Problem resp. Leib-Geist-Problem – Planck stützend – kurzen Prozess: „In der Neurowissenschaft ist es nicht notwendig, zwischen *Geist* und *Gehirn* zu trennen: Sobald wir die individuellen und gemeinsam wirkenden Aktivitäten der Gehirnzellen verstehen, können wir auch die Ursprünge unserer geistigen Fähigkeiten erkennen." (Bear/Connors/Paradiso 2016, S. 28) Noch einmal anders: „Die übliche Trennung zwischen „körperlicher" und „geistiger" Gesundheit ist ein bedauerliches Erbe des vergangenen Unwissens über die Funktion des Gehirns." (Bear/Connors/Paradiso 2016, S. 749) Den Platzverweis der Geisteswissensschaften bestätigend: „Heute werden psychische Erkrankungen als Erkrankungen des Körpers angesehen, genauso wie Krebs oder Diabetes." (Bear/Connors/Paradiso 2016, S. 775) Aber anders als bei Krebs und Diabetes ist der analytische Bezug der *psychischen* Erkrankung *ausschließlich* das Gehirn: „Psychische Störungen (wurzeln) in einer veränderten Hirnanatomie, -chemie oder .funktion." (Bear/Connors/ Paradiso 2016, S. 751) Wir werden sehen, dass auch das Unbewusste in diese naturwissenschaftliche Vereinnahmung eingeschlossen ist. Das Leib-Seele/ Geist-Problem ist im Sinne Plancks ein „Scheinproblem", weil die Neurowissenschaften den Anspruch erheben, alle Geist und Seele betreffenden Fragen im Prinzip beantworten zu können. Auf welchen neurowissenschaftlichen Grundlagen beruht dieser hohe Anspruch?

Nach dem oben zitierten Lehrbuch gibt es inzwischen klinische und experimentelle Beweise, „dass die Großhirnrinde der Ort des für den Menschen charakteristischen Verstandes [...] ist" (Bear/Connors/Paradiso 2016, S. 215), wobei der präfrontale Cortex für die höchsten kognitiven Funktionen von besonderer Bedeutung ist. Ohne die Großhirnrinde könnten wir nicht sehen, nicht hören, nicht fühlen, nicht sprechen, nicht denken und keine willentlichen Handlungen ausführen – und hätten auch kein Selbstbewusstsein. Empirische Belege für diese anatomische Zuordnung sind Läsionen am Cortex, die zu Ausfällen bei komplexen Sprach- und Handlungsabläufen führen. Freuds Terminologie des „psychischen Apparates" neurowissenschaftlich übersetzt: Der „Apparat" ist das Gehirn und die Großhirnrinde ist der Sitz des Ich. Gerade mit Blick auf die neurowissenschaftliche Ersetzbarkeit der Psychoanalyse ist von Bedeutung, dass die Großhirnrinde als Sitz des Ich nicht isoliert, sondern hochgradig neuronal vernetzt ist mit anatomisch identifizierbaren anderen Teilen des Gehirns, die Prozesse steuern, die dem Bewusstsein nicht zugänglich sind, das Bewusstsein aber beeinflussen bzw. im Großhirn erst bewusst werden können.

Dazu gehört zum Beispiel der Hirnstamm, der Atmung, Körpertemperatur etc. reguliert. Andere unbewusste Prozesse des Körpers werden durch den Hypothalamus gesteuert. Die Komplexität auch dieser Prozesse ist groß, wie dieses Lehrbuchbeispiel zeigt: Nehmen wir an, wir frieren, sind dehydriert und unsere Energievorräte gehen zur Neige. Dann erfolgen sofort erste automatische Gegenreaktionen, die vom Gehirn initiiert und gesteuert werden: Man zittert, es wird für die Versorgung der inneren Organe Blut von der Körperoberfläche ins Innere weggeleitet, die Urinproduktion wird wegen der Dehydrierung gehemmt und die Fettreserven des Körpers werden angezapft. All das geschieht unverzüglich und automatisch. Aber dabei bleibt es nicht. Der bei den Abwehrreaktionen involvierte Thalamus gilt nämlich als „Tor zur Großhirnrinde" und damit zu Freuds „Ich". Durch dieses „Tor" lösen die o. g. Prozesse weitere Reaktionen aus, die nicht nur bewusst, sondern in der Lösung des Überlebensproblems auch effektiver sind: Wer friert, sucht – anstelle von weiterem Zittern – einen warmen Platz auf, wer dehydriert ist, nimmt – anstelle des Stopps der

Urinproduktion – Flüssigkeit zu sich, und wer keine Fettreserven mehr hat, nimmt Nahrung zu sich statt das letzte körpereigene Fett aufzubrauchen. Diesen Übergang von der automatischen Notlösung zur *dauerhaft* effektiven Problemlösung kann der Hypothalamus nicht leisten, sondern nur auslösen, nämlich durch Einschaltung der Großhirnrinde. So führen also unbewusst und automatisch verlaufende Prozesse im Hypothalamus bewusste und dann per *Entscheidung* herbeigeführte Prozesse im Großhirn aus. Somit gibt es die allgemeine neuroanatomische Tatsache einer engen Verbindung zwischen bewussten und unbewussten Prozessen, hier am Beispiel Hirnstamm/Thalamus/Großhirn gezeigt.

Nun spielen aber in der Psychoanalyse insbesondere die Angst und ihre Symptome die entscheidende Rolle. Gibt es also neben den o. g. neurowissenschaftlich gut verstandenen und für das „nackte Überleben" wichtigen Prozessen im Gehirn auch Areale, die für Gefühle im Allgemeinen und für Angst im Besonderen zuständig sind und phasenweise nicht ausschließlich bewusst ablaufen? Wie bei kognitiven ist auch bei emotionalen Prozessen die Gehirnaktivität anatomisch breit verteilt, aber die *Amygdala* als Teil des limbischen Systems spielt bei Angstreaktionen eine besonders wichtige Rolle. Sie ist kein Teil des Cortex, liegt aber unmittelbar unter ihm und ist mit ihm neuronal eng verbunden. Da sie kein Teil des Cortex ist, liegt die Ausübung ihrer Funktion *unterhalb* der Bewusstseinsschwelle. Dieser neuroanatomische Zusammenhang der *Amygdala* kann unter der Funktion Angst experimentell auf unterschiedliche Weise festgestellt werden. Zum Beispiel durch elektrische Stimulierung, die unmittelbar und ohne äußeren Anlaß ein Gefühl der Angst auslöst. Auch spezielle und in der Psychoanalyse thematisierte Phobien wie die Agoraphobie oder angstbesetzte Zwangsgedanken oder Zwangshandlungen wie der Waschzwang sind neuroanatomisch nicht zuletzt in der Amygdala lokalisierbar. In der Freudschen Terminologie des „psychischen Apparates" wäre die Amygdala also – grob vereinfacht – der Ort des „Es" (hinzu kommen andere Areale, z. B. Hippocampus, Hinterstrang- und Thalamuskerne). Eine wichtige Bedingung für die Frage der neurowissenschaftlichen Ersetzbarkeit der Psychoanalyse ist auch hier die enge neuronale *Verbindung* zwischen diesen Bereichen und dem Cortex, weil sie den Übergang zum Bewussten und damit den Anspruch der Psychoanalyse, Unbewusstes bewusst zu machen, neuroanatomisch sicherstellt. Noch ein wichtiges Detail: Die unterhalb der Bewusstseinsschwelle ablaufenden Prozesse z. B. der Hinterstrang- und Thalamuskerne werden durch Informationen aus der Großhirnrinde kontrolliert, „folglich kann also der Output des Cortex Einfluss auf seinen eigenen Input [...] nehmen". (Bear/Connors/Paradiso S. 441)

Halten wir das Zwischenergebnis mit Blick auf Bestätigung bzw. Ersetzbarkeit der Psychoanalyse fest: Angst kann neuroanatomisch z. B. in der *Amygdala* lokalisiert werden, und die dort ablaufenden Prozesse sind unbewusst. Für die

Verdrängung/Ersetzbarkeit der Psychoanalyse sind dies jedoch nur notwendige, aber keine hinreichenden Voraussetzungen. Gefordert ist nämlich ein *Zusammenhang* zwischen dem Unbewussten und der Angst – und zwar in einem qualifizierten Sinne, nämlich in einem Verständnis von Angst als *Gefühl*. Die meisten Prozesse im Körper sind zwar unbewusst (z. B. die Verdauung, der Blutkreislauf etc.), aber es sind rein physikalisch-chemisch-physiologische Abläufe – ohne Gefühlsdimension und ohne Verbindung zu Gefühlen. Haben also die o. g. Prozesse in der *Amygdala* und im *Thalamus beide* Eigenschaften, nämlich unbewusst *und* gefühlsmäßig zu sein? Die bejahende Antwort wird in dem hier zugrundegelegten Lehrbuch der Neurowissenschaften mit einem klaren Begriff eingeleitet: „Unbewusste Emotionen" (Bear/Connors/Paradiso 2016, S. 635). In Beweisabsicht wird dabei auf Studien verwiesen, die belegen, dass auch *subliminale* Sinnesreize emotionale Wirkungen im Gehirn hervorrufen können. Ein Beispiel: Probanden wurde im Bruchteil einer Sekunde das Bild eines zornigen Gesichtes gezeigt, unmittelbar danach ein ausdrucksloses Gesicht. Auf die Frage, was sie gesehen haben, nannten die Probanden nur das ausdrucks*lose* Gesicht. Die neurowissenschaftliche Erklärung: „Das zornige Gesicht […] wird perzeptuell „maskiert", und das ausdruckslose Gesicht fungiert dabei als „Maskierungsreiz"." (Bear/Connors/Paradiso 2016, S. 635) Das emotional besetzte zornige Gesicht wurde aufgenommen, aber nicht in seinem emotionalen Ausdruck bewusst. Dann wurde das Experiment variiert: Den Probanden wurden Fotos von Gesichtern mit unterschiedlichem Ausdruck gezeigt. Eines davon zeigte wieder ein zorniges Gesicht. Jedes Mal, wenn es aufgerufen wurde, erhielten die Probanden am Finger einen leichten, aber unangenehmen Stromschlag. Nach dieser „aversiven Konditionierung" veränderte sich der vegetative Zustand der Probanden (z. B. Schwitzen der Handinnenflächen) – immer und genau dann, wenn das zornige Gesicht gezeigt wurde. Nach dieser Konditionierung wurde wieder das ausdruckslose Gesicht als Maskierungsreiz eingesetzt. Das Ergebnis: Der Maskierungsreiz wurde wieder angenommen, d. h. die Probanden zeigten die vegetativen Veränderungen bei Vorlage des zornigen Gesichtes, obwohl sie sich seiner Wahrnehmung nicht bewusst waren. Dann wurde – zusätzlich zur Befragung der Probanden und zur Messung der vegetativen Veränderungen – ihr Gehirn während der Vorlage der Bilder mittels Positronenemissionstomografie (PET) beobachtet. Das Ergebnis: Das mit dem Stromschlag assoziierte zornige Gesicht löste in der für Emotionen zuständigen *Amygdala* neuronale Prozesse aus. „Sensorische Signale (können) das Gehirn emotional beeinflussen, ohne dass man sich dessen bewusst ist." (Bear/Connors/Paradiso 2016, S. 637) Diese experimentellen und klinischen Ergebnisse nimmt die Neurowissenschaft als Grundlage für das „Konzept einer unbewussten Emotion". Abweichend von Planck wird also die wissenschaftliche Zugänglichkeit des Unbewussten *nicht* bestritten. Damit gibt es einerseits eine klare, sogar wörtliche begriffliche Übereinstimmung mit Freuds

„unbewussten Gefühlen", d. h. eine neurowissenschaftliche *Bestätigung* seiner Theorie, die aber andererseits im nächsten Schritt zu ihrer Ersetzbarkeit führt. Wenn unbewusste Gefühle neuroanatomisch/-physiologisch beschrieben und erklärt werden können, gibt es eben keinen Bedarf mehr für Erklärungen der Psychoanalyse, was Planck ja behauptet hat (wenn auch nur mit Bezug auf *bewusste* psychische Prozesse).

Mit dieser begrifflichen Übereinstimmung in der Wortkombination „unbewusste Gefühle" entsteht für die Neurowissenschaft allerdings ein Problem, das wir schon bei Freuds Begriffskonstruktion moniert haben. Zunächst noch einmal die neurowissenschaftliche Begründung für das „Konzept einer unbewussten Emotion": Weil es Wahrnehmungen gibt (z. B. das zornige Gesicht), die nicht bewusst sind, aber in der nachweislich für Gefühle zuständigen *Amygdala* neuronale Aktivität auslösen, ist die Annahme von „unbewussten Gefühlen" gerechtfertigt. Wie bei Freud handelt es sich aber auch hier um einen Fehlschluss, nämlich von der Unbewusstheit des physiologischen *Auslösers* zur Unbewusstheit des *Gefühls*. Richtig ist: Die *Ursache* der Emotion ist unbewusst, die *Emotion* selbst jedoch nicht. Unterhalb des Bewusstseins von „Emotionen" zu sprechen, macht keinen Sinn. Die Aussage „Ich habe Angst, aber ich weiß es nicht" ist sinnlos. Die Experimente indizieren ein Unbewusstes, aber keine unbewusste *Emotion*. Die *Emotion* entsteht nämlich erst dann, wenn die Leitung der *Amygdala* zum Cortex bzw. zum dort für Bewusstsein zuständigen Teil *geschaltet* ist. Damit trifft Plancks für die Identifizierung eines Scheinproblems vorgeschlagenes Kriterium „ungenaue Formulierung" mit Bezug auf „unbewusste Emotion" beide: Psychoanalyse *und* Neurowissenschaft. Und was für „unbewusste *Gefühle*" gilt, gilt gleichermaßen für „unbewusste *Gedanken*". Hier gibt es noch viel Klärungsbedarf, insbesondere zum logischen Status des Begriffs „Unbewusstes". Wenn wir z. B. „Gedanken" im Unbewussten ausschließen, stellt sich die Frage, was denn sonst z. B. Angst auslöst? Welchen logischen Status hat das, was *zwischen* den bewussten und den kognitions*freien* physikalisch-chemisch-physiologischen Prozessen abläuft? Oder ist *alles* unterhalb des Bewusstseins rein physikalisch/chemisch/physiologisch, also kognitions*frei*? Lehnen wir die *Zwei*-Ebenen-Theorie ab und führen wir zwischen Bewusstsein und nichtbewussten chemischen etc. Prozessen für das Unbewusste eine dritte Ebene ein, könnte für diese Zwischenebene der Informationsbegriff die Lösung sein, der nicht notwendig an Bewusstsein geknüpft ist. Gedanken und Gefühle setzen Bewusstsein voraus, Informationen bzw. ihre Verarbeitung nicht. Wir lassen die Frage hier offen.

Mit Blick auf „Planck contra Freud" können wir Folgendes festhalten: Nachdem wir Plancks Kriterium der *„unmittelbaren* Erkenntnis" aus wissenschaftstheoretischen Gründen abgelehnt haben, kann seine Behauptung der wissenschaftlichen Unzugänglichkeit des Unbewussten nun auch aus *fachlicher*, nämlich neurowissenschaftlicher Sicht nicht aufrechterhalten werden. Obwohl das Unbewusste nur über Schlussfolgerungen aus Beobachtungsdaten, also nicht „direkt erkennbar" ist, haben die neurowissenschaftlichen Experimente in ersten Schritten seine wissenschaftliche Erforschbarkeit gezeigt. Über dieser Übereinstimmung von Psychoanalyse und Neurowissenschaft schwebt allerdings immer ein Damoklesschwert: Je mehr die Psychoanalyse neurowissenschaftlich bestätigt wird desto überflüssiger wird sie. In Hinsicht der Ersetzbarkeit hätte Planck dann gepunktet bzw. gesiegt.

Da das Unbewusste der Dreh- und Angelpunkt der Psychoanalyse ist, noch ein experimentelles Beispiel für die Bestätigung seiner Existenz: Man zeigte einer Probandin in schneller Folge mehrere Bilder, eines davon war ein Aktfoto. Gefragt, was sie gerade gesehen hat, war ihre Antwort „nichts". Mit dieser klaren verbalen Reaktion war die Angelegenheit aber nicht erledigt; denn unmittelbar nach ihrer Antwort begann die Probandin zu lachen. Auf die Frage nach dem Grund sagte sie, sie wisse nicht, was im Moment so lustig sei. Die neurowissenschaftliche Erklärung: Mutmaßlich hatte sie das Aktfoto aufgenommen, konnte und/oder wollte es aber nicht in Sprache bewusst machen. Das Bild existierte unbewusst und verursachte das bewusste Lachen. Auch die Psychoanalyse selbst kann inzwischen auf bestätigende Experimente für die Existenz des Unbewussten verweisen. So erhielten Probanden im Schlaflabor des Sigmund Freud Instituts vor dem Schlaf einmal eine verbale und dann eine bildliche Information, beide in einer so hohen Geschwindigkeit, dass sie im Inhalt nicht *bewusst* aufgenommen werden konnten (der Satz wurde dreimal schneller als normal und das Bild im tausendstel-Sekunde-Bereich dargeboten). Dennoch wurden beide Informationen danach in einem Traum verarbeitet. Die optischen und verbalen Informationen wurden also zunächst unbewusst aufgenommen, dann aber im Traum bewusst gemacht.

Damit sind wir wieder beim Traum angelangt, für Freud die „Via regia" zum Unbewussten. Wird Freud auch hier durch die moderne Neurowissenschaft bestätigt? Zunächst ein paar wesentliche und unstrittige Punkte: Die Haupttraumzeit ist die Phase des REM-Schlafes, die durchschnittlich 25% der gesamten Schlafzeit in Anspruch nimmt. Seine Physiologie: Abweichend von der Non-REM-Phase zeigt das EEG in der REM-Phase schnelle Hirnwellen mit niedriger Amplitude. Die Kurven sind denen eines aktiven wachen Gehirns ähnlich. Mehr noch: Der Sauerstoffverbrauch des Gehirns, Maß seines Energieverbrauchs, ist in der REM-Phase „höher, als wenn sich das Gehirn im Wachzustand auf mathematische Probleme konzentriert". (Bear/Connors/Paradiso 2016, S. 670) Zur Ruhe kommt das Gehirn nur in der Non-REM-Phase, erkennbar daran, dass sein Energieverbrauch und die Entladungsraten der Neuronen dann am niedrigsten sind. Den Unterschied hat Dement so charakterisiert: Der Non-REM-Schlaf zeigt sich als „leerlaufendes Gehirn in einem beweglichen Körper", während der REM-Schlaf umgekehrt „ein aktives, halluzinierendes Gehirn in einem gelähmten Körper" zeigt (Bear/Connors/Paradiso

2016, S. 670). Wichtig ist: Während des Traumes sind nicht nur subcortikale Regionen des Gehirns aktiv, sondern auch die Großhirnrinde, nicht zuletzt der visuelle Cortex, was durch Bildgebungsverfahren (PET) nachweisbar ist. Allerdings zeigen die PET-Bilder auch, dass das limbische System – zuständig für Emotionen – *besonders* aktiv ist. Der Traum ist also kein esoterisches Hirngespinst, sondern anerkannter Gegenstand der modernen Hirnforschung.

Eine Bestätigung von Freuds Traum*theorie* sind die bisherigen Ausführungen allerdings noch nicht; denn Freud hat seine Funktion in einer besonderen Weise bestimmt: Im Traum werden z. B. verdrängte Wünsche erfüllt. Seine Grundthese: Der Traum besteht aus *sinn*vollen Abläufen. Genau das wird von den Hirnforschern Hobson und McCarley entschieden bestritten. Nach ihrer Theorie hat der Traum keinerlei *psychologische* Funktion, sondern es handelt sich um *unwillkürliche* und bedeutungs*freie* neuronale Entladungen des Gehirns. Außerdem, so Hobson/McCarley, sind während des Traumes keine Hirnregionen aktiv, die mit persönlichen Erfahrungen des Träumers im Zusammenhang stehen könnten, so dass der Traum schon aus neuroanatomischen Gründen nichts mit verborgenen und verdrängten Wünschen des Träumers zu tun haben kann. Stattdessen handele es sich um zufällige und damit zweckfreie nächtliche Aktivität von primitiven *sub*cortikalen Hirnregionen, die zwar vom Cortex z. B. in Bilder transduziert wird, denen aber erst *nachträglich* eine Bedeutung gegeben werde. Stimmt das, dann wäre Freuds Traumtheorie im Planckschen Sinne eine Scheinwissenschaft. Und dies deshalb, weil ihre Voraussetzung, nämlich die *Sinn*haftigkeit der Träume, nicht gegeben ist. Widerlegt ist Freud durch Hobson/McCarley allerdings nicht, denn ihre Theorie ist bis heute empirisch nicht bestätigt – aber falsifiziert ist sie auch nicht. Entschieden widersprochen wird ihr von dem Neuro-Psychoanalytiker Solms, der früher selbst einmal Anhänger der Hobson-McCarley Theorie war und nun ihre Theorie zu widerlegen versucht. Seine Argumentation: Es gibt ein Gebiet „vorne in der Mitte des Gehirns", das beim Träumen aktiv ist und Nervenverbindungen zu subcortikalen Hirnbereichen unterhält. Ist diese Verbindung geschädigt, ist Traumunfähigkeit die Folge. Der Grund: Über diesen Nervenpfad wird Dopamin transportiert, ein Botenstoff, der alle unsere elementaren Bedürfnisse wie zum Beispiel den Sexualtrieb anregt, der in unseren Träumen nicht die einzige, aber doch eine wichtige Rolle spielt. Für *alle* möglichen Inhalte des Traums gilt: Wird der Dopamintransport über diese Verbindung zwischen cortikalen und subcortikalen Regionen unterbrochen, ist der Schlaf traumlos. Dieser während des Traumes aktive Nervenpfad ist nach Solms ein empirischer Beleg dafür, dass im Traum Triebe, Wünsche und Bedürfnisse des Unbewussten ausgelebt werden. Demnach sind Träume also nicht zufällig, unwillkürlich und sinnlos, wie Hobbson-McCarley behaupten (so Solms 2014, S. 5 f.). So viel zum Grundsätzlichen der *Sinn*geladenheit von Träumen – ein erster plausibler neurowissenschaftlichen Rettungsversuch der Freudschen Theorie.

Aber es gibt einen weiteren und spezielleren Angriff von Neurowissenschaftlern auf Freuds Theorie, der nicht allgemein auf den Traum, sondern auf einen Teil von ihm, nämlich die „Traumzensur" zielt. Sie hat nach Freud bekanntlich u. a. die wichtige Aufgabe, verdrängte und mit Angst besetzte Gefühle des *Es* so umzudeuten oder zu verändern, dass sie nicht zuletzt den strengen Anforderungen des *Über-Ich* als der Moralinstanz des psychischen Apparates genügen. Die Gegner Freuds bestreiten diese Zensur wiederum mit einem neuroanatomischen Argument: Nur im Stirnhirn könne diese Zensurinstanz lokalisiert sein, weil nur in diesem Areal Triebe und Gefühle *kontrolliert* werden können. Da dieses Stirnhirn im Traum aber kaum aktiv ist, sei die Freudsche Annahme von der Traumzensur schon aus neuroanatomischen Gründen falsch. Solms antwortet darauf mit dem Vorhalt, die Gegner hätten die Freudsche Theorie missverstanden. Sein Gegenargument: Die Zensurinstanz, von den Gegnern zwar neuroanatomisch korrekt im Stirnhirn lokalisiert, werde im Sinne der Freudschen Theorie im Traum *nicht* aktiviert, sondern im Gegenteil ganz *de*aktiviert. Das genau sei der Grund, warum sich das Unbewusste in dem nächtlichen „Bilderkino" des visuellen Cortex auch mit bizarren oder unmoralischen Inhalten Ausdruck verschaffen könne. Dass diese Inhalte im Wachzustand nicht thematisiert werden, ist nach Solms darin begründet, dass dann die Zensur ihre Funktion ausübt und die unbewussten Inhalte „gebremst, gefiltert und zensiert werden. Im Schlaf dagegen fahren diese Stirnlappenregionen ihre Tätigkeit herunter [...]. Es gibt also eine Enthemmung unserer Gefühle, unserer Erinnerungen und unserer Antriebe. Also, wenn das für Sie nicht wie Freud klingt, dann glaube ich nicht, dass Sie Freuds Traumtheorie verstanden haben". (Solms 2014, S. 7)

Leider „klingt" das nur „wie Freud", ist zumindest nicht die *ganze* Wahrheit. Das Argument: In Freuds Theorie spielt die „Traumarbeit" eine wesentliche Rolle. Sie hat die Aufgabe, mit unterschiedlichen Methoden (z. B. „Verschiebung", „Verdichtung", „Umkehrung") die im Unbewussten lokalisierten „latenten Traumgedanken" für das Ich im „manifesten Trauminhalt" – z. B. unter moralischen Kriterien oder mit Strategien der Angstvermeidung – akzeptabel zu machen. Zwischen dem Ausmaß dieser Traumarbeit und den ursprünglichen latenten Traumgedanken gibt es ein umgekehrt proportionales Verhältnis: Je stärker die Traumarbeit desto weniger Übereinstimmung zwischen dem manifesten Trauminhalt und den latenten Traumgedanken und umgekehrt. So ist Freud konsequent, wenn er die Angstträume als diejenigen hervorhebt, „deren Inhalt die geringste Entstellung erfahren hat" (Freud 1953, S. 29). Genau in dieser Phase der Traumarbeit kommt also die „Zensur" ins Spiel. Die Traumarbeit ist für Freud der Vollzugsmechanismus der Zensur bzw. steht „im Dienste der Zensur". Mehr noch: Freud hat die Traumarbeit gar „auf die Zensur zurückgeführt" und bezeichnet diese „Zurückführung [...] als den Kern meiner Traumauffassung" (Freud 1961, S. 258). Allerdings sagt Freud an anderer Stelle davon abweichend, dass der Traum durch die Traumarbeit „vor allem der Zensur entzogen werden (soll)" (Freud 1961, S. 413), was Solms Annahme bestätigen würde. Klar ist: Mit diesen beiden unterschiedlichen Funktionsbestimmungen der Traumarbeit gerät die Psychoanalyse wieder einmal ins Plancksche Schussfeld der Kritik, denn sie kann nicht „im Dienste der Zensur" stehen und gleichzeitig die Inhalte des Traums „vor der Zensur (entziehen)". Mit dem Geltungsanspruch *beider* Annahmen ist Freuds Traumtheorie dem Kontradiktionsvorhalt ausgesetzt mit der Folge, dass Plancks Vorwurf der Scheinwissenschaftlichkeit an dieser Stelle greift. Da in Freuds Theorie die Version der Traumarbeit als Vollzugsorgan der Zensur dominiert („Kern meiner Traumauffassung"), wollen wir diese für eine abschließende Bewertung zugrunde legen. Das heißt: Es gibt, anders als Solms behauptet, in Freuds Theorie eine nächtliche Traumzensur, welche via „Traumarbeit" die latenten Traumgedanken zum manifesten Trauminhalt mehr oder weniger *verändert*. Ob der o. g. und an der Traumzensur festgemachte neuroanatomische Angriff die Psychoanalyse trifft, hängt dann davon ab, ob sich im Stirnhirn während der Traumarbeit relevante neuronale Aktivität nachweisen lässt. Wenn nein, ist die Freudsche Traumtheorie in einem wesentlichen Punkt widerlegt. Nur unter einer Bedingung stellt sich dieses Problem nicht: Wenn Traumarbeit und Zensur erst beim *erinnerten* Traum, also im Wachzustand, wirksam werden, während in der *aktiven* Traumphase das Unbewusste unzensiert zur Geltung kommt, was wiederum Solms bestätigen würde. Wir müssen auch das hier offen lassen.

5. Jenseits der Neurowissenschaft: Niemandsland oder Geist und Seele?

Wir können festhalten: Die Freudsche Theorie des Unbewussten im Allgemeinen wie auch seine Traumtheorie im Besonderen sind mit den Ergebnissen der modernen Neurowissenschaft in weiten Teilen vereinbar bzw. werden durch sie bestätigt. Dann stellt sich jetzt die Frage, ob diese Übereinstimmung die *Ersetzbarkeit* der Psychoanalyse durch Neurowissenschaft zur Folge hat, was Planck in puncto Überflüssigkeit bestätigen und die Psychoanalyse zu einer „Scheinwissenschaft" degradieren würde. Genau diese Ersetzbarkeit ist nach dem Selbstverständnis der Neurowissenschaften nicht nur möglich, sondern schon vollzogen. Noch einmal in den Worten des Lehrbuchs: „Die übliche Trennung zwischen „körperlicher" und „geistiger" Gesundheit ist ein bedauerliches Erbe des vergangenen Unwissens über die Funktion des Gehirns." Beide Disziplinen meinen also das „Nämliche" (Planck), nur mit dem Vorteil der (direkten) *wis-*

senschaftlichen Zugänglichkeit auf Seiten der Neurowissensschaft. Psychoanalyse doch noch ade? Das Delikate: Bei dieser Verabschiedung kann sich die Neurowissenschaft gar auf Freud selbst berufen und tut dies auch dankbar mit einem Zitat aus seiner Theorie: „Die Defizite in unserer (psychotherapeutischen) Beschreibung würden wahrscheinlich verschwinden, wenn wir bereits in der Lage wären, die psychologischen Termini durch physiologische oder chemische zu ersetzen" (zitiert in Bear/Connors/Paradiso 2016, S. 750). Für Freud war das Zukunftsmusik, die für Szientisten nun neurowissenschaftlich bestätigt in der Gegenwart erklingt. Freuds Erwartung hat sich nach dem Selbstverständnis der Neurowissenschaften jedenfalls inzwischen mehr oder weniger erfüllt. Die Frage: Ist dies tatsächlich schon jetzt oder doch absehbar demnächst so? Mehr noch: Ist dieses reduktionistische Ziel der Ersetzung von Psychologie durch Neurowissenschaft *überhaupt* erreichbar? Meine These: Das Ziel ist hinsichtlich der psychoanalytischen *Theorie* aus systematischen Gründen unerreichbar, hinsichtlich der psychoanalytischen *Therapie* jedoch partiell erreichbar (siehe die psychische Wirksamkeit pharmakologischer Mittel).

Dass die Ersetzbarkeit der psychoanalytischen Theorie eher Wunsch als Wirklichkeit ist, kann immanent an Widersprüchlichkeiten und noch jüngst eingestandenen Aporien der Neurowissenschaft gezeigt werden. Ich möchte das am Beispiel der für die Psychoanalyse so zentralen Gefühle im Allgemeinen und der Angst im Besonderen zeigen. Das Unstrittige: Angst zeigt sich an direkt beobachtbaren, gar messbaren körperlichen Symptomen wie beispielsweise an einer Erhöhung der Herzfrequenz oder an Magen-Darmstörungen oder an Schweißausbrüchen o. Ä. Und schon sind wir bei der ersten und systematisch erheblichen Aporie. In der Neurowissenschaft gibt es nämlich keinen Konsens darüber, was in diesen Fällen Ursache und was Wirkung ist. Ist die Angst Ursache des Schweißausbruchs oder ist der Schweißausbruch Ursache der Angst? Hierzu konkurrieren zwei sich ausschließende Theorien (siehe dazu Bear/Connors/Paradiso 2016, S. 635). Nach der James-Lange-Theorie nimmt X ein bedrohliches Tier wahr und reagiert physiologisch, z. B. mit Schweißausbruch. Seine Angst ist eine *Folge* des physiologischen Vorgangs. Genau umgekehrt nimmt die Cannon-Bard-Theorie an, dass das bedrohliche Tier zuerst ein Angstgefühl auslöst und erst dann und infolge davon die physiologische Reaktion erfolgt. Das bekannteste und signifikanteste und außerdem schlussfolgernde Beispiel der James-Lange-Theorie: „Demnach weinen wir nicht, weil wir traurig sind, sondern wir sind traurig, weil wir weinen". (Bear/Connors/Paradiso 2016, S. 633) Die kausale Logik auf die neurotische Angst übertragen: Der Neurotiker hat bei der Begegnung mit seinem Vater nicht deshalb Schweißausbrüche, weil er Angst vor ihm hat, sondern er hat Angst vor ihm, weil er Schweißausbrüche hat. Eine Umkehrung der erwarteten Kausallogik, die kreativ und überraschend daherkommt, aber eher merkwürdig anmutet!

Gegen die James-Lange-Theorie spricht neben der fehlenden Plausibilität auch ein kausalwissenschaftlich interpretiertes neurophysiologisches Argument: Wenn der Schweißausbruch die *Ursache* der Angst ist, müssten die Anforderungen einer Kausalrelation erfüllt sein, z. B. die Regularitätsannahme, d. h. die Angst müsste *immer* auf den Schweißausbruch folgen, so dass der Schluss vom Schweißausbruch auf die Angst *zwingend* ist. Genau das ist aber nicht der Fall. Denn die gleiche physiologische Reaktion ist auch bei *anderen* Emotionen beobachtbar, z. B. bei Wut, sogar bei Körperzuständen, die mit Emotionen *nichts* zu tun haben, z. B. bei Fieber, für das Schweißausbrüche ebenfalls symptomatisch sind. So stellt die Neurowissenschaft selbstkritisch die Frage: „Wie kann Angst eine Folge physiologischer Veränderungen sein, wenn die gleichen Veränderungen außer bei Angst auch noch bei anderen Zuständen auftreten?" (Bear/Connors/Paradiso 2016, S. 634) Es gibt keine kausale Beziehung zwischen dem physiologischen Prozess und der Angst.

Keine der beiden Theorien ist explanatorisch ausformuliert, geschweige denn klinisch oder experimentell zufriedenstellend getestet. So muss die Neurowissenschaft noch im Jahr 2016 verallgemeinernd einräumen, dass „die genauen Ursachen für die meisten psychischen Erkrankungen noch unbekannt (sind)" (Bear/Conors/Paradiso 2016, S. 775). Gemessen an der schon zitierten starken Aussage „Heute werden psychische Erkrankungen als Erkrankungen des Körpers angesehen" klingt das sehr kleinlaut. Wer die Kausalität von psychischen Erkrankungen nicht kennt und sie infolge davon nicht erklären kann, dem fehlt jegliche reduktionistische Begründungsbasis. Die Gleichung „Seele/Geist = Körper/Gehirn" kann mit dem gegebenen Wissen der Neurowissenschaft nicht gelöst werden. So stehen auch andere schon genannte starke Behauptungen im Gegensatz zum eingestandenen Unwissen – und zwar Unwissen in *wesentlichen* Bereichen. Noch einmal zwei Beispiele für Selbstüberschätzung: „In der Neurowissenschaft ist es nicht notwendig, zwischen *Geist* und *Gehirn* zu trennen" oder „Die übliche Trennung zwischen „körperlicher" und „geistiger" Gesundheit ist ein bedauerliches Erbe des vergangenen Unwissens über die Funktion des Gehirns." Unabhängig davon, ob das Verhältnis im Sinne einer Identitätstheorie oder reduktionistisch gemeint ist, weder das eine noch das andere kann bis dato begründet werden, zumal die – eine Begründung ausschließenden – Erkenntnis*lücken* von der Neurowissenschaft selbst klar benannt werden.

Dass die reduktionistisch oder identitätstheoretisch verstandene Gleichung „Seele/Geist = Körper/Gehirn" ungelöst ist, kann auch in anderen und ebenfalls essentiellen Bereichen gezeigt werden. Nicht zuletzt beim komplexen Vorgang der visuellen Wahrnehmung, die aus zwei miteinander *zusammenhängenden* Komponenten besteht: optische Identifizierung eines Objektes und Zuordnung einer Bedeutung. Wie die dabei aktiven und weit auseinander liegenden Neuronen zu einem *Gesamt*bild verbunden werden und wo diese Verbindung neuroanatomisch stattfindet, ist bis heute ein Rätsel, dessen „neurowissenschaftliche Erforschung [...] gerade erst begonnen (hat)" (Bear/Connors/Paradiso 2016, S. 372). Mehr noch: „Wie die parallelen Ströme sensorischer Daten letztendlich zu Empfindungen, Wahrnehmungen, Bildern und Ideen verschmelzen, bleibt der „Heilige Gral" der Neurowissensschaften" so das Lehrbuch (Bear/Connors/Paradiso 2016, S. 467). In einer auf *Entwicklung* angelegten Wissenschaft einen „Heiligen Gral" einzuführen, befremdet. Zumal „Gral" in der mittelalterlichen Heldensage für „wunderwirkende Schale" steht, mit Christi Blut gefüllt, das nicht angerührt, sondern dessen „wunderwirkende" Kraft nur erhofft werden darf. Die Metapher greift unter wissenschaftlichem Interesse also ganz daneben und heißt im Klartext: Seelische/geistige Prozesse sind neurowissenschaftlich noch immer unerklärlich und werden wohl für immer unerklärlich bleiben. Mehr noch: Bei voller semantischer Ausschöpfung der Metapher sind sie darüber hinaus ein Tabu. Noch „heiliger", i. e. noch unerklärlicher wird es, wenn die Aufmerksamkeit sich nicht auf *sensorische* Daten richtet, sondern auf *rein* geistige Phänomene, wie zum Beispiel bei Abstraktionen, Dispositionsprädikaten, Klassenbegriffen oder bei Termen mit leerer Extension (z. B. „Elektron"). Spätestens jetzt sind wir bei einer Verschärfung des Problems angekommen, nämlich beim Übergang von der bisherigen Ungelöstheit zur prinzipiellen Unlösbarkeit der Gleichung „Seele/Geist = Körper/Gehirn".

Auch andere offene Fragen der Neurowissenschaft indizieren mehr die Unlösbarkeit als die (vorübergehende) Ungelöstheit der Probleme. Zum Beispiel die Frage, wie die sichtbare Welt lückenlos wahrgenommen werden kann, wenn es blinde Netzhautbereiche gibt, i. e. solche ohne Photorezeptoren (insbesondere in den Bereichen des Sehnervs und der großen Blutgefäße) – und dennoch keine „Löcher" im außenweltbezogenen Gesichtsfeld auftauchen. Auch dieses Problem ruht unberührt und ungelöst im „Heiligen Gral" der Neurowissenschaften, d. h. ist völlig unbeantwortet. Die gelegentlich gegebene Erklärung, „weil das Gehirn diese Bereiche in der Wahrnehmung ergänzt" (Bear/Connors/Paradiso 2016, S. 308), ist keine Erklärung, sondern paraphrasiert nur die Rätselhaftigkeit des Phänomens. Und selbst in den Bereichen, in denen *Korrelationen* zwischen neuroanatomischen/-pysiologischen und geistig-psychischen Prozessen nachweisbar sind, bleiben wichtige Erklärungslücken. Nur ein Beispiel: Bei schizophrenen Patienten ist oft ein kleineres Hirnvolumen oder eine Störung im Hippocampus oder eine „anomale Anhäufung von Neuronen" feststellbar. Aber: „Unklar ist, ob diese Veränderungen Ursache oder Folge der Erkrankung sind." (Bear/Connors/Paradiso 2016, S. 771) So kommt einmal mehr das Eingeständnis: Trotz mancher Fortschritte „stellt das Verständnis der zugrundeliegenden Hirnmechanismen seelischer Erkrankungen [...] nach wie vor eine der größten Herausforderungen an die Neurowissenschaften dar". (Bear/Connors/Paradiso 2016, S. 752) Es deutet einiges darauf hin, dass diese „Herausforderung" – anders als Planck es erwartet hat, aber im Sinne seines

Kriteriums „ungenaue Formulierung" – *neuro*wissenschaftlich ein „Scheinproblem" ist. Wenn ein Schizophrener Stimmen in der Außenwelt hört, so vermag der Hinweis auf eine „anomale Anhäufung von Neuronen" schon deshalb die in der Außenwelt *nicht vorhandenen,* aber in der Innenwelt doch *gehörten* Stimmen nicht zu erklären, weil die Neuronen des Gehirns nur für *elektrische* Impulse, aber nicht für *Schall*wellen empfänglich sind. Ein gedachtes „Ohr" des Gehirns an Elektronen bzw. Ionenströme anzulegen, ergibt keine Schallwellen und damit keine Stimmen. Etwas zu hören, was es physikalisch in der Außenwelt nicht gibt, kann mit neuronalen Prozessen alleine niemals erklärt werden. In allen kognitiven und psychischen Bereichen ist ein eklatantes Missverhältnis zwischen Fragen und Antworten feststellbar. „Große Fortschritte" reklamieren die Neurowissenschaften dagegen zu Recht, wenn es darum geht, „Verhaltensweisen zu verstehen, die für das Überleben notwendig sind". (Bear/Connors/Paradiso 2016, S. 570) Dazu gehören z. B. die neuronalen Prozesse im Zusammenhang mit Hunger und Durst bzw. ihrer Befriedigung.

Um Fortschritte auch in den kognitiv-psychischen Bereichen zu erzielen, könnte es hilfreich sein, wenn die Neurowissenschaften sich nicht mehr frei von wissenschaftstheoretischen Reflexionen hielten, sondern dem Beispiel der Leitwissenschaft Physik folgten. Dass die etablierten Neurowissenschaften die wissenschaftstheoretische Reflexionsebene noch nicht erreicht haben, möchte ich pars pro toto mit einem Satz aus dem Lehrbuch belegen: „Sobald ein Wissenschaftler überzeugt ist, dass eine Beobachtung richtig ist, interpretiert er sie." (Bear/Connors/Paradiso 2016, S. 17) Die Vorstellung von theoriefreier Beobachtung gehört in die Mottenkiste der Wissenschaft. Schon Einstein, Heisenberg und Bohr haben sich von ihr verabschiedet. Eine weitere Folge wissenschaftstheoretischer Selbstreflexion wäre die Verabschiedung aller reduktionistischen und identitätstheoretischen Spielarten, welche die Physik – jedenfalls in Gestalt ihrer großen Köpfe – via Anerkennung von Komplexität schon vollzogen hat. So räumt Heisenberg ausdrücklich ein, dass für die Erklärung von Lebensprozessen eine neue, von der Mathematik der Quantenmechanik abweichende Mathematik nötig sei – wenn denn überhaupt mathematische Mittel für das Begreifen des *Essentiellen* des Lebens bzw. des Geistigen geeignet sind, was z. B. der Mathematiker Penrose unter Hinweis auf den Zusammenhang von Verstehen, Bewusstsein und Nichtberechenbarkeit in Frage stellt bzw. ausschließt. Der Versuch einer *neuro*wissenschaftlich und damit reduktionistisch angelegten Lösung der Gleichung „Seele/Geist = Körper/Gehirn" ist – jedenfalls auf dem Hintergrund der bisherigen Argumentation – ein untauglicher Versuch. *Darin* waren Freuds Erwartungen an die Zukunft unbegründet und werden auch unbegründet bleiben, was die genannten *methodologischen* Gemeinsamkeiten (z. B. die Einführung der Grundbegriffe als theoretische Terme) jedoch unberührt lässt.

So gibt es viele offene Fragen, auch 80 Jahre nach Planck und Freud. Allerdings kann schon jetzt gesagt werden: Die Ersetzung der Psychologie im Allgemeinen und der Psychoanalyse im Besonderen – wie sie Planck in der Überschätzung des neurophysiologischen Wissens konstatierte und Freud prognostizierte – dürfte undurchführbar sein. Die partielle und kuriose Allianz zwischen Freud und Planck steht an dieser Stelle auf tönernen Füßen. Zwar konnten anatomisch-physiologische *Korrelate* zu psychischen Prozessen nachgewiesen werden, z. B. bei der Angst; auch ist nicht nur die Existenz des Unbewussten durch Annahmen über seine Lokalisierung in bestimmten Hirnarealen festgestellt worden, sondern auch seine kausale Wirkung auf die Gehirnbereiche, denen Bewusstsein neuroanatomisch zugeordnet wird. Aber all das indiziert nicht die *Ersetzbarkeit* der psychoanalytischen Theorie. Sobald nämlich *Inhalte* und damit Geistig-Seelisches ins Spiel kommen, ist der Reduktionismus am Ende. Das räumt die Neurowissenschaft kurioser Weise ungewollt selbst und sogar abschließend auf diese Weise ein: „Wenngleich ein EEG niemals Aufschluss darüber gibt, *woran* eine Person denkt, kann es doch registrieren, *ob* sie gerade denkt." (Bear/Connors/Paradiso 2016, S. 662) Besonders zu beachten ist hier die radikale Zeitbestimmung „niemals". Auch auf dem Wege der noch ausstehenden Einführung wissenschaftstheoretischer Reflexionen in die Neurowissenschaft würden die Grenzen des Reduktionismus schnell erkennbar wie auch die Einsicht wachsen, dass die eingestandenen Erklärungslücken nicht mit bildgebenden Verfahren o. Ä., sondern nur mit Fortschritten in der *Theorie*bildung und letztendlich mit einer allgemeinen Theorie des Geistes geschlossen werden können. Wie schon thesenhaft angeführt dürfte der Versuch, die Psychologie durch Naturwissenschaft zu ersetzen, bei der *Therapie* mehr Erfolg versprechen, eine Therapie, die zunehmend die Form *pharmakologischer* Eingriffe annehmen wird. *Dass* chemische Substanzen Einfluss auf die Psyche haben, ist längst erwiesen.

Eine abschließende Bemerkung: Planck hat in einige Wunden der Psychoanalyse den Finger gelegt, insbesondere durch seine hohen methodischen und beweislogischen Anforderungen (z. B. was die Annahme von Kausal- und Energierelationen zwischen Seele und Körper betrifft). Aber für seine vernichtende Grundthese, dass es eine Wissenschaft vom Unterbewussten/Unbewussten und in Folge davon die Psychoanalyse als Wissenschaft nicht geben kann, hatte er keine tragenden Gründe. Die modernen Neurowissenschaften stehen ihm in *dieser* Hinsicht jedenfalls nicht zur Seite oder zeigen ein uneinheitliches Bild. Wichtig ist: Die genannten neuroanatomischen Korrelationen zwischen Leib und Seele lassen die disziplinäre *Autonomie* der Psychologie und damit ihre Nichtreduzierbarkeit auf Neurowissenschaft völlig unberührt. Den Beweis liefert gelegentlich die Neurowissenschaft selbst, indem sie ihre *kognitions*wissenschaftlichen Grenzen deutlich markiert. So sagt Gerhard Roth in wünschenswerter Klarheit: „Wahrnehmung ist [...] Bedeutungszuweisung zu an sich bedeutungsfreien neuronalen Prozessen [...] Wahrnehmung *ist* Interpretation, *ist* Bedeutungszuweisung" (zitiert in: Schmidt 1988, S. 14/15). Und als Folge seiner verallgemeinernden *Gleichsetzung* „kognitive, d. h. bedeutungshafte Prozesse" (Roth 1996, S. 32) sind die Grenzen der Neurobiologie einmal mehr bestimmt: Ihre Zuständigkeit endet beim *Bedeutungs*problem („an sich bedeutungsfreie neuronale Prozesse"). Mag sein, dass die Neurowissenschaft den „heiligen Gral" der Kognition *hütet*, sein Geheimnis *lüften* oder auch nur einen Beitrag dazu leisten wird sie nicht, jedenfalls nicht ohne erheblichen immanenten Theoriefortschritt – und schon gar nicht ohne Zuhilfenahme einer externen, allgemeinen Theorie des Geistes, weil nur sie den Schlüssel für die Öffnung des „heiligen Grals" liefern könnte (so es diesen Schlüssel denn überhaupt gibt). Diese Theorie des Geistes wird nun in einheitswissenschaftlicher Absicht im nachfolgenden Teil versucht, mit der Besonderheit ihrer Überführung in eine Theorie der Bedeutung. Der Grund ist einfach: Kognitives und semantisches Vermögen sind äquivalent. Ohne Bedeutung kein Denken. Wegen dieser systematischen Funktion der Bedeutung kann auch die Psychoanalyse, die sogar die *un*bewussten Prozesse als bedeutungsgeladen auszeichnet, nicht durch Neurobiologie ersetzt werden. Wenn der Nobelpreisträger und Neurowissenschaftler Eric R. Kandel auf die Frage, ob er Freud als Wissenschaftler betrachtet, so antwortet: „Seine Ziele waren ganz klar wissenschaftliche, aber nicht seine Methoden. Bis um das Jahr 1894 wollte Freud ein neurobiologisches Modell der Psyche entwerfen." (Kandel 2008. S. 64), so trifft das nicht den psychologischen Sachverhalt. Der Grund: Es kann deshalb kein „neurobiologisches Modell der Psyche" geben, weil die Psyche in allen ihren bewussten und unbewussten Erscheinungsformen *Bedeutungen* hervorbringt und regelt und das Gehirn – auch im vorher schon genannten neurobiologischen Selbstverständnis – völlig bedeutungs*frei* ist. Genau deshalb kann es kein „neurobiologisches Modell der Psyche" geben, wohl aber eine neurobiologische *Grundlage* psychischer Prozesse. So wenig wie Denken ohne Gehirn möglich ist, so wenig ist Fühlen ohne Gehirn möglich. Aus diesem notwendigen Zusammenhang lässt sich aber weder die Ersetzung noch die Rückführung von Denken und Fühlen auf das Gehirn ableiten.

Grundlagen einer logisch autonomen Theorie des Geistes

1. Rekapitulation des physikalischen Vorlaufs

Die erste Abhandlung „Physik auf dem Wege zur Geisteswissenschaft" hat gezeigt, dass die Physik am Anfang des 20. Jahrhunderts eine paradigmatische Wende vollzogen hat, die eine neue Perspektive für die Einheit der Wissenschaften eröffnet. Die Grundlagen für diese Wende haben Bohr, Einstein, Heisenberg und Planck geliefert, sowohl in fachwissenschaftlichen wie auch in wissenschaftstheoretischen Arbeiten. „Neu" ist die einheitswissenschaftliche Perspektive deshalb, weil sie *jenseits* des alten Zwei-Parteien-Streites eröffnet wird und die logische Basis des physikalistischen Monismus wie des Dualismus gleichermaßen in Frage stellt. Da es sich um eine Wende mit *systematischer* Erheblichkeit handelt, kann von einem *Dritten Weg* gesprochen werden. Systematisch folgenreich sind dabei vier grundlegende Neuerungen: Erstens der Vorrang der Theorie vor der Empirie, zweitens die Einführung der Zeitlichkeit in die Naturgesetze, drittens die Anerkennung von irreduzibler Komplexität und viertens die wissenschaftliche Aufwertung der Umgangssprache.

Bei der Analyse dieser Besonderheiten, insbesondere im Zusammenhang mit den Merkmalen von *theoretischen Termen*, ist nach und nach die These entstanden, dass keine Einzeldisziplin, sondern nur eine allgemeine Theorie des Geistes die Einheit der Wissenschaften sicherstellen kann. Wenn dann reine Theoretizität, i. e. Begriffenes ohne empirisches Korrelat, auch die Grundlagen der *Physik* bestimmt, ist die Plausibilität der These zunächst einmal gesichert. Was *alle* Disziplinen in *jeder* Phase beherrscht, ist der Bedeutung gebende Geist. Wer – im „Informationszeitalter" typisch – von Geistphobie befallen ist, wird diesen Ansatz im pejorativen Sinne „idealistisch" nennen oder gleich ins Reich der Geister verweisen, nach dem Motto: Vom Geist zu den Geistern ist der Weg nicht weit. Sei's drum! Klar ist: Wer das Vorhaben, die Einheit der Wissenschaften via Theorie des Geistes zu erreichen, ablehnt, muss die Logik dieses einfachen Zusammenhangs außer Kraft setzen: Wissenschaft ist wesentlich *Theorie*bildung. Theorien sind *Symbol*systeme. Symbole sind Ausdruck des *Geistes*, nicht der Natur. Daher ist die Einheit stiftende Grundlage *aller* Wissenschaften eine allgemeine Theorie des *Geistes*. Die Begründung mit Blick auf die Physik: Ohne die Bedeutung von „Physik" gibt es keine *Wissen*schaft Physik. Die *Bedeutung* des Wortes „Physik" kann jedoch nicht *physikalisch*, d. h. im Rahmen von Masse und Energie, erfasst und bestimmt werden. Diese Unmöglichkeit ist eine Folge nicht zuletzt davon, dass Masse und Energie grundsätzlich berechenbar und messbar sein müssen, was bei Bedeutungen nicht der Fall ist und nicht der Fall sein kann. Deshalb ist zur Klärung *jed*weder Bedeutungsfrage eine logisch autonome Theorie des Geistes erforderlich. Wer das Argument ablehnt, muss den Beweis für die Berechenbarkeit der Bedeutung des Begriffs „Physik" liefern. Wir sind auf die Beweisführung gespannt. Um den physikalischen Hintergrund, auf dem die These der einheitswissenschaftlichen Notwendigkeit einer Theorie des Geistes entstanden ist, noch einmal in Erinnerung zu rufen, im Folgenden eine Zusammenfassung.

Zunächst zur „Theoretizät": In der modernen Physik ist sie dadurch gekennzeichnet, dass Theorien im Verhältnis zur Empirie nicht nur eine vorrangige, sondern eine logisch *autonome* Funktion erhalten. Dieser Befund der Autonomie der *Theorie* war der Ausgangspunkt für unsere These von der *geistes*wissenschaftlichen Grundlegung der neuen Physik. Es beginnt mit der schon genannten Trivialität: Eine Theorie ist – auch in den Naturwissenschaften – immer ein *Symbol*system. Und Symbole sind *geistige* und keine *physikalische* Entitäten. Die nichttriviale Konsequenz: Sie sind nur *geistes*wissenschaftlich zugänglich. In seiner schärfsten Form zeigt sich der *geistes*wissenschaftliche Status von Begriffen dann, wenn auch ihre *Designata geistige* Entitäten sind, was z. B. beim Begriff „Massenpunkt" der Fall ist. Diese Besonderheit haben wir „*starke* Theoretizität" genannt. Die Konsequenz: Designata dieser Art sind dem Geltungsbereich der *außen*weltbezogenen Physik *vollständig* entzogen. Schon aus diesem einfachen Grund: Sie haben als *geistige* Größen weder Masse noch Energie. Einsteins Formel $E = mc^2$, die als Masse-Energie-Äquivalenz gedeutet und im Lehrbuch als „berühmteste Formel der gesamten Physik" (Meschede 2015, 649) bezeichnet wird, zeigt den engen *Zusammen*hang von Beiden: Masse und Energie sind zwei Seiten derselben Medaille. Da *Alles* in der außenweltbezogenen Physik zureichend in Begriffen oder auf der Grundlage von Masse und Energie beschreibbar und erklärbar sein muss, dies bei den theoretischen Entitäten aber nicht der Fall ist, handelt es sich zwingend um physik*freie* Designata. Mit Bezug auf die *Natur*wissenschaft Physik klingt das paradox und irritierend, entspricht aber dem Stand der physikalischen Theorie, wie im Folgenden noch einmal beispielhaft gezeigt wird. Aus Sicht der *traditionellen* Physik ist diese Wende, hier als methodologische Schwerpunktverlagerung von der Empirie hin zur Theorie verstanden, gleichermaßen Desaster wie Dilemma: Die physikalische Theorie hat rein geistige Entitäten eingeführt, die für strikt empirisch orientierte Physiker Fremdkörper sind, auf die sie aber nicht verzichten können bzw. nur um den Preis, Heisenberg, Einstein, Bohr und Planck zu ignorieren.

Theoretizität zeigt sich vielfältig, auch darin, dass zentrale Begriffe *Nicht*beobachtbares repräsentieren. Die Folge: Ihre Designata sind nur noch indirekt oder gar nicht empirisch nachweisbar. Ein Beispiel für den *in*direkten Nachweis sind die „Spuren" in der Wilsonkammer, die von nichtbeobachtbaren Elementarteilchen hinterlassen werden. Wichtig ist: Die mikrophysikalische *Existenz* der Teilchen ist niemals *direkt* nachweisbar, sondern nur *erschließbar* aus beobachtbaren *makro*physikalischen Prozessen. Mit Bezug auf unsere Begriffstrilogie *realitätsfrei/realitätswidrig/realitätskonform* heißt das: Annahmen der Elementarteilchentheorie sind (partiell) realitäts*konform*. „Partiell" deshalb, weil die Realitätskonformität nur eine in Hinsicht der *Spuren*, nicht aber der Elementarteilchen *selbst* ist, die keiner Beobachtung zugänglich sind. Für die Herstellung der *Einheit* der Wissenschaften ist die Anerkennung der Eigenschaft der Nichtbeobachtbarkeit von zentraler Bedeutung, weil sie in geisteswissenschaftlichen Disziplinen nicht eliminierbar und eher Regel als Ausnahme ist – zum Beispiel und in besonderer Deutlichkeit beim Unbewussten der Psychoanalyse. Niels Bohr und Wolfgang Pauli haben dieses Merkmal der Nichtbeobachtbarkeit als methodologische *Gemeinsamkeit* von Quantenmechanik und Psychoanalyse ausdrücklich hervorgehoben.

Der Grad der Theoretizität ist variabel. Ein Beispiel für die *völlige* Empiriefreiheit der Begriffsdesignata: Wird der Term „Elektron" mathematisch als Massen*punkt* expliziert wird, ist nicht nur der *Gegenstand* nicht selbst beobachtbar, sondern die mathematische Form hat zur Folge, dass er aufgrund seiner Eigenschaft der *Punkt*förmigkeit und der damit verbundenen Ausdehnungslosigkeit in der Empirie nicht einmal „*Spuren*" hinterlassen kann. Was keine Ausdehnung hat, also nicht einmal die physikalisch kleinste Größe der Plancklänge von 10^{-35} m erreicht, kann empirisch nicht erscheinen. Mehr noch: Es kann empirisch nicht *sein*, weil ein Etwas mit dem Radius 0 keine Masse haben und damit empirisch nicht existieren kann. Insofern ist der physikalische Begriff „Massenpunkt" ein Widerspruch in sich. Eine ausdehnungslose Masse gibt es nicht (auch die Urknallsingularität mit der Annahme einer Verdichtung des Raumes gegen Null, jedenfalls unterhalb der Plancklänge, ist ein theoretisches, mathematisches und damit rein geistiges Konstrukt, also ohne empirisch-physikalische Entsprechung). Wie schon früher erwähnt, mogelt sich die Physik um diese Problematik herum, räumt im Lehrbuch allenfalls ein, dass der „Begriff des Massenpunktes ... nicht so unproblematisch (ist) wie es klingt" und nennt es „verwunderlich, dass er sich überhaupt auf die Wirklichkeit anwenden lässt". (Meschede 2015, S. 13) Der Sachverhalt ist so nicht korrekt beschrieben, denn ein ausdehnungsloser Punkt lässt sich *nicht* „auf die Wirklichkeit anwenden". Die Verwunderung ist folglich nicht in der *Wirklichkeit* begründet, eben weil es in der Wirklichkeit keinen Massen*punkt* geben kann, sondern in der Freiheit des *Geistes*, Annahmen dieser Art zu machen. Den Massenpunkt gibt es jedenfalls nur in der Theorie, also nur in einem *geistigen* Status. Die kritische Einschätzung wird gestützt durch eine ebenfalls im Lehrbuch genannte, „dem Begriff des Massenpunktes innewohnende Schwierigkeit, nämlich dass er eine unendliche Energie haben müsste", was „der Physik der Elementarteilchen noch heute zu schaffen (macht)" (Meschede 2015, S. 13).

Trotz dieser Schwierigkeiten, die nicht theorieimmanent, sondern nur in Relation zur Empirie entstehen, hält die Physik bis heute am Konstrukt des Massenpunktes und damit an einer rein geistigen Größe fest. Eine erkenntnistheoretische Folgerung daraus: Die Eigenschaft der Ausdehnungslosigkeit kann zum Geist nicht via *Sinne* gelangt sein. Der Begriff ist extensional leer. Einmal mehr wird Lockes These ›Nihil est in intellectu, quod non fuerit in sensu‹ (Nichts ist im Intellekt, was nicht zuvor in den Sinnen war) widerlegt. In dieser Realitätsfreiheit zentraler Begriffe der physikalischen Theorie zeigt sich, dass der dualistische Versuch, die Physik als „Beobachtungswissenschaft" strikt von den Geisteswissenschaften abzugrenzen, gescheitert ist. Nicht „Beobachtungstatsachen", sondern „geistige Tatsachen" stehen im Mittelpunkt der neuen physikalischen Theorie.

Warum punktförmige Teilchen als geistige Entitäten für die Sinne nicht zugänglich sind, soll am Beispiel des *visuellen* Sinns noch einmal kurz begründet werden: Teilchen mit einem Radius *Null* können durch die Atome der Netzhaut nicht detektiert und in Folge davon nicht durch ihre Sinneszellen in elektrische Impulse transduziert werden. Solange diese Umwandlung aber nicht erfolgt ist, werden die Nervenzellen des Gehirns nicht aktiv. Die Transduktion ist also eine *absolute* Bedingung für den Eintritt von Signalen aus der Außenwelt ins Gehirn, wo der Sinneseindruck, d. h. die *Phänomen*wahrnehmung, erst entsteht. Dass ausdehnungslose Teilchen nicht mit den Sinnen wechselwirken können, ist der Beweis dafür, dass sie rein geistiger Natur sind. Die immer und nur in empirischer Funktion angeregten Sinne haben in diesem Fall *keinerlei* Funktion. Lockes Behauptung, dass nur dasjenige Teil des Geistes sein kann, was vorher die Sinne passiert hat, ist falsch. Zur Bestätigung noch eine messtheoretische Variante des Argumentes: Nur unter der Voraussetzung der Ausgedehntheit können Messobjekte mit Messinstrumenten *wechsel*wirken – eine nicht hintergehbare Bedingung *jeder* Messung. Da das Punktteilchen der Theorie zufolge ausdehnungslos und infolge davon masse- und energielos ist, kann es niemals *als* Punktteilchen gemessen werden. Es ist reine *Bedeutung*. In dieser extensionalen Leere bei gleichzeitig starkem intensionalem Gehalt zeigen Theorien die höchste Form ihrer Autonomie und in der Realitäts*freiheit* ihre *reine* Geistigkeit. Auf der früher eingeführten Skala von 0 (= empirisch-theorielos) bis 1 (= theoretisch-empirielos) muss das als „ausdehnungslos" bestimmte Elektron bei „1" verortet werden – eben weil es in der Außenwelt die Eigenschaft der Ausdehnungslosigkeit nicht gibt.

Die bisherigen Ausführungen verfolgen zwei zusammenhängende Ziele: Erstens die These von der *geistes*wissenschaftlichen Wende der Physik zu begründen, zweitens die Schlussfolgerung vorzubereiten, dass die auf dem *Dritten Weg* eingeleitete Einheit der Wissenschaften nur via Theorie des Geistes möglich ist. Da diese Akzentuierung des Einheitsversuchs auf dem Hintergrund der traditionellen wissenschaftstheoretischen Debatten überraschend ist, sollen noch einmal ein paar maßgebliche Physiker zu Wort kommen, um die fachwissenschaftliche Konformität der Deutung zu belegen. Wir beginnen mit Heisenberg. Die genannte Wende der Physik gipfelt bei ihm schlussfolgernd in dem revolutionären Satz: „*Das naturwissenschaftliche Weltbild hört damit auf, ein eigentlich naturwissenschaftliches zu sein.*" (Heisenberg 1965, S. 21) Geäußert vielleicht mit einem Unterton des Bedauerns, ist Heisenbergs Feststellung eine zwingende Folge der im Lichte der *Theorie* entstandenen quantenmechanischen Befunde. Sie ist so ungewöhnlich und irritierend, für Szientisten wie für Nicht-Szientisten, dass wir die Ausführungen, die Heisenberg *schlussfolgernd* zu dieser Feststellung geführt haben, noch einmal zitieren wollen:

„Wenn von einem Naturbild der exakten Naturwissenschaft in unserer Zeit gesprochen werden kann, so handelt es sich also eigentlich nicht mehr um ein Bild der Natur, sondern um *ein Bild unserer Beziehungen zur Natur*. Die alte Einteilung der Welt in einen objektiven Ablauf in Raum und Zeit auf der einen Seite und die Seele, in der sich dieser Ablauf spiegelt, auf der anderen, also die Descartes'sche Unterscheidung von res cogitans und res extensa, eignet sich nicht mehr als Ausgangspunkt zum Verständnis der modernen Naturwissenschaft. Im Blickfeld dieser Wissenschaft steht vielmehr vor allem das Netz der Beziehungen zwischen Mensch und Natur, der Zusammenhänge, durch die wir als körperliche Lebewesen abhängige Teile der Natur sind und sie gleichzeitig als Menschen zum Gegenstand unseres Denkens und Handelns machen. Die Naturwissenschaft steht nicht mehr als Beschauer vor der Natur, sondern erkennt sich selbst als Teil dieses Wechselspiels zwischen Mensch und Natur. Die wissenschaftliche Methode des Aussonderns, Erklärens und Ordnens wird sich der Grenzen bewusst, die ihr dadurch gesetzt sind, dass der Zugriff der Methode ihren Gegenstand verändert und umgestaltet, dass sich die Methode also nicht mehr vom Gegenstand distanzieren kann. *Das naturwissenschaftliche Weltbild hört damit auf, ein eigentlich naturwissenschaftliches zu sein.*" (Heisenberg 1965, S. 21)

Das gesamte Zitat ist *Satz für Satz* gleichermaßen antiszientistisch wie antidualistisch. Den Beweis unterstreichen wir mit einem kleinen Kunstgriff: Wir ersetzen in dem Heisenbergzitat „Natur" durch „Gesellschaft" und „Naturwissenschaft" durch „Gesellschaftswissenschaft". Alles Andere bleibt unverändert (das Ersetzte ist durchgestrichen):

„Wenn von einem Gesellschaftsbild ~~Naturbild~~ der Gesellschaftswissenschaft ~~exakten Naturwissenschaft~~ in unserer Zeit gesprochen werden kann, so handelt es sich also eigentlich nicht mehr um ein Bild der Gesellschaft ~~Natur~~, sondern um *ein Bild unserer Beziehungen zur Gesellschaft* ~~Natur~~. Die alte Einteilung der Welt in einen objektiven Ablauf in Raum und Zeit auf der einen Seite und die Seele, in der sich dieser Ablauf spiegelt, auf der anderen, also die Descartes'sche Unterscheidung von res cogitans und res extensa, eignet sich nicht mehr als Ausgangspunkt zum Verständnis der modernen Gesellschaftswissenschaft

~~Naturwissenschaft~~. Im Blickfeld dieser Wissenschaft steht vielmehr vor allem das Netz der Beziehungen zwischen Mensch und Gesellschaft ~~Natur~~, der Zusammenhänge, durch die wir als körperliche Lebewesen abhängige Teile der Gesellschaft ~~Natur~~ sind und sie gleichzeitig als Menschen zum Gegenstand unseres Denkens und Handelns machen. Die Gesellschaftswissenschaft ~~Naturwissenschaft~~ steht nicht mehr als Beschauer vor der Gesellschaft ~~Natur~~, sondern erkennt sich selbst als Teil dieses Wechselspiels zwischen Mensch und Gesellschaft ~~Natur~~. Die wissenschaftliche Methode des Aussonderns, Erklärens und Ordnens wird sich der Grenzen bewusst, die ihr dadurch gesetzt sind, dass der Zugriff der Methode ihren Gegenstand verändert und umgestaltet, dass sich die Methode also nicht mehr vom Gegenstand distanzieren kann."

Adorno müsste dieser Ersetzungsoperation, wenn auch nicht im Wortlaut, so doch grundsätzlich im Inhalt, zustimmen. Jedenfalls passt z. B. Heisenbergs Einschätzung, „dass sich die Methode [...] nicht mehr vom Gegenstand distanzieren kann", gut zu Adornos methodologischen Grundüberzeugungen. In unserem Bemühen um eine geisteswissenschaftlich bestimmte Einheit ist die Austauschbarkeit der Begriffe „Natur" und „Gesellschaft" in diesem Kontext jedenfalls ein weiteres Indiz für ihre Möglichkeit.

Mit der so skizzierten erkenntnistheoretisch-methodologischen Wende, die im *Beziehungspostulat* abstrakt zusammengefasst und in all ihren Einzelheiten als Folge dieses zentralen Postulates gedeutet werden kann, entstand in der Quantentheorie ein neues Paradigma, das im wahrsten Sinne des Wortes *grund*sätzlich angelegt ist, nämlich unter Einschluss der Natur*gesetze*. In Heisenbergs Worten: „Die Naturgesetze, die wir in der Quantentheorie mathematisch formulieren, (handeln) nicht mehr von den Elementarteilchen an sich, sondern von unserer Kenntnis der Elementarteilchen." (Heisenberg 1965, S. 12) Wenn wir annehmen, dass „Kenntnis der Elementarteilchen" äquivalent ist mit „Theorie der Elementarteilchen", dann hat dies im Sinne der *starken Theoretizität* auch für die linguistische Unterscheidung zwischen Signifikans und Signifikat eine wichtige Konsequenz: Im Falle der Quantentheorie sind *beide* geistiger Natur, realitäts*freie* Entitäten, was unsere These von der zunehmenden *Geistes*wissenschaftlichkeit der physikalischen Theorie einmal mehr stützt. Im alltäglichen Regelfall der Realitäts*konformität* ist das anders: Zum Beispiel verweist das *Wort* „Messer" auf das im logischen Status verschiedene *Ding* Messer. Wenn aber nach Heisenberg der *Bezug* der Naturgesetze unsere *Kenntnis*, i. e. unsere Theorie ist, so sind Signifikans (= Term „Unbestimmtheitsrelation") *und* Signifikat (= theoretisches Modell der Unbestimmtheit) beide *geistiger* Natur. Dieser *Doppel*charakter des Geistigen (Signifikant + Signifikat) ist Ausdruck höchster Theoretizität und als Verhältnis einer gleichsinnigen Proportionalität so verallgemeinerbar: In welcher naturwissenschaftlichen Disziplin auch immer, die *Qualität* der jeweiligen Theorie steigt mit ihrem *geistes*wissenschaftlichen Anteil.

Diese im Unterschied zur Neurobiologie in der Physik schon eingeleitete methodologische Wende – durch Reflexionen in der Theorie und nicht durch Beobachtungen in der Empirie entstanden – hat die in der ersten Abhandlung „Physik auf dem Wege zur Geisteswissenschaft" etwas ausführlicher behandelten messtheoretischen Konsequenzen, die Wheeler und von Weizsäcker – konsequenter als Heisenberg selbst – gezogen haben: Nicht die Registrierung im Mess*apparat*, sondern erst die *sinnvolle Kenntnisnahme* durch das Mess*subjekt* schließt den Messvorgang ab. Die Kenntnisnahme ist also keine 1:1-Abbildung von in Zeigerausschlägen u. Ä. erscheinenden Messergebnissen im Kopf des Physikers, sondern von *starker Theoretizität* bestimmt. „Spuren von Elementarteilchen" entstehen erst im Geist des messenden Physikers. Daraus folgt: Das Mess*subjekt* kann nicht durch die Mess*apparatur* ersetzt werden, was Heisenberg – gegen seine sonstigen wissenschaftstheoretischen Reflexionen – bis zu seinem Lebensende behauptet hat. Noch einmal anders: Eine Messung minus theorierelative Bedeutung ist keine Messung, sondern ihr ergebnisloser *Abbruch* auf halbem Weg. Theoretizität und damit Geistigkeit sind somit ein lückenloses Moment auch der *experimentellen* Physik. Diese Betonung des Theoretischen ist kein Widerspruch zu der Selbstverständlichkeit, dass die experimentelle Physik nicht nur mit *Symbolen*, sondern mit *realen* Größen operiert. Aber die physikalische *Außen*welt kommt erst bei den Rand- und Anfangsbedingungen ins Spiel, die selbst nicht Teil der *Theorie* sind, um die es alleine hier geht.

Auf die besondere Rolle der Theorie auch für die *Empirie* hat schon Einstein aufmerksam gemacht. Zur Erinnerung sein gleichermaßen überraschender wie antiszientistischer Satz: „Die Theorie bestimmt, was beobachtbar ist." Auch diese Hervorhebung der Theorie hätte Adorno wohl gefreut, der den Schulterschluss von Theorie mit Praxis immer abgelehnt hat, weil er zur Folge hat, dass Theorie „zur Dienerin erniedrigt" wird. (Adorno 1970, S. 144) Stattdessen fordert er gegen den Empirismus, „dass Theorie ihre Selbstständigkeit zurückgewinnt", was nach seiner Auffassung „das Interesse von Praxis selber (ist)" (Adorno 1970, S. 144/145). Dass die Selbstständigkeit der Theorie zum Nutzen der Praxis ist, hat die moderne Physik schon in vielen Fällen gezeigt (siehe z. B. das Verhältnis von Quanten*theorie* und Computer*technik*). Und was den *Grad* der „Selbstständigkeit" der Theorie betrifft, so ging Einstein sehr weit: Er hat auch und ausdrücklich *rein* theoretische Modelle und damit *starke* Theoretizität eingeführt, die *keinerlei* Abbildungsmerkmal mit der äußeren Realität verbindet. Das haben wir schon ausgeführt. Zur Erinnerung nur eines der Beispiele: Von den unterschiedlichen Arten mathematisch möglicher geschlossener Räume hat Einstein den *sphärischen* Raum für die Spezielle Relativitätstheorie ausgewählt. Dieser Raum ist ein rein geistiges, nämlich mathematisches Konstrukt, das durch strikte Symmetrie in Form der Gleichwertigkeit aller seiner Punkte bestimmt ist. Dass dieses theoretische Konstrukt des sphärischen Raumes keine Entsprechung in der physikalischen *Außen*welt hat, sagt Einstein indirekt selbst: „Da die Materie in Wahrheit im einzelnen ungleichmäßig verteilt ist, wird die wirkliche Welt vom sphärischen Verhalten im Einzelnen abweichen." (Einstein 1979, S. 90) Der Grund für seine Entscheidung, den *sphärischen* Raum in die Spezielle Relativitätstheorie einzuführen, war also nicht die Beschaffenheit der realen physikalischen Welt, sondern die mathematische *Einfachheit* dieses Raumes. Das bestätigt den hier vertretenen geisttheoretischen Ansatz, denn auch diese *Einfachheit* gibt es nur im *Geist*, nicht in der physikalischen *Außen*welt. Im Lichte der *Allgemeinen* Relativitätstheorie muss man verschärfend sagen: Den sphärischen Raum kann es physikalisch *grundsätzlich nicht* geben. Der Grund ist Einsteins Gravitationstheorie. Der zufolge wirkt die Gravitation nämlich an *jedem* Punkt des Raumes. Die Folge: Aufgrund der *unterschiedlichen* Dichte der Massen wird der Raum *unterschiedlich* stark gekrümmt, so dass die Eigenschaft „sphärisch" *vollständig* außer Kraft gesetzt wird. Diese völlige Entkopplung des Raummodells der Speziellen Relativität*stheorie* vom (realen) Raum zeigt einmal mehr die genannte Wende: Die geometrische Eigenschaft „sphärisch" hat keine empirische Entsprechung, ist realitätsfrei, folglich muss diese Eigenschaft „geistig" genannt werden. Der sphärische Raum existiert nur als *Bedeutung* in der Theorie, i. e. als Inhalt eines Symbolismus. Ob die empiriefreie Explikation von „sphärischer Raum" ausdrücklich „geisteswissenschaftlich" *genannt* wird, ist eine andere Frage. Das durch die Sache erzwungene Eingeständnis der Geisteswissenschaftlichkeit machen Physiker nicht, Einstein inklusive. Aber fest steht: In diesem und in vorher schon genannten Fällen hat Einstein nicht als *Physiker* gesprochen, sondern er ist – unausgesprochen, aber faktisch – in einen epistemisch-geisteswissenschaftlichen Modus gewechselt. Die physikalische *Terminologie* (hier: „sphärischer *Raum*") verschleiert das. Bei einem rein *geistigen* Konstrukt *physikalische* Realität via Terminologie vorzutäuschen, geschieht in der Physik jedoch ständig. Noch ein Beispiel: Wenn von „idealen Gasen" gesprochen wird, geht es nicht um Physik, sondern um die *Bedeutung* eines *Begriffs*konstruktes. Der Grund ist einfach: Die Moleküle dieser Gase werden als *ausdehnungslos* angenommen, eine Eigenschaft, die es nur in der Theorie, nicht aber in der physikalischen Realität gibt. Wie im Falle von Einsteins sphärischem Raum ist der Grund für das realitätswidrige Konstrukt rein *mathematischer* Art: Nur unter der Bedingung der Ausdehnungslosigkeit können die gedachten (!) Moleküle der entsprechenden Zustands*gleichung* genügen, die selbst auch kein Teil der äußeren Welt, sondern ein Teil des mathematischen Symbolismus ist.

Den methodologischen *Vor*rang und die logische *Autonomie* der Theorie, tragende Säulen der Einheit der Wissenschaften, konnten wir auch bei Planck nachweisen. Wir gehen nicht zuletzt deshalb noch einmal kurz darauf ein, weil Reflexionen dieser Art in Lehrbüchern der Physik Anathema sind. Was auch immer der Grund sein mag, gerechtfertigt ist diese wissenschaftstheoretische

Enthaltsamkeit nicht. Zumal die metatheoretischen Reflexionen mit direktem Bezug auf die einschlägigen physikalischen Theorien geführt werden. Sollten Szientisten nach dem ersten Schreck Planck schon verdrängt haben, hier noch einmal zusammenfassend zur Erinnerung: Nach Planck wird der tatsächliche Messprozess in der Physik durch einen „nur gedachten Vorgang" ersetzt oder anders: „An die Stelle der Sinnenwelt [...] (setzt sie) das physikalische Weltbild, welches eine bis zu einem gewissen Grade willkürliche Gedankenkonstruktion darstellt." (Planck 1953a, S. 8) Auf den Punkt gebracht: In Plancks „*Welt*bild" hat die *Welt* keinen Platz. Um die Möglichkeit von Ausflüchten in die Philosophie noch einmal auszuschließen: Planck verwendet „physikalisches Weltbild" und „physikalische Theorie" immer synonym! Desweiteren: „Direkt beobachtbare Größen kommen im Weltbild überhaupt nicht vor, sondern nur Symbole." (Planck 1953a, S. 9) Nur auf diesem Weg der Entkopplung der Theorie von der Empirie erreicht die Physik ihre bewundernswerte Präzision, weil nicht mit der sperrig-asymmetrischen physikalischen Realität, sondern nur mit mathematischen Symbolen „nach ganz bestimmten genauen Vorschriften operiert werden kann". (Planck 1953a, S. 8) Und noch eine Bestätigung der Theorie-Empirie-Entkopplungsthese in Plancks Worten: Wesentliche „Bestandteile" der physikalischen Theorie haben „für die Sinnenwelt [...] gar keine Bedeutung." Planck nennt zum Beispiel „Partialschwingungen, Bezugssysteme usw." (Planck 1953a, S. 9) Wichtig ist: Es handelt sich dabei um *unverzichtbare* Teile der physikalischen Theorie. Paradox formuliert: Die mathematisch und damit rein geistig erzeugte Physikfreiheit der Theorie ist Bedingung der Möglichkeit von moderner Physik. Anders gesagt: In der *Theorie* hat sich die Physik weitgehend von der Empirie verabschiedet, die erst wieder mit den Anfangs- und Randbedingungen ins Spiel kommt, die jedoch kein Teil der Theorie sind.

Planck ist mit diesem radikal empiriefreien Theorieverständnis kein Außenseiter gewesen, sondern hatte gedankenmächtige Verbündete, nicht zuletzt Einstein. Da empirisch orientierte Wissenschaftler – gerade mit Blick auf die *Physik* – bei dieser Argumentation in der Regel *ungläubig* staunen und sich mit der (unbegründeten) Einschränkung „Ausnahme" zu immunisieren versuchen, zum Beweis des Gegenteils ein weiteres Beispiel von Einstein: das Intertialsystem der Speziellen Relativitätstheorie, das wir früher schon etwas ausführlicher erläutert haben. Einstein hat es – *gegen* die Empirie – strikt und ausdrücklich gravitationsfeld*frei* eingeführt. Die zwingende Folge: Der logische Status von „Inertialsystem" ist empiriefrei und damit rein geistig. Und wer den antiszientistischen Implikationen der genannten Begriffe („sphärischer Raum" und „Inertialsystem") noch immer nicht zu folgen bereit ist, hier Einsteins explizite und allgemeine Charakterisierung von Theorien: Ihre „Begriffe und Grundgesetze [...] sind [...] freie Erfindungen des menschlichen Geistes", und paraphrasierend spricht er vom „rein fiktiven Charakter der Grundlagen der Theorie" (Einstein 1956d, S. 115). Stärker kann der *Vor*rang des Geistes vor der Empirie kaum ausgedrückt werden. Mit Blick auf unsere These: Die tragende *geistes*wissenschaftliche Dimension der physikalischen Theorie steht außer Frage. In der Essenz gleich, nur mit Blick auf die Quantentheorie, bestätigt von Weizsäcker das geisteswissenschaftliche Moment, wenn er einheitswissenschaftlich für eine allgemeine Theorie des Geistes verwertbar den Schluss zieht, „die Wirklichkeit, auf die sich das quantentheoretische Mehrwissen bezieht, als eine essentiell seelische oder geistige Wirklichkeit aufzufassen." (Weizsäcker 1988, S. 637) Damit sich der Schreck für beinharte Empiriker in Grenzen hält, noch einmal die Grenzziehung: Nur die physikalische *Theorie* ist realitätsfrei. Die Realität der physikalischen *Außen*welt tritt erst mit den Anfangs- und Randbedingungen auf den Plan, die aber ausdrücklich *nicht* Bestandteil der Theorie sind.

Wichtig ist: Die genannten Neuerungen waren nicht vorübergehende Zwischenphasen der Orientierungslosigkeit oder wilde außerphysikalische Spekulationen der großen Physiker zu Anfang des 20. Jahrhunderts, sondern werden noch Jahrzehnte später von zeitgenössischen Physikern aufrechterhalten und weiterentwickelt. Als Beleg ein abschließendes Beispiel, ebenfalls mit Bezug auf die Quantentheorie: „Damit wird die Bedeutung – oder Information oder Software – zu einem primären Status erhoben, während Materieteilchen sekundär werden." (Davies 1988, S. 246)

Zusammenfassend können wir sagen: Wichtig in unserer Argumentation für die methodologische Einheit der Wissenschaften ist die *grundsätzliche Theorie*vermitteltheit *jedes* Weltbezugs, durch die das geistige Moment *jeder* Wissenschaft, ob empirisch oder theoretisch, zwangsläufig entsteht. Am reinsten ist das geistige Moment bei Begriffen, Modellen und Gesetzen ohne *jeglichen* Weltbezug (siehe Elektron als mathematischer Punkt oder das Inertialsystem der Speziellen Relativitätstheorie). Und wichtig ist ebenfalls die Folge: Die Einheit der Wissenschaften kann nur über eine allgemeine Theorie des *Geistes* erreicht werden, weil Theorien resp. die Bedeutungen ihrer Terme – so wie der Geist selbst – aus dem schon genannten Grund jenseits des Geltungsbereichs der Einsteinschen Masse-Energie-Gleichung liegen. Diese in einer Theorie des Geistes versuchte Einheit der Wissenschaften läßt dabei aber die nicht hintergehbaren disziplinären *Unterschiede* der Untersuchungsobjekte unberührt. „Einheit in der Vielfalt" ist die Formel. Dass man mit Elektronen nicht reden kann, bringt das Einheitsvorhaben nicht zum Scheitern. Entscheidend sind nämlich die abstrakteren, einheitswissenschaftlichen Gemeinsamkeiten: So wie ein Interview das Antwortverhalten des Befragten beeinflusst, so beeinflusst das Messsystem die Bewegungsbahn eines Elektrons.

Neben der oben erläuterten starken Theoretizität war das zweite tragende Moment für die Möglichkeit der Einheit der Abschied der Physik vom Reduktionismus jedweder Spielart, das Oppenheim-Putnam-Modell der „Mikroreduktion" also inklusive. Wichtig ist dieser Abschied deshalb, weil der Reduktionismus im alten Zwei-Parteien-Streit eine strikte Scheidelinie zwischen Natur-

und Geisteswissenschaften war, die Dualisten wie Adorno und Habermas mit guten Argumenten aufrechterhalten konnten (z. B. mit dem Begriff der auf Elemente nicht reduzierbaren „Totalität"). Da die genannte Wende der Physik aber *anti*reduktionistisch angelegt ist, können die Abgrenzungsargumente der Dualisten in dieser Hinsicht nun nicht mehr verteidigt werden. Von den Ausführungen in der ersten Abhandlung hier zur Erinnerung nur soviel: Der Abschied vom Reduktionismus ist gleichbedeutend mit der Anerkennung von irreduzibler *Komplexität*. Dass strikter und lückenloser Reduktionismus nicht einmal *innerhalb* einer *Teil*disziplin der Physik, nämlich der Atomtheorie, möglich ist, hat das „Dreikörperproblem" gezeigt (bereits beim noch nicht sehr komplexen Helium macht sich die Eigenständigkeit von Komplexität dadurch bemerkbar, dass sie nicht auf Einteilchen-Probleme zurückgeführt werden kann).

Der Reduktionismus ist nicht zuletzt deshalb am Ende, weil er die echte, i. e. *objektive Offenheit* eines Prozesses unterschlägt, die in der Physik längst anerkannt ist, weswegen der Physiker Paul Davies von einem „neuen Paradigma" spricht, das neben der Anerkennung der Offenheit außerdem wesentlich auf einer „holistischen Sicht" beruht (Davies 1988, S. 8) und von Nichtlinearitäten und Asymmetrien bestimmt wird. Nur so entsteht die Möglichkeit, dass auf einer höheren Entwicklungsstufe „etwas wirklich Neues" (Davies) entsteht. Eine besonders wichtige, vielleicht sogar die wichtigste Konsequenz aus der Anerkennung von irreduzibler Komplexität besteht darin, die Annahme der Invarianz der Naturgesetze gegenüber Zeitumkehr aufzugeben. Wir haben das in der ersten Abhandlung an der Einführung der *Struktur* der Zeit in die Naturgesetze gezeigt und am logischen Unterschied der drei Zeitmodi erläutert. Damit ist eine lange als uneinnehmbar erscheinende Bastion des Dualismus gefallen. Nicht nur gesellschaftliche Regeln, sondern auch Gesetze der Natur sind dem Wandel unterworfen. In diesem Zusammenhang der Zeitumkehrinvarianz sind wir auf eine delikate Besonderheit gestoßen, welche einmal mehr den *geistes*wissenschaftlichen Status der physikalischen Theorie zeigt: Die Invarianz gegenüber Zeitumkehr ist keine Eigenschaft der physikalischen *Welt*, sondern der mathematischen *Formeln*. Diese – nur geistgetragene – Differenz zwischen Welt und Symbolismus bringt Heisenberg so zum Ausdruck, dass „es keinen Grund für eine Invarianz des Grundzustandes ‚Welt' gegenüber den Symmetrieoperationen der Grundgleichung (gibt) [...] Im Gegenteil, die Welt ist wahrscheinlich ganz unsymmetrisch". (Heisenberg 1967, S. 39) Symmetrie und damit Invarianz sind also keine Eigenschaft der *Welt*, und dennoch werden sie in der Theorie, also im *Geist* des Physikers angenommen – auch wegen der „Schönheit" von Symmetrie, wie Heisenberg unter Berufung auf Plato einräumt (dass es in der physikalischen Theorie aber nicht *nur* um Schönheit, sondern immer wieder auch um leichtere Rechenbarkeit von symmetrischen Zuständen geht, sei nur beiläufig erwähnt).

Nach der Hervorhebung der Theoretizität als eine Form der Freiheit der Theorie gegenüber der Empirie und der Anerkennung von irreduzibler Komplexität hatten wir eine dritte tragende Säule für die Einheit der Wissenschaften ausgemacht: die Aufwertung der Umgangssprache in der Physik, die nicht zu erwarten war und die wir als weiteres antiszientistisches Moment werten wollen. Um ein mögliches Missverständnis zu vermeiden: Die Auszeichnung der Umgangssprache ersetzt oder verdrängt keine Formalsprachen, aber die Umgangssprache ist nun erstens *Teil* der Wissenschaftssprache und zweitens operativ bedeutsam auch für Formalsprachen. Würden nämlich kompromisslose Formalisierer, für die Wissenschaft erst mit Formalsprachen beginnt, auf die Benutzung der Umgangssprache in ihrer dreifachen Mittelfunktion (Kommunikation, Metasprache und Quell der Bedeutung) verzichten, würden Wissenschaft im Allgemeinen und Formalisierung im Besonderen zum Stillstand kommen. Jeder formalsprachlichen Phase geht eine natürlichsprachliche Phase voraus, und auch der Vollzug von formalen Operationen wird immer von natürlicher Sprache begleitet, und sei es auch nur in erläuternder Funktion. Genau so ist Heisenbergs Feststellung zu verstehen, „dass Wissenschaft im Gespräch entsteht" (Heisenberg 1969, S. 9) – und nicht oder nicht nur im Vollzug von Formalismen. Heisenbergs nur scheinbar lapidarer Satz ist ein Hinweis auch darauf, dass die „alte" Objektivität der klassischen Physik, gegründet auf die Trennbarkeit von Subjekt und Objekt, durch Intersubjektivität ersetzt ist. Bohr bestätigt diese Aufwertung der Umgangssprache mit einer ausdrücklich auf Einheit angelegten Funktionszuweisung, wenn er fordert, dass „alle Erfahrungen [...] – gleichviel ob es sich um Wissenschaft, Philosophie oder Kunst handelt –, mit Hilfe unserer gemeinsamen Ausdrucksmittel mitgeteilt werden müssen" – und nennt dies eine „Grundlage" dafür, sich „der Frage der Einheit menschlicher Erkenntnis (zu) nähern." (zitiert in Holton 1981, S. 192) Anders gesagt: Die Umgangssprache ist für das Vorhaben der Einheit in der Vielfalt der Disziplinen *das* einheitsstiftende Mittel der Kommunikation. Unter ausdrücklichem Bezug auf Bohr und im Zusammenhang mit der Ablehnung der von von Neumann initiierten „Machtübernahme der Mathematik in der Physik" verschärft und präzisiert von Weizsäcker die besondere Funktion der Umgangssprache, wenn er feststellt, dass auch in der Physik das „Vorverständnis [...] in der unabgrenzbaren Umgangssprache (wurzelt)" (Weizsäcker 1988, S. 514). Auch das ist ein einheitswissenschaftlich nutzbarer Brückenschlag, der so von einem Physiker nicht zu erwarten war. Ob hermeneutisch orientierte Wissenschaftler wegen der Ausdehnung des Geltungsbereichs der hermeneutischen Methode in die Physik hinein jubeln oder das Angebot „Bindemittel Umgangssprache" wegen der antidualistischen Konsequenzen ablehnen, ist unklar. Klar ist: Szientisten zeigen mimische Bewegung im Augen- und Stirnbereich – und schütteln bei einer weiteren Aufwertung verständnislos den Kopf. Von Weizsäcker stellt nämlich überraschend fest: „Die Umgangssprache ist hier wie so oft präziser als die bisher vorliegende mathematische Sprache der Wissenschaft." (Weizsäcker 1988, S. 74) Die Einschätzung ist nicht leichtfertig dahergesagt, sondern Ergebnis von genauen zeittheoretischen Erörterungen, bei denen von Weizsäcker der physikalisch üblichen Vorstellung von Zeit als mathematisches Zahlenkontinuum und der daraus folgenden *Nivellierung* der Zeit*formen* eine Absage erteilt. Stattdessen betont er einschränkungslos und systematisch folgenreich den in den Verben der natürlichen Sprache gründenden logischen *Unterschied* von Vergangenheit, Gegenwart und Zukunft. Systematisch folgenreich ist der Unterschied aus wenigstens zwei Gründen: Erstens wahrheitstheoretisch: Die Wahrheit einer Aussage im Vergangenheitsmodus ist abschließend entscheidbar, im Gegenwartsmodus nur für den Zeitpunkt ihrer Äußerung und im Zukunftsmodus wegen der Offenheit der Zukunft überhaupt nicht entscheidbar. Zweitens gesetzestheoretisch: Der in den Zeitmodi implizierte *Unterschied* von Vergangenheit, Gegenwart und Zukunft schließt die Forderung der Invarianz der Naturgesetze gegenüber Zeitumkehr aus, weil diese Invarianz nur unter der Bedingung der *Symmetrie* der Zeitmodi gedacht werden kann. Wir hatten schon darauf hingewiesen, dass diese Invarianzforderung, die Geschichtslosigkeit der Naturgesetze, lange Zeit das größte Hindernis auf dem Weg zur Einheit der Wissenschaften war, weil die Geisteswissenschaften zu Recht der Invarianz die unaufhebbare *Geschichtlichkeit* der Geltung von gesellschaftlichen Regularitäten entgegengehalten haben.

Das bei der Analyse des logischen Status der physikalischen Theorie immer wieder und auf unterschiedliche Weise hervorgehobene, gegenüber der Empirie autonome, *geistige* Moment und die daran anschließende These, dass die Einheit der Wissenschaften nur via allgemeine Theorie des Geistes vollzogen werden kann, erfordert nun mehr Explikation des Geistbegriffs. Um die Einheitsfunktion zu erfüllen, muss diese Theorie logisch autonom gegenüber allen Einzeldisziplinen sein. Dass eine solche Theorie *nicht* auf eine neurobiologische Theorie des Gehirns zurückgeführt werden kann, haben wir schon auf unterschiedliche Weise und beispielhaft ausgeführt. Klar ist: So wie der physikalistische ist auch der biologistische Reduktionismus mit den hier zugrunde gelegten Annahmen nicht vereinbar. Das Argument in aller Kürze zusammengefasst: Die physikalisch-chemisch-physiologischen Prozesse des Gehirns sind auf der Ebene des neuronalen Netzwerks prinzipiell nicht *kognitiv*. Dieser ausnahmslose Kognitionsausschluss ist nicht zuletzt eine Folge der „*Einheits*sprache" der Neuronen: *Unterschiedliche* Inhalte (z. B. der Begattungshoheit einfordernde Brunftschrei eines Hirschen und die von Einstein in wissenschaftlicher Absicht vor Studenten leise gesprochene Formel „$E = mc^2$") werden in den Zellen der Sinnesorgane *vor* dem Eintritt ins Gehirn in *gleiche* elektrische Impulse umgewandelt und damit inhaltlich nivelliert. Die *Unterschiede* beider Inhalte können nicht *als* Unterschiede in den *Spikes* der Neuronen repräsentiert werden. Anders gesagt: Die *Bedeutung* und damit das *Geistige* sind neuronal nicht zugänglich. Bei diesem rigorosen Ausschluss der Bedeutung können wir uns der Unterstützung von maßgeblichen Neurobiologen sicher sein. Noch einmal Gerhard Roth in unmissverständlicher Klarheit: „Wahrnehmung ist [...] Bedeutungszuweisung zu an sich bedeutungsfreien neuronalen Prozessen [...] Wahrnehmung *ist* Interpretation, *ist* Bedeutungszuweisung" (zitiert in: Schmidt 1988, S. 14/15). Der Teilsatz „an sich bedeutungsfreie neuronale Prozesse" ist wichtig, weil er diese Konsequenz hat: Wahrnehmung ist kein *neuronaler* Vorgang. In der Annahme der Bedeutungsfreiheit neuronaler Prozesse werden wir also von Neurobiologen gestützt. Mit diesem Bedeutungsausschluss verbindet die Neurobiologie allerdings keine grundsätzliche Verbannung des *Denkens* aus ihrem Zuständigkeitsbereich. Diese Schlussfolgerung vollzieht sie nicht. Denn als Teilgebiet der Neurowissenschaften wird im Lehrbuch neben der „molekularen [...] und zellulären Neurowissensschaft" ausdrücklich die „Kognitive Neurowissenschaft" genannt, die sich u. a. mit „Ich-Bewusstsein" und „geistiger Vorstellungskraft" befasst (Bear/Connors/Paradiso 2016, S. 14/15). Das sehe ich grundsätzlich anders. Die Unterstützung hört also mit dem hier angenommenen *systematischen* Zusammenhang von Geist, Denken und Bedeutung auf. Bedeutungsfreie neuronale Prozesse sind aus dem Funktionskreis des Denkens ausgeschlossen. Noch einmal anders: Denken ist durch den neuronalen Bedeutungsausschluss keine Angelegenheit des Gehirns, sondern des logisch *autonomen* Geistes. Da das neuronale Feuer mit Kognition also *nichts* zu tun, ist eine Theorie des Geistes erforderlich, die nicht auf eine Theorie des Gehirns zurückgeführt werden kann. Die Begründung auf den Punkt gebracht: Neuronen feuern, denken aber nicht. Es handelt sich um zwei qualitativ verschiedene Vorgänge, die aber dennoch in einem *Zusammenhang* stehen. Der Geist *benötigt* nämlich für die Ausübung seiner Funktionen ein materielles Substrat, hier: Neuronen, aber er *besteht* nicht aus Neuronen. Welche Eigenschaften dieses materielle Substrat haben muss, um das qualitativ andere Denken zu ermöglichen, wird in den nachfolgenden Kapiteln auszuführen sein. Ein erster Hinweis zur Art des Verhältnisses von Geist und Gehirn, in Form einer Analogie: So wie ein Schiff seine Funktion (z. B. schwimmender Transport von Gütern) nur unter der Voraussetzung von Wasser erfüllen kann, kann der Geist seine Funktion (z. B. das Lösen einer Gleichung) nur unter der Voraussetzung des Gehirns erfüllen. Und so wie das Wasser bestimmte Eigenschaften haben muss, z. B. den Aggregatzustand „flüssig", auch muss das Verhältnis zwischen mehreren Parametern wohl abgestimmt sein (z. B. zwischen dem Volumen des Schiffsbauches und dem Gewicht des verdrängten Wassers), genauso muss das Gehirn als materielle Bedingung des Geistes bestimmte Merkmale haben (z. B. das Merkmal der Zeitlichkeit), die später geklärt werden. Die Analogie noch zu Ende gedacht: So wenig wie ein Schiff auf Wasser zurückgeführt werden kann, so wenig kann Geist auf das Gehirn reduziert werden.

2. Autonomie und Freiheit des Geistes

Eine Theorie des Geistes mit dem Anspruch auf Grundlegung der Einheit der Wissenschaften wird auf szientistische Vorbehalte stoßen, die wir aber schon in der Einleitung als unbegründete „Geistphobie" zurückgewiesen haben. Wir gehen also davon aus, dass „Geist" eine wissenschaftlich zugängliche Kategorie ist, die zwar im Verdrängungswettbewerb mit „Information" aus der Mode gekommen ist, die aber als einzige für die Erfüllung der einheitswissenschaftliche Funktion geeignet erscheint. Im Konkurrenzkampf zwischen „Geist" und „Information" rücken wir „Geist" aus mindestens drei Gründen an die *erste* Stelle: Erstens beantwortet der Informationsbegriff nicht die Frage nach dem *Agens* der Kognition (Information selbst ist ja nicht denkfähig), zweitens ist der Informationsbegriff in der Regel thermodynamisch durchsetzt und wird dadurch mit einem *Erhaltungs*satz belastet und drittens ist der Einfluss von Shannon noch immer wirksam, der Information nicht semantisch, sondern u. a. über die Kapazität von Kommunikationskanälen bestimmt hat (Letzteres kommt dem untauglichen Versuch gleich, *Wasser* auf die Wasser*leitung* zurückzuführen).

Um auf diesem metatheoretischen Abstraktionsniveau ausgeführt und Einheit in der Vielfalt der Disziplinen stiften zu können, muss diese Theorie logisch autonom sein. Der Grund: Eine Theorie des Geistes, die auf eine neurobiologische oder auf eine physikalische Theorie zurückführbar oder *begrifflich* auf ihre Unterstützung angewiesen wäre, könnte diese *über*greifende Einheitsfunktion nicht erfüllen und wäre außerdem im Planckschen Sinne eine „Scheinwissenschaft" (würde die Erforschung des *Gehirns* alles *kognitions*theoretisch relevante Wissen liefern, so wäre eine Theorie des *Geistes* überflüssig). Dass diese Reduktion oder auch nur die kategoriale Angewiesenheit auf Neurobiologie oder auf Physik nicht möglich bzw. nicht gegeben und damit der Vorwurf „Scheinwissenschaft" nicht gerechtfertigt ist, haben wir in den ersten Abhandlungen an vielen Beispielen schon gezeigt. Da die logische Autonomie der Theorie jedoch für das Einheitsvorhaben von *entscheidender* Bedeutung ist, werden wir auch im Folgenden immer wieder Argumente und Beispiele für sie liefern. Dabei wird sich zeigen, dass die These der *logischen* Autonomie der *Theorie* des Geistes untrennbar verknüpft ist mit der These der *ontologischen* Autonomie des Geistes *selbst*. Zugegeben: Den Geist ins Zentrum der Theorie zu stellen, bringt eine Menge Probleme mit sich. So ist Geist nicht selbst beobachtbar oder auf andere Weise *direkt* nachweisbar, aber er hat in der *Kommunizierbarkeit* seiner Inhalte eine starke Möglichkeit seiner Manifestation.

Nun bestreiten beinharte Szientisten nicht nur die *Autonomie*, sondern bereits die *Existenz* des Geistes, jedenfalls seine Existenz in einer *wissenschaftlich* zugänglichen Form. So wird „Geist" – jenseits der Wissenschaft – auf eine religiöse Kategorie reduziert. Wir wollen das Gegenteil beweisen, unter Anwendung der drei Kategorien „realitätsfrei", „realitätswidrig" und „realitätskonform". Wegen der Nichtbeobachtbarkeit des Geistes werden die Nachweise seiner Existenz immer indirekt sein, z. B. auf dem Wege von Schlussfolgerungen zustande kommen. Besonders geeignet für den Nachweis seiner Existenz und seiner Autonomie sind die Eigenschaften „realitätsfrei" oder „realitätswidrig". Sie indizieren nämlich erstens einen *kognitiven* Zustand, der zweitens *keinerlei* Bezug zur *äußeren* Welt hat und dennoch drittens *als* kognitiver *wissenschaftlich* zugänglich ist. Kurz gefasst: Wann immer ein realitäts*freier* oder realitäts*widriger* kognitiver Zustand nachweisbar ist, ist der Beweis für die Existenz und die Autonomie des Geistes erbracht.

In dieser Beweisfunktion von realitätsfreien und realitätswidrigen Zuständen greifen wir zunächst noch einmal das Beispiel des Sonnenuntergangs auf. Zur Erinnerung hier nur das für den Beweisgang Wesentliche: Der physikalische Vergangenheitslichtkegel, in der Physik unumstritten, hat aufgrund der permanenten Drehung der Erde, ihrer räumlichen Distanz zur Sonne und der endlichen Ausbreitungsgeschwindigkeit von Photonen logisch zwingend zur Folge, dass wir die Sonne niemals an der Stelle *sehen*, an der sie sich *tatsächlich* befindet. Sehen wir sie z. B. knapp *über* dem Horizont und handelt es sich um einen Sonnen*unter*gang, so ist sie in Wahrheit schon hinter dem Horizont *verschwunden*, physikalisch also *unsichtbar* – und dennoch *sehen* wir sie im Moment der Beobachtung *über* dem Horizont. Diese kognitive Leistung, etwas in der Außenwelt zu sehen – in diesem Fall die Sonne über dem Horizont –, was es physikalisch in diesem Moment dort nicht gibt, ist ein untrüglicher Beleg für die Existenz und Autonomie des Geistes, eine kognitive Leistung, die *ausschließlich* unserem Geist zugerechnet werden kann. Die Behauptung der *Ausschließlichkeit* ist deshalb zwingend, weil die Wahrnehmung realitäts*widrig* ist. Und was realitäts*widrig* ist, aber dennoch im Geist als Wahrnehmungs*inhalt existiert*, hat keinerlei physikalische Entsprechung in der Außenwelt und kann sie nicht haben und zeigt Beides: Existenz *und* Autonomie des Geistes. Aus der physikalisch unbestreitbaren Tatsache des Vergangenheitslichtkegels und der gleichermaßen festen wie falschen subjektiven Überzeugung, die Position der Sonne korrekt *über* dem Horizont zu sehen, folgt zwingend eine weitere Besonderheit: Wir schauen nicht in den Raum *hinein*, obwohl wir – wiederum realitätswidrig – vom Gegenteil überzeugt sind. Auch hier ist die Schlussfolgerung zwingend: Die illusionäre *Raum*wahrnehmung ist eine genuin *geistige* Leistung und hat keinerlei physikalische Entsprechung. Das *auslösende* Moment dieser Illusion ist allerdings wieder physikalischer Natur: Die Photonen bewegen sich von der Sonne zu unseren Augen und lösen erst auf der Netzhaut den ersten Akt des Wahrnehmungsvorgangs aus – und sie bewegen sich *nicht*, gleichsam in einer Scheinwerferfunktion, in umgekehrter Richtung von den Augen zur Sonne (was Aristoteles noch angenommen hat). Auch diese subjektive, aber falsche Überzeugung, in den Raum *hinein*zuschauen, beweist die Existenz und die Autonomie des Geistes. Die Autonomie deshalb, weil es für den subjektiv erlebten Blick in den Raum hinein *keinerlei* physikalisches Korrelat gibt. Diese in der *Differenz* von Erlebtem und Tatsächlichem liegende Merkwürdigkeit, die für *jede* Wahrnehmung gilt, ist trotz der unzweifelhaften physikalischen Tatsachen psychologisch schwer zu akzeptieren. (Fast) Jeder ist fest davon überzeugt, zu einem wahrgenommenen Objekt *hin*zuschauen. Deshalb schlage ich ein weiteres Beispiel vor, das die genannte Besonderheit buchstäblich „vor Augen führt" und Existenz und Autonomie des Geistes gegenüber der Materie einmal mehr unter Beweis stellt.

Werfen Sie bitte zunächst einen kurzen Blick auf die folgende, *geometrisch bestimmte,* aber *inhaltlich unbestimmte* Abbildung (Abb. 3).

Abb. 3:

(Quelle: M. Mißfeldt www.Sehtestbilder.de)

Jetzt machen Sie folgendes: Sie konzentrieren Ihren Blick auf die vier kleinen, senkrechten Punkte in der Mitte der Abbildung, 30–40 Sekunden lang (zählen Sie beim Hinschauen die Sekunden bis 30 oder 40), ununterbrochen und bei permanent geöffneten Augen. Nach 30–40 Sekunden wenden Sie den Blick von der Abbildung weg auf eine möglichst weiße, leere Wand. Sobald Ihre Augen die leere Wand im Blick haben, „klimpern" sie in schneller Folge drei bis vier Mal mit Ihren Augen (kurz und abrupt die Augenlider schließen und wieder öffnen) – bis Sie auf der Wand etwas sehen. Und was sehen Sie? Verschwindet das Gesehene, klimpern Sie noch einmal, zwei bis drei Mal. Anmerkung: Falls Sie nichts auf der weißen Wand sehen, gehören Sie zu einer verschwindend kleinen Zahl von Probanden, bei denen der Versuch nicht funktioniert.

Das Beispiel zeigt zwei wesentliche Momente des autonomen Geistes: Das Antlitz Christi, das Sie auf der weißen Wand *sehen*, kann nicht auf der Wand *sein*. Die Wand ist nämlich der experimentellen Anordnung zufolge nicht nur weiß, sondern leer. Die zwingende Folgerung: Wenn das Bild des Christuskopfes sich nicht auf der *Wand* befindet, kann es nur in Ihrem *Geist* sein. Tertium non datur. Warum ich bei diesem Beispiel von „Geist" und nicht von „Gehirn" spreche, hat den früher schon ausführlicher erläuterten Grund: Im neuronalen Netzwerk gibt es elektrische Spikes und chemische Transmitter, aber keine *optischen* Zustände im sichtbaren Bereich des elektromagnetischen Spektrums, also im Bereich zwischen 380 und 760 Nanometer. Dass elektromagnetische Wellen für die Gehirnfunktionen keine Rolle spielen, gehört zum festen Überzeugungsbestand der Neurobiologie. Der Beweis für das rein Geistige kann ergänzend und thesenbestätigend auch *technisch* geführt werden: Wir lassen eine Videokamera während unseres Blicks auf die Wand in unserem Blickfeld mitlaufen. Das zu erwartende Ergebnis: Die Kamera nimmt keinen Jesuskopf auf, sondern – physikalisch korrekt – nur die weiße leere Wand, was einmal mehr beweist, dass es auf der Wand „da draußen" keine Jesusabbildung gibt. Über das optische Erscheinen des Jesuskopfes hinaus gibt es den beim Sonnenbeispiel schon erwähnten zweiten und rein geistigen Vorgang: Im Moment der Wahrnehmung des Christuskopfes haben wir die feste Überzeugung, in den Raum *hinein* auf die Wand zu schauen, denn wir sehen den Christuskopf ja nicht in unserem Kopf, wo er tatsächlich ist, sondern *außerhalb* auf der weißen Wand, wo er aber tatsächlich *nicht* ist. Es handelt sich also wie beim Sonnenuntergang um eine rein *geistige* Existenzform des wahrgenommenen Objektes (dass im Moment der Wahrnehmung notwendig elektrische und chemische Aktivität im Gehirn stattfindet, ändert aus dem schon genannten Grund daran nichts).

Schon die bisher genannten Momente der Realitäts*widrigkeit* beweisen Existenz und Autonomie des Geistes und des Geistigen. *Gegen* die Realität und damit unabhängig von ihr kann nur der Geist existieren. Etwas zu sehen, was es in der Welt nicht gibt, ist eine genuin geistige Leistung. Hinzu kommt: Wir sehen auf der Wand nicht das, was wir zuvor auf der Buchseite gesehen haben, nämlich eine *geometrisch* bestimmte, aber *inhaltlich* unbestimmte Abbildung, sondern das, was wir auf der (in Wahrheit leeren) Wand sehen, ist abweichend vom Urbild geometrisch *und* inhaltlich, nämlich als Christuskopf, konkret bestimmt. Und noch ein viertes Moment des *rein* Geistigen: Der Kopf „auf" der weißen Wand *bewegt* sich diagonal von links unten nach rechts oben – obwohl die Abbildung im Buch keinerlei Bewegungsmoment zeigt. Auch das ist nur unter der Voraussetzung der *Autonomie* des Geistes möglich. Die genannten Momente der Realitätswidrigkeit in eine Beweisfunktion für Existenz und Autonomie des Geistes zu nehmen, erinnert an Freuds Vorgehen. Auch er hat aus Abweichungen, nämlich Neurosen, auf die Existenz eines Unbewussten geschlossen, indem er das Moment der an der Realität gemessenen Unbegründetheit und insofern Realitätswidrigkeit von neurotischen Angstzuständen (analog zur Realitätswidrigkeit der Vorstellung, in den Raum *hinein* zu blicken) in einen ursächlichen Zusammenhang mit dem nicht beobachtbaren Unbewussten (analog zum nicht beobachtbaren Geist) gebracht hat. Wie beim Nachweis des autonomen Unbewussten an Ursachen, die es in der Realität nicht gibt, sind in unseren Beispielen Existenz und Autonomie des Geistes durch *Fehler* nachweisbar. Noch eine Besonderheit der Jesuserscheinung: Niemand ist in der Lage, nach dem Blick auf die inhaltlich *unbestimmte* Abbildung im Buch, also auf ein geometrisch-physikalisches Gebilde, den inhaltlich *bestimmten* Christuskopf „auf" der Wand vorherzusagen – vorausgesetzt, er sieht das Urbild zum ersten Mal. Und auch dann basiert die Vorhersage nicht auf der Abbildung, sondern nur aus der Erinnerung des Scheinphänomens auf der leeren Wand.

Fassen wir zusammen: Wir sehen etwas auf der Wand, was es erstens dort nicht gibt, zweitens verschieden ist vom Urbild, drittens subjektiv in *außenphysikalischer* Raumdimension wahrgenommen wird und sich viertens bewegt. Wenn das nicht die Existenz eines Geistes, d. h. einer *rein* kognitiven Instanz, indiziert, eines Geistes, der gegenüber der materiellen Welt autonom und daraus folgend frei ist und also eigenen Gesetzmäßigkeiten folgt, dann weiß ich es nicht. Auffällig ist: Immer wieder stoßen wir auf das Moment des *Inneren* in einem *phänomenologischen* Abbildungsstatus (die Sonne ist nicht in einer digitalen oder sonstigen Codierung, sondern als konkretes kreisförmiges und rotes Gebilde im Moment der Wahrnehmung *Teil* des Geistes), was wir als wesentliches Merkmal des Geistigen auszeichnen wollen. *Ganzheitliche Phänomen*wahrnehmung ist ein Markenzeichen des Geistes, das keine neurobiologische Entsprechung im Gehirn hat. Das gilt für *alle* Phänomene, aber spätestens bei der Farbe *muss* Jeder, insbesondere jeder *Physiker*, einräumen, dass es sich um ein rein *innergeistiges* Phänomen handelt, denn *Farben* gibt es in der Außenwelt nicht, sondern nur Wellenlängen, die aber selbst nicht farbig sind. Widersprechen kann nur Derjenige, der die seit Newton bis heute geltende physikalische Farbtheorie ablehnt.

Dass wir *ganz*heitliche Phänomene sehen, macht die Neurobiologie bis heute ratlos. In diesem Zusammenhang wird der „Homunkulus" von Neurobiologen – das gravierende eigene Theoriedefizit überspielend – gerne ins Lächerliche gezogen. Aber die Angelegenheit ist nicht lächerlich! Es *gibt* so etwas wie ein inneres „geistiges Auge", das „irgendwie" und gegen die neurobiologische Theorie in einem Zusammenhang mit elektromagnetischen Wellen steht; denn nur diese kommen als Kandidat dafür in Frage, für das dem Geist zugerechnete *Sehen eines Phänomens* eine materielle Grundlage zu geben. Da wir von der Annahme ausgehen, dass der Geist zwar logisch autonom ist, aber dennoch für die Ausübung seiner Funktionen Materie benötigt, wird diese Frage noch zu klären sein. In unserer vorher genannten Analogie und mit Blick auf die optische Wahrnehmung von Phänomenen: Das Schiff des Geistes benötigt zur Ausübung der Funktion des Sehens reale elektromagnetische Wellen. Wir werden später sehen, ob und inwieweit die Physik hier Erklärungshilfe leisten kann. Sollte der Rückgriff auf Physik die Schiff/Fluss-Analogie transzendieren und zu einer vollständigen physikalischen Erklärung von *Phänomenen* führen, wäre unsere These von der *Autonomie* des Geistes gegenüber Materie und damit das ganze bisher skizzierte Modell der Einheit im Sinne eines *dritten Weges* in Frage gestellt.

Werfen wir aber zunächst einen kurzen Blick in die klassische Philosophie des Geistes. Dabei kommt man an einem umstrittenen Großen der Philosophie nicht vorbei: Hegel. Der Rationalist Popper hat ihn nur mit Grausen und im Interesse an Abgrenzung gelesen, und selbst Hegelianern hat er es gelegentlich schwer macht (so hat Adorno – dem Sinn nach – einmal gesagt, bei Hegel wisse man manchmal buchstäblich nicht, worüber er schreibt). Jürgen Ritsert, erklärtermaßen *kein* Hegelianer, aber durchaus der Auffassung, dass Hegel nicht nur altehrwürdig, sondern auch heute noch rezeptionswürdig ist, besteht darauf, dass Hegel – nach einigen Einschränkungen und Verklarungen – auch heutzutage noch einen Beitrag für eine Theorie des Geistes leisten kann (Ritsert 2018a). Hegels besondere Betonung von *Autonomie* und *Freiheit* als notwendige Merkmale des Geistes ist mit der hier vertretenen Auffassung ganz in Übereinstimmung. Allerdings lassen wir manche seiner Vorstellungen vom Geist, z. B. seine Charakterisierung als „gottgleiches Übersubjekt" (Ritsert), links liegen, denn sie liegen jenseits des hier vertretenen geisttheoretischen Modells. Andere Merkmalsbestimmungen dagegen lassen sich an unsere bisherigen Ausführungen direkt anschließen, Hegels Merkmal der Absolutheit des Geistes eingeschlossen, dann jedenfalls, wenn wir die Konnotationen der Absolutheit zum Göttlichen eliminieren. Jedenfalls lässt sich die Absolutheit des Geistes ganz irdisch begründen. Zunächst Hegel selbst: „Dem absoluten Geiste nämlich steht die Natur weder als von gleichem Werte noch als Grenze gegenüber, sondern erhält die Stellung durch ihn gesetzt." (Hegel 1970b, S. 128) Dass die Natur dem Geist keine Grenzen setzt und Geist in diesem Sinne „absolut" genannt werden kann, haben wir schon in zwei Varianten des Absoluten festgestellt und als Formen der *Autonomie* des Geistes verstanden: Es ist erstens seine Fähigkeit, realitäts*widrige* Aussagen zu machen (z. B. „Die Erde ist eine Scheibe."). Das Fehlermachen mit *empirischem* Bezug ist zwar eine negative, gleichwohl einzigartige Ausdrucksform des Geistes, für die es in der Natur keine Entsprechung gibt. In einem Zustand *contra naturam* zu sein, ist einzig und allein dem Geist vorbehalten. Stünde der Geist unter der Kontrolle der *Materie*, wäre logischer Weise *contra* naturam unmöglich. Desweiteren: Aus diesem Zustand der Realitäts*widrigkeit* durch *Selbst*korrektur in den Zustand der Realitäts*konformität* zu wechseln (z. B. durch die Ersetzung von „Scheibe" durch „Kugel" in der Gestaltannahme zur Geometrie der Erde), ist ebenfalls eine einzigartige Fähigkeit des Geistes, für die es in der Natur keine Entsprechung gibt und die Ausdruck seiner *Freiheit* ist. Neben der Realitäts*widrigkeit* von geistigen Zuständen ist die zweite Variante der Autonomie des Geistes sein Vermögen, realitäts*freie* Annahmen machen zu können. Haben realitäts*widrige* Annahmen immerhin einen *Bezug* zur äußeren Welt (wenn auch einen falschen), so sind realitäts*freie* Annahmen *gänzlich* und intendiert ohne Weltbezug. Für diese Variante der Freiheit haben wir schon viele Beispiele genannt. Sie reicht von Symmetrieannahmen in mathematisch bestimmten Naturgesetzen, die wegen der symmetriegetragenen Realitätsfreiheit in Wahrheit keine Gesetze der immer asymmetrischen *Natur* sind, bis zur Annahme der *Punkt*förmigkeit des Elektrons, die es ebenfalls nur im *Geist* und nicht in der Natur gibt. Verallgemeinert: *Alle* realitätsfreien Annahmen sind nur unter der Voraussetzung der *Autonomie* und der Freiheit des Geistes möglich. Man kann ein Elektron ausdehnungslos *denken*, aber ein Elektron kann nicht ausdehnungslos *sein*! In der Ausübung seiner kognitiven Funktionen ist der Geist in diesem Sinne also *absolut* frei. Kein absolutistischer Herrscher in der Geschichte und kein Diktator der Gegenwart erreicht in seinem *politischen* Machtbereich ein solches Maß an Absolutheit wie der Geist in seinem *kognitiven* Bereich. Das Besondere: Im Unterschied zur politischen Absolutheit richtet sich die geistige Absolutheit nicht gegen Dritte, d. h. *jeder* Geist hat grundsätzlich dieses Vermögen. So kommt das literarisch geborene schöne Diktum „So ist es gut, so ist es recht, Niemandes Herr, Niemandes Knecht" zu einer philosophischen Rechtfertigung.

Eine weitere Variante der Autonomie und der darin gründenden Absolutheit ist die Fähigkeit des Geistes, Denkgesetze nicht nur aufzustellen, sondern gegen sie zu *verstoßen* (z. B. gegen den formallogischen Satz vom ausgeschlossenen Widerspruch). In dieser Kombination von naturunabhängigen Kompetenzen des Geistes, nämlich Regeln aufzustellen *und* sie zu verletzen, liegt die höchste Ausdrucksform von Freiheit. Zählt man das Unbewusste zum Reich des *Geistes*, dann haben wir ein Paradebeispiel für ständige Verletzungen der Logik, die Freud sogar zu einem Wesensmerkmal des Unbewussten erklärt hat: „Für die Vorgänge im Es gelten die logischen Denkgesetze nicht, vor allem nicht der Satz des Widerspruchs. Gegensätzliche Regungen bestehen nebeneinander, ohne einander aufzuheben." (zitiert in: Müller 2010, S. 109). Auch das zeigt die Autonomie und die Freiheit des Geistes gegenüber der Materie, denn für Regelverletzungen dieser Art gibt es weder in der Außenwelt noch in der Welt meines eigenen Körpers eine Entsprechung. Nur ein Beispiel: Als *körperliches* Wesen kann ich nicht zugleich und in derselben Hinsicht jung *und* alt, in Frankfurt *und* in New York sein, wie es in der *geistigen* Nachtwelt der Träume aber möglich ist und tatsächlich geschieht.

Die nicht bestreitbare Autonomie des Geistes hat eine weitere, auch wissenschaftslogisch folgenreiche Konsequenz: Die eigenen Gedanken sind die einzige Existenzform, die wir *unvermittelt* erfahren und deren wir uns deshalb *absolut* gewiss sein können. Diese absolute Unvermitteltheit gibt es weder im Verhältnis zur *äußeren Welt* noch im Verhältnis zum *eigenen Körper*. Am Beispiel unseres Körpers: Berühren wir mit unserer linken Hand unsere rechte Hand, so entsteht die *Empfindung* der Berührung weder an der Hand selbst noch zum Zeitpunkt des physikalischen Kontakts zwischen linker und rechter Hand, sondern sie entsteht erst Bruchteile von Sekunden später im Gehirn-Geist-Verhältnis, *nachdem* der Druck der einen Hand auf die andere in der Haut in elektrische Impulse *umgewandelt* wurde und über viele Neuronenstationen zu der Stelle im Gehirn gelangt ist, wo die reale Hand des Körpers *informationell repräsentiert* ist. Da dieser Sachverhalt einer neurobiologisch ungeschulten Selbsteinschätzung widerspricht, noch einmal: Die *Empfindung* des Drucks entsteht – gegen das subjektive Gefühl – nicht an der Hand, sondern zeitverzögert im Gehirn-Geist-Verhältnis. Die *Unmittelbarkeit* einer Erfahrung ist also selbst beim *eigenen* Körper ausgeschlossen. Beim Geist ist das anders. Die einzigartige *Unvermitteltheit* der eigenen Gedanken hat außerdem nicht nur eine *sachliche*, sondern auch eine *zeitliche* Besonderheit: Nur das, was wir *selbst* denken (und fühlen), erfahren wir im Zeitmodus der *Gegenwart*. Ansonsten sind alle unsere Erfahrungen niemals im Modus der Gegenwart, sondern immer im Modus der *Vergangenheit*. Anders gesagt: Die eigenen Gedanken sind die einzigen Entitäten, zu denen wir einen direkten Zugang ohne Zeitverlust haben. *Alles* andere ist im Moment der Erfahrung von einem Zeit*verzug* getrübt. Dieser Zeitverzug entsteht also nicht nur bei den o. g. *haptischen* Empfindungen, sondern ebenso und ebenso zwingend im Verhältnis zur *optisch* zugänglichen Außenwelt, bedingt durch den physikalischen *Vergangenheits*lichtkegel, den wir am Beispiel des Sonnenuntergangs schon erläutert haben und den wir prinzipiell nicht hintergehen können.

Die Alltagswelt tut sich schwer mit der These, dass mit Ausnahme der eigenen Gedanken alle andere Erfahrung *in*direkter Natur ist. Deshalb noch ein irritierendes Beispiel, das einmal mehr zeigt wieviel *kritische* Reflexion unserer Alltagserfahrung nötig ist, um der Wirklichkeit auf die Spur zu kommen. Das Beispiel: Vor uns steht ein Tisch, den wir sowohl optisch wie auch haptisch als *feste/kompakte* Materie klar erfassen können. Aber: Was wir dabei *sinnlich* erfassen, hat hinsichtlich der *Dichte* des Materials *nichts* mit der *wirklichen* Materie des Tisches zu tun. Die subjektiv unzweifelhaft mit den Augen *gesehene* und ebenso unzweifelhaft mit der Hand *gefühlte* hohe Materie*dichte* des Tisches ist physikalisch eine Illusion, sogar eine *gewaltige* Illusion. Der Grund: Der Tisch ist im Lichte der Atomtheorie weder dicht noch fest, sondern „leer wie das Weltall" (Vogel 1997, S. 692). Bedenkt man, dass die räumlichen Abstände zwischen den Sternen in Lichtjahren gemessen werden, wird die analogische Verdeutlichung der unglaublichen Leere des scheinbar so kompakten Tisches für die Alltagswelt irritierend. Aber sie ist physikalische Realität. Wir *erfahren* den Tisch in der tastenden Berührung als kompakt, aber in Wahrheit *ist* der

Tisch „leer wie das Weltall." Diese Leere können wir niemals mit den Sinnen, sondern nur denkend mit dem *Geist* erfassen – und dann und nur dann wird die Eigenschaft der Leerheit unmittelbar, nämlich im *Gedanken* der Bedeutung von „Leere". Auch bei diesem Beispiel zeigen sich also Autonomie und Freiheit des Geistes. Eine kurze physikalische Erklärung: Die Leere des Tisches wie auch jedes anderen scheinbar kompakten Gegenstandes ist eine Folge der Größenverhältnisse sowohl *innerhalb* der Atome (Abstand zwischen Elektron und Atomkern) wie auch *zwischen* den Atomen. Der früher in Lehrbüchern der Physik (z. B. bei Höfling) angegebene Zahlenwert: 40×10^{-15}, meint: nur 40 Billiardstel des von dem Tisch eingenommenen Raumes ist Materie (bei flüssigen Körpern ist die Leere wegen der größeren Abstände zwischen den Atomen noch größer). Vergrößert man – was wiederum nur im *Gedanken*experiment, also via Geist, möglich ist – einen Atomkern auf die Größe eines Stecknadelkopfes, so befindet sich unter Beibehaltung der inneratomaren Größenverhältnisse das Elektron dann in einem Abstand von ca. 30 Metern zum Atomkern (siehe Höfling 1961, S. 244/245). „Leer wie das Weltall" ist also keine Übertreibung, sondern eine erhellende Analogie. Heutzutage wird der Zahlenwert in Prozenten angegeben: ca. 99,8% der Materie (!) sind leerer Raum. Und noch eine letzte Illusion, die den körperlichen Kontakt mit der Materie betrifft. Wenn wir den Tisch berühren, haben wir das feste subjektive Gefühl eines *direkten* Kontaktes mit seiner Materie. Aber der Eindruck trügt. Wir berühren nämlich niemals das Holz *selbst*, sondern spüren nur das durch seine Materie erzeugte *Feld*. Einen direkten Kontakt zwischen unserem Finger und dem Holz könnte es nur dann geben, wenn die Atome des Fingers und die Atome des Holzes direkt in Berührung kämen, was die Atomwelt beider Beteiligter gründlich durcheinanderbrächte und katastrophale, objektzerstörende energetische Prozesse auslösen würde. Zum Glück ist dieser direkte Kontakt wegen abstoßender Felder unmöglich. Nehmen wir aber einmal – wiederum im realitätsfreien Gedankenexperiment – an, es gäbe diese abstoßenden Felder nicht. Auch dann würden wir wegen der materiellen *Leere* des Fingers wie auch des Holzes nichts von einer *Festigkeit* spüren, sondern unser Finger („leer wie das Weltall") ginge berührungsfrei durch das Holz („leer wie das Weltall") hindurch. Die Freiheit des Geistes ist also in vielerlei Hinsicht absolut: Er ist der Verursacher von alltagstauglichen Illusionen (z. B. dass der Tisch *kompakt* ist) wie auch von Desillusionierung in Form von wissenschaftlicher Aufklärung.

Gedacht wurde die Leere der Materie schon *vor* den ersten Experimenten von Rutherford, Geiger und Marsden im ersten Drittel des 20. Jahrhunderts, bei denen sie aus einem radioaktiven Präparat α-Teilchen auf eine Goldfolie mit der Dicke von nur wenigen *μm* fallen ließen. Die Bestätigung des Vor-Gedachten: Die meisten α-Teilchen gingen „fast unabgelenkt durch", obwohl auch die Goldfolie für unsere Sinne optisch und haptisch fest erscheint (beachte die Qualifizierung: Die α-Teilchen gingen nicht nur durch die dünne Goldfolie durch, sondern sie passierten sie fast ohne *Ablenkung*) (siehe dazu Meschede 2015, S. 692 f.). Das Ergebnis war ein experimenteller und bis heute gültiger Beweis für die ungeheure Leere der nur fest *scheinenden* Materie und wird im Lehrbuch noch im Jahr 2015 als „eines der folgenschwersten Experimente der ganzen Physik" (Meschede 2015, S. 692) bezeichnet. Für unsere Argumentation ist wichtig: Auch in diesem Fall der Realitäts*konformität*, erst *nach* dem Gedanken im Experiment verifiziert, ist die Leere der Materie nicht *direkt* erfahrbar, sondern sie wird aus dem glatten Durchmarsch des α-Teilchens durch die Goldfolie via Geist *erschlossen* – und damit erst im *Geist* direkt erfahrbar. Im Experiment selbst fehlt diese Unmittelbarkeit. Den alltagstauglichen, aber dennoch falschen Einschätzungen unserer Sinne hinsichtlich der Kompaktheit der Materie auf die Spur gekommen zu sein, war eine gewaltige Leistung des *Geistes*, der sich erst im letzten Schritt eines Experimentes bedient hat. Auch in Fällen der Realitäts*konformität* ist es also der Geist und nicht der Sinn (auch nicht in seiner höchsten messtechnischen Qualifizierung), welcher der *wahren* Beschaffenheit der Materie auf die Spur kommt. Noch einmal: Der Geist leistet beides: Illusion und Desillusionierung, und beides ist Ausdruck seiner Autonomie und Freiheit und in beiden Fällen, sowohl bei der Täuschung wie auch bei der Ent-Täuschung, sind die Gedanken durch nichts vermittelt, eben unmittelbar.

Zugegeben: Die *Unmittelbarkeit* der Gedanken ist nicht *als* Unmittelbarkeit auf *Dritte* übertragbar oder von Dritten direkt erfahrbar. Kein Dritter hat einen direkten Zugang zur Gedankenwelt unseres eigenen Geistes, woraus Planck die schon behandelte wissenschaftslogische Konsequenz gezogen hat. Zunächst die seiner Folgerung vorausgehende richtige Beschreibung des Sachverhaltes: „Was jemand fühlt, was er denkt, was er will, weiß unmittelbar nur er selber." (Planck 1953b, S. 16) Die Einschränkung „nur er selber" hat für Planck eine gravierende Folge: Die *wissenschaftliche* Zugänglichkeit der Gedanken ist nach seiner Auffassung ausgeschlossen. Der früher schon genannte Grund: Planck bindet Wissenschaft an den „allein zulässigen äußeren Standpunkt" (Planck 1953b, S. 23). Wir haben schon ausgeführt, dass wir dieser Argumentation nicht folgen. Hier drei Gründe für die Ablehnung in aller Kürze: Erstens sind unsere Gedanken *kommunizierbar* und zum Beispiel in Schriftform dokumentierbar – und in dieser kommunizierten Form für einen Dritten im Sinne eines „äußeren Standpunktes" zugänglich. Zweitens ist Plancks Kopplung der Unmittelbarkeit mit dem „äußeren Standpunkt" aus den schon genannten Gründen nicht haltbar (*alles* Äußere ist nicht hintergehbar *vermittelt*, d. h. das *einzig* Unmittelbare sind unsere eigenen Gedanken). Drittens steht diese Kopplung von Unmittelbarkeit und „äußerem Standpunkt" im Widerspruch zu Plancks sonstigen wissenschaftslogischen Äußerungen. In der Theorie *ersetzt* er nämlich die „Sinnenwelt", die dem „äußeren Standpunkt" zugänglich ist, durch „das physikalische Weltbild, welches eine bis zu einem gewissen Grade willkürliche Gedankenkonstruktion darstellt" (Planck 1953a, S. 8). Noch rigoroser: „Direkt beobachtbare Größen kommen im Weltbild überhaupt nicht vor, sondern nur Symbole." (Planck 1953a, S. 9) Und noch eine Variante: Partialschwingungen, Bezugssysteme usw. haben „für die Sinnenwelt [...] gar keine Bedeutung" (Planck 1953a, S. 9). Dass nach Planck Partialschwingungen nicht in der äußeren Welt, sondern nur in der Theorie und damit im Geist vorkommen, schließt den „äußeren Standpunkt" rigoros aus. Das heißt: Unter der strikten *Kopplung* von „unmittelbar", „äußerer Standpunkt" und „Wissenschaftlichkeit" könnte nicht einmal Plancks eigene Theorie den Anspruch der Wissenschaftlichkeit erheben, denn „willkürliche Gedankenkonstruktionen" und nicht beobachtbare „Symbole", welche die „Sinnenwelt" *ersetzen*, können nicht dem „äußeren Standpunkt" zugerechnet werden. Mit „willkürlichen" und der „Sinnenwelt" entzogenen „Gedankenkonstruktionen" sind wir im Reich des *Geistes*, und nur hier ist das Kriterium der Unmittelbarkeit erfüllt, dann nämlich, wenn der Geist in eigener und unabhängiger Regie seine eigenen Gedanken entwickelt, vollzieht und erfährt. Damit sind wir zurück beim Hegelschen Zusammenhang von Absolutheit, Autonomie und Freiheit.

Bei diesem Zusammenhang und der unnachgiebigen Behauptung der *Existenz* des Geistes gehen wir mit Hegel konform – selbst mit Blick auf die prima facie anrüchige Eigenschaft der Absolutheit. Dann jedenfalls, wenn wir *absolute* Freiheit auf die *Inhalte* des Geistes beziehen und die Gabe der Autonomie und Freiheit *prinzipiell* verstehen. Dass Einstein in der Speziellen Relativitätstheorie – *gegen* die physikalische Realität – dem *sphärischen* Raum den Vorzug gab, ist Ausdruck von absoluter Freiheit. In zweierlei Hinsicht: frei gegenüber der Materie, die wegen der Universalität der Gravitation und ihrer asymmetrischen Stärke den *sphärischen* Raum *aus*schließt, und frei gegenüber *konkurrierenden* Raummodellen. So verstandene Freiheit ist ein Wesensmerkmal von emphatisch angelegter Wissenschaft, die nur von *Erkenntnis*interessen und nicht von Macht und Geld geleitet ist. Die Freiheit des Geistes ist im Ausmaß so absolut, dass sie nicht nur gegen die Natur, sondern auch gegen die *eigenen Überzeugungen* eingesetzt werden kann. Ein Beispiel: Newton stellte einmal Berechnungen zum Alter der Erde an und kam zu dem Ergebnis: Die Erde ist 50.000 Jahre alt. Das Problem: Das errechnete Alter widersprach den biblischen Zeitvorstellungen, wonach das Alter der Erde nur 6000 Jahre betrug. Aus diesem und nur aus diesem *religiösen* Grund hat Newton seine *physikalisch* motivierte Altersberechnung verworfen und damit seine *eigene* Überzeugung der *biblischen* Autorität unterworfen. Auch für diese Freiheit, gegen die eigenen Überzeugungen falsche Annahmen vertreten zu können, gibt es in der Natur keine Entsprechung.

Natürlich ist die absolute Freiheit des Geistes nicht „absolut" zu verstehen. Relativiert wird sie nämlich immer wieder im Konkreten, zum Beispiel durch historische Randbedingungen. So hatte Euklid nicht die Freiheit, zwischen einem sphärischen und einem Riemannschen Raum wählen zu können. Diese Grenzen sind zu beachten, Grenzen, die uns zu den Grenzen des Hegelschen Geistbegriffs führen. Den Geist nämlich in den Stand eines „Übersubjekts" (Ritsert) zu heben, das völlig grenzenlos und unbedingt und auf diese Weise gottgleich ist, darin folgen wir Hegel nicht. Neben der oben skizzierten historisch-gesellschaftlichen Relativierung auch aus diesem Grund: Wir nehmen an, dass Geist – in welchem Perfektionsgrad auch immer – nur unter der Bedingung eines spezifischen materiellen Substrats entstehen und seine Funktion erfüllen kann. Aber diese Einschränkung setzt seine Autonomie *nicht* außer Kraft, ist also kein Schritt in Richtung Reduktionismus. Sagen wir es so: Der Geist ist logisch, aber nicht empirisch autonom. Er kann im Prinzip denken, was er will – vom größten Unsinn bis zur Allgemeinen Relativitätstheorie –, aber immer ist ein materielles Substrat, hier: das Gehirn, involviert. Dass seine Freiheit im Denken von *Inhalten* dennoch absolut ist, haben wir mehrfach an realitäts*freien* Entitäten gezeigt: Die Ausdehnungs*losigkeit* des Elektrons kann nicht in einem aus*gedehnten* Neuron entstehen, sondern nur im Geist selbst und nur unter der Bedingung seiner Autonomie und Freiheit gegenüber der Materie. Die Eigenschaft der Ausdehnungslosigkeit kann nur gedacht, aber nicht materialisiert werden, auch nicht auf neuronaler Basis. Verallgemeinert können wir sagen: Es gibt (außer dem Undenkbaren) grundsätzlich nichts Undenkbares – das indiziert die *größte* Freiheit des Geistes.

Diese beiden untrennbar zusammenhängenden und den Geist konstituierenden Besonderheiten, nämlich Autonomie und Freiheit, machen nach Hegel das Wesen des Menschen aus. Dabei hat Hegel die Freiheit besonders hervorgehoben. In seinen Worten: „Der Mensch ist ein freies Wesen. Dies macht die Grundbestimmung seiner Natur aus." (Hegel 1970a, S. 227) Diese Charakterisierung des Menschen machen wir uns einschränkungslos zu eigen. Ein wichtiger Spezialfall der menschencharakteristischen Freiheit ist dabei die *Willens*freiheit, und der Träger dieser Freiheit ist wiederum der Geist. Dazu hat Jürgen Ritsert in seiner konstruktiv-kritischen Rekonstruktion der Hegelschen Geisttheorie klärend hervorgehoben: „Der freie Wille ist keine Substanz, auch kein eigenständiges Subjekt, sondern bedeutet eine Kompetenz, worüber die einzelnen Subjekte in je verschiedenen Graden verfügen." (Ritsert 2018a, S. 42) Hier wird der freie Wille und die ihm korrespondierende Kompetenz zum *konstitutiven* Merkmal des menschlichen Wesens erklärt, dem wir ausdrücklich zustimmen. Demgegenüber tragen namhafte Neurobiologen den freien Willen ungeniert zu Grabe bzw. behaupten, dass seine Annahme schon immer eine Totgeburt war: Den freien Willen hat es niemals gegeben. Da er eine *konstitutive* Kompetenz des Geistes ist, wäre als Folge ihres Verlustes auch das hier vertretene Vorhaben undurchführbar, nämlich die Einheit der Wissenschaften via logisch autonome Theorie des Geistes zu versuchen. Aber so schnell geben wir nicht auf. Stattdessen greifen wir wegen der für den hier vertretenen Einheitsversuch besonderen Wichtigkeit des Zusammenhangs von Geist und Freiheit die in der zweiten Abhandlung auf der Grundlage des berühmten Libet-Experiments geführte Diskussion über die Willensfreiheit noch einmal auf.

Einer der namhaftesten Vertreter der Abschaffung bzw. Leugnung des freien Willens ist hierzulande der Hirnforscher Wolf Singer. Er bestreitet die Willensfreiheit nicht nur vehement, sondern einschränkungslos, zum Beispiel mit der auf Grundsätzliches zielenden Feststellung, dass die „Willensfreiheit neurobiologisch gar nicht existiert" (Singer 2006, S. 68) und nennt affirmative Aussagen zu dieser Freiheit „mythologisch verbrämte Utopien" (Singer 2006, S. 70). Wichtig ist: Der Angriff ist ein Rundumschlag gegen jegliche Form von Willensfreiheit. Prüfen wir seine Treffsicherheit! Zunächst einmal: Kein Verfechter des freien Willens hat jemals behauptet, dass die Willensfreiheit *neurobiologisch* existiert. Abgesehen davon, dass hier wohl der Reduktionismus der Vater des Gedankens ist, stellt sich somit die Frage, gegen welchen Gegner sich Singers Aussage „dass die Willensfreiheit neurobiologisch gar nicht existiert" überhaupt richtet. Die Willens*freiheit* existiert *neurobiologisch* so wenig wie der Wille selbst (den *un*freien Willen eingeschlossen) – was auch niemand behauptet hat. Singers Aussage mutet ähnlich merkwürdig an wie die Aussage eines atheistischen russischen Kosmonauten, der nach einem Flug im Weltraum lästerte, er habe den lieben Gott da oben nicht gesehen und dies als – ironisch konnotierten – Beweis für seine Nichtexistenz verstanden wissen wollte. Noch einmal anders: Würde ein Physiker anmerken, dass die Willensfreiheit quantenmechanisch nicht existiert, so wäre das vergleichbar merkwürdig wie Singers auf die Neurobiologie bezogene Aussage. Selbstverständlich ist: Es gibt weder quantenmechanisch noch *neurobiologisch* einen freien Willen. Aber aus der richtigen Tatsache, dass es den freien Willen *neurobiologisch* nicht gibt, kann nicht *geschlussfolgert* werden, dass es ihn *überhaupt* nicht gibt – was Singer aber tut. Ohne diese *verallgemeinernde* Grundsätzlichkeit der Leugnung wäre die neurobiologische Behauptung philosophisch im Allgemeinen und geisttheoretisch im Besonderen ohne Brisanz. Noch einmal: Auf der biologischen Ebene gibt es *überhaupt* keinen Willen, also nicht einmal einen unfreien. Schon deshalb nicht, weil „Wille" intentional und deshalb grundsätzlich *bedeutungs*bestimmt ist. Und da nach dem Neurobiologen Gerhard Roth neuronale Prozesse grundsätzlich bedeutungs*frei* sind, ist „Wille" kein Begriff, der in der Neurobiologie angemessen benutzt oder bewertet werden kann. Es handelt sich um einen Kategorienfehler.

Aber Singer meint es ernst. Um die Ernsthaftigkeit der Behauptung der Nichtexistenz des freien Willens zu unterstreichen, bezieht er sie nämlich freimütig und konsequent auch auf sich selbst. Auf die Frage eines Interviewers, ob es sein freier Wille war, der ihn veranlasst hat, dieses Interview zu geben, antwortet er: „Ich fürchte nein, und die Bedingtheiten kennen Sie: Dem Gespräch gingen Telefonate voraus und dann gewisse kognitive Prozesse in meinem Gehirn, die letztlich dazu führten, dass ich zugesagt habe, das Interview zu führen." (Singer 2003b, S. 24). Es stellen sich zwei Fragen: Erstens: Sind auch die vorausgegangenen *Telefonate un*freiwillig geführt worden? Singer zufolge müsste das so sein, weil es den freien Willen *grundsätzlich* nicht gibt! Und zweitens: Können die Prozesse im *Gehirn* überhaupt *kognitiv* genannt werden?! An elektrischen Impulsen und chemischen Prozessen im synaptischen Spalt gibt es *nichts* Kognitives, das unseren Voraussetzungen zufolge erst auf der logisch autonomen *geistigen* und damit bedeutungsgeladenen Ebene entsteht – und nur dort entstehen kann. Noch einmal unser Paradebeispiel: Die nur als *Gedachte* mögliche Ausdehnungs*losigkeit* des mathematischen Punktes kann keine Angelegenheit von aus*gedehnten* Neuronen sein. Diese Unmöglichkeit betrifft ebenso Singers Willen, mit dem Interviewer ein Telefonat zu führen. Welches *neuronale* Korrelat soll das sein? Mit Anspruch auf *Beweis*führung müsste es jedenfalls den *Inhalt* von „Ich will jetzt ein Telefonat führen" betreffen! Aber ein spezifischer Inhalt kann bekanntlich in der neuronalen *Einheits*sprache grundsätzlich nicht abgebildet und operiert werden! Diese Unmöglichkeit wird auch in Roths schon erwähnter klarer Einschätzung von neuronalen Prozessen als „bedeutungsfrei" eingeräumt.

Aber Singer hält an seiner These von der Nichtexistenz des freien Willens fest und begründet sie auch damit, dass im Falle seiner Existenz ein „mentale(s) Agens [...] auf unerklärliche Weise mit den Nervenzellen wechselwirken müsste, um sich in Taten zu verwandeln". (Singer 2003b, S. 12) Singer lehnt eine Determination von oben (Geist) nach unten (Gehirn und Handlung) ab. Und die umgekehrte Richtung der Determination? Hier beginnt Singers Wackelpartie, denn anders als Churchland, für den mentale Phänomene „rein physiologische Phänomene" sind (siehe Churchland 1997, S. 48 f.), besteht für Singer „eine der großen Fragen [...] darin, wie aus den materiellen Wechselwirkungen im Gehirn etwas Immaterielles wie das Bewusstsein entstehen kann". (Singer 2015, S. 28) So bestätigt er immerhin die *Existenz* eines Bewusstseins (obwohl auch das *neurobiologisch* ebenso wenig nachweisbar ist wie der Wille). Warum er die Existenz des freien Willens bestreitet und die Existenz von Bewusstsein anerkennt, ist zunächst einmal rätselhaft, zumal der Wille eine spezifische Form von Bewusstsein ist. Für die Begründung seiner Anerkennung von Bewusstsein geht Singer einen Weg jenseits der auf *einzelne* Gehirne bezogenen Neurobiologie, nämlich via Einbeziehung des Sozialen: „Falls zutrifft, dass das Bewusstsein den Status einer sozialen Realität hat, dann lässt sich Bewusstsein prinzipiell nicht auf Vorgänge in einzelnen Gehirnen zurückführen. Die Suche nach den neuronalen Korrelaten von Bewusstsein in einem einzelnen Gehirn ist folglich zum Scheitern verurteilt ... Bewusstsein ist etwas, was zwischen uns ist, was sich entfaltet im Dialog zwischen Gehirnen. Es ist ein relationales Konstrukt, immateriell, aber wirkmächtig". Und weiter: *Bewusstsein ist ein „Phasenübergang vom Materiellen zum Immateriellen."* (Singer 2015, S. 28)

Zunächst einmal: Dass konstituierende Faktoren des Bewusstseins auch in der „sozialen Realität" zu suchen sind und dass Bewusstsein nicht zuletzt durch dialogische Interaktion zwischen mehreren Gehirnen *entsteht*, ist richtig, schließt aber nicht aus, dass Bewusstsein nur im Geist *ist* – und nicht in der *äußeren* sozialen Realität. Bewusstsein *existiert* immer und nur in jeweils *einzelnen* geistigen, also inneren Zuständen und niemals in einer *äußeren* Realität, mag diese auch *sozialer* Natur sein. Anders gesagt: Bei der Explikation von „Bewusstsein" geht es nicht um die soziale Realität der *Außen*welt, sondern um ihre *kognitive* und damit *interne* Repräsentanz – und die kann nur im *individuellen* Geist lokalisiert werden. Dass mit *allen* bewussten Prozessen, Willensbildungen/-bekundungen/-umsetzungen inklusive, eine neuronale Aktivität des jeweiligen Gehirns einhergeht, belegt die *Innerlichkeit* der Kognition im Allgemeinen und des Bewusstseins im Besonderen. *Denken* geschieht einfach nicht in der *Außen*welt, auch nicht in der sozialen, sondern ausschließlich im Geist. Das *Immaterielle* (hier: das Bewusstsein) *außer*halb von Geist und Gehirn in der sozialen Realität zu lokalisieren, ist eine befremdliche Vorstellung. Aber Singer braucht diese externe Lokalisierung, um seine Annahme zu rechtfertigen, dass die „Willensfreiheit neurobiologisch (i. e. im Gehirn, D'Avis) gar nicht existiert". Einfacher und begründbarer wäre das Zugeständnis, dass Bewusstsein im Allgemeinen und Willensfreiheit im Besonderen zwar nicht neuronal, aber dennoch nur *im* Kopf existieren. Der mögliche Einwand, dass Neurobiologen Bewusstsein noch nie, weder direkt noch mit technischen Hilfsmitteln wie Computertomographie, beobachtet haben, zieht schon deshalb nicht, weil auch Soziologen Bewusstsein noch nie in der „sozialen Realität" beobachtet haben. *Beides* ist unmöglich! Die Flucht des Neurobiologen in die „soziale Realität" bei der Verortung des Bewusstseins wird auch nicht dadurch überzeugend, dass Singer von „Wechselwirkungen zwischen Gehirnen" spricht. Auch bei Wechselwirkungen ist entscheidend, *wo* die *Wirkungen* stattfinden. Und sie finden nicht *zwischen* den beteiligten Gehirnen, sondern *in* den jeweiligen Gehirnen statt. *Zwischen* den Gehirnen gibt es nur (physikalische und damit bedeutungsfreie) Schallwellen u. Ä., aber nichts Geistiges.

Anders als seine Verbannung des Bewusstseins aus dem Kopf in die Außenwelt ist Singers Merkmalsbestimmung „immateriell, aber wirkmächtig" zunächst überzeugend. Nehmen wir als Beispiel für den Zusammenhang von „immateriell" und „wirkmächtig" eine Absicht (als eine Form des Willens), die eine äußere Handlung bewirkt. Für Soziologen ist die hier nachvollziehbare Merkmalskombination „immateriell" und „wirkmächtig" kein Problem, aber sie ist im Rahmen von Singers sonstiger Argumentation nicht konsistent explizierbar. Warum? Weil neurobiologisch gesehen nicht die *Absicht* als Form des freien Willens, sondern eine der Absicht *vorausgehende neuronale* und damit willens*freie* Aktivität die Ausführung der Handlung bewirkt. Die Ausführung dem *Willen* zuzurechnen ist nach Singer ja eine „Illusion". Das Agens, das die

Handlung zur Ausführung bringt, ist im Gehirn und nicht im Geist lokalisiert. Dann stellt sich die Frage, was „*wirk*mächtig" (man beachte den Zusammenhang von „wirk" und „Wirkung") im Zusammenhang mit Immateriellem dann überhaupt heißen soll? Gemeint sein kann wohl nicht die Trivialität, dass Gedanken andere Gedanken hervorrufen (z. B. beim Übergang von Prämissen zu Konklusionen). Brisant wird die These der *Wirk*mächtigkeit erst dann, wenn sie sich auf eine logisch andere Ebene bezieht. In diesem Fall müsste das die Ebene des materiellen Gehirns sein, d. h. Denken müsste neuronale Aktivität *auslösen*. Aber genau diese Wirkung von oben (Geist/Bewusstsein) nach unten (Gehirn/ Handlung) bestreitet Singer ja, wodurch sein begrifflicher *Zusammen*hang von „immateriell und wirkmächtig" aber sinnlos bzw. leer wird. Die Verursachung von unten nach oben dagegen hält er für möglich, d. h. neuronale Prozesse lösen Denken aus. Das führt allerdings dazu, dass sich Singers „Wirkmächtigkeit" auf das *materielle* Gehirn und nicht auf das *Immaterielle* bezieht, wodurch seine Bewusstsein explizierende Begriffskombination „immateriell und wirkmächtig" ihre Explikationsfunktion verliert, einmal abgesehen davon, dass noch geklärt werden müsste, welcher Natur das auslösende Moment ist. Aber unabhängig davon: Gilt die Annahme, dass Gehirn und Denken im Verhältnis von Ursache und Wirkung stehen, treten schwierige Probleme auf, weil eine Verursachung immer einen Energie*übertrag* zur Folge hat, der den Energieerhaltungssatz der Thermodynamik nicht verletzen darf. Das betrifft auch Singers interessante Idee, Bewusstsein als „Phasenübergang vom Materiellen zum Immateriellen" zu verstehen. Phasenübergänge in der Physik, z. B. von fest zu flüssig und zu gasförmig, sind verschiedene Aggregatzustände eines Stoffs, die physikalisch gut verstanden sind. Aber was genau wäre die neurobiologisch-kognitive Analogie zu dem Vorgang, wenn Wasser aus einer flüssigen Phase in eine dampfförmige Phase übergeht? Im physikalischen Fall wird dabei immer Arbeit verrichtet, die einen bestimmten Betrag an Energie erfordert. Analog dazu müsste die Energie, die zur Verrichtung von Arbeit im neuronalen Netzwerk zur Ausführung des Phasenübergangs in die immaterielle Phase des Kognitiven aufgewendet wird, auf der Seite des Geistes messbar wieder auftauchen. Ich habe keinerlei Vorstellung, wie das in einem Phasenübergang von Neuronen zu Immateriellem möglich oder nachvollziehbar sein soll (auf einen Lösungsvorschlag, den Planck – jenseits der Phasenthematik – angeregt, aber wieder zurückgenommen hat, komme ich noch einmal zu sprechen).

Zugegeben: Die Bestimmung des Verhältnisses von Materiellem und Immateriellem, von Leib und Seele, Körper und Geist ist schwierig und noch immer nicht gelungen. Wie wir schon wissen, hat Planck sich dadurch der Schwierigkeit entledigt, dass er das Leib-Seele-Problem zu einem „Scheinproblem" erklärt hat. Seine (nicht überzeugende) Begründung: Unter Bezug auf den Leib bzw. mit Hilfe der zuständigen empirischen Wissenschaft könnten alle das Seelische/Geistige betreffende Fragen beantwortet werden. Und ein bereits gelöstes Problem weiter zu bearbeiten, sei eben ein „Scheinproblem". Diesen Weg geht Singer nicht. Sein letzter Versuch, die Schwierigkeiten bei der Bestimmung des Verhältnisses von Materiellem und Immateriellem zu meistern, besteht in einer begrifflichen Differenzierung, die sowohl denen, die den freien Willen für möglich halten, wie auch denen, die ihn bestreiten, gerecht werden soll. Es ist die Differenzierung nach „Erste-Person-Perspektive" (innerer Standpunkt) und „Dritte-Person-Perspektive" (äußerer Standpunkt). Der Versuch knüpft an seine Bestimmung von Bewusstsein als durch „Wechselwirkungen zwischen Gehirnen" entstehende „soziale Realität" an. Dabei gehen nach Singer die „Inhalte" des Bewusstseins aus Gehirnprozessen im Wege der „Emergenz" hervor – im Sinne einer Determination von unten nach oben. Die *Wirk*mächtigkeit des immateriellen *Bewusstseins*, die Singer weiter oben betont hat, geht somit auch bei seiner Emergenzannahme verloren. Neuronale Aktivitäten lösen Gedanken aus, das Umgekehrte gilt nicht. Das Problem: Auch bei der Annahme der Emergenz bleibt die Frage völlig offen, wie „Inhalte" aus bedeutungs*freien* neuronalen Prozessen entstehen sollen (wir haben das früher schon für logisch unmöglich erklärt). Immerhin: Die *Existenz* eines immateriellen Bewusstseins „muss ein Neurobiologe als gegeben annehmen. Insofern muss, aus der Dritte-Person-Perspektive betrachtet, das, was die Erste-Person-Perspektive als freien Willen beschreibt, als Illusion definiert werden. Aber ›Illusion‹ ist, glaube ich, nicht das richtige Wort, denn wir erfahren uns ja tatsächlich als frei." (Singer 2003b, S. 32) Wichtig für unser Argument ist Singers Wort „tatsächlich". So gibt es also doch innere Tatsachen wie die *Erfahrung* des freien Willens, wenn auch nur in der „Erste-Person-Perspektive". Mit solchen eher Versöhnung signalisierenden Äußerungen entfernt sich Singer weit von seiner scharfen Kritik an allen Vorstellungen vom freien Willen als „mythologisch verbrämte Utopien". Richtig ist: Der erlebte Zustand der Freiheit im Allgemeinen und der Freiheit des Willens im Besonderen sind nur demjenigen direkt zugänglich, der die Freiheit und den freien Willen selbst hat (= innerer Standpunkt). Ein Dritter (= äußerer Standpunkt) hat den Zugang nicht. Man kann dies als Mangel betrachten, aber aus diesem Mangel zu *folgern*, dass es sich um eine „Illusion" handelt, ist eine Schlussfolgerung, der die neurobiologischen Prämissen fehlen. So wird aus einer Aporie der Neurobiologie ein Generalangriff auf den freien Willen der klassischen Philosophie. Immerhin: Singer selbst fühlt sich bei dem Illusionsvorhalt nicht sonderlich wohl, denn er räumt ein, dass „Illusion [...] nicht das richtige Wort (ist)". Wird aber der Illusionsvorwurf zurückgenommen, wird die ganze Brisanz des neurobiologischen Angriffs auf das wesentlich durch den freien Willen bestimmte klassische Selbstverständnis des Menschen am Ende pulverisiert. Aber das bei der Leugnung des freien Willens und in der „Erste-Person-Perspektive" entstandene Unwohlsein und die damit einhergehenden versöhnlichen Momente sind bei Singer die Ausnahme. Schlussendlich bleibt er bei dem Illusionsvorhalt und unterstützt ihn mit der klaren und keinen Spielraum für Freiheit zulassenden Aussage, dass „alles, was im Gehirn abläuft, den Naturgesetzen folgt" (Singer 2015, S. 27). Und „alles" heißt „ausnahmslos". So verabschiedet er die Freiheit des Willens letztendlich dann doch ins Reich der Schimären. Das von Singer ungelöste bzw. ganz übersehene Problem: Wenn unser Geist einen ausdehnungslosen Punkt einführt – fraglos ein *kognitiver* Vorgang –, dann kann weder die geistige *Operation* der Einführung noch das *Ergebnis* „mathematischer Punkt" den *Natur*gesetzen folgen, schon deshalb nicht, weil es in der Natur keinen ausdehnungslosen Punkt gibt. Die Folge: Wenn Singers Annahme zutrifft, dass „alles, was im Gehirn abläuft, den Naturgesetzen folgt", worin wir ihm ausdrücklich folgen wollen, und wenn der mathematische Punkt kein Zustand der Materie sein kann und dennoch als kognitiver Zustand *existiert*, dann ist der mathematische Punkt ein Beweis für die Autonomie und Freiheit des Geistes, für die es kein Korrelat im Gehirn gibt und geben kann. Der Schluss ist zwingend und gilt für alle anderen in diesem Zusammenhang mit der Autonomie und Freiheit des Geistes schon genannten Beispiele!

Nehmen wir noch einmal das Beispiel der SRT. Die Annahme: Einstein hätte auch einen *nicht*sphärischen Raum für die Spezielle Relativitätstheorie wählen können. Zu behaupten, dass diese Wahl nicht sein freier Wille war (was Singer aber tun muss), ist absurd, denn die Behauptung setzt voraus, dass das auslösende Moment für Einsteins Wahl wie auch die Entscheidung selbst für den *real nicht existierenden* sphärischen Raum bereits *vor* seiner bewussten Entscheidung auf physikalischer („Spikes") und chemischer (Neurotransmitter) Ebene gefällt worden ist. Ein Etwas, das physikalisch nicht existiert, kann nicht physikalisch verursacht sein. Der Grund: Es müsste ein Energieübertrag vom Materiellen zum Immateriellen stattgefunden haben, eine Annahme, die keiner physikalischen Explikation zugänglich ist. Da der *sphärische* Raum also keine physikalische Realität ist und damit keine wie auch immer geartete materielle Entsprechung hat, kann der sphärische Raum auch nicht *Natur*gesetzen folgen, was Singer ja ausdrücklich und ausnahmslos für das Gehirn annimmt. Auch die formale Logik und die Mathematik folgen keinen Naturgesetzen, nicht zuletzt daran erkennbar, dass wir gegen ihre Regeln *verstoßen* können. Auch dass Aussagen über die *äußere* Realität falsch sein können, zeigt die Unabhängigkeit des Geistes von den Naturgesetzen, unabhängig davon, ob die Falschaussagen das Gehirn oder die äußere Welt betreffen. Alles in Allem: Dass nach Singer die „Willensfreiheit neurobiologisch gar nicht existiert" ist keine logisch hinreichende Grundlage dafür, den Verteidigern des freien Willens „mythologisch verbrämte Utopien" vorzuhalten. Für die Leugnung der Autonomie des Geistes gegenüber der Materie und der damit zusammenhängenden Willensfreiheit gibt es auf dem Hintergrund unserer vielen und schon systematisch ausgewerteten Beispiele keine guten Argumente. Noch einmal: Das Denken realitäts*freier* und realitäts*widriger* Sachverhalte ist ein Beweis sowohl für die Existenz wie auch für die Autonomie und Freiheit des Geistes, Willensfreiheit inklusive. Dennoch: Bei aller Abgrenzung und Differenzierung von Geist und Gehirn gibt es ein enges *Verhältnis* zwischen Beiden, als Relation der notwendigen Bedingung: Ohne Gehirn kein Geist. Anders gesagt: Wann immer ich denke, ist neuronale Aktivität messbar. Allerdings läßt dieses enge Verhältnis die logische *Autonomie* des Geistes aus den schon genannten Gründen völlig unberührt. Salopp gesagt: Das Gehirn hat beim Denken der Relativitätstheorie mit ihren *Inhalten* so wenig zu tun wie ein Papagei, der die Formel $E = mc^2$ in den Raum plärrt. Das Libet-Experiment, das den Willensfreiheit zertrümmernden Stein ja ins Rollen gebracht hat, ist an sich nicht in Frage zu stellen. Aber die Schlussfolgerung, dass nicht der Wille, sondern vorausgehende elektrische Aktivität der Neuronen die Ausführung einer Handlung verursacht hat, dürfte ein klassischer Fehlschluss sein: Post hoc *ergo* propter hoc (Danach, *also* deswegen).

Auffällig ist: Bei der Charakterisierung des Geistes kommen wir immer wieder zu *Inhalten*, i. e. zu Bedeutungen. Deshalb unsere These: Kognitive Kompetenz *ist* semantische Kompetenz bzw. beide sind äquivalent. Die geisttheoretische Folge dieser Äquivalenz: Die Fähigkeit, sich selbst, der Gesellschaft wie auch der materiellen Welt *Bedeutung* zu geben, ist die *einzige* Kompetenz des Geistes, eine Restriktion also. Aber die Restriktion ist zu verschmerzen, denn semantische Kompetenz ist nicht nur die einzige, sondern sie ist eine *einzigartige* Fähigkeit des Geistes, also mit einem Exklusivitätsanspruch verbunden: *Nur* der Geist gibt Bedeutung und Bedeutung gibt es nur *im* Geist. Dagegen ist die Außenwelt (biologisches Gehirn inklusive) vollkommen bedeutungs*frei*. Auch diese von der materiellen Welt klar abgrenzbare kognitive Eigenschaft der Bedeutung rechtfertigt die Annahme von der *Autonomie* des Geistes und eröffnet wissenschaftstheoretisch die Möglichkeit, die Einheit der Wissenschaften auf eine Theorie des Geistes zu gründen. Der Grund ist einfach: Bei aller Unterschiedlichkeit der Disziplinen, es geht immer um *Wissen*schaft und damit um Theorie, um *Wissen*, auch um solches über die Dinge der materiellen Welt. Es geht also nicht um die Dinge an sich. Anders gesagt: Es heißt aus gutem Grund „*Wissen*schaft" und nicht „*Ding*schaft". Und der Akteur ist immer der *Geist* – und nur der Geist. Das ist in der Physik nicht anders als in der Soziologie. Noch einmal anders und argumentativ: Wissenschaft ist wesentlich Theoriebildung. Theorien sind Symbolsysteme. Symbole entstehen im Geist, nicht in der Natur. Folglich ist eine Theorie des Geistes die Grundlage für die Einheit der Wissenschaften. So sind alle Wissenschaften via Autonomie des Geistes und als Folge davon via Autonomie der Theorie des Geistes verbunden, auch wenn die einzelnen Disziplinen in der Beschaffenheit ihrer Gegenstände unterschiedlich und auf der Skala von 0 bis 1 (empirisch-theorielos und theoretisch-empirielos) im *Maß* ihrer Theoretizität unterschiedlich zu verorten sind. Für diese einheitswissenschaftliche Funktion einer Theorie des Geistes hat schon Heisenberg einen ersten Grundstein gelegt. Zur Erinnerung: „Die Naturgesetze, die wir in der Quantentheorie mathematisch formulieren, (handeln) nicht mehr von den Elementarteilchen an sich, sondern von unserer Kenntnis der Elementarteilchen." (Heisenberg 1965, S. 12) Dass der Geist sogar bei den *Naturgesetzen* die Regie übernommen hat, ist eine besondere Form der Bestätigung für den methodologischen *Primat* des Geistes. Er gilt analog für alle anderen Wissenschaften auch. Die Einheit stiftende Funktion des Geistes können wir auch über die *Mittel* begründen, deren sich der Geist für die Ausübung seiner Funktion bedient. Wichtig ist: Sie sind keine Erscheinungsform des Geistes *neben* seiner semantischen Kompetenz, sondern im Rahmen dieser Kompetenz zu interpretieren. Ein wesentliches Mittel des Geistes sind – neben vielen anderen – die formale Logik im Allgemeinen und ihre Schlussformen im Besonderen. Welche Anforderungen z. B. Prämissen erfüllen müssen, damit ein Schluss „gültig" und die Conclusio „wahr" genannt werden können, ist für alle Wissenschaften gleich, wie unterschiedlich auch immer ihre Bezeichnungen und Untersuchungsgegenstände sein mögen. Die Einheit stiftende Funktion dieses Mittels ist evident.

Nachdem wir nicht nur die Existenz, sondern auch die logische Autonomie des Geistes mehrfach festgestellt und begründet haben, geht es jetzt darum, die These, dass die *einzige* Fähigkeit des Geistes seine semantische Kompetenz ist, mit Hilfe einschlägiger Bedeutungstheorien zu präzisieren. Es wird sich zeigen, dass die Präzisierung des Bedeutungsbegriffs mit einer Präzisierung der Autonomiethese und der Bestätigung der einheitswissenschaftlichen Funktion der Theorie des Geistes einhergeht.

3. Zur Äquivalenz von kognitiver und semantischer Kompetenz

Es gibt eine Reihe anspruchsvoller Bedeutungstheorien. Wie zu erwarten, unterscheiden sie sich nicht nur, sondern widersprechen sich teilweise, auch in ihren Grundpositionen. Beginnen wir die Explikation mit einem Begriffspaar von zentraler Bedeutung: Extension und Intension. Bereits in der ersten Abhandlung „Physik auf dem Wege zur Geisteswissenschaft" haben wir den Extensionsbegriff in wichtiger Funktion verwendet, z. B. in der Feststellung, dass der Begriff „Elektron" „extensional leer" ist. Dabei haben wir „Extension" gleichbedeutend gebraucht mit „Repräsentat", „Bezug" und „Designat" und damit nach dem üblichen Sprachgebrauch zunächst immer *empirische* Entitäten gemeint, also das Verhältnis von Sprache und *Welt*. Nach der etwas genaueren Explikation der Eigenschaft „realitäts*frei*" haben wir dann die Forderung nach *empirischem* Gehalt von „Repräsentat" etc. nicht mehr als *notwendige*, sondern nur noch als *mögliche* Begriffsbestimmung ausgeführt. Ein Begriff als

Repräsentant ist nicht nur *selbst* symbolisch, sondern kann auch ein symbolisches *Repräsentat* haben. Ein Beispiel für diesen nichtempirischen Zusammenhang zwischen Repräsentant und Repräsentat war das Elektron als *Punkt*teilchen. Ein allgemeineres Beispiel ist das Verhältnis von Sprache und Metasprache. Führen wir nun den Extensionsbegriff etwas weiter aus.

Zu unterscheiden ist zwischen der Extension eines Eigennamens – das ist der Gegenstand, den er bezeichnet –, der Extension eines Satzes – das ist sein Wahrheitswert – und der Extension eines Prädikats – das ist der Umfang, i. e. die Menge der Gegenstände, auf die das Prädikat zutrifft. Für unsere geisttheoretische Argumentation war wichtig: In allen drei Fällen kann die Extension auch *nicht*empirischer Natur sein bzw. im Falle des Wahrheitswertes einen nichtempirischen Bezug haben. In diesen Fällen geht es immer ausschließlich um Symbole und nicht um Dinge. Der Gegenpart zur Extension ist die Intension, die oft mit „Bedeutung" gleichgesetzt wird. Diese Gleichsetzung ist in der Wissenschaft jedoch nicht Konsens. Frege jedenfalls hält sie für unangemessen. Sein berühmtes Beispiel: ›Der Abendstern ist ein Planet, dessen Umlaufzeit kleiner ist als die der Erde‹ und ›Der Morgenstern ist ein Planet, dessen Umlaufzeit kleiner ist als die der Erde‹. Da der Sinn von „Abendstern" und „Morgenstern" verschieden, sogar gegensätzlich ist, werden nach Frege in den beiden Sätzen „andere Gedanken ausgedrückt", aber dennoch ist die *Bedeutung* beider Sätze „dieselbe", und dies deshalb, weil die beiden Worte „Abendstern" und „Morgenstern" Eigennamen *desselben* Himmelskörpers sind. Für Freges Unterscheidung zwischen Sinn und Bedeutung noch zwei einfache mathematische Beispiele: $2 \times 2^3 + 2 = 18$. Das Gleichheitszeichen bringt zum Ausdruck, dass die links von ihm stehende Zeichenverbindung – bei unterschiedlichem Sinn – dieselbe *Bedeutung* hat wie die rechtsstehende. Ebenso ist der *Sinn* von ›2^4‹ und von ›4×4‹ verschieden, aber ihre *Bedeutung* ist gleich. Und dies deshalb, weil sie Eigennamen derselben Zahl, nämlich von „16" sind. Wenn die Bedeutungen von *Worten* Eigenschaften der bezeichneten Dinge sind, dann ist folgerichtig die Bedeutung eines *Satzes* sein Wahrheitswert. Ebenso folgerichtig haben dann alle wahren bzw. falschen Sätze *dieselbe* Bedeutung, d. h. in der Bedeutung ist „alles einzelne verwischt", wie Frege es ausdrückt. Inhalte, Gedanken oder gar gedanklich-sprachliche Nuancen spielen bei diesem Bedeutungsbegriff keine Rolle. Diese Funktion der Differenzierung hat nach Frege der Begriff „Sinn". Im Vergleich mit dem üblichen wissenschaftstheoretischen Begriffspaar Extension/Intension entspricht also Freges „Bedeutung" der Extension und „Sinn" der Intension. Soweit Freges sprachliche Konventionen (siehe ausführlicher Frege 1975, S. 19 ff.). Schon hier ist eine Abgrenzung nötig: Es stimmt zwar, dass „Abendstern" und „Morgenstern" Eigennamen desselben Himmelskörpers sind, aber diese Identität rechtfertigt nicht, beiden dieselbe *Bedeutung* zu geben. *Bedeutung* hat weder der Abendstern noch der Morgenstern, sondern es handelt sich wie bei allen Gegenständen der äußeren Welt, um bedeutungs*freie*

Dinge. Bedeutung hat nur der Eigen*name* und nicht der dem Wort entsprechende Himmels*körper*. Abweichend von Frege benutze ich deshalb im Folgenden „Bedeutung", „Inhalt", „Sinn" und „Intension" äquivalent. Für diese Ablehnung der Frege'schen Gegenstandstheorie der Bedeutung erhalten wir Argumentationshilfe von Ludwig Wittgenstein, der in Kürze zu Wort kommt.

Da unsere These lautet, dass die Einheit der Wissenschaften letztendlich in einer Theorie des Geistes zu begründen und diese als Theorie der *Bedeutung* auszuführen ist, stichwortartig noch ein paar weitere, bekannte bedeutungstheoretische Ansätze, die wir im Lichte unserer Geisttheorie und insbesondere mit Blick auf die *Autonomie* des Geistes auswerten wollen. Nach Peirce wird die Bedeutung eines Wortes durch eine *Konvention* zu seinem Gebrauch in der Sprachgemeinschaft festgelegt. Verifiziert wird die Konvention nach Lewis an übereinstimmenden Regelmäßigkeiten im Verhalten der Mitglieder dieser Gemeinschaft. Das *konventionalistische* Moment in dieser Explikation indiziert nach Salmon, dass die Bedeutung eines Wortes keine *natürliche* Eigenschaft ist, die wir nur zu entdecken hätten. So hat das Wort „Wasser" keine Eigenschaft, aufgrund derer es sich auf Wasser bezieht. „Wasser" hat nichts Wasserartiges an sich (das haben Andere, z. B. Walter Benjamin, anders gesehen). Deshalb sind Zuschreibungen von Bedeutungen weder wahr noch falsch. Es sind eben Konventionen, was die *Kontingenz* der Verbindung zwischen Wort und Gegenstand zeigt. Schon hier stoßen wir auf den genuin *geistigen* Status der Bedeutung. Dass die Bedeutungen von Worten nicht Eigenschaften der Dinge *sind*, die sie bezeichnen, hat Wittgenstein gleichermaßen präzise wie einfach mit einem Beispiel gezeigt: „Wenn Herr N. N. stirbt, so sagt man, es sterbe der Träger des Namens, nicht, es sterbe die Bedeutung des Namens." Das Wort „Bedeutung" wird nach Wittgenstein also „sprachwidrig" gebraucht, wenn man damit den Gegenstand bezeichnet, der dem Wort „entspricht". Damit widerspricht er Frege. Die Gegenstandstheorie der Bedeutung verwechselt also Wittgenstein zufolge die *Bedeutung* eines Namens mit dem *Träger* des Namens. Er klärt mit dem berühmten Satz: „Die Bedeutung eines Wortes ist sein Gebrauch in der Sprache." (Wittgenstein 1967, § 43) – und nicht die Abbildung einer Dingeigenschaft im Wort. Nun vollzieht sich der „Gebrauch in der Sprache" aber immer in Sätzen. Steckt die Bedeutung also im Satz? Das bestreitet der Pragmatismus zu Recht mit dieser Klarstellung: Nicht der Satz beschreibt, sondern der Sprecher. Dem stimmen wir zu. Damit wir aber unsere *geist*theoretische Orientierung nicht verlieren, müssen wir ergänzen: Es ist der *Geist* des Sprechers – und nicht sein Sprechwerkzeug, seine Stimmbänder, seine Zunge, sein Mundrachenraum, seine Lippen und die mit diesen körperlichen Mitteln erzeugten Schallwellen.

Wie die Gegenstandstheorie der Bedeutung hat aber auch die Gebrauchstheorie ihre Grenzen. So weisen Quine und Putnam zu Recht darauf hin, dass die Bedeutung eines Wortes auch durch unsere Annahmen über die *Welt* bzw.

durch die jeweilige *Kultur* bestimmt wird. Demnach ist der Sprecher nicht die letzte oder einzige Instanz für die Konstituierung von Bedeutung. Mit dem Hinweis auf Welt und Kultur kommen also *kontextuelle* Konstituenzien ins Spiel. Zum Beleg ein schönes Beispiel von Winograd/Flores: „A: Ist noch Wasser im Kühlschrank? B: Ja. A (verwundert, D'Avis): Wo? B: In den Zellen der Aubergine." (Winograd/Flores 1989, S. 98) Die Bedeutung von „Wasser" ergibt sich also auch aus dem jeweiligen Kontext, was der Antwortgeber in diesem Fall nicht verstanden hat. Dieser unausgesprochene Hintergrundbezug ist für ein Verständnis der Bedeutung nicht eliminierbar. Noch ein schönes Beispiel: „Heute, 26. März, der Kapitän ist nicht betrunken." (Grewendorf/Hamm/Sternefeld 1988, S. 411) Der Satz impliziert – über seine wörtliche Bedeutung hinaus – pragmatisch, dass der Kapitän fast immer betrunken ist, nur eben ausnahmsweise am 26. März nicht. Ohne dieses implizite Hintergrundwissen ist der Sinn des Satzes nicht ganz zu verstehen. Implizites Hintergrundwissen zu *haben* und es *nicht*expliziert *anwenden* zu können, ist eine wesentliche und spezifische Kompetenz des Geistes, die einmal mehr seine Autonomie unter Beweis stellt. Wir müssen nun allerdings darauf achten, dass es in unserer Argumentation nicht nur um die *Autonomie* des Geistes geht, sondern immer auch um seine – gegen die Vorstellung von einem „Gesamtsubjekt" gerichtete – *Individualität*, die mit dem oben eingeführten systematischen *Zusammen*hang von Bedeutung und kulturellem Kontext in Frage gestellt sein könnte. Wir kommen darauf zurück, stellen aber zunächst einmal die Frage, welcher Sprache sich der Geist bedient oder allgemeiner: welcher Ausdrucksform, und ist diese invariant gegenüber der *Viel*falt der Sprachen?

Fodor hat in dieser Mittelfunktion eine eigene und allgemein geltende „lingua mentis" eingeführt, die der natürlichen Sprache ähnlich, aber nicht mit ihr identisch ist. Zunächst einmal kann die *zusätzliche* Einführung einer speziellen *lingua mentis* mit der unüberschaubaren *Vielfalt* der natürlichen Sprachen plausibel begründet werden. So sind das Wort „Frau" und das Wort „woman" in der Bedeutung identisch, hinsichtlich der geometrischen Gestalt der Buchstaben und hinsichtlich der Schallwellen beim Sprechen der Worte aber grundverschieden. Die Frage: Ist diese *Verschiedenheit* der natürlichen Sprachen eine Rechtfertigung dafür, neben bzw. über ihnen für den Geist eine *eigene* Sprache „mentalesisch" einzuführen? Ich sehe das nicht so. Der Grund: Wenn wir daran festhalten, die *Bedeutung* – und nicht die Phonetik, die Syntaktik u. Ä. – zur *einzigen* Dimension des Geistes zu erklären, erübrigt sich eine weitere Sprache. Die *lingua mentis* und die Bedeutungen – welcher Sprache auch immer – sind nach unserer Auffassung identisch. Unter dieser Voraussetzung eröffnet sich also die Möglichkeit, den Funktionskreis des Geistes – über die Verschiedenheit der *natürlichen* Sprachen hinaus – via Bedeutung auf *alle* Sprachen (formale Sprachen inklusive) und alle sonstigen Bedeutungssachverhalte zu erweitern. *Geist*theoretisch geht es nur um die *Bedeutung* – welcher Art auch immer der

Bedeutung*sträger* (im Beispiel oben: „Frau" und „woman") ist oder wie auch immer dieser beschaffen sein mag. Bedeutung *ist*, wann und wie auch immer sie auftritt, die *lingua mentis*, eben weil Bedeutung die *einzige* (und einzigartige) Existenz- und Ausdrucksform des Geistes ist. Mit dieser Konzentration auf die *Bedeutungs*frage ergibt sich ein wichtiger Vorteil: Es geht nicht nur um die Bedeutung einer *Sprache*, sondern auch zum Beispiel um die Bedeutung von *Bildern*, also um optische und nicht nur um symbolische Phänomene. Entscheidend ist, dass in allen Fällen der Unterschied und der Verweisungszusammenhang von Repräsentant und Repräsentat vorhanden sind. Die geisttheoretische Relevanz dieses Unterschiedes beginnt ontogenetisch sehr früh, nämlich schon beim ersten Augenaufschlag: Wenn ein Säugling das Gesicht seiner Mutter bzw. in diesem frühen Stadium genauer: die geometrischen Formen ihrer Nase, ihres Mundes, ihrer Augen etc. sieht, ist der Unterschied zwischen der optischen Abbildung in seinem Geist und dem Abgebildeten der Außenwelt ein erstes kognitives Moment und damit eine erste, wenn auch noch sehr einfache Tätigkeit seines *Geistes*. Dass sich der Säugling des Unterschiedes und des Verweisungszusammenhanges zwischen Repräsentant (Bild im Kopf) und Repräsentat (Gesicht der Mutter in der Außenwelt) noch nicht *bewusst* ist, schließt den *kognitiven* Charakter des Vorgangs nicht aus. Entscheidend ist nur, dass bei der Wahrnehmung des Gesichtes Beides, nämlich Repräsentant und Repräsentat, tatsächlich im Spiel ist.

Trotz einiger Explikationsanstrengungen haben wir noch immer keine zufriedenstellende Lösung des schwierigen, aber entscheidenden Bedeutungsproblems erreicht. Klar ist: Wenn wir Geist und *Bedeutung* und nicht Geist und *Dinge* unlösbar koppeln, dann entstehen für die wissenschaftliche Klärung des Verhältnisses mindestens drei Probleme: Erstens das Problem der Nichtbeobachtbarkeit von Geist *und* Bedeutung (= sensuelle Unzugänglichkeit). Zweitens das Problem der Unabgeschlossenheit Beider (das *historische* Moment). Drittens das Problem des Operativen (*wie* generiert/repräsentiert/verarbeitet der Geist Bedeutungen und Inhalte?). Fodor ist pessimistisch, dass diese Ebene der Entstehung und Verarbeitung von *Inhalten* jemals wissenschaftlich zugänglich sein wird. Erweist sich sein Pessimismus als begründet, werden wir niemals wissen, wie unser Geist funktioniert – das ernüchternde und berühmte „Ignorabimus" von Du Bois-Reymond. Das Problem ist riesengroß, aber nicht grundsätzlich unlösbar, d. h. ich teile Fodors Pessimismus nicht. Er ist begründet nur dann, wenn wir die *Wissenschaftlichkeit* des Zugangs unter den Zwang des Kriteriums der *Direktheit* stellen, was wir früher schon abgelehnt haben (z. B. im Zusammenhang mit dem Unbewussten der Psychoanalyse). Richtig ist: Bedeutung ist keine direkt erfahrbare Größe. Akzeptieren wir dagegen, dass die Kommunizierbarkeit der Bedeutung ein hinreichendes Kriterium für den Nachweis ihrer Existenz ist, gibt es Licht am Ende des Tunnels.

Vielleicht hilft es weiter, Geist und Bedeutung im Sinne von „Inhalt" als „theoretische Entitäten" einzuführen. Dann können wir auf die wissenschaftstheoretisch bekannte Explikation zurückgreifen und hoffen, die Theorie des Geistes vielleicht auch in eine *explanatorische* Funktion zu bringen (z. B. bei der Erklärung von beobachtbaren Handlungen durch Prämissen mit Geist- bzw. Bedeutungsbezug). Diese Entwicklung der Theorie in eine explanatorische Funktion werden wir in dieser Arbeit nicht abschließend erreichen, können aber vielleicht ein paar Bausteine liefern, die notwendig für eine solche Theorie sind. Jedenfalls kann mit der Einführung von Geist und Bedeutung als *theoretische* Entitäten das Problem der Nichtbeobachtbarkeit auf die bekannte wissenschaftstheoretische Weise behandelt werden, nämlich durch Bezug-/Beweisdifferenzierung, die schon in der Quantenmechanik Licht ins wissenschaftliche Dunkel der Nichtbeobachtbarkeit von Elementarteilchen gebracht hat. Jetzt geht es allerdings nicht mehr um Elementarteilchen, sondern um analoge Anwendung auf Geist und Bedeutung, die unter der Bezug-/Beweisdifferenzierung vielleicht präzisiert werden können. Auch das Problem der Unabgeschlossenheit der Bedeutung ist mit dem Status „theoretische Entität" in Richtung Lösbarkeit zu bringen: Da theoretische Terme nur *partiell* interpretierbar sind, wäre die Zeitlichkeit und damit die Entwickelbarkeit der Bedeutung schon im logischen Status des Begriffs sichergestellt. Auch hierfür ist die Physik beispielgebend: Nur unter der Bestimmung von „Elektron" als *theoretischer Term*, der nicht definierbar, sondern nur *partiell* interpretierbar ist, war es möglich, dass der Begriff „Elektron" sowohl in der klassischen Elektronentheorie wie auch in der quantenmechanischen Weiterentwicklung der Theorie verwendet werden konnte. Das Besondere in diesem Fall: Bei gleicher Syntax (= „Elektron") unterschiedliche Bedeutung. Diese Möglichkeit der identischen syntaktischen Begriffserhaltung ist insofern nichttrivial, als die Entwicklung der *Bedeutung* des Begriffs *qualitativer* Art war (so hat im Unterschied zum klassischen Begriff in der quantenmechanischen Explikation das Elektron keinen festen Ort und keinen festen Impuls). Diese qualitative Weiterentwicklung der Begriffsbedeutung ist ein sicheres Zeichen dafür, dass ein Zeitbegriff im Sinne der *Struktur* der Zeit zugrundegelegt ist, weil nur diese eine *nicht*monotone Entwicklung der Bedeutung von „Elektron" zuläßt. Genau diese *nicht*monotone Entwickelbarkeit wollen wir abschließend als systematisches Moment des Bedeutungsbegriffs in die Theorie aufnehmen.

Den Vorschlag, Bedeutung als *theoretische* Entität einzuführen, lehnt Putnam mit dem Hinweis auf die Bedeutung konstituierenden und im Mentalismus fehlenden Merkmale „öffentlich" und „sozial" ab. Den Einwand erhebt er gegen *alle* Varianten mentalistischer Theorien, eben weil Bedeutung und ihr Bezug in diesen Theorien als rein *innerer* Zustand/Vorgang des Geistes aufgefasst werden. Dass diese Ablehnung schlecht begründet ist, werden wir gleich zeigen. Sie verwundert etwas, weil Putnam beim Blick in die Historie schon auf der richtigen Spur war, wenn er feststellt: „Etymologisch hängt ›meaning‹ (Bedeutung ...) mit ›mind‹ (Geist, Bewusstsein) zusammen." (Putnam 1991, S. 52) Abweichend von Putnam wollen wir an dem engen Zusammenhang von Bedeutung und *Geist* und der Lokalisierung von Bedeutung *im* und *nur* im Geist – über die Etymologie hinaus – auch in systematischer Absicht weiterhin festhalten! Noch einmal anders: Nicht nur der Geist, sondern auch die Bedeutung ist eine ausschließlich *innere* Angelegenheit. Diese Lokalisierung lehnt Putnam ebenso lapidar wie bestimmt ab: „Bedeutungen sind einfach nicht im Kopf." (Putnam 1990, S. 37) Dem halten wir ebenso lapidar wie bestimmt entgegen: Bedeutungen sind *nur* im Kopf.

Putnams Exteriorisierung der Bedeutung kann nicht einmal dann verteidigt werden, wenn wir von der Intension zur Extension eines Begriffs übergehen. Nehmen wir ein einfaches Beispiel: Die Extension von „Messer" ist die Menge aller „Messer" genannten Dinge. Dass diese Menge der *Dinge* sich nicht im Kopf, sondern in der *Außen*welt befindet, kann nicht bestritten werden, ist aber trivial. Die Behauptung verliert aber dann ihre Begründungsfähigkeit, wenn Putnam in *abgrenzender* (!) Absicht den Bezug zur *Außen*welt dem Vorgang im *Kopf gegen*überstellt. Zu verteidigen ist die Exteriorisierung sogar dann nicht, wenn Putnam an Abgrenzungsschärfe verliert: „Die traditionelle Semantik vernachlässigt [...] zwei Mitbestimmer der Extension – die Gesellschaft und die wirkliche Welt." (Putnam 1990, S. 62/63). Selbst bei dieser Entschärfung „*Mit*bestimmer" ist seine *anti*mentalistisch gemeinte Aussage nicht haltbar. Der Grund: Auch der durch die äußere Welt und durch die Gesellschaft nur *mit*bestimmte Bezug ist letztendlich im *Kopf* und nur im Kopf. Ebenso ist das von Putnam zu Recht reklamierte Moment der Öffentlichkeit und des Sozialen der Bedeutung nicht *in* einer Öffentlichkeit *da draußen*, also außerhalb des Kopfes, weil auch das Öffentliche *als* Öffentliches erst *mental*, also im Geist entsteht. Auch der Bezug ist *als* Bezug nur im Kopf. Die interne Lokalisierung der Bedeutung bringt Putnams Merkmale „öffentlich" und „sozial" nicht zum Verschwinden, sondern verleiht ihnen auf andere Weise dadurch Geltung: Bedeutung und Bezug sind in den Köpfen von *Vielen*, die sich via Kommunikation dieser Öffentlichkeit versichern. Aber *außer*halb von Köpfen „gibt" es keine Bedeutung. Weder in der Gesellschaft noch in der Welt. Sonst müsste man ihr draußen begegnen können, aber niemand hat sie bislang dort gesehen oder auf andere Weise draußen festgestellt. Der Hinweis auf einen Dialog *zwischen* zwei Subjekten begründet nicht die antimentalistische Position, weil es *zwischen* den Dialogpartnern nur *Schall*wellen ohne jegliche Bedeutungsimplikation gibt.

Dass Bedeutung eine *innere* Angelegenheit ist, möchte ich nun mit einem einfachen Argument zeigen, am Beispiel des Begriffs „sozial". Nach Putnam ist seine Bedeutung „nicht im Kopf" und sie entsteht auch nicht im Kopf, sondern „öffentlich", in der Gesellschaft. Nehmen wir folgende Situation an: X sieht, wie Y stürzt und mit schmerzverzerrtem Gesicht auf dem Boden liegen bleibt. Die

Reaktion: X empfindet Mitleid und hilft Y. In diesem Beispiel sind zwei *äußere* Vorgänge wirksam, die für Putnams Argumentation ja *mit*bestimmend sind. Erstens die Mitleid und dann Hilfe auslösende *Beobachtung* des Leidenden und zweitens eine vorausgehende Sozialisation, in der X durch Erziehungs*handlungen* Hilfsbereitschaft und auf diesem *äußeren* Wege die Bedeutung von „sozial" erlernt hat. Die entscheidende Frage: Wo entsteht und wo ist die Bedeutung, im Kopf oder draußen? Der Reihe nach: Wenn X den Y leiden sieht, ist das zunächst ein rein *optischer* Vorgang. Es werden nämlich keine *Schmerz*symptome, sondern völlig schmerzfreie *Photonen* vom Gesicht des Y zu den Augen von X übertragen. In dieser in der *Außen*welt ablaufenden Phase ist *keinerlei* Bedeutung von „Schmerz", „sozial" u. Ä. im Spiel. Die schmerzfreien physikalischen Signale werden dann in elektrisch und chemisch umgewandelter Form im neuronalen Netzwerk des Gehirns verarbeitet. Noch immer spielt Bedeutung *keinerlei* Rolle. Erst wenn die Ebene des *Geistes* erreicht ist, erkennbar an der *Empfindung* des Mitleids, erhalten die bis dahin bedeutungsfreien Signale Bedeutung. Der Vorgang vollzieht sich also in drei Phasen: in einer physikalischen, einer neuronalen und einer geistigen. Entscheidend ist: Das *Bedeutungs*hafte spielt sich im *Kopf* von X und nicht draußen in der Gesellschaft ab.

Dann stellt sich die Frage, ob die Gesellschaft als *äußere* Welt in bedeutungsgebender Funktion vielleicht *vorher*, bei der primären Sozialisation in Funktion kommt, dann also, wenn die Bedeutung von „sozial" *erlernt* wird? Dass die Gesellschaft bei dieser Sozialisation eine tragende Rolle spielt, kann niemand bestreiten. Aber das alleine stützt nicht Putnams Bedeutungstheorie. Bestätigt würde sie erst dann, wenn mit dem Nachweis des gesellschaftlichen Moments – z. B. in Form von beobachtbaren Handlungen – gleichzeitig der Nachweis erbracht wäre, dass Bedeutungen *in* der Gesellschaft *sind*. Schauen wir uns das an einer konkreten Situation an: Der Vater von X hat in Kenntnis von Piagets Entwicklungspsychologie pünktlich im Alter von drei Jahren damit begonnen, X in einfachen Rollenspielen und einfachen Erklärungen die ethische Gebotenheit von sozialem Verhalten zu zeigen – und so den Begriff „sozial" mit Bedeutung gefüllt. Es handelt sich dabei unbestreitbar um eine äußere, *gesellschaftliche* Situation. Aber: Wie auch immer die Einzelheiten dieser Sozialisation gewesen sein mögen, es wiederholen sich auch hier die o. g. drei Phasen: eine physikalische (z. B. in Form von Schallwellen bei der Erklärung durch den Vater), eine an die Schallwellen anschließende neuronale und eine davon verschiedene geistige. Das Entscheidende für unsere Frage nach dem „Wo?" der Bedeutung: In keinem einzigen Moment der Sozialisation ist die Bedeutung *zwischen* Vater und Sohn, was aber der Fall sein müsste, wenn Bedeutung „öffentlich" sein soll. Stattdessen ist die Bedeutung zu jedem Zeitpunkt immer nur *im* jeweiligen Geist der an der Sozialisation Beteiligten. Die physikalischen und neuronalen Signale entstehen erst *als* soziale im Kopf. Wenn wir den Dialog als Beispiel nehmen: *Zwischen* den Beteiligten gibt es nur bedeutungs*freie* Schallwellen – und sonst nichts. Dass Schallwellen keine Bedeutung enthalten, ja nicht einmal Bedeutungs*träger* sind, sondern nur Prozesse der Bedeutung im Kopf auslösen, haben wir an verschiedenen Stellen schon ausgeführt. Noch ein belegendes Beispiel: Würde in der physikalischen Phase des Dialogs *zwischen* Vater und Sohn *Bedeutung* eine Rolle spielen, wäre es unmöglich, dass die Schallwellen von „Frau" und „woman" bei identischer Bedeutung völlig verschieden sind. Identische Bedeutung und unterschiedliche Schallwellen zeigen zwingend, dass die Bedeutung der Worte nicht in den Schallwellen *enthalten* sein kann. Damit haben wir erneut das für die logische *Autonomie* der Theorie des Geistes wichtige Merkmal: Bedeutung hat keine physikalische Entsprechung. Bedeutung ist eine *nicht*physikalische Größe. Das zeigen auch die Homonyme und Synonyme. Am Beispiel des Homonyms „Schloss": *Eine* physikalische Schallwelle hat *zwei* völlig unterschiedliche Bedeutungen, nämlich „Schloss" als Gebäude und „Schloss" als Verschlusstechnik. Der nichtphysikalische Charakter der Bedeutung zeigt sich neben dem gesprochenen auch im geschriebenen Wort: *ein* geometrisches Muster und *zwei* Bedeutungen. Die hierbei auftretende Kontextabhängigkeit bestätigt die nichtphysikalische „Natur" der Bedeutung einmal mehr. Ebenso die Synonyme: „Frühling" und „Lenz": Sie haben *eine* Bedeutung, aber gesprochen *zwei* unterschiedliche Schallwellen (und geschrieben zwei unterschiedliche geometrische Muster). Dass Geist auf Materie *angewiesen* ist, kann nicht bestritten werden. Aber materielle Größen (z. B. Schallwellen) sind nur Auslöser von Bedeutungen, sind selbst aber bedeutungslos. Zum x-ten Mal: Es gibt „da draußen" keine Bedeutung. Dabei ist „draußen" weit gefasst: Es reicht vom eigenen Körper, über die Gesellschaft, die Natur und schließlich bis zum Weltall.

Wir sind an einer wichtigen Stelle der Geist- resp. Bedeutungstheorie. Deshalb noch ein paar weitere Ausführungen zum Verhältnis von Geist und Welt, die Putnams Position in Frage stellen. Die Annahme, dass Bedeutungen im Kopf und nicht in der Welt sind, ist auch deshalb gerechtfertigt, weil wir zu den *nicht*mentalen Vorgängen und Ereignissen der Außenwelt keinen *nicht*mentalen Zugang haben. Besonders und unwiderlegbar deutlich wurde das bei unserem Sonnenuntergangsbeispiel, aber auch beim Phänomen Jesuskopf, der für uns auf der Wand *erscheint*, aber dort nicht *ist*. Wenn Putnam lapidar feststellt: „Die Extension eines Ausdrucks ist [...] die Menge der Dinge, auf die dieser Ausdruck zutrifft" (Putnam 1990, S. 23), so greift diese Explikation weder beim Sonnenuntergang noch beim nach oben entschwindenden Jesus. Beides befindet sich ausschließlich in unserem Kopf. Die Extension von „Sonne", also der Bezug des Begriffs, ist im Moment der *Beobachtung* des Sonnenuntergangs nämlich *nicht* durch die *wirkliche* Sonne, also nicht durch das „Ding" bestimmt, dessen Dingcharakter auch durch seine raum-zeitlichen Koordinaten festgelegt ist. Noch einmal anders: Der Bezug von „Sonne" bzw. der Aussage „Die Sonne steht knapp über dem Horizont" ist kein Ding bzw. kein Sachverhalt der Außenwelt, sondern ein rein *innerer* Zustand. Der schon ausgeführte physikalisch zwingende Grund: Die beobachtete Sonne entspricht im Moment ihrer Beobachtung keinem Zustand der „wirklichen Welt" (die Sonne ist ja dann schon hinter dem realen Horizont *verschwunden).* Zum Zeitpunkt der *Beobachtung* der Sonne gibt es keinen *Außen*weltbezug der Beobachtung, ganz einfach deshalb, weil die Sonne sich in diesem Moment nicht (mehr) an der Stelle befindet, an der wir sie sehen. Wichtig ist: Es handelt sich bei diesem Beispiel nicht um einen seltenen Sonderfall. Im Gegenteil: Das Beispiel steht stellvertretend für *alle* Beobachtungen, nur macht sich der Vergangenheitslichtkegel bei größeren Entfernungen der Beobachtungsobjekte in einem größeren zeitlichen Verzugswert bemerkbar als bei kürzeren Distanzen. Aber die *Logik* des Argumentes gilt für *alle* Extensionen, für alle Aussagen mit Bezug auf die *äußere* Welt. Diese äußere Welt existiert *für uns* nur als *geistig* gefasste und damit immer nur im Kopf. Zwischen dem Begriff und dem entsprechenden Ding der Außenwelt gibt es also auch hinsichtlich der Extension kein einfaches 1:1-Abbildungsverhältnis.

Mit einem Beispiel anderer Art haben Kamlah und Lorenzen die Trennung von Außenwelt und Bedeutung und damit die Autonomie der Bedeutung ebenfalls überzeugend gezeigt: „Kein Zeitgenosse des Mittelalters kannte das „Mittelalter"." (Kamlah/Lorenzen 1967, S. 104). Der Satz hat es in sich. Wenn wir ihn etwas genauer analysieren, wird es nämlich logisch verzwickt bis paradox. Das Resultat auf den Punkt gebracht: Zur Zeit des Mittelalters existierte das Mittelalter nicht. Als es das Mittelalter bzw. den entsprechenden gesellschaftlichen Zustand tatsächlich gab, konnte die Zeit nicht „Mittelalter" genannt werden. Der Grund: Der Begriff erfordert eine zeitliche *Mitte*, die es zurzeit des Mittelalters (noch) nicht gab und nicht geben konnte. Die Folge: „Mittelalter" kann der historische Sachverhalt erst dann genannt werden, wenn es faktisch nicht mehr existiert. Das Beispiel zeigt einmal mehr, dass Bedeutung eine Funktion der Zeit ist. Für Diejenigen, die in dieser Zeit lebten, hat der Begriff „Mittelalter" keine Extension, eben weil damals das zeitlich gemeinte Merkmal der Mitte fehlt. Die damaligen Zeitgenossen hätten also den Satz „Du lebst im Mittelalter" nicht verstanden, zu Recht, denn der Satz ist wegen der fehlenden Mitte sinnlos. Die Extension des Begriffs entsteht erst später, in einem *Rück*blick, wenn zeitlich von einer geschichtlichen *Mitte* gesprochen werden kann. Da die Bedeutung von Begriffen aber eine Funktion der Zeit ist, verliert sich der Bezug des Begriffs „Mittelalter" auch dann wieder, wenn der Zeitabschnitt *nach* dem Mittelalter deutlich größer wird als der Zeitabschnitt *vor* dem Mittelalter. Es fehlt – analog zur Zeitspanne des realen Mittelalters – das Merkmal der Mittigkeit des für die Bedeutung des Begriffs konstitutiven Zeitbezugs. Die Zeit vor dem Mittelalter und die Zeit nach dem Mittelalter müssen in etwa gleich groß sein. Ansonsten ist „Mittelalter" reine Bedeutung ohne empirischen Bezug, extensionslos nur im Geist existierend. Zugegeben: Das

Bedeutungsproblem ist verzwickt, weswegen auch Putnam nicht die Lösung gefunden zu haben vorgibt, sondern einräumt, dass „„Bedeutung" nach wie vor im Dunkeln" liegt (Putnam 1990, S. 22). Es liegt zum Glück nicht *Alles* im Dunkeln – und es erscheint auch Licht am Ende des Tunnels.

Wir halten daran fest: Geist und Bedeutung sind untrennbar verbunden und beide sind irreduzible *nicht*physikalische Entitäten. Ein wesentlicher Grund: Geist und Bedeutung können nicht in Kategorien von Masse und Energie beschrieben werden, ein Erfordernis, das physikalische Entitäten grundsätzlich erfüllen müssen. Mit dieser notwendigen Kopplung von Masse/Energie und Physik entsteht die weitere Forderung der Berechenbarkeit, die bei Geist und Bedeutung nicht erfüllt werden kann. Wie der Code beschaffen ist, in dem der Geist Bedeutung erzeugt, repräsentiert und verarbeitet, wissen wir (immer noch) nicht. Aber dass Geist und Bedeutung existieren, haben wir erschließen können: Wenn Jesus uns optisch *tatsächlich* und mit geschichtlich bestimmter Bedeutung erscheint, aber gleichwohl *physikalisch* auf der Wand nicht *existiert*, muss seine Erscheinung Ausdrucksform eines *existierenden* Geistes sein. Aber trotz zwingender Schlussfolgerung bleibt es schwierig. Wegen der Verwickeltheit der Lage hat Quine bekanntlich vorgeschlagen, den Bedeutungsbegriff aus der Wissenschaft ganz zu eliminieren und nur noch vom *Bezug* zu sprechen. Ich schließe mich diesem Vorschlag nicht an, schon deshalb nicht, weil auch der Bezug „bedeutungsmäßig" und nicht gegenständlich ist. Es gibt *für uns* kognitiv kein Jenseits der Bedeutung. So folge ich also zunächst einmal den meisten traditionellen Philosophen, die Begriffe als etwas Geistiges und die Bedeutung eines Wortes als seinen Begriff auffassen. Bedeutungen sind *geistige* und zwar *rein* geistige Entitäten. Dagegen wandte sich neben Putnam auch Carnap. Hat er bessere Argumente? Carnap führt Begriffe/Intensionen/Bedeutungen nicht als geistige, sondern als *abstrakte* Entitäten ein. Wie die genannten Schwierigkeiten allerdings durch diese Ersetzung gelöst werden können, bleibt unklar. Die Probleme werden dadurch nämlich nicht gelöst, sondern nur von „geistig" zu „abstrakt" verschoben. Beispielsweise sind *abstrakte* Entitäten so wenig beobachtbar wie geistige. Die Begriffsänderung ändert daran nichts. Sinnvoller erscheint es mir, Abstraktheit als eine spezifische und reine, also besonders wichtige Form des Geistigen und der Bedeutung zu begreifen. Der Grund: Es gibt in der *äußeren* Welt keinen Zustand und keine Eigenschaft der Abstraktheit. Sonst müssten zum Beispiel Verallgemeinerungen als Form der Abstraktion *dinglicher* Natur und damit beobachtbar sein, was aber nicht der Fall ist. Noch einmal: Es gibt da draußen in der Welt einfach keine abstrakten, sondern nur *konkrete* und *einzelne* Dinge und Zustände. Diese Beschränkung auf die Sphäre des Geistes gilt *grundsätzlich*, schließt also auch die scheinbar einfachen Abstraktionen des Alltags ein. Nehmen wir den Klassenbegriff „Hund". In der Welt gibt es keinen *allgemeinen* Hund, also keinen realen Sachverhalt, der dem allgemeinen Begriff entspricht, sondern es gibt real nur *indivi-*

duelle Hunde, die alle voneinander *verschieden* sind. Die im Begriff gefasste Allgemeinheit „Hund" existiert nur geistig als Abstraktion im Kopf – und diese wiederum nur in Form von *nicht*physikalischer Bedeutung, ebenfalls im Kopf. Das gilt für alle Begriffe und ihre Designata, auch für die theoretischen Terme. So gibt es in der äußeren Welt kein *allgemeines* Elektron, sondern es gibt im ganzen Weltall geschätzte 10^{80} in *unterschiedlichen* Raum-Zeit-Koordinaten und *unterschiedlichen* Atomen eingebettete und insofern *individuelle* Elektronen.

Angeregt von Carnap, aber gegen seine bedeutungsfeindliche Intention, können wir nun auch alle früheren Beispiele, an denen wir die Autonomie des Geistes erläutert haben, im Lichte der Fähigkeit zur Abstraktion verstehen. So sind Naturgesetze Abstraktionen von der Realität in dem Sinne, dass sie in der äußeren Welt nicht existieren. Es gibt draußen in der Welt kein Gravitations*gesetz*, sondern nur fallende Steine als *Einzel*ereignisse. Sonst müsste die Natur selbst abstraktionsfähig sein, was sie nicht ist und was dem Geist und nur dem Geist vorbehalten ist. Da Abstraktionen nicht in der Außenwelt, sondern nur im Geist existieren, und Geist sich nur via Bedeutung realisiert, sind Abstraktionen nichts weiter als eine Form der *Bedeutung*, die der Geist den Abstraktionen verleiht. Wir können verallgemeinern: *Alle* Arten von Abstraktionen sind rein geistiger Natur und existieren grundsätzlich nur im Status der Bedeutung. Diese Bestimmung gilt nicht nur für die Abstraktionsform der Verallgemeinerung, wie sie zum Beispiel im Gravitationsgesetz zur Anwendung kommt, sondern auch für andere Formen, z. B. die der *Weglassung*, die bei *Modellen* angewandt wird, in der Funktion einer Reduktion auf das Wesentliche. Einstein hat das Weglassen an einigen Stellen seiner Theorie in der schärfsten Form praktiziert, nämlich nicht im Sinne der Reduktion auf das Wesentliche, also durch Weglassen von Unwesentlichem, sondern strikt *anti*physikalisch. Zum Beispiel beim Inertialsystem, das er *gegen* die physikalische Realität gravitationsfeld*frei* eingeführt hat. Von der Gravitation abstrahieren und in dieser Weise Naturgesetze verletzen kann nur der autonome Geist. Da *jeder* Begriff (also auch ein konkreter wie „Hund") eine Abstraktion ist, ein Absehen vom Individuellen, deren einzige Existenzform die Bedeutung ist, Geist und Bedeutung in einem unlösbaren Zusammenhang stehen und Bedeutung keine Angelegenheit der Außenwelt ist, belegen alle Begriffe im Moment des Abstrakten immer auch die *Autonomie* des Geistes. Und da *alle* Wissenschaften in ihrem Wesen *begriffs*getragen sind, findet unser Vorschlag, die Einheit der Wissenschaften via allgemeine Theorie des Geistes auszuführen, im Abstraktionsmoment eine weitere Bestätigung. Wir wollen also Carnaps Hervorhebung des Abstraktionsbegriffs aufnehmen, aber nicht in ersetzender und damit ausgrenzender Absicht (Ersetzung von „geistig" durch „abstrakt"), sondern fassen Abstraktion nur als eine von vielen Formen des Geistigen auf.

Im Sinne von Carnap ist diese Vereinnahmung von „abstrakt" durch „geistig" natürlich nicht. Auch andere lehnen sie ab. Einer davon ist Putnam, der einen interessanten Einwand gegen die hier vertretene Position hat. Sein Argument: Ohne den Wechsel von „geistig" zu „abstrakt" gerate man in den bekannten solipsistischen Strudel, mit den bekannten merkwürdigen Konsequenzen. Sein Beispiel: „X ist eifersüchtig auf Y". Nach dem üblichen Gebrauch von „eifersüchtig" folgt aus diesem Satz die *Existenz* von Y. Auf dem Hintergrund des methodologischen Solipsismus und dem *Primat* des Geistes kann nach Putnam dieser Schluss aber nicht mehr gezogen werden. Stattdessen müsse „Eifersucht" dann neu so verstanden werden, dass ich „auf meine eigenen Halluzinationen, auf die Produkte meiner Phantasie etc. eifersüchtig sein kann". Das Argument überzeugt nicht. Zunächst einmal: Immer dann, wenn die Eifersucht *un*begründet ist (was ja häufig so sein soll), ist genau das der Fall; denn ich kann nicht auf einen *extra*mentalen Y eifersüchtig sein, wenn dieser Y gar nicht *extra*mental existiert. Also bin ich in diesem Fall auf einen rein *mentalen* Gegenspieler eifersüchtig. Aber auch dann, wenn die Eifersucht *begründet* ist, ist der Mentalismus nicht aus dem Spiel und mit dem Vorwurf des Solipsismus zu erledigen. Nehmen wir an, dass Y, auf den ich eifersüchtig bin, außerhalb meines Kopfes tatsächlich als Nebenbuhler existiert. Das Problem: Auch das spielt sich in meinem *Kopf* ab – „nackte" Existenz des Nebenbuhlers inklusive. Putnams Argument gegen den Mentalismus hat eine unhaltbare Voraussetzung, nämlich die Annahme einer geistunabhängigen *Zugänglichkeit* der Wirklichkeit. Diesen wesentlichen Unterschied zwischen der Annahme einer geist*un*abhängigen, aber nicht erfahr- und nicht erkennbaren *Wirklichkeit*, die es nur im Sinne einer Apriori-Wahrscheinlichkeit *gibt*, und der Annahme ihrer geistunabhängigen *Zugänglichkeit*, die es *nicht* gibt, hat schon Planck in seiner Drei-Welten-Theorie thematisiert. Der Mentalismus hat nicht zwingend einen Solipsismus zur Folge und damit die Annahme, dass der Nebenbuhler *ausschließlich* im Geist existiert. Richtig ist: *Als* Nebenbuhler, i. e. im Lichte der *Bedeutung* des Begriffs, existiert er nur im Geist, eben weil es außerhalb des Geistes in der Welt da draußen keine Bedeutung gibt. Dieses komplexe und schwierige Verhältnis von Geist und Welt wollen wir nun noch etwas weiter ausführen.

In der Philosophie des Idealismus wird zwischen der sprachlichen und der außersprachlichen Welt erwartungsgemäß ein enger Zusammenhang gesehen, den Hegel verschärfend als Einheit von Begriff und Realität beschreibt. Das Verhältnis der Einheit, das logisch noch Verschiedenheit der Relationsglieder zulässt, geht aber bei Hegel nach Ritsert schließlich in Identität über: „Denken und Sein, Idee und Wirklichkeit, Begriff und zu Begreifendes erweisen sich am Ende des Arbeitsprozesses des Geistes als identisch. *Es resultiert der absolute Idealismus als Identitätsphilosophie.*" (Ritsert 2018a, S. 48). Im Rahmen seiner Reflexionen über die Theorieabhängigkeit der Natur kommt Bohm zu einem ähnlichen, aber linguistisch gefassten Ergebnis: Im Verhältnis von Theorie und Natur „sind dann Gedanke und Ding so „vereinigt", dass auch die üblichen Unterscheidungen zwischen Signifikans und Signifikat ihren Sinn verlieren, so „dass Gedanke und Ding letzten Endes nicht wirklich als getrennte Gebilde analysiert werden können". (Bohm 1985, S. 86). Das Gleiche sagt Putnam, wenn er – seinen vorher erläuterten Extensionsbegriff konterkarierend – „das ›Erkenntnistheoretische‹ und das ›Ontologische‹ eng miteinander verbunden" sieht (Putnam 1991, S. 211). Dieses komplizierte Verhältnis von Geist und Realität hat Werner Heisenberg mit Blick auf die Natur in dem schon erwähnten Beziehungspostulat formuliert, das wir vereinfachend so zusammenfassen können: Wir erkennen nicht die Natur, sondern unsere *Beziehung* zu ihr. Für unsere These vom zunehmend *geistes*wissenschaftlichen Status der physikalischen Theorie war dieser Paradigmenwechsel in der Physik eine tragende Bestätigung. Das Postulat gilt über die Physik hinaus für alle Disziplinen und ist ein wesentlicher erkenntnistheoretischer Beitrag für die Klärung des Verhältnisses von Geist und Welt, von Repräsentant und Repräsentat usw. Hinzugefügt werden muss: Die *Art* der Beziehung variiert mit den Besonderheiten der Untersuchungsobjekte in den verschiedenen Disziplinen und ist entsprechend zu qualifizieren: Die Beziehung kann gesellschaftlich, sprachlich, neurobiologisch, hermeneutisch, messtechnisch etc. etc. sein. Aber immer handelt es sich um eine qualifizierte *Beziehung*. Mit Blick auf die Theorie des Geistes ist das Beziehungspostulat der allgemeinste erkenntnistheoretische Fixpunkt. Wichtig ist: Im Besonderen der unterschiedlichen Anwendungen hat diese „Beziehung" zu den Gegenständen der Erkenntnis viele unterschiedliche Formen: reine Theorie (z. B. bei der physikalischen Beschreibung des Gravitationskollapses in einem schwarzen Loch), teilnehmende Beobachtung (z. B. bei der soziologischen Feldforschung) oder – von Arno Bammé in einem Briefwechsel vorgeschlagen – „Intervention" (z. B. bei der Herbeiführung eines Zusammenpralls von Protonen in einem Teilchenbeschleuniger). Aber all diese *konkreten* Anwendungsformen des abstrakten Beziehungspostulates haben ihre jeweiligen Grenzen: So ist „teilnehmende Beobachtung" zwar in einem Interview, aber nicht in einem Schwarzen Loch möglich, und der Beschuss von Teilchen mit Gammalicht ist mit „Intervention" erhellend beschrieben, aber im Zusammenhang mit der Urknallsingularität wäre die Anwendbarkeitsgrenze des Begriffs überschritten. Deshalb wird das Beziehungspostulat als abstrakteste Ebene eingeführt, unter der sich die Vielfalt der Methoden als Folge der Vielfalt der Disziplinen subsumieren lässt. Was einheitswissenschaftlich alle Varianten verbindet, ist das tragende Moment der *Bedeutung*, welche die abstrakte Beziehung disziplinabhängig qualifiziert. Deshalb haben wir das Postulat schlussendlich so formuliert: *Wir erkennen nicht die Welt, sondern unsere qua Bedeutung geregelte Beziehung zu ihr.*

Das Postulat hat starke Implikationen, z. B. die Unmöglichkeit theoriefreier Beobachtungen. Außerdem: In der bedeutungstheoretischen Qualifizierung des Postulats ist der *solipsistisch*-idealistische wie auch der *radikal*-konstruktivistische Fehlschluss ausdrücklich ausgeschlossen: Geist und Realität, Denken und Sein, Repräsentant und Repräsentat, Signifikant und Signifikat sind nicht *identisch*. Am Beispiel: Der Skifahrer fährt weder auf neuronalen noch auf kognitiven Pisten, sondern auf realen *Schnee*pisten. Der Beweis: Den Arm brechen kann man sich nur auf realen, nicht auf neuronalen oder kognitiven Bahnen. Dass beide Bereiche *verschieden* sind und dennoch in einem bedeutungstheoretischen *Zusammen*hang stehen, zeigt den Kognition begründenden Unterschied von Repräsentant (z. B. Nervenbahn) und Repräsentat (Skibahn) wie auch ihren unlösbaren Zusammenhang. Sagen wir es so: 1) Die Außenwelt *ist* nicht symbolisch. 2) Wir *erkennen* sie nur *als* symbolische. Das gilt gleichermaßen für Geistes- und Naturwissenschaften. Wir müssen also unterscheiden zwischen der sinnvollen Annahme der *Existenz* einer symbolunabhängigen Außenwelt und der sinnlosen Annahme einer symbolunabhängigen und damit direkten *Erkennbarkeit* der Außenwelt. Noch einmal anders: Geist und Welt sind untrennbar verbunden, aber dennoch verschieden.

Versuchen wir die Beziehung von Geist und Welt noch einmal an einem extremen physikalischen Beispiel, nämlich an der Planck-Zeit, zu erläutern: Die Planck-Zeit beträgt 10^{-43} Sekunden, die kürzest mögliche Zeitdauer in der bisherigen (!) Physik, im Zahlenwert nicht vorstellbar, nur mathematisch ausdrückbar. Das grundsätzliche Problem: Auch die Planck-Zeit gibt es nicht „da draußen" in der materiellen Welt, nicht weil es Planck nicht mehr gibt, sondern weil es „da draußen" keine „Sekunde" als *Grundeinheit* der Zeitmessung gibt. Machen wir uns das an der Entstehung des Zeitbegriffs klar, der immer im Zusammenhang mit Uhren steht. Dann ist die erste Frage: Was sind Uhren? Als Uhren können alle *periodischen* Vorgänge dienen, z. B. die Flugzeiten der Zugvögel oder die Rotation der Erde u. v. a. m. Der Grad der Regelmäßigkeit der Periode ist dabei der Maßstab für ihre Geeignetheit als Uhr. Unter diesem Kriterium ist die Rotation der Erde mehr geeignet als die von Jahr zu Jahr schwankenden Abflug- und Rückkehrzeiten der Zugvögel. Aber auch die Genauigkeit der Periodizität der Erdrotation ist nicht konstant, weil die Drehung der Erde um ihre Achse abhängig ist von der Verteilung der Massen um diese Achse, und diese Verteilung ändert sich in der Zeit. Die Folge: Die Erde dreht sich nicht mit *konstanter* Winkelgeschwindigkeit, was die Genauigkeit und damit die Tauglichkeit für ihre Nutzung in der Uhrenfunktion mindert. Hinzu kommt: Die Gezeiten der Meere erzeugen Reibung mit dem Meeresgrund, ebenso mit den Landmassen, auf die sich das Wasser ausdehnt und von denen es sich wieder zurückzieht. Die dabei entstehende Reibung führt physikalisch zwingend zur Umsetzung von Materie in Energie, nämlich in Wärme, und damit zum Masse*verlust* der Erde. Und dieser Verlust ändert, ebenfalls physikalisch zwingend, die Genauigkeit bzw. die *Konstanz* der Periode. Anders gesagt: Die o. g. Reibungen sind verzögernde Kräfte, d. h. sie *bremsen* die Erdrotation.

Nimmt man als Grundeinheit der Zeitmessung die „Sekunde" als von der Erdrotation bestimmten Bruchteil eines Tages – eine rein *theoretisch* und nicht *außen*weltlich begründete Entscheidung –, so verändert sich also der Wert in Abhängigkeit von den o. g. Schwankungen. Im Interesse an möglichst *genauen* Uhren war das keine zufriedenstellende Lösung, zumal die nicht zuletzt durch die Entwicklung der Technik bestimmten Anforderungen an Genauigkeit immer größer wurden. Die Einlösbarkeit der gestiegenen Anforderungen kam aber erst mit den Erkenntnissen der Atomtheorie. Von nun an war nicht die Erde, sondern das Atom der Maßstab der Zeit. Der Grund: Die *Konstanz* der Bewegungsperioden in einem Atom ist sehr viel größer als die Konstanz der Erdrotation. So kam man schlussendlich zu einer Uhr auf der Grundlage der Schwingungen des Cäsium 133 Atoms: Im Jahre 1964 wurde festgelegt, dass eine Sekunde die Zeitdauer ist, in der das Cäsiumatom 9 192 631 770 (also fast 10 Milliarden) Mal schwingt. Fazit: Es gibt zwar die genannte Anzahl der Schwingungen in der Natur, aber es gibt keine „Sekunde" als Grundeinheit der Zeitmessung in der Natur. Die Sekunde existiert nur als *geistige* Entität und damit nur im Geist des Zeitgebers und nur in Form von Bedeutung.

Was bedeutet das für den Zusammenhang und den Unterschied von Repräsentant und Repräsentat? Die Antwort ist wichtig, weil wir das Begriffspaar und seine Dialektik von Unterschied und Zusammenhang als geistkonstituierend, also als tragenden Teil der Theorie des Geistes eingeführt haben. Zunächst die Zuordnung: Der Begriff „Sekunde" ist der Repräsentant. Diese Zuordnung ist einfach. Aber was ist das Repräsentat? In einer strikt realistischen Deutung wäre es das außenweltliche Cäsium 133 Atom bzw. sein Schwingungsintervall. Richtig ist zunächst einmal: Das Atom Cäsium 133 *ist* keine symbolische, sondern eine empirische Entität, die vom Wort „Cäsium" verschieden ist. Da schwingt kein Geist, sondern ein Atom. Dennoch: Vom Cäsium als Atom mit sehr bestimmten Eigenschaften kann nur auf dem Hintergrund einer sehr elaborierten Atomtheorie gesprochen werden. Das hat zur Folge, dass die Rede „Da draußen, in der physikalischen Welt, gibt es ein von der Atom*theorie* verschiedenes Cäsiumatom" unangemessen wird. Es gibt kein Cäsium jenseits der Theorie, kein Cäsium ohne „Cäsium". Es gibt da draußen in der Welt irgendetwas Theorieunabhängiges, ja, aber kein Cäsium an sich. Das Verzwickte: Nicht nur der Begriff „Cäsium", sondern auch der *Unterschied* zwischen dem Begriff „Cäsium" als Repräsentant und dem Ding Cäsium als Repräsentat kann nur bedeutungstheoretisch gefasst werden. Dass es eine Welt jenseits der Begriffe gibt, können wir nur unter Rückgriff auf Begriffe und damit wiederum nur denkend zeigen. Noch einmal anders: Es gibt einen Unterschied zwischen Sprache und Welt, selbstverständlich, aber auch der kann selbst wiederum nur sprachlich/kognitiv erfasst werden. Damit befinden wir uns mitten in Fichtes Zirkel der Referenz. In Jürgen Ritserts fragenden Worten: „Auf welche Weise ist das Ansichsein (zwangsläufig nur) für uns, ohne dass man Ansichsein (Gegenständlichkeit) mit dem *Fürunssein identifizieren* kann." (Ritsert 2018b, S. 51) Wichtig ist: Das Zirkelproblem entsteht bei *allen* Geist-Welt-Verhältnissen – und ist unlösbar. So wie wir niemals den Archimedischen Punkt erreichen, werden wir niemals dem Zirkel der Referenz entkommen. Das „niemals" betrifft jedoch nur das Geist-*Welt*-Verhältnis, d. h. realitäts*konforme* Annahmen (siehe das obige Cäsiumbeispiel). Befasst sich der Geist dagegen mit sich selbst, dann tritt das Zirkelproblem nicht auf. In der Selbstreflexion sind *Fürunssein* und *Ansichsein* identisch. Verallgemeinert: In allen realitäts*freien* Aussagen entsteht der Zirkel nicht. Bei der Aussage „Der mathematische Punkt ist ausdehnungslos" ist der Geist auf ein und derselben Ebene und außenweltbezugsfrei nur mit sich selbst bzw. mit seinem begrifflichen Konstrukt befasst. In terms des Beziehungspostulats: Der Geist ist dann zirkelfrei in einer Beziehung mit sich selbst. Immer wenn Repräsentant *und* Repräsentat, wenn also *beide* kognitiver Natur sind, tritt die Zirkelproblematik nicht auf (wir haben für diesen Typus realitätsfreier Begriffe und Aussagen viele physikalische Beispiele genannt).

Kommen wir noch einmal zurück zu realitäts*konformen* Aussagen, in denen der Zirkel unausweichlich auftritt. Zwei einfache Beispiele: Nehmen wir das Wort „Messer" und das Ding Messer. Dass beides verschieden ist, kann damit bewiesen werden, dass wir nicht mit dem *Wort*, sondern nur mit dem *Ding* Messer Brot schneiden können. Aber damit ist die Relation zwischen Wort und Ding noch nicht ausreichend qualifiziert. Das zeigt das zweite Beispiel: Nehmen wir im Gedankenexperiment an, ein Säugling, erst ein paar Wochen alt, hat seine Augen geöffnet und blickt in die Außenwelt. Dann hält seine Mutter in seine Blickrichtung einen roten Ball. Wir können davon ausgehen, dass in diesem Fall Photonen – vom Ball reflektiert – die Augen des Säuglings erreichen. Jetzt nehmen wir an, die Mutter bewegt den Ball und der Säugling bewegt relativ zur Bewegung des Balls seinen Kopf oder seine Augen mit. Diese Abhängigkeit rechtfertigt die Annahme, dass der Säugling das sich bewegende Etwas sieht. Die Frage: Können wir „Etwas" durch „Ball" ersetzen? Dann wäre die Aussage: „Der Säugling sieht den roten Ball". In dieser Qualifizierung wird die Aussage jedoch falsch. Die Begründung: Der noch sprach- und sozialisationsfreie Säugling kennt die Bedeutung von „Ball" und damit die Merkmale und Funktionen eines Balles noch nicht. Folglich hat er keinen *Ball*, sondern nur ein unbestimmtes Etwas in Bewegung gesehen, das nur in einer Hinsicht für den Säugling qualifiziert ist, nämlich in seiner geometrischen Form, die das Auge auf der Grundlage genetischer Anlagen optisch, aber ansonsten sprach- und damit bedeutungsfrei „erkennt". Wir können das Wort „Ball" in Relation zum Säugling also nur so verwenden: Der Säugling sieht ein unbestimmtes Etwas, das *wir* (als bereits Sozialisierte) „Ball" nennen. Vom Ding Ball gibt es keinen Automatismus zum Wort „Ball" bzw. zu seiner Bedeutung. In unserer Terminologie: Die Aussage „Der Säugling sieht den Ball" ist realitätswidrig, d. h. die Extension des Satzes, i. e. sein Wahrheitswert, ist falsch. Und beschränken wir uns auf das *Prädikat* „Ball", dann müssen wir sagen: In Relation zu dem Säugling ist die Extension des Prädikats leer. Die Menge der Gegenstände, auf die das Prädikat „Ball" zutrifft, ist *für den Säugling* leer, und dies deshalb, weil er nicht die Bedeutung des Wortes „Ball" kennt, die allererst einen Vorgang als *kognitiv* ausweist. Die Bedeutungsfrage ist also auch hier wieder der Schlüssel zum Geistigen. Diese Differenzierungen machen es nun bedeutungstheoretisch erforderlich, grundsätzlich von einer zweistelligen zu einer dreistelligen Relation überzugehen: Bedeutung ist bei realitätskonformen Annahmen immer eine *drei*stellige Relation, nämlich zwischen Geist/Subjekt, Wort und Ding oder allgemeiner: zwischen Geist, Repräsentant und Repräsentat. Diese Erweiterung der Stelligkeit lehnt sich an die pragmatistische Einsicht an, dass nicht der Satz, sondern der Sprecher beschreibt.

Die Ausführungen sollten gezeigt haben, dass Geist und Welt in einem unlösbaren Zusammenhang stehen, aber – anders als in Hegels Geisttheorie – nicht als *identisch* angenommen werden können. Es gibt eben keinen Ball ohne die Bedeutung des Wortes „Ball", aber verschieden sind Beide gleichwohl. Wir erkennen – in diesem Fall in einem optischen Modus des Geistes – eben nicht den Ball, sondern unsere qua Bedeutung geregelte Beziehung zu ihm, die nicht in Richtung absolute Objektivität hintergangen werden kann. Und dennoch bleibt ein *Jenseits* dieser Beziehung, denn sonst müssten wir annehmen, dass die Welt erst mit dem Geist *entstanden* ist. Diese Besonderheit hat Planck in seiner schon mehrfach erwähnten *Drei-Welten-Theorie* für die Physik angemessen thematisiert. Zur Erinnerung: Welt 1: die physikalische Theorie; Welt 2: die beobachtbare Sinnenwelt; Welt 3: die theorie- und sinnenunabhängige „reale Welt", die wir vernünftiger Weise *annehmen*, aber niemals *erkennen* oder beweisen können. Deshalb gibt es auch kein *explizierbares* Verhältnis zwischen Welt 1 und Welt 3. Stegmüller hat das in seiner Kritik am Popperschen Begriff der „zunehmenden Wahrheitsähnlichkeit", der auf Tarski's Begriff von Wahrheit als *adaequatio intellectus ad rem* beruht, so formuliert: Es gibt diese teleologisch verstandene schrittweise Annäherung der Theorie an die theorieunabhängige, wahre Natur nicht, „weil nur Gott oder der Hegelsche Weltgeist über die Elle verfügen, um den Abstand einer Theorie von der ‚wahren Verfassung der Natur' zu messen". (Stegmüller 1980, S. 48)

Selbst bei dieser unbefriedigenden Nichtexplizierbarkeit des Verhältnisses von Theorie und theorie*un*abhängiger „wahrer" Natur kommt Fichtes Zirkel wieder ins Spiel: Die Annahme der *Existenz* der theorieunabhängigen „realen Welt", die nicht mit Vernunft bestritten werden kann, wie auch die Annahme ihrer *Unerkennbarkeit* sind wiederum nur unter der Voraussetzung des *Geistes* möglich. Die einfache Begründung: Die Natur kann keine Annahmen über sich selbst machen, auch nicht die Annahme ihrer Unerkennbarkeit. Da auch Plancks Welt 3 erkenntnistheoretisch unlösbar mit dem Geist verbunden ist, bekräftigt die Drei-Welten-Theorie einmal mehr die *Nicht*hintergehbarkeit des Zirkels der Referenz. Wichtig ist: Die Nichthintergehbarkeit ist gleichzeitig eine Bestätigung unserer Grundthese, dass der Geist in seiner bedeutungsgebenden Funktion für *alle* Welten das erste und das letzte Wort hat – und genau deshalb auch in *einheits*stiftender Funktion verwendet werden kann. Für Szientisten mag diese Unerreichbarkeit der „Welt-an-sich" eine schlimme Aporie sein, aber sie müssen mit ihr leben, wohl bis in alle Ewigkeit. Ein Kritiker hat mir in diesem Zusammenhang vorgehalten, dass ich gelegentlich offene Türen einrenne. Das stimmt, aber nur bei der Minderheit der wissenschaftstheoretisch geschulten Diskutanten. Ansonsten stimmt es in der Regel nicht. So stellt der Biologe Steve Jones lapidar fest: „Naturwissenschaft wird von Daten gelenkt, nicht von Theorien." (Jones 1996, S. 161) Diese Grundhaltung ist mir immer wieder begegnet, auch bei *experimentellen* Physikern und besonders bei Ingenieuren und Technikern. Dass *alle* Wissenschaft inklusive ihrer praktischen Anwendungen unter dem Primat der Theorie und damit des *Geistes* steht, wird auch in Lehrbüchern der Physik sorgfältig ausgespart. Und schon gar nicht wird die Schlussfolgerung daraus gezogen, nämlich die, dass nur eine Theorie des Geistes die Einheit der Wissenschaften sicherstellen kann.

Dennoch: Die Unerreichbarkeit der „Welt-an-sich" ist eine *Grenze* der Fähigkeiten des Geistes. Dagegen steht unsere frühere Einschätzung, die mit der Autonomie des Geistes gesetzte Freiheit „grenzenlos" zu nennen. Wir halten an beiden Annahmen fest, lösen die Widersprüchlichkeit aber durch Qualifizierung auf. Zunächst zur Grenzenlosigkeit: Belegt haben wir die Annahme mit vielen Beispielen, insbesondere im Zusammenhang mit realitäts*freien* Begriffen und Aussagen und nicht zuletzt daran, dass der Geist gegen seine von ihm selbst gesetzten Denkgesetze verstoßen kann (z. B. gegen das formallogische Gesetz vom ausgeschlossenen Widerspruch). Anders als bei Hegel ist die hier vertretene Annahme der Grenzenlosigkeit jedoch nicht *Alles* umfassend grenzenlos. Sie steht nämlich unter der Voraussetzung, dass wir den Geist ausschließlich durch sein semantisches Vermögen bestimmt haben. Und unter dieser Voraussetzung halten wir daran fest: In der Fähigkeit, Bedeutung zu geben und zu verarbeiten, hat der Geist keine Grenzen. So kann er zum Beispiel *physikalisch* Unmögliches dennoch *denken* (wie es ja auch Einstein mehrfach getan hat, zum Beispiel im Modell des sphärischen Raumes). Aber jenseits der *Denk*welt stößt der Geist auf vielerlei Grenzen, die schon beim eigenen Körper beginnen und die Grenzen des Geistes hinsichtlich seiner *Herrschaft* über den Körper (und die materielle Welt insgesamt) zeigen. So sind wir – auch bei maximaler Inanspruchnahme seiner geistigen Fähigkeiten (z. B. für die Erfindung von technischen Geräten) – *nicht* in der Lage, unseren Körper auf Lichtgeschwindigkeit zu beschleunigen. Erkenntnistheoretisch interessant ist: Schon wieder holt uns Fichtes Zirkel ein, denn die Unmöglichkeitsaussage steht wiederum unter einer theoretischen und damit geistigen Voraussetzung, nämlich unter der Annahme, dass unserem Körper für diese Beschleunigung ein unendlich großer Energiebetrag zur Verfügung stehen müsste. Auch das ist Theorie und damit Arbeit des Geistes – und nicht Ablesen des Weltzustandes. Was nicht einmal bei der *Ruhe*masse des Photons möglich ist, ist bei der sehr viel größeren Masse unseres Körpers a fortiori nicht möglich. Es gibt also viele Grenzen des Geistes hinsichtlich seiner Herrschaft über den Körper im Besonderen und über die materielle Welt im Allgemeinen, aber seine *semantische* Fähigkeit ist grenzenlos.

Aber selbst dann, wenn wir die starke These von der grenzenlosen Freiheit des Geistes nur auf sein *eigenes* Reich beziehen, auf die Welt des Denkens und der Gedanken also, könnte sie in ihrem Absolutheitsanspruch durch eine Erkenntnis widerlegt sein, die im wohl reinsten Operationsraum des Geistes entstanden ist: in der Mathematik. Ich meine Gödels berühmtes zweites Theorem, der sogenannte Unvollständigkeitssatz, der die Grenzen des Geistes als Entscheidbarkeitsgrenze zum Ausdruck bringt. Stößt der Geist also doch auch *innerhalb* seines eigenen Reiches an eine absolute Grenze, die den Absolutheitsanspruch seiner Freiheit in Frage stellt?! Zunächst Gödels zweites Theorem in einem einfachen Satz: Welche Axiome auch immer man annimmt, es gibt immer im Sinne von „unentscheidbar" unbeantwortbare Fragen. Aber: Diese prinzipielle Entscheidbarkeitsgrenze ist keine, die den Geist *generell* trifft. In den Worten des Mathematikers Alain Connes: „Ich denke es wäre falsch, daraus zu schließen, dass die Fähigkeit des menschlichen Geistes beschränkt ist. Das Theorem sagt nur, dass man mit einer endlichen Anzahl von Axiomen keine Antwort auf alles geben kann." (Changeux/Connes 1992, S. 30) Die Gödelsche Unentscheidbarkeit gilt also nur für axiomatisch-formale Systeme und nicht generell. In der weiteren Analyse des Theorems und mit Blick auf die Fähigkeiten des Geistes macht Connes dann eine erkenntnistheoretisch folgenreiche und auch für manchen Mathematiker überraschende Bemerkung: „In der Tat zeigt der Gödelsche Satz in seiner tiefsten Formulierung, dass man die Mathematik nicht auf eine formale Sprache reduzieren kann" (Changeux/Connes 1992, S. 30) – was Hilbert anders sah, aber nicht beweisen konnte. Die im zweiten Theorem gezeigte Grenze ist keine Grenze der Erkenntnis oder der Erkennbarkeit, sondern zeigt nur eine Grenze der *Formalisierbarkeit* der Erkenntnis. Wir nehmen diese Connes'sche Deutung des zweiten Gödelschen Theorems, nämlich als Nichtreduzierbarkeit der Mathematik auf eine *formale* Sprache, als Bestätigung unserer Grundthese vom generellen Primat der *Bedeutung* – er gilt eben auch für die Mathematik. Mathematische Symbole und Operationszeichen haben nicht kraft ihrer geometrischen Form, sondern nur als *gedeutete* einen *kognitiven* Status. Dass bei dieser Deutung – auch im Falle der Mathematik – die Umgangssprache, nicht zuletzt als Quell der Bedeutung, eine wichtige Rolle spielt, wollen wir hier nur anmerken, aber nicht weiter ausführen. Wichtig ist: Unter der Voraussetzung, dass es prinzipiell keine *ungedeuteten* Zeichen gibt, sind via Bedeutung auch in der Mathematik der Unterschied wie auch der Zusammenhang zwischen Repräsentant und Repräsentat immer wirksam.

Für die Ausdrucksform und die Eigenschaften des Geistes ist die Differenzierung nach Repräsentant und Repräsentat grundlegend. Nichts in der äußeren Welt hat darin eine Entsprechung. Nicht einmal ein Spiegel erfüllt die *qualifizierte* Repräsentationsfunktion. Stelle ich mich nämlich vor ihn, wird mein Körper zwar abgebildet, trete ich jedoch zur Seite, verschwindet die Abbildung. Genau dieses Verschwinden des Repräsentanten passiert im Repräsentationssystem des *Geistes* nicht, weil es bedeutungserhaltend auch dann ist, wenn der Sachverhalt (= Repräsentat), der im Repräsentanten abgebildet ist, aus dem Abbildungsbereich verschwindet oder gar nicht mehr existiert. Mehr noch: Auch zukünftige, noch nicht existierende Sachverhalte sind in der Differenzierung von Repräsentant und Repräsentat abbildbar. Sogar solche, die niemals Realität werden oder aus naturgesetzlichen Gründen niemals Realität werden können. Auch das zeigt die Freiheit des Geistes.

Wir haben diese Doppelstruktur in Form von Repräsentant und Repräsentat als konstitutiv für *alles* Geistige ausgezeichnet und als klares Abgrenzungskriterium zur äußeren Welt eingeführt. Draußen in der Welt gibt es weder Repräsentanten noch Repräsentate, was gleichbedeutend mit der Bedeutungsfreiheit der Welt ist. Dass diese Doppelstruktur auch für realitäts*freie* Begriffe gilt, war eine Besonderheit, die wir noch einmal beispielhaft hervorheben wollen. Nehmen wir die Naturgesetze in dem herkömmlichen logischen Merkmalserfordernis „Invarianz gegenüber Zeitumkehr". Den Begriff „Zeitumkehrinvarianz" wollen wir als Repräsentant verstehen. Wie wir schon wissen, kann die Zeitumkehrinvarianz mit Bezug auf die *Empirie* nur dann ein Repräsentat haben, wenn die Welt, insbesondere die Verteilung der Massen und damit die Verteilung der Gravitationsfelder und ihrer Stärken im Raum, *symmetrisch* ist, was aber nicht der Fall ist. *Empirisch* betrachtet hat der Begriff „Zeitumkehrinvarianz" also eine *leere* Extension. Diese Extensionsleere hat Stegmüller zum Anlass genommen, „theoretische Größen als diejenigen zu charakterisieren, für die sich kein Repräsentationstheorem [...] beweisen läßt" (Stegmüller 1980, S. 14). Dieser Explikation folgen wir nicht. Denn der Begriff „Zeitumkehrinvarianz" ist wie alle theoretischen Begriffe nur dann extensional *leer*, wenn wir die Extension des Begriffs ausschließlich *empirisch* verstehen. Dafür gibt es jedoch keinen zwingenden Grund. Der Begriff hat nämlich ein Repräsentat, allerdings ein *nicht*empirisches, nämlich ein mathematisches *Modell*. Die Invarianz der Naturgesetze gegenüber Zeitumkehr ist keine Eigenschaft der realen *Welt*, sondern gilt nur für die mathematischen *Formeln*, in denen die Naturgesetze formuliert sind. Damit sind Beide, Repräsentant *und* Repräsentat, symbolischer und damit *geistiger* Natur. Die Geist indizierende *Doppel*struktur bleibt also auch in diesem realitäts*freien* Fall erhalten. Wo immer sie auftritt (ob in realitätsfreien, realitätskonformen oder realitätswidrigen Begriffen und Annahmen), ist immer der Geist am Werke.

So bleiben wir dabei: Geist konstituiert sich via Bedeutung und damit wesentlich über den Unterschied und den Zusammenhang von Repräsentant und Repräsentat. An diesem Begriffspaar wollen wir auch unter Berücksichtigung der neurobiologisch ausgelösten Debatte zum Konstruktivismus festhalten, die manchmal mehr ein Streit um Worte war. Jedenfalls lehnen wir die radikalkonstruktivistische Ersetzung von „Repräsentation" durch „Konstruktion" ab, nicht zuletzt deshalb, weil dem Konstruktionsbegriff die für Kognition essentielle Doppelnatur fehlt, die der Repräsentationsbegriff in der Unterscheidung von Repräsentant und Repräsentat enthält und die den notwendigen *Welt*bezug der Repräsentation sicherstellt. Auch wenn es stimmt, dass es zwischen Geist und Welt kein simples 1:1-Abbildungsverhältnis gibt und *konstruktive* Anteile in *allen* kognitiven Prozessen vorhanden sind, so ist damit noch nicht die kognitionserhebliche *Repräsentations*funktion erledigt: Mit einem neuronal im Gehirn „konstruierten" Messer können wir zwar gedanklich, sogar in einer *bildlichen* Vorstellung, ein Brot schneiden, den Vorgang zur Ausführung bringen können wir geistig dagegen nicht. Nur wenn wir diesen Unterschied gut begründet ablehnen oder ohne Gehaltverlust in den Begriff „Konstruktion" überführen können, verliert der Repräsentationsbegriff seine Funktion. Konstruktivisten der radikalen Art sagen es schärfer: Der Repräsentationsbegriff führt in die Irre. Ich sehe das anders, denn Ski fahren wir immer noch auf Schneepisten und nicht auf Neuronenbahnen – und das wird sich wohl auch niemals ändern.

Dennoch darf bei allem Weltbezug des Repräsentationsbegriffs nicht vergessen werden: Die Welt selbst ist bedeutungsfrei. Bedeutung kommt erst mit dem Geist in die Welt – und nur als Teil des *Geistes* und nicht als Teil der *Außen*welt. Bedeutung ist nur *im* Geist, d. h. er transferiert sie nicht in die Außenwelt. Dennoch haben wir immer wieder den *Zusammen*hang zwischen Geist und Materie betont, insbesondere mit Blick auf die Materie des Gehirns: Geist ohne Gehirn gibt es nicht. Aber bisher bewegen wir uns mehr im Thesenhaften, d. h. das genaue Verhältnis konnten wir bisher noch nicht bestimmen, außer in einer allgemeinen, bisher nur zeitlich bestimmten Korrelation: Immer wenn der Geist aktiv ist, d. h. wenn wir denken, ist auch das Gehirn aktiv, d. h. neuronal in einem angeregten Zustand. Immerhin ist dieser *allgemeine* Zusammenhang empirisch verifizierbar, zum Beispiel computertomografisch. Die weitere Qualifizierung dieser Korrelation dürfte in manchen Bereichen problemlos sein, jedenfalls kennen wir die Anforderungen wie z. B. die, dass unter kognitionstheoretischer Sicht die Materie des Gehirns das Merkmal der starken *Zeitlich-*

keit haben muss, durch das Geist und Bedeutung wesentlich bestimmt sind. Ebenso muss das materielle Substrat die *Repräsentations*funktion erfüllen (der informationell repräsentierte Fuß im Kopf steht für den realen Fuß am Bein). Dazu mehr im nächsten Kapitel. Fast aussichtslos schwierig wird es dagegen dann, wenn das Weltverhältnis des Geistes unter der Annahme seiner Masse- und Energiefreiheit bestimmt werden soll. Erste Überlegungen haben wir dazu bereits angestellt. Sollten wir das Verhältnis zwischen Geist und Welt unter dieser Besonderheit der Masse- und Energiefreiheit des Geistes hier nicht zufriedenstellend klären können, werden wir die Frage offen lassen, aber an der These der Masse- und Energiefreiheit von Geist und Bedeutung aus guten Gründen festhalten. Abgesehen davon hätte das Aufgeben der These zur Folge, dass die Tür für einen physikalistischen *Reduktionismus* weit geöffnet und die Tür zu einer einheitsbegründenden logisch autonomen Theorie des *Geistes* fest und dauerhaft verriegelt wäre. Dass die These der Masse- und Energiefreiheit im ersten Anlauf mit guten Gründen verteidigt werden kann, haben wir an einer Reihe von wissenschaftsrelevanten Sachverhalten insbesondere der Physik schon gezeigt. Zum Beleg der These noch ein ebenso einfaches wie zwingendes Alltagsbeispiel: Wenn X die Formel $E = mc^2$ via Telefon von Frankfurt nach New York übermittelt, dann wird für die Übertragung Energie benötigt. Genauer: Die Übertragung geschieht in *energetischer* Form. In der ersten Phase der Übertragung handelt es sich um Energie in Form von Schallwellen, die ich beim Sprechen der Formel ins Telefon erzeuge. Die mit meinem Sprechwerkzeug ausgelöste Schallwellenenergie fehlt dann der Energie meines Körpers. Das dabei entstehende Energie*verhältnis* kann sehr genau bestimmt werden: Der Betrag des Energie*verlustes* auf Seiten meines Körpers ist identisch mit dem Energiebetrag, der für die erste, akustische Phase der Übertragung benötigt wird und der dort als Energie*gewinn* zu verbuchen ist (weitere Einzelheiten, zum Beispiel hinsichtlich der Entropie, spielen für das Argument keine Rolle). Die Beschreibung ist physikalisch zwingend, dann jedenfalls, wenn der Energieerhaltungssatz der Thermodynamik seine Geltung behält.

Nun besteht die gesprochene Formel $E = mc^2$ aber nicht nur aus Energie in Form von Schallwellen bzw. bei der weiteren Übertragung in Form von elektromagnetischen Wellen, sondern die Formel hat einen Inhalt und damit eine *Bedeutung*. Jetzt sind wir an dem entscheidenden Punkt: Das o. g. Verhältnis von Energieverlust und Energiegewinn betrifft nur den Bedeutungs*träger*, nicht die Bedeutung selbst. Der Beweis: Bei der telefonischen Übertragung der Formel geht am Senderort in Frankfurt keinerlei Bedeutung verloren, sondern die in Frankfurt im Kopf des Senders existierende Bedeutung der Formel wird in New York im Kopf des Empfängers verlustfrei dupliziert. Ein *energetischer* Vorgang kann diese Duplizierung nicht sein, weil durch das *zwei*fache Auftreten der Formel*bedeutung* die Energie im Gesamtbetrag zugenommen haben müsste, was die Thermodynamik aber ausschließt. Bedeutung ist kein energetischer Zustand und damit jenseits physikalischer Eigenschaften, die letztendlich immer und ausschließlich Masse-Energie-Zustände sein *müssen*.

Dass Bedeutung ein ganz besonderer Zustand oder eine ganz besondere Eigenschaft des Geistes ist, der physikalisch nicht gefaßt werden kann, aber dennoch als *existent* angenommen werden muss, läßt sich wie bei der Energie auch bei der Masse zeigen. An einem anderen, ebenso einfachen Beispiel: X hat Einsteins Buch „Über die spezielle und die allgemeine Relativitätstheorie" gelesen und verstanden. Dann übergibt X das Buch zur Lektüre dem Y, der die Relativitätstheorie noch nicht kennt. Mit Blick auf die Materie des Buches heißt dies: X ist genau um den Betrag an Masse ärmer geworden, um den Y an Masse reicher geworden ist. Wie bei der Energie im Beispiel oben ist also auch hier die Gesamtbilanz der Masse ausgeglichen. Sie hat weder zu- noch abgenommen, sondern mit der Übergabe des Buches nur den Ort gewechselt. Der nächste Schritt: Y soll ja nicht nur die *Masse* des Buches übernehmen, sondern er soll den *Inhalt* des Buches zur Kenntnis nehmen. Da dies kein der Masseübergabe bzw. der Masse selbst *immanenter* Automatismus ist, muss Y das Buch lesen. Nehmen wir an, er *versteht* den Inhalt. Dann hat er Information aufgebaut, die er *vor* der Lektüre nicht hatte. Auch hier wieder der entscheidende Punkt: Mit der Zunahme an Information auf Seiten von Y geht keine Abnahme an Information auf Seiten von X einher. X als Übergebender ist nach der Übergabe des Buches so schlau wie vor der Übergabe, aber Y als Nehmender ist nach Übernahme und Lektüre schlauer als vorher. Der naheliegende Einwand: Die Information über die Relativitätstheorie hat nicht zugenommen. Das stimmt, ist aber kein Einwand gegen das Argument. Was hier nur zählt ist die Tatsache, dass die Information des *Empfängers* zugenommen hat, ohne dass die Information des *Gebers* abgenommen hat. Genau das ist aber bei der Materie der Fall: Mit der Übergabe des Buches verliert der X die Masse des Buches. Bedeutungstheoretisch gewendet: Die Bedeutung/der Inhalt des Buches erscheint an einem anderen Ort, nämlich im Geist des Y, ohne dass sie im Geist von X verschwindet. Auch hier zeigen sich geisttheoretische Besonderheiten des *Inhaltes*, die im Geltungsbereich von Masse und Energie nicht auftreten können und einmal mehr die Autonomie des Geistes unterstreichen.

Mit diesem Masse- und Energiejenseits von Geist und Bedeutung entsteht ein weiteres Herkulesproblem, dann jedenfalls, wenn wir von einer beschreibenden zu einer explanatorischen Ebene wechseln. Ich meine die schon mehrfach angesprochene Ausdehnungslosigkeit des Geistes und der Bedeutung, die sich unter der Doppelstruktur der Repräsentationsfunktion gelegentlich sogar im *Repräsentat* Ausdruck verschafft (z. B. in der Ausdehnungslosigkeit des mathematischen Punktes). Damit sind wir bei einem weiteren Großen der Philosophie angekommen: René Descartes. In seiner Unterscheidung von *res cogitans* und *res extensa* liefert er ein trennscharfes Kriterium für den Unterschied von Geist und Materie: der ausgedehnten *Ding*welt stellt er die ausdehnungslose *Gedanken*welt gegenüber. Für die *res cogitans* als res non-extensa gilt die schon gezogene Schlussfolgerung: Sie muss außerhalb der vierdimensionalen Raum-Zeit liegen und das aus dem einfachen Grund, weil „Ausdehnung" ein Definitionsmerkmal von „Raum" ist. Das gilt sowohl für den vorrelativistischen wie auch für den relativistischen Raum. Die Begründung: Raum gibt es nach der Allgemeinen Relativitätstheorie nur im Zusammenhang mit Gravitation. Einen gravitationsfeldfreien Raum gibt es nicht. Und da die Gravitation den Raum immer *krümmt* (wenn auch mehr oder weniger stark), *muss* der Raum *ausgedehnt* sein, denn eine Krümmung erfordert immer mindestens drei Punkte an drei unterschiedlichen Orten. Diese Ausdehnungseigenschaft gilt ebenso für die *Gegenstände* des Raumes. Nur eine *res extensa* kann also Teil des Raumes sein. Im Umkehrschluss ist dann der mathematische Punkt durch sein Merkmal der Ausdehnungs*losigkeit* kein Teil des Raumes, somit eine *res cogitans*. Mit diesem Jenseits der Raum-Zeit der *res cogitans* ist ihr Jenseits der Masse-Energie-Welt aufs engste verknüpft (Äquivalenzrelation). Daraus folgen weitere Besonderheiten wie die, dass die *res cogitans* im Unterschied zur *res extensa* nicht beobachtbar und nicht messbar ist. Der Grund: Beobachtung und Messung setzen *Wechsel*wirkung voraus, die es mit masse- und energiefreien und somit ausdehnungslosen Größen nicht geben kann (Wäre zum Beispiel das Neutrino tatsächlich masselos, was lange Zeit angenommen wurde, hätte es auch mit den präzisesten und größten Messapparaturen niemals detektiert werden können). Die genannten Merkmalsbestimmungen (massefrei, ausdehnungslos etc.) sind relativ einfach nachzuvollziehen, jedenfalls stimmig und plausibel: Ein ausdehnungsloses Etwas kann nur als *Gedachtes* existieren. Und als Gedachtes kann es nur unter der Voraussetzung existieren, wenn das Agens, i. e. der Geist, selbst die Eigenschaft der Ausdehnungslosigkeit hat.

Schwieriger wird es dann, wenn wir zum *Verhältnis* zwischen *res cogitans* und *res extensa*, zwischen Geist und Welt, übergehen. Für Descartes waren es zwei getrennte Welten. Da aber mit *jedem* Gedanken *immer* neuronale Aktivität des Gehirns einhergeht, wollen wir uns in dieser *strikten* Trennung Descartes nicht anschließen. Bevor wir im nächsten Kapitel dieses Verhältnis thematisieren, abschließend noch ein paar begriffskritische Anmerkungen. Unproblematisch ist Descartes Begriff *res extensa*. Er bezeichnet mit einem trennscharfen Kriterium eine wesentliche Eigenschaft der physikalischen Welt. Aber was bedeutet in der *geistigen* Welt „res", zumal in der Verbindung mit „cogitans"? Die grammatikalische Form „cogitans" indiziert ein aktives Moment, das aber mit der Bedeutung von „res" nicht zusammenpasst. Werfen wir einen Blick in das renommierte Wörterbuch *Stowasser*. Es gibt für „res" eine Reihe von Bedeutungen an, von denen keine inhaltlich angemessen mit *Denken* in Verbindung gebracht werden kann. Eine kleine Auswahl: res = Ding, Besitz, Sache, Tat, Geschäft, Faktum u. Ä. Ein denkendes *Ding* also? Unvereinbar ist dieses sachliche Moment auch mit Descartes „cogito". Subjekt und Ding schließen einander aus. Das Agens des Denkens wäre besser mit *mens* (oder *animus*) beschrieben: mens cogitans also. So viel zur Terminologie. Descartes zustimmen wollen wir allerdings in dem wichtigen Punkt, dass die beiden Begriffe in einem disjunktiven *tertium non datur* zu verstehen sind. Eine Entität ist also entweder eine res cogitans oder eine res extensa. Ein Drittes gibt es nicht. So sind alle genannten Beispiele im Descartes'schen Sinne res cogitantes: das Elektron als mathematischer Punkt, Einsteins Inertialsystem, Plancks Partialschwingungen etc. etc. – wie auch die *kognitiven* Bestandteile bei realitätskonformen Begriffen und Aussagen.

Für die weitere Argumentation in Richtung einer allgemeinen Theorie des Geistes ist wichtig: Das *Agens* der *res cogitans* kann nicht der Begriff, sondern nur der Geist sein, der die empirische Welt zwar nicht erschafft, sich die *res extensa* aber durch Geben von Bedeutung denkend verständlich macht und so aneignet. Was Descartes vernachlässigt hat, ist der unlösbare *Zusammen*hang von *res cogitans* und *res extensa*, der für unsere Theorie des Geistes auch deshalb wichtig ist, weil er vor *schlechtem* Idealismus, also vor einer Reduktion der Welt auf einen Begriffszusammenhang, bewahrt. Im Akt der *Erkenntnis* der Welt sind *res cogitans* und *res extensa* zwar unterscheidbar, aber nicht trennbar. Und die Unterscheidung macht der *Geist*, und genau aus diesem nicht hintergehbaren und *denkend* konstituierten *Zusammen*hang von res extensa und res cogitans übernimmt der Geist die Regie in diesem Verhältnis. Mit Blick auf die Physik: Nicht (theoriefreie) Masse und Energie der Außenwelt, sondern der autonome bedeutungsgebende Geist bestimmt die Grundlagen auch der physikalischen Theorie.

Unser nächster Schritt, ein qualifiziertes Verhältnis zwischen Geist und Welt aufzubauen und so den schlechten Idealismus zu vermeiden, besteht darin, ein materielles Substrat zu suchen, auf dem Geist entstehen, sich in der Zeit entwickeln und in materiellen und damit beobachtbaren Spuren zeigen kann. Wollen wir nicht auf animistische Abwege geraten, ist der naheliegende Kandidat für diese Funktion das biologische Gehirn (ein möglicher weiterer Kandidat ist die elektronisch organisierte Materie, auf die wir später noch eingehen). Damit kein Missverständnis entsteht: Wir sind nicht auf dem Wege, hinter die früheren Ausführungen zurückzufallen und Denken auf das Gehirn *zurück*zuführen. Das haben wir als undurchführbar ad acta gelegt. Vielmehr wollen wir das Verhältnis von Geist und Gehirn in dieser nichtreduktionistischen Analogie verstehen: So wie eine Pflanze oder der Samen, aus dem sie entsteht, zwar Humus und Wasser im Sinne einer notwendigen Bedingung benötigt, aber nicht auf Humus und Wasser zurückgeführt werden kann, so gilt das Gleiche für das Verhältnis von Geist und Gehirn.

Zusammenfassend noch einmal die entscheidenden geist- und bedeutungstheoretischen Punkte: Denken ist Repräsentation (Erzeugung, Verarbeitung) von Bedeutung unter der Struktur der Zeit. Die Doppelstruktur von Repräsentant und Repräsentat spielt dabei eine wichtige Rolle. Der Repräsentant *steht für* das Repräsentat, verweist auf es, ist aber von ihm selbst qualitativ verschieden. Diese Doppelstruktur gilt geisttheoretisch immer, also auch für die Selbstreflexion. Diesen *Verweisungszusammenhang* gibt es in der materiellen Welt nicht. Nur der Geist kann ihn herstellen. Damit können wir an das frühere, quantentheoretisch angeregte Beziehungspostulat anknüpfen: Wir erkennen nicht die Welt, sondern unsere via Bedeutung geregelte *Beziehung* zu ihr. Diese Beziehung ist deckungsgleich mit der Beziehung von Repräsentant und Repräsentat. Dreh- und Angelpunkt der Geisttheorie ist die Bedeutung, eine *exklusive* Angelegenheit des Geistes, die in der äußeren Welt nicht vorkommt. Bedeutung ist *das* Medium des Geistes. Mehr noch: Geist konstituiert sich und erscheint *ausschließlich* qua Bedeutung. Noch einmal: *Alles* (!) Geistige entsteht *ausschließlich* (!) auf der Bedeutungs-/Inhaltsebene. Bedeutung ist also nicht nur ein *Produkt* des Geistes, sondern Bedeutung geben ist seine *einzige* Tätigkeits- und Erscheinungsform. Und alles vollzieht sich nur in seiner *Innen*welt. Diese Lokalisierung von Geist und Bedeutung in der *Innen*welt des Geistes widerspricht sowohl der Gegenstands- wie auch der Gebrauchstheorie der Bedeutung.

Die Beschränkung des kognitiven Funktionskreises auf die *Innen*welt dürfte Widerspruch hervorrufen. Sie könnte mit diesem Argument bzw. mit diesem Beispiel angreifbar sein: Wenn ein Ingenieur eine Maschine konstruiert und entwickelt, so kann man nur schwerlich bestreiten, dass es sich dabei um eine *kognitive* Angelegenheit handelt, in die aber *äußere* Prozesse (z. B. die Materialherstellung, Tests u. v. a. m.) eingeschlossen sind. Also können Denken und Bedeutung keine rein *innere* Angelegenheit sein. Der Einwand überzeugt aus folgendem Grund nicht: Alles *Äußere* dieses Prozesses ist in Terms der Physik beschreibbar und erklärbar, also eine physikalische und keine geistige Angelegenheit. Es gehört zum Bereich von Masse und Energie. Das ist auch der Grund, warum diese äußeren Vorgänge und Dinge (z. B. Werkzeuge) durch Maschinen ersetzt werden können, die diese Arbeitsprozesse ohne jegliche semantische Kompetenz ausführen können. Sobald es um *kognitive* Prozesse geht, spielen Masse und Energie keine Rolle mehr (die Begründung haben wir schon gegeben). Dass Masse und Energie im Reich des Geistes nicht vorkommen (wohl aber „Masse" und „Energie"), wird indirekt dadurch bestätigt, dass Geist und Bedeutung nicht *berechenbar* sind. Diese Nichtberechenbarkeit des Verstehens und der Bedeutung räumt auch der Mathematiker Roger Penrose ein und erklärt sie verallgemeinernd zu einem „Merkmal aller Bewusstseinsformen". (Penrose 1998, S. 149) Dabei schließt Penrose „mathematisches Verstehen" ausdrücklich ein. Wir können diese Nichtberechenbarkeit auch so begründen: Sie ist eine Folge davon, dass Geist und Bedeutung nicht den Gesetzen von Masse und Energie unterliegen und als Folge davon außerhalb der vierdimensionalen Raum-Zeit existieren. Ansonsten wären sie berechenbar, weil

Alles, was durch Masse und Energie bestimmt ist, im Prinzip berechenbar ist. Bedeutung ist eben keine *physikalische* Größe. Besonders in der Gegenstandstheorie der Bedeutung wird das übersehen. Am deutlichsten zeigt es sich bei den realitäts*freien* Begriffen. So kann die Bedeutung des Terms „Punktteilchen" schon deshalb keine Energie haben, weil seine Bedeutung in der Mathematik *neu* entstanden ist. *Vor* dem Entstehen der entsprechenden Mathematik gab es kein *Punkt*teilchen. Wäre Bedeutung energiegekoppelt, müsste sie mit der Entstehung des neuen Begriffs neu entstanden sein, was thermodynamisch jedoch ausgeschlossen ist. Anders gesagt: Für Bedeutung gilt kein Erhaltungssatz, sie kann in der Zeit zu- oder abnehmen, für Energie dagegen ist ihre *Erhaltung* die wichtigste und nicht hintergehbare Eigenschaft. Dieses Ausschlussverhältnis gilt so lange, so lange die Thermodynamik gilt, der Einstein einmal – als *einziger* Theorie – „ewige Geltung" zugesprochen hat.

4. Materielle Voraussetzungen des Geistes

Die These: Geist ist logisch autonom, empirisch jedoch abhängig vom Gehirn. Dabei kann das Verhältnis Geist/Gehirn analog zum Verhältnis Information/Informationsträger verstanden werden. Logische Autonomie und empirische Abhängigkeit stehen jedenfalls in keinem Widerspruchsverhältnis. Um noch einmal das mögliche Missverständnis auszuschließen: Die Annahme der empirischen Abhängigkeit des Geistes enthält keine wie auch immer geartete *reduktionistische* Implikation. So wie das Gehirn in seiner Existenz von Nahrung abhängig ist, aber in der Organisation des neuronalen Netzwerks nicht auf Nahrung *zurückgeführt* werden kann, ist der Geist in der Ausübung seiner kognitiven Funktion vom Gehirn abhängig, ohne dass er auf neuronale Aktivität reduziert werden kann. Der Alles entscheidende Grund: Die Prozesse des Gehirns sind bedeutungsfrei. Die *Inhalte* sind qualitativ verschieden von den beim Denken aktivierten *elektrischen* Impulsen der Neuronen. Eine Begründung haben wir schon geliefert.

Wie können wir nun das Verhältnis von Geist und Gehirn etwas genauer bestimmen? Wir bedienen uns dabei zunächst des bekannten Begriffspaares „Funktion" und „Struktur" und ordnen dem Geist die (kognitive) Funktion und dem Gehirn die (materielle) Struktur zu. Außerdem nehmen wir an, dass es einen engen *Zusammenhang*, eine qualifizierte *Entsprechung* zwischen Funktion und Struktur gibt, den der Funktionalismus bekanntlich leugnet. Ein erklärendes Beispiel: Unsere geisttheoretischen Erörterungen haben zu dem Ergebnis geführt, dass Denken Repräsentation von Bedeutung und Bedeutung eine Funktion der Zeit ist. Auch wenn das Gehirn selbst bedeutungsfrei ist, so müssen also die *Funktions*merkmale des Geistes, nämlich Repräsentation und Zeitlichkeit, in der materiellen *Struktur* des Gehirns eine Entsprechung haben. Unsere Annahme: Ohne diese Entsprechung in der Materie des Gehirns gibt es keinen Geist bzw. ist das Gehirn kein geeigneter Kandidat, den Geist in seinem Arbeitsmodus materiell zu tragen. Nicht *jede* Materie ist geeignet, dem Geist die Ausübung seiner Tätigkeit zu ermöglichen. Neben der Differenzierung von Funktion und Struktur greifen wir noch auf ein zweites Begriffspaar zurück, das wir in der Quantenmechanik im Zusammenhang mit der Nichtbeobachtbarkeit von Elementarteilchen kennengelernt haben: die Differenzierung von Bezug und Beweis. Da Geist und Bedeutung nicht beobachtbar sind, ordnen wir sie der *Bezugs*ebene zu, während das beobachtbare Gehirn in der *Beweis*funktion eingeführt wird. Ein einfaches Beispiel: Wird eine stabile Korrelation zwischen dem (nicht beobachtbaren) *Denken* des Wortes „Relativität" und dem (beobachtbaren) *Feuern* einer bestimmten Neuronengruppe festgestellt, so gehen wir in einem ersten Schritt davon aus, dass die elektrischen Entladungen dieser Neuronen den genannten geistigen Zustand „Relativität" beweisen. Die Angelegenheit ist wie immer viel komplizierter, aber hier geht es nur ums Prinzip. Und was die Forderung der Entsprechung von Funktion und Struktur betrifft, so gilt diese Zuordnung: Dem (nicht beobachtbaren) *offenen* Geist muss eine (beobachtbare) *offene* Struktur des Gehirns entsprechen. Dieses Entsprechungsverhältnis gilt auch mit Blick auf die Repräsentationsfunktion, d. h. dem repräsentationsfähigen Geist muss ein repräsentationsfähiges Gehirn entsprechen.

Bei diesem Versuch der Bestimmung des *Verhältnisses* von Geist und Gehirn können wir also mit forschungslogischer Unterstützung aus der Physik, aber leider nicht aus der Neurobiologie rechnen. Die Lehrbuchneurobiologie hält den Geist nämlich für eine überflüssige philosophische Konstruktion vergangener Zeiten: „In der Neurowissenschaft ist es nicht notwendig, zwischen *Geist* und *Gehirn* zu trennen: Sobald wir die individuellen und gemeinsam wirkenden Aktivitäten der Gehirnzellen verstehen, können wir auch die Ursprünge unserer geistigen Fähigkeiten erkennen." (Bear/Connors/Paradiso 2016, S. 28) Und weiter: „Die übliche Trennung zwischen „körperlicher" und „geistiger" Gesundheit ist ein bedauerliches Erbe des vergangenen Unwissens über die Funktion des Gehirns." (Bear/Connors/Paradiso 2016, S. 749) Davon dezidiert abweichend halten wir an der *Autonomie* des Geistes fest – und zwar in *Kenntnis* „über die Funktion des Gehirns". Dass die neurobiologische Einschätzung, in die sich die ungenierte Abschaffung des freien Willens nahtlos einfügt, nicht gut begründet ist, haben wir schon gezeigt. Dennoch wollen wir der Neurobiologie bei unserem Bemühen um eine logisch autonome Theorie des Geistes nicht vorschnell den Rücken kehren, sondern *gegen* ihre ausgrenzenden Verlautbarungen danach suchen, wie das Gehirn und seine besonderen Eigenschaften in der Beweisfunktion für eine Theorie des Geistes genutzt werden kann. Unser stärkstes Motiv für diese Suche ist die einfache Tatsache:

Wann immer der Geist sich im Arbeitsmodus befindet und seine kognitive Funktion erfüllt, gibt es beweisbar neuronale Aktivität. Das ist auch dann der Fall, wenn wir Reflexionen über *immaterielle* Entitäten wie Partialschwingungen, mathematische Punkte, Inertialsysteme, Koordinatensysteme o. Ä. anstellen. Wenn das Gehirn also nicht nur bei sensorischen, also durch Signale der *Außen*welt ausgelösten Sachverhalten, sondern auch bei realitäts*freien* und damit rein *internen* kognitiven Vorgängen empirisch nachweisbar im Spiel ist, haben wir allen Grund, uns in der nun für den Geist gesuchten *Beweis*funktion seiner Unterstützung zu versichern. Wir werden allerdings sehen, dass nach ersten, für die Beweisfunktion brauchbaren Funden wegen des schon monierten Theoriedefizits der Neurobiologie für die weitere Klärung des Geist-Gehirn-Verhältnisses ein Rückgriff auf die *Physik* nötig wird. Eine kleine historische Zwischenbemerkung: Hätte Aristoteles Recht behalten, müssten wir nun anstelle des Gehirns das Herz untersuchen, denn er war sein Leben lang der festen Überzeugung, das *Herz* sei der Ort des Denkens und das Gehirn habe lediglich eine kreislauf*kühlende* Funktion. Gegen Aristoteles bleiben wir also beim Gehirn und wollen nach Grundlagen für das hier angenommene *Zusammen*spiel von Geist und Gehirn suchen, die vereinbar sind mit unseren geisttheoretischen Reflexionen, die wir noch einmal so zusammenfassen wollen: Denken (Wahrnehmung eingeschlossen) ist Repräsentation von Bedeutung unter der Struktur der Zeit. Somit haben wir jetzt zu prüfen, ob das Gehirn die Repräsentationsfunktion und das Kriterium der starken Zeitlichkeit erfüllt.

Was die Repräsentationsfunktion betrifft, so kommen wir schnell zu einem ersten positiven Ergebnis. Dabei können wir auf schon genannte empirische Beispiele zurückgreifen, die allesamt den Alltagsvorstellungen widersprechen. Zur Erinnerung: In einem Fall wurde das freiliegende Gehirn eines Patienten an einer bestimmten Stelle mit einem elektrischen Stimulator berührt, worauf der Patient unmittelbar mit der Bemerkung reagierte, Jemand habe seine *Hand* berührt. Berührt aber wurde nur sein *Gehirn* (= Repräsentant), nicht seine reale *Hand* (= Repräsentat). D. h.: Die reale Hand ist, wie alle anderen Körperteile auch, im Gehirn *repräsentiert*. Der entsprechende Neuronenverband *steht für* das jeweilige Körperteil. Wichtig für jede *kognitiv* in Anspruch genommene Repräsentation ist außerdem die *Unabhängigkeit* des Repräsentanten vom Repräsentat. Dieses Erfordernis der Unabhängigkeit erfüllt ein Spiegel in seiner Abbildungsfunktion nicht. Wird der abgebildete Gegenstand nämlich aus dem Abbildungsbereich des Spiegels entfernt, verschwindet die Abbildung. Das ist beim Gehirn nicht der Fall. Ein Beweis für diese Unabhängigkeit des Repräsentanten vom Repräsentat ist der sogenannte Phantomschmerz: Bei einem amputierten Fuß verspüren manche Patienten noch Schmerz an der Stelle, wo der Fuß vorher *war*, aber nach der Amputation nicht mehr *ist*. Was noch existiert, ist nicht der Fuß, sondern seine *Repräsentation* im Gehirn, die – jedenfalls bis zum Zeitpunkt der Schmerzempfindung – noch nicht „amputiert" wurde und den Schmerz scheinbar am *realen* Fuß verursacht. Wie beim Geist, so haben wir also auch beim Gehirn ein komplexes Verhältnis zur Außenwelt, jedenfalls kein Verhältnis einer umkehrbar eindeutigen Abbildung. Aufschlussreich für die neurobiologische Erfüllung der Repräsentationsfunktion ist auch das Led-Zeppelin-Beispiel. Zur Erinnerung: Ein Patient wurde am freiliegenden Gehirn und bei vollem Bewusstsein an einer bestimmten Stelle mit einem elektrischen Stimulator berührt. Im gleichen Moment sagte der Patient, er höre Musik von Led Zeppelin. Da es in diesem Moment in der Außenwelt keine Schallwellen dieser Art gab, kann das Musikerlebnis nicht durch Schallwellen von außen ausgelöst worden sein, sondern der elektrische Stimulator hat die elektrische Einheitssprache der Neuronen aktiviert mit der Folge, dass die an einer bestimmten Stelle des Gehirns (neurobiologisch) *repräsentierte* Musik das (kognitive) Musik*erlebnis* ausgelöst hat. Allerdings ist in diesem Fall ein äußeres Ereignis *voraus*gegangen: Der Patient hatte irgendwann vorher einmal Musik von Led Zeppelin tatsächlich gehört. Wir müssen also in diesem Fall repräsentationstheoretisch 3 Ebenen unterscheiden: 1) eine geistige (= das innere Musik*erlebnis*), 2) eine neuronale (= *elektrische* Entladungen der Neuronen), 3) Schallwellen zu einem früheren Zeitpunkt (= das durch einen Tonträger ausgelöste Ereignis in der *Außen*welt). Was ist nun Repräsentant und was Repräsentat? Im Verhältnis zwischen Geist und Gehirn ist das geistige Musikerlebnis der Repräsentant und der neuronale Vorgang das Repräsentat. Im Verhältnis zwischen Gehirn und Außenwelt dagegen ist das Gehirn der Repräsentant und die Schallwellen sind das Repräsentat. Die Repräsentationsfunktion wiederholt sich in dieser Belegung bei allen kognitiven Vorgängen mit Kontakt zur Außenwelt. Nehmen wir einen Hund als Beispiel: geistige Ebene (= Bedeutung von „Hund" und das entsprechende optische Phänomen), neuronale Ebene (= der Hund als Muster von Neuronen), dingliche Ebene (= der Hund als Lebewesen). In vielen Fällen kommt eine vierte Ebene hinzu: die gesellschaftliche, die wir im bedeutungstheoretischen Kapitel schon angesprochen haben. Aber wie viele Ebenen es auch immer gibt: *Kognitiv* wird der Vorgang erst auf der *Bedeutungs*ebene des Geistes – und nicht auf der neuronalen und auch nicht auf der gesellschaftlichen Ebene. Vertiefen wir unser Verständnis der Repräsentationsfunktion im Sinne eines *inneren* Vorgangs an einem weiteren empirischen Beispiel, das dem Alltagsdenken ebenfalls widerspricht und den engen Zusammenhang von Gehirn und Geist bestätigt (siehe Abb. 4).

Abb. 4: Keilprisma
(Abbildung aus: Müsseler, J., Aschersleben, G., Prinz, W.: Die Steuerung von Handlung, in: Roth, G./Prinz, W. (Hg.): Kopfarbeit, Spektrum der Wissenschaft 1996, S. 349.

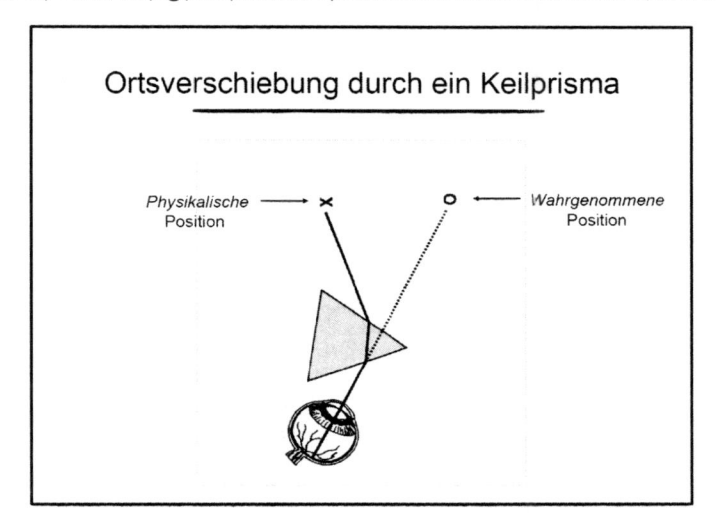

Zur Interpretation der Abbildung: Werfen wir zunächst einen Blick auf das x unabhängig vom Prisma (= die tatsächliche räumliche Position des Objekts der Außenwelt). Jetzt nehmen wir im Gedankenexperiment an, dass wir aus der Position des abgebildeten Auges durch das Keilprisma schauen. Der Effekt bei einer *realen* Wahrnehmung wäre dann: Wir sehen das x nicht mehr an der Stelle, wo es sich tatsächlich befindet, sondern an der Stelle 0, da also, wo sich x *nicht* befindet. Es gibt also eine Differenz zwischen der *tatsächlichen* räumlichen Lage von x und der *wahrgenommenen* Lage von x. In aller Kürze die Erklärung: *Sehen* können wir einen Gegenstand (hier: x) nur, wenn von ihm emittierte oder reflektierte Photonen unser Auge erreichen. Wird aber ein Keilprismas zwischen x und Auge geschaltet, erreicht uns das Licht nicht direkt, sondern wird durch das Prisma gebrochen, d. h. seine Bewegungs*richtung* ändert sich, und zwar zweimal, nämlich beim Eintritt in das Prisma und beim Austritt aus ihm. Erst dann erreichen uns die Photonen (der *physikalische* Verlauf der Lichtausbreitung ist durch die durchgezogene Linie gekennzeichnet, die durch die verschiedenen Schichten des Auges bis zur Netzhaut reicht). Wir wissen schon: Beim Einschlag der Photonen in die Netzhaut *sehen* wir noch nichts von dem Gegenstand x. Zuerst müssen die Sinneszellen der Netzhaut die Photonen in elektrische Impulse umwandeln, die dann in dieser transduzierten Form von den Nervenzellen der Netzhaut aufgenommen und an die zuständigen Stellen im Gehirn weitergeleitet werden. Erst dann *sehen* wir den Gegenstand. Bei naiver Betrachtungsweise müssten wir x an seiner tatsächlichen räumlichen Position sehen, von der die Photonen reflektiert und auf den Weg zum Auge geschickt werden, was aber nicht der Fall ist. Diese Fehllokalisierung von x entsteht dadurch, dass das Gehirn von einer falschen Voraussetzung ausgeht, nämlich der, dass der Lichtweg – so wie im letzten Teilstück zwischen Prisma und Auge – auf der Grundlage evolutionärer Erfahrung über die *ganze* Strecke von x bis zum Auge *gerad*linig verlaufen ist (und nicht zweimal im Prisma mit der Folge einer Richtungsänderung *gebrochen* wurde). Die Ortung des Gegenstandes durch das Gehirn wird aber nur auf der Grundlage des letzten Teilstücks bzw. genauer: aus der Hypothese eines *immer geradlinigen* Photonenverlaufs vorgenommen, was dann zwingend zu der falschen räumlichen Positionierung in 0 führt. Auch aus diesem Vorgang läßt sich – wie schon beim Sonnenuntergang und der Jesuswahrnehmung auf der Wand – zwingend schließen, dass wir nicht in den Raum *hinein*schauen, denn sonst würden wir x nicht dort *sehen*, wo es sich *tatsächlich nicht* befindet. Ginge der Blick in den Raum *hinein*, würden wir an der Stelle 0 *nichts* sehen, weil sich x an dieser Stelle ja auch tatsächlich nicht befindet. Die Repräsentation von x im Gehirn hat also hinsichtlich der räumlichen Koordinaten *nichts* mit der realen räumlichen Position von x zu tun. Anders gesagt: Die Repräsentation der räumlichen Position von x ist logisch unabhängig vom Repräsentat x. Jetzt stellt sich die Frage: Ist der bisher beschriebene Vorgang kognitionsfrei, also rein physikalisch-chemisch-neurophysiologischer Natur und damit unterhalb der Ebene des Geistes? Auf der Grundlage unserer früheren Argumentation können wir eine klare Antwort geben: Er ist *nicht* kognitionsfrei! Der Grund ist einfach: Sobald wir *Phänomene* sehen (hier: das x *als* x und das Prisma *als* Prisma), also die optische Wahrnehmung einer *Ganzheit* vorliegt und nicht nur elektrische neuronale Aktivität zu verzeichnen ist, ist die Einheitssprache der Neuronen bereits transzendiert und das Reich des Geistes betreten. Auf neuronaler Ebene gibt es nämlich keine *geometrische* Form des x und des Dreiecks, sondern nur Unmengen von spikenden Neuronen ohne jeglichen *Phänomen*charakter. Das ändert sich auch dann nicht, wenn wir das Feuern der weit verteilten Neuronen unter der neurobiologischen Hypothese der *Kohärenz* verstehen. Auch Kohärenz der Neuronen bringt noch nicht eo ipso ein *Phänomen* ins Licht der Wahrnehmung. Bereits auf dieser ersten Ebene der *Phänomen*entstehung kommt also der *Geist* ins Spiel. Die kognitive *Qualität* der Wahrnehmung ist dabei steigerbar, z. B. dadurch, dass der Wahrnehmende eine Interpretation von x gibt, die über die Geometrie des Zeichens hinausgeht. Das ist dann der Fall, wenn er das x als „Buchstabe des Alphabets" deutet, was auch seine Wahrnehmung der *Geometrie* von x tangiert. X als *geometrische* Form und x als Buchstabe des *Alphabets* sind in der Bedeutung eben verschieden. Was die geforderte Repräsentationsfunktion betrifft, so können wir sagen: Das Gehirn erfüllt sie (die feuernden Neuronen *stehen für* das x in der Außenwelt), aber *unter*halb der *Phänomen*ebene.

Es stellt sich nun noch die Frage, wer für die *falsche* örtliche Positionierung von x verantwortlich ist. Wie schon gesagt, ist der Vorgang bis zur Netzhaut bzw. genauer: bis zu den *Sinnes*zellen der Netzhaut, rein physikalischer Natur. Gehirnaktivität beginnt erst mit den *Nerven*zellen der Netzhaut. Kurz gesagt: Die Fehlleistung ist eine konzertierte Aktion von Gehirn und Geist. Die falsche *Raum*positionierung ist eine Fehlleistung des *Gehirns*. Dass wir an dieser Stelle im Raum ein x, also ein *Phänomen* sehen, ist eine Fehlleistung des *Geistes*. Gehirn und Geist kooperieren also auch bei Wahrnehmungs*fehlern*.

Da dieses Verhältnis zwischen Gehirn/Geist und Außenwelt gelegentlich nicht nur merkwürdig ist, sondern in der Merkwürdigkeit Aufschluss über die grundsätzliche Arbeitsweise unseres Gehirns bzw. Geistes gibt, noch ein bekanntes Beispiel (Abb. 5):

Abb. 5: Kreise

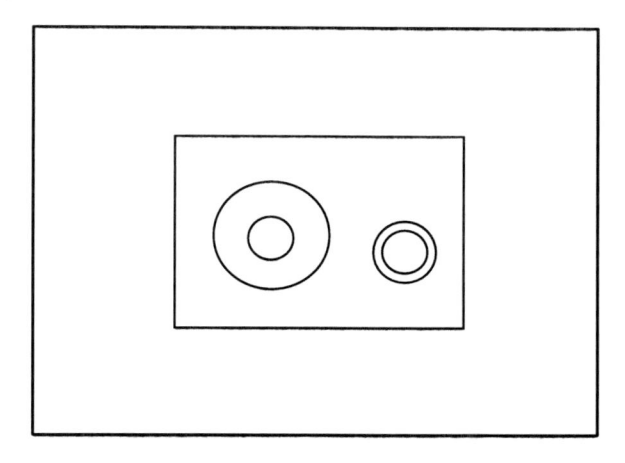

Wenn wir bei dieser Abbildung die Aufgabe erhalten, im ersten Schritt *komparativ* die Größen der beiden Innenkreise zu bestimmen, so ist das Ergebnis eindeutig und bei allen Betrachtern gleich: Der rechte Innenkreis ist größer als der linke. Wenn wir nun im zweiten Schritt genauer werden und die Größen der beiden Innenkreise *quantitativ* mit einem Metermaß bestimmen, so stellen wir *gegen* unsere erste qualitativ-komparative Einschätzung fest, dass beide Innenkreise exakt *gleich* groß sind. In diesem korrekten Größenverhältnis der Gleichheit werden sie auch auf der Netzhaut abgebildet, d. h. die Fehleinschätzung passiert erst in späteren Verarbeitungsphasen, nämlich im Gehirn bzw. im Geist. Der Fehler der ersten Einschätzung ist Folge davon, dass das Gehirn bzw. der Geist Größenverhältnisse *kontext*abhängig bestimmt (der im Vergleich zum rechten Außenkreis erheblich größere linke Innenkreis lässt den rechten Innenkreis kleiner als den linken Innenkreis *erscheinen*). Tatsache ist: Wir *sehen* beide Innenkreise *nicht* gleich groß, aber sie *sind* gleich groß, wie das Metermaß beweist. Somit können wir schlussfolgern: Wir sehen nicht mit den Augen, sondern mit dem Gehirn bzw. mit dem Geist. Außerdem zeigt die Abbildung einmal mehr, dass wir nicht in den Raum *hinein*schauen, weil wir dann beide Innenkreise *gleich* groß sehen würden, was sie ja auch tatsächlich *sind*. Auch bei dieser optischen Täuschung ist die Repräsentationsfunktion des Gehirns in der geforderten Weise jedenfalls erfüllt: Repräsentant und Repräsentat stehen in einem Verweisungszusammenhang, sind aber logisch unabhängig voneinander, was durch die örtliche Differenz zwischen dem *Gesehenen* und dem *Tatsächlichen* bewiesen wird.

Dass wir überhaupt Dinge und Formen der Außenwelt, also *Phänomene* sehen, ist auf dem Hintergrund der elektrisch-chemischen *Einheits*sprache der Neuronen noch immer ein Rätsel. Aus dieser prinzipiellen Beschränkung des neuronalen Codes mit der Folge der Unerreichbarkeit der *Phänomen*ebene ergab sich die Notwendigkeit, in explanatorischer Absicht den phänomenfähigen und schon deshalb vom Gehirn verschiedenen *Geist* einzuführen. Sicher ist: Wir sehen keine Elektronen bzw. Ionen oder chemische Moleküle oder feuernde Neuronen o. Ä., sondern wir sehen *Phänomene* als über Farbe, Form und Bewegung integrierte Ganzheiten, die beim gegebenen Stand des neurobiologischen Wissens nicht als Teile des *Gehirns* aufgefasst werden können. Die *Phänomen*welt, um die es auch bei der Wahrnehmung des Keilprismas geht, wird in *keiner* neurobiologischen Erklärung von Gehirnprozessen erreicht. Wir gehen deshalb davon aus, dass dieses Wunder der Erzeugung von Phänomenen, das sich bei *jeder* Wahrnehmung ereignet (auch bei der vergleichsweise einfachen wie beim Wahrnehmen des x im Keilprismabeispiel), nur im engen Zusammenspiel von Gehirn und Geist erklärbar ist. Anders gesagt: Bei jeder Wahrnehmung von Phänomenen ist Geist immer schon involviert. Schärfer formuliert: Es gibt keine *neurobiologische* Erklärung für *Phänomene*. Dennoch wird die geforderte Repräsentationsfunktion in einer einfachen Variante auch im Beispiel der Kreise vom Gehirn erfüllt (eine bestimmte Neuronengruppe im Gehirn repräsentiert die Kreise in elektrischer Form), nur eben nicht *als* Phänomen und damit nicht in der *Bedeutung* bestimmt, was alleine dem Geist vorbehalten ist. Die Repräsentationsfähigkeit des Gehirns ist biologisch keineswegs trivial. Im Gegenteil: Es handelt sich insofern um eine Besonderheit, als andere Zellen des Körpers die Repräsentationsfunktion nicht erfüllen. So stehen zum Beispiel die Zellen der Leber nur für sich selber und verweisen nicht auf ein Drittes, was bei den Neuronen des Gehirns aber der Fall ist.

Nach der Repräsentationsfunktion kommen wir nun im Interesse an weiterer Qualifizierung des Verhältnisses von Geist und Gehirn zur zweiten, nämlich *zeit*theoretischen Interpretation der geforderten Entsprechung von (kognitiver) Funktion und (materieller) Struktur. Gibt es für die starke Zeitlichkeit des Geistes und der Bedeutung eine entsprechende Zeitlichkeit des Gehirns? Zur Erinnerung: Die *starke* Zeitlichkeit haben wir als *Struktur* der Zeit eingeführt und über die drei Zeitmodi (Vergangenheit/Gegenwart/Zukunft) erläutert. Von besonderer Bedeutung war dabei die *nicht*monotone *Offenheit* der Zukunft, die wir als besondere Eigenschaft des Geistes und der Bedeutung schon festgestellt haben. Ebenfalls zur Erinnerung: Das in der *Struktur der Zeit* qualifizierte Moment der *starken* Zeitlichkeit hat die nichtreduktionistische Physik schon angenommen – z. B. in der Ablehnung der Invarianz der Naturgesetze gegenüber Zeitumkehr –, so dass Welt und Geist unter einem einheitlichen Zeitbegriff betrachtet werden konnten. Gibt es also für diese Zeitlichkeit ein *neuronales* Korrelat, das ein *kognitions*relevantes Zusammenspiel zwischen Geist und Gehirn überhaupt erst möglich erscheinen lässt, so dass wir am Ende sagen können: Welt, Geist und Gehirn greifen zeittheoretisch wie Zahnräder ineinander. Ist das Gehirn also ein zeitliches System?

Wir beginnen die Analyse zunächst im Lichte des klassischen Zeitbegriffs, nach dem Zeit ein Parameter der Bewegung von Materie im Raum ist. Dabei erhalten wir schnell einen positiven Befund, denn an Bewegung im Raum mangelt es im Gehirn wahrlich nicht. Mehr noch: Es gibt zu *keiner Sekunde* – weder bei Nacht noch bei Tag und vom Anfang bis zum Ende des Lebens – einen neuronal bewegungsfreien und in diesem Sinne zeitfreien Zustand des Gehirns. Diese *Dauer*bewegung benötigt Energie, viel Energie. Das erklärt, warum das Gehirn ca. 20% der gesamten Körperenergie verbraucht, obwohl sein Gewicht nur ca. 2% des gesamten Körpergewichtes ausmacht. Worin zeigt sich nun diese erste Zeitlichkeit des Gehirns im Detail? Werfen wir zunächst einen Blick auf den Grundbaustein des Gehirns, auf das Neuron (Abb. 6).

Abb. 6: Neuron

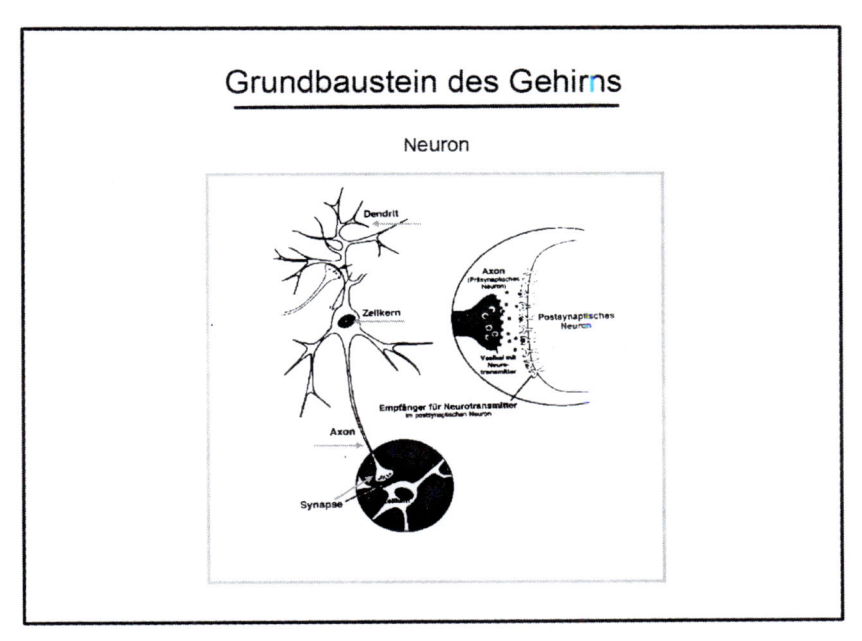

Zunächst ein paar unstrittige Informationen zur Funktion, zur Beschaffenheit und zur Arbeitsweise von Neuronen. Neuronen haben in der Regel einen Durchmesser von 0,01–0,05 mm, sind also sehr klein, im Durchmesser viel kleiner als ein Haar, so klein, dass sie mit bloßem Auge nicht sichtbar sind. Schon dieser erhebliche *Größen*unterschied zwischen den Neuronen zeigt, dass von den 100 Milliarden Neuronen, über die durchschnittlich ein Gehirn verfügt, jedes Neuron eine *individuelle* Gestalt hat. Gemäß der Abbildung oben ist das Neuron differenziert nach Dendrit, Zellkörper mit Zellkern im Zentrum, Axon und Synapse. Die unterschiedlichen Funktionen im Grundsätzlichen: Dendriten sind das Empfangssystem für Signale, die in Form von elektrischen Impulsen an den Zellkörper weitergeleitet werden. Bei entsprechender *Stärke* wird das Signal vom Zellkörper – ebenfalls in Form elektrischer Impulse – ins Axon übertragen, das die Funktion eines Senders hat. Schon innerhalb eines Neurons gibt es also Bewegung und damit Zeitlichkeit im klassischen Sinne. Für die Ausübung seiner Senderfunktion, i. e. für die Übertragung des Signals zu einer Nachbarzelle, bedient sich das Axon der Synapse. Der Vorgang der Übertragung verläuft dabei so: In der Regel werden die in der Synapse ankommenden elektrischen Impulse im Synapsenendknöpfchen in ein chemisches Signal transformiert, das den synaptischen Spalt, der zwischen Sender- und Nachbarzelle besteht, überquert. Das chemische Signal, das diese Überquerung gewährleistet, heißt „Neurotransmitter", von denen es verschiedene Arten gibt. Diese Neurotransmitter sind in Vesikeln im Synapsenendknöpfchen der Senderzelle gespeichert und werden von dort freigesetzt. Sobald das chemische Signal den postsynaptischen Teil der Nachbarzelle erreicht, wird es wieder in ein *elektrisches* Signal zurückverwandelt. Die Transformation verläuft also von elektrisch in chemisch und von chemisch zurück in elektrisch. Zeitlich und räumlich gesehen: In der überwiegenden *Zeit* der Signalübertragung und im weitaus größten Teil des *Weges* der Übertragung befindet sich das Signal einer Nervenzelle in einem *elektrischen* Zustand. Die Ladungen bzw. Entladungen werden in der Neurobiologie entweder „spikes", „Nervenimpulse" oder „Aktionspotenziale" genannt. Es sind – abgesehen von der kurzen chemischen Zwischenphase im synaptischen Spalt – diese und nur diese Aktionspotenziale, die im Gehirn Signale übertragen. Diese elektrische Signalform gilt für *alle* Vorgänge, unabhängig von der Art des *Außen*weltsignals (optisch, akustisch, haptisch etc.), und sie gilt auch bei sehr *komplexen* Abläufen, z. B. bei der optischen Wahrnehmung. Auch dann sind die Aktionspotenziale die *einzigen*, in den Ganglienzellen erzeugten Ausgangssignale, die von der Netzhaut des Auges ins Gehirn übertragen werden. Wichtig ist: Alle von einer Zelle erzeugten Aktionspotenziale haben die gleiche Größe und die gleiche Dauer. Für die Codierung der Signale bestimmend sind die Frequenz und das Muster der Aktionspotenziale. Wichtig ist ebenfalls: Erreichen Impulse von Dendriten den Zellkörper eines Neurons und nimmt die Depolarisation zu, so reagiert die Zelle nicht *sofort* mit Weiterleitung, sondern erst dann, wenn ein bestimmter Schwellwert erreicht bzw. überschritten wird (ein wesentlicher Unterschied zum Computer). Erst dann entsteht plötzlich ein Aktionspotenzial, mit dem Signale elektrisch codiert via Axon weitergeleitet werden. Der Vorgang wird gelegentlich mit dem „Abbrennen einer Zündschnur" verglichen. Auffällig ist: Die Geschwindigkeit des „Abbrennens" ist erstaunlich gering. Zumal gemessen an der Lichtgeschwindigkeit sind die Aktionspotenziale im Ablauf lahme Enten: Sie werden im Durchschnitt mit 10 m/s weitergeleitet, wobei ein Aktionspotenzial selbst nur ca. 2 ms dauert. Auch mit Blick auf die schon erwähnte Individualität der 100 Milliarden Neuronen ist zu beachten: Die Unterschiede in den Leitungsgeschwindigkeiten von Aktionspotenzialen sind groß. So sind die mit der Vermittlung von Schmerz- und Temperaturempfindungen befassten C-Fasern in Axonen am langsamsten. Hier bewegen sich die Aktionspotenziale nur mit einer Geschwindigkeit von 0,5–2 m/s. 50 cm in einer Sekunde ist überraschend langsam und wirft Fragen zum Beispiel hinsichtlich der motorischen Reaktionsgeschwindigkeit etwa bei Verbrennungen auf. Wird ein Stück der Haut an der Hand z. B. durch ein Streichholz verbrannt und dauert es eine Sekunde, bis das Signal das neuronale Netzwerk im Gehirn erreicht und vielleicht noch eine weitere Sekunde, bis eine motorische Reaktion der Hand erfolgt, so ist das evolutionsbiologisch mit Blick auf die Überlebensfunktion eher suboptimal. Am schnellsten dagegen sind Aktionspotenziale in den sog. Aβ-Axonen, die von Rezeptoren auf der Haut bei *Berührungen* entstehen: Ihre Leitungsgeschwindigkeit kann 75 m/s erreichen (siehe Bear/Connors/Paradiso 2016, S. 435). Warum Berührungen evolutionär wichtiger sind als Schmerz- und Temperaturempfindungen, ist etwas rätselhaft. Wir werden noch sehen, dass die geringe Bewegungs*geschwindigkeit* von Aktionspotenzialen bei der *Erklärung* von Hirnphänomenen ein Problem sein könnte (z. B. bei der Synchronisierung, also der *parallelen* Verarbeitung von Form, Farbe und Bewegung in relativ weit *auseinander*liegenden Teilen des Gehirns). Dennoch: Wir haben schon jetzt Einiges an *Zeitlichkeit* des Gehirns im traditionellen Sinne von Zeit, nämlich als Parameter der Bewegung von Materie im Raum, kennengelernt. Die Forderung der zeittheoretischen *Entsprechung* von (kognitiver) Funktion und (materieller) Struktur ist damit allerdings noch nicht ganz erfüllt. Der Grund: Die Theorie des Geistes fordert die Entsprechung hinsichtlich der *starken* Zeitlichkeit. Wir benötigen nicht nur Bewegung in der Zeit, sondern Bewegung mit *strukturellen* Veränderungen des materiellen Substrats, die Ausdruck der *nicht*monotonen Struktur der Zeit sein müssen.

Wie bei der Repräsentationsfunktion werden wir auch hier wieder schnell fündig. Und wie bei der Repräsentationsfunktion ist die starke Zeitlichkeit des Gehirns *von Beginn an* feststellbar (Abb. 7).

Abb. 7: Netzwerk 1

Wachstum des neuronalen Netzwerks

neugeboren — 3 Monate — 15 Monate — 2 Jahre

Dauerbaustelle Gehirn

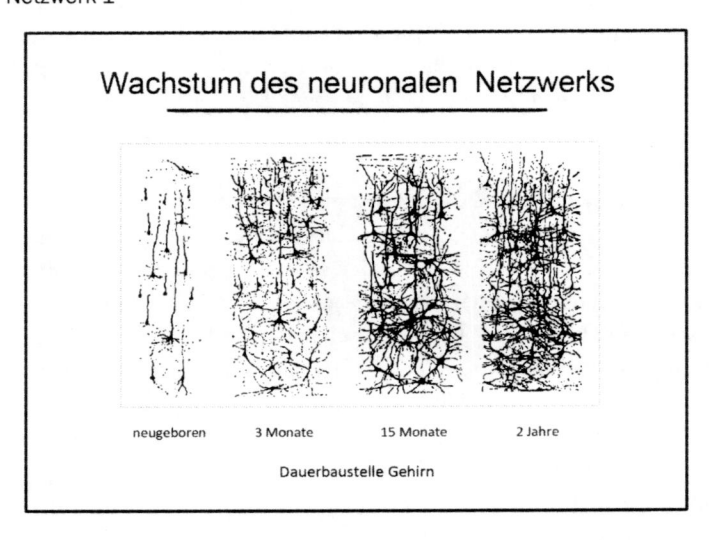

Wir sehen: In den ersten zwei Jahren gibt es nicht nur via Weiterleitung von Aktionspotenzialen *Bewegung* in den Neuronen, sondern eine Bewegung, die sich dauerhaft morphologisch in der *Struktur* des neuronalen Netzwerks niederschlägt. Diese Entwicklung der Struktur zeigt für jedes Gehirn Individuation, nämlich von seinen Operationen abhängige und *qualitativ* zu nennende Unterschiede, die Unterschieden in den Fähigkeiten des Gehirns entsprechen. Die Individuation des Gehirns verläuft zeitlich asymmetrisch und ist ontogenetisch nichtreduktionistisch. Ein gutes Beispiel für die zeitliche Asymmetrie sind die sog. „Zeitfenster" beim Erlernen einer Sprache. Werden sie verpasst, ist der Spracherwerb nicht mehr oder nur noch eingeschränkt möglich (Wer z. B. mit 30 Jahren eine Fremdsprache lernt, wird sie in der Regel nie mehr grammatikalisch perfekt und völlig akzentfrei beherrschen. Meistens beginnt dieses Defizit in der Lernfähigkeit sogar schon früher).

Das in der Abbildung oben manifestierte Veränderungspotenzial des Gehirns nennt die Neurobiologie „Plastizität", nur ein anderes Wort für „Zeitlichkeit". Wichtig ist: Die Zeitlichkeit des Gehirns gibt es nicht nur in den ersten Jahren, sondern während der ganzen Lebenszeit, wenn auch mit unterschiedlichen Geschwindigkeiten der Veränderungen und unterschiedlich starken morphologischen Niederschlägen. So ist das Gehirn von Anfang bis Ende eine Dauerbaustelle. Manche Veränderungen vollziehen sich in sehr kurzen Zeiträumen. So sieht ein zwei Monate altes Baby im Durchschnitt ca. 20mal schlechter als ein Erwachsener. Seine Sehschärfe ist dann aber schon nach einem Monat doppelt so gut, d. h. der Säugling sieht nur noch 10mal schlechter als ein Erwachsener. Und schon nach 8 Monaten hat seine optische Fähigkeit mit der von Erwachsenen fast gleichgezogen. Was genau ist der *Grund* für diese Plastizität?

Man könnte vermuten, sie sei Folge einer Zunahme der Anzahl der Neuronen. Das ist aber nicht der Fall, denn zum Zeitpunkt der Geburt sind (fast) alle Nervenzellen bereits vorhanden. Dem scheint zu widersprechen, dass zum Zeitpunkt der Geburt das Gewicht des Gehirns nur 25% des Erwachsenengehirns beträgt. Was ist also die Ursache der 75%igen Massezunahme des Gehirns im Laufe der Zeit? Die Antwort darauf ist die Antwort auf die Frage nach der Ursache der Plastizität und ihrer neuronalen Ausdrucksform.

Fragen wir zunächst, in welcher Form sich die Plastizität phänomenologisch in einer Fähigkeit zeigt. Ein paar Beispiele aus ganz unterschiedlichen Bereichen. Nehmen wir an, wir sehen ein unbekanntes Gesicht oder versuchen, zum ersten Mal auf nur einem Bein zu stehen oder lösen eine bisher noch nicht gelöste Differentialgleichung – oder wir beschäftigen uns zum ersten Mal mit dem Thema „Plastizität" und stellen erste Vermutungen zur Ursache dieser Fähigkeit an. Alle gerade genannten und auch alle sonstigen Neuerungen haben mit unseren *Synapsen* zu tun, genauer: mit der Fähigkeit des Gehirns, *neue* Synapsen zu bilden oder vorhandene Synapsen zu verändern. Die oben erwähnte Massezunahme des Gehirns ist also eine Folge der Bildung und damit der Zunahme bzw. der Veränderung der Synapsen (die Gliazellen und ihre Funktion wollen wir hier unberücksichtigt lassen). Anders gesagt: Es entstehen keine neuen Neuronen, sondern nur neue *Verknüpfungen* zwischen Neuronen, die zu morphologischen Veränderungen des Gehirns führen. Für diese Plastizität steht eine sehr hohe Anzahl von Elementen bereit: Ein erwachsenes Gehirn hat im Durchschnitt 10^{15} Synapsen. Zur Erinnerung: Wenn wir die Synapsen unseres Gehirns im Sekundentakt und ohne Unterbrechung zählen müssten, würde eine Zeit von 32 Millionen Jahren vergehen, bis wir die letzte Synapse unseres Gehirns abgezählt hätten. Bei dieser Zunahme/Veränderung der Synapsen spielt wiederum eine *zeitliche* Korrelation eine wichtige Rolle. Die Neurobiologie unterscheidet dabei grundsätzlich zwei Fälle. Der erste Fall: Sind das präsynaptische Axon und gleichzeitig das postsynaptische Neuron (durch die Einwirkung weiterer Eingänge) stark angeregt, dann wird die Synapse des präsynaptischen Axons gestärkt. „Synchrone neuronale Aktivität verstärkt die Kopplung." (Bear/Connors/Paradiso 2016, S. 811) Der zweite Fall: Ist das präsynaptische Axon stark, während das postsynaptische Neuron nur schwach aktiv ist, dann wird die Synapse des präsynaptischen Neurons geschwächt. „Asynchrone neuronale Aktivität vermindert die Kopplung." (Bear/Connors/Paradiso 2016, S. 811) Im Extremfall, d. h. dann, wenn die Aktivität der Synapse über längere Zeit überhaupt nicht mit einer entsprechend starken postsynaptischen Reaktion koinzidiert, wird die Synapse eliminiert. Diese die Offenheit der Zukunft betreffende Plastizität des Gehirns in Form der Zunahme von Synapsen ist experimentell gut bestätigt. So hat sich bei Laborratten die Zahl der Synapsen pro Neuron um 25% erhöht, als man ihre Umgebung durch Zugabe von Spielzeugen und Spielgenossen veränderte. Allgemein kann man sagen: Lernen und Gedächtnis vollziehen sich via Veränderungen der Synapsen. Im ersten Schritt werden diese Veränderungen im Gehirn elektrisch, also flüchtig, und über weitere Zwischenschritte repräsentiert – bis sie sich am Ende in dauerhaften Veränderungen der Struktur der Synapsen niederschlagen und so das Langzeitgedächtnis bilden oder Teile von ihm werden. Das gilt a fortiori für das *menschliche* Gehirn, d. h. es verändert sich fortwährend, nicht nur elektrisch und damit im flüchtigen Prozess, sondern auch in seiner materiellen Struktur, also dauerhaft *morphologisch*. Wenn Kant – in gewagter Abgrenzung zum damals noch religiös bestimmten Weltbild und damit mutiger als Newton – sagt „Die Schöpfung ist niemals vollendet" (Kant 1956, S. 335), so gilt das auch für das Gehirn – von seinem Anfang bis zu seinem Ende im Tod verändert es sich. Wittgenstein hat – jenseits der Neurobiologie – Plastizität mit Bezug auf das „Flussbett der Gedanken" in einer schönen Metapher so differenziert: „Aber ich unterscheide zwischen der Bewegung des Wassers im Flussbett und der Verschiebung dieses." (Wittgenstein 1970, S. 34) Auf das Gehirn angewendet heißt das: Der elektrische „Fluss" in und zwischen den Neuronen entspricht „der Bewegung des Wassers im Flussbett" und der Aufbau/Umbau/Abbau neuer Synapsen entspricht der „Verschiebung" des Flussbettes, die auch die Form einer zunehmenden Verzweigung annehmen kann.

Zusammenfassend können wir sagen: Das Gehirn hat die geforderten Merkmale der *Struktur* der Zeit, insbesondere das Merkmal „Offenheit". Und diese Offenheit ist wie beim Geist auch beim Gehirn *nicht*monoton, d. h. die Zunahme von neuronalen Repräsentationen zum Zeitpunkt t_1 muss keine *konsistente* Erweiterung des neuronalen Zustandes zum vorhergehenden Zeitpunkt t_0 sein. Im Unterschied dazu liegt eine *monotone* Zunahme dann vor, wenn zwar neue Repräsentationen hinzugefügt werden, diese aber die alten Repräsentationen unberührt lassen. Für das Verhältnis von Geist und Gehirn heißt dies an einem Beispiel: Der im *Geist* vollzogene *nicht*kontinuierliche (!) Übergang von Newtons Theorie von Raum und Zeit zu Einsteins Theorie der Raum-Zeit findet in der *nicht*monotonen Repräsentationsstruktur des neuronalen Netzwerkes eine *materielle* Entsprechung.

Diese zeittheoretische *Übereinstimmung* zwischen Geist und Gehirn lässt die schon genannten und wesentlichen *Unterschiede* zwischen Geist und Gehirn allerdings unberührt. Machen wir uns das am Beispiel der Entwicklung des neuronalen Netzwerkes eines Kleinkindes noch einmal klar (Abb. 8).

Abb. 8: Netzwerk 2

Wachstum des neuronalen Netzwerks

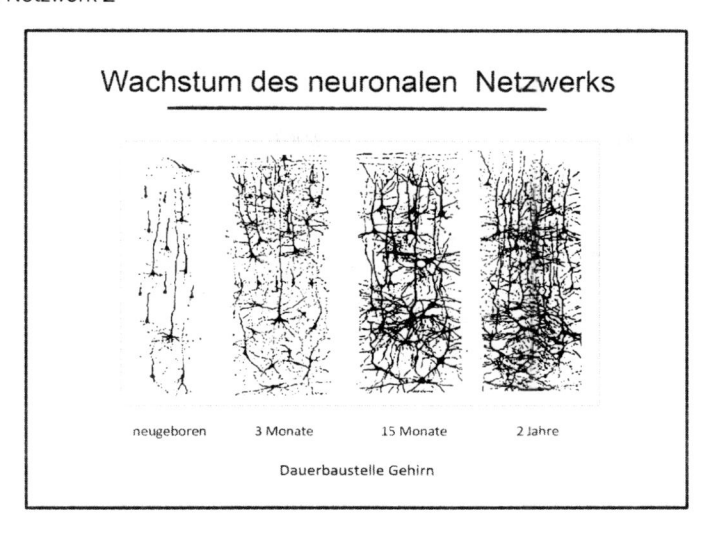

neugeboren   3 Monate   15 Monate   2 Jahre

Dauerbaustelle Gehirn

Wir nehmen an, das Gehirn des drei Monate alten Babys kennt drei stabile Zustände im Kontakt mit seiner Umwelt: Z1 = Berührungserfahrung, Z2 = Wahrnehmungserfahrung, Z3 = Hörerfahrung. Das Baby merkt, wenn wir es berühren, es sieht Gegenstände und es hört Stimmen. Anders gesagt: Der drei Monate alte Säugling ist haptisch, optisch und akustisch kompetent. Die Reihenfolge spielt dabei keine Rolle, d. h. wir können ihn zuerst beschallen und dann berühren oder umgekehrt etc. – seine Einzelkompetenzen sind davon unberührt. Mit dem oben dargestellten neuronalen Netzwerk im Alter von drei Monaten ist er allerdings *nicht* in der Lage, zum Beispiel das Akustische zu *verstehen*, weil das neuronale Netzwerk diese (im *Geist* lokalisierte) Kompetenz noch nicht trägt, d. h. weil der Säugling noch nicht sprachfähig ist. Wir können uns noch so sehr anstrengen und noch so viel mit ihm sprechen – er wird in diesem Zeitfenster die Schallwellen zwar hören, aber nicht verstehen. Mit dem – hier auf das Alter von drei Monaten bezogenen – Zustand Z3 des neuronalen Netzwerks ist das unmöglich. Technisch gesprochen: Die Menge (der Neuronen bzw. ihrer Synapsen) in Z3 ist gegenüber der semantischen Operation (Inhalt des Gehörten) abgeschlossen. Er kann zwar immer *neue* Schallwellen hören bzw. gehirnintern in akustische Signale umwandeln, aber er kann die Schallwellen nicht *verstehen*, was einen nichtlinearen und offenen Prozess der Weiterentwicklung voraussetzt. Genau das leistet das neuronale Netzwerk in seiner *Entwicklung*. Nehmen wir jetzt den Zustand im Alter von zwei Jahren. Wir beschränken uns wieder auf das Hören, oben mit Z3 gekennzeichnet, nur im Bezug zeitlich später. Mit zwei Jahren *hört* das Kind nicht nur die Schallwellen, sondern es *versteht* das Gehörte (z. B. das Phonetische von „Messer", vorausgesetzt, es wurde entsprechend sozialisiert). Im System des neuronalen Netzwerkes ist also ein qualitativ *neuer* Zustand Z4 entstanden, der eine materielle Entsprechung zur *semantischen* Kompetenz des Geistes indiziert und der nicht auf Z3 (das Phonetische) reduziert werden kann. Insofern ist die Entwicklung des neuronalen Netzwerks vom Zeitpunkt der Geburt zum Zeitpunkt zwei Jahre später *nicht*monotoner Art. Diese Fähigkeit der nichtmonotonen Entwicklung gilt auch für die anderen sensorischen, z. B. haptischen und optischen, Fähigkeiten des Kindes und setzt sich das ganze Leben lang fort, auch wenn im höheren Alter mit abnehmender Tendenz. Zeittheoretisch gesprochen: Das Gehirn ist eine Funktion der *Struktur* der Zeit, was wir „starke" Zeitlichkeit genannt haben. Damit zeigt die Materie des Gehirns eine Zeitlichkeit, die wir schon beim Geist und der Bedeutung festgestellt haben, erfüllt so die Entsprechungsforderung und zeigt in einer ersten Bewertung ihre Tauglichkeit für die angestrebte Erfüllung der empirischen Beweisfunktion. So wie im Fall der Quantenmechanik die beobachtbaren Spuren in der Nebelkammer die Existenz des nichtbeobachtbaren Elektrons beweisen, so beweisen die als synaptische Veränderungen beobachtbaren Spuren im neuronalen Netzwerk die Existenz des nichtbeobachtbaren Geistes. Der so qualifizierte Zusammenhang zwischen Geist und Gehirn ist mit Blick auf seine theoretische Erfassung noch in statu nascendi. Empirisch bewiesen ist allerdings bereits dies: Wann immer und was immer wir denken, *immer* gibt es neuronale Aktivität mit den entsprechenden synaptischen Spuren. Auf dieser Ebene des auf unterschiedliche Arten (PET, Hirnstrommesser, Mikroskop etc.) beobachtbaren und damit empirisch verifizierbaren Gehirns sollte es schon mehr als plausibel sein, einen engen grundsätzlichen Zusammenhang zwischen geistigen und neuronalen Vorgängen anzunehmen. Dass es sich immer um einen Zufall handelt, wenn Neuronen beim Denken feuern, tendiert jedenfalls in der Wahrscheinlichkeit gegen Null.

Nicht einmal Plausibilität erreichen wir allerdings dann, wenn wir in *explanatorischer* Absicht von der Beobachtung des Gehirns als empirischem *Gegenstand* (Feuern der Neuronen etc.) zu den *Phänomenen* übergehen, die während des neuronalen Feuers „irgendwie" entstehen, z. B. dann, wenn wir einen Hund der Außenwelt *sehen*, uns kognitiv also im sichtbaren Bereich des elektromagnetischen Spektrums befinden. Wie schon gesagt: Für die Erklärung von *Phänomenen* hat die Neurobiologie keinerlei theoretische Mittel. Wer Phänomene als Hirngespinste abtut, muss dann aber erklären, wie diese Gespinste entstehen. Wir bevorzugen aus den bekannten Gründen, Phänomene und damit Ganzheitliches im Reich des Geistes zu lokalisieren und haben damit die Frage, ob das Sehen eines *Phänomens* eine Kompetenz des *Gehirns* oder des *Geistes* ist, schon beantwortet. Aber die Antwort ist noch unbefriedigend insofern, als wir auch unter dem nicht zu leugnenden und dem Geist exklusiv zugeordneten *Phänomen*befund weiterhin auch in dieser Hinsicht nach einem qualifizierten *Verhältnis* von Geist und Gehirn Ausschau halten. Die Frage: Was ist das materielle Substrat bzw. welche Eigenschaften muss es haben, damit der

Geist die *Phänomen*bildung leisten kann? Dass die Neurobiologie bislang keinerlei theoretische Anhaltspunkte für die Erklärung von Phänomenen liefert, wollen wir noch einmal an ein paar Beispielen zeigen und danach dann in die Physik schauen in der Hoffnung, dass wir dort vielleicht bei der Suche nach einer materiellen Entsprechung zur Phänomenbildung des Geistes fündig werden.

Zur Erinnerung einige Aporien der Neurobiologie hinsichtlich der Phänomenbildung. Entgegen den neurobiologischen Tatsachen („spikes" und visueller Kortex) haben wir die subjektive Empfindung, mit den *Augen* und nicht mit dem *Gehirn* zu sehen. Schärfer und verallgemeinert: *Nichts* von dem, was in unserem Gehirn neuronal oder anatomisch vor sich geht, ist unserem Bewusstsein zugänglich. So sind wir davon überzeugt, bei der Beobachtung des Sonnenuntergangs die *Sonne* zu sehen und nicht ein *Bild* (= interne Repräsentation) der Sonne und schon gar keine Photonen mit ihrer Besonderheit, dass sie Bedingung des Sehens sind, aber selbst nicht gesehen werden können. Auch sehen wir keine feuernden Neuronen – wir empfinden sie nicht einmal. Dass wir die Sonne *selbst* und nicht ein Bild von ihr sehen und dass dies für alle Wahrnehmungen gilt, gehört zu den festen Überzeugungen des Alltags. Wichtig ist: Diese Differenz zwischen der Bewusstheit unserer Wahrnehmungen bei gleichzeitiger Unbewusstheit der zugrundeliegenden neuronalen Prozesse ist ein Indiz dafür, dass *Phänomen*wahrnehmung kein Teil der *Gehirn*tätigkeit ist. Dieser bei Einbindung des Bewusstseins entstehende erkenntnistheoretische Ausschluß der Gehirnaktivitäten gilt nicht nur für Phänomene der *Außen*welt, sondern für *alle* kognitiven Prozesse, also auch für diejenigen, die nur im Kopf lokalisiert sind. So wissen wir – „oberhalb" der neurobiologischen Ebene – genau, was wir tun, wenn wir zum Beispiel eine Addition ausführen. Was die Neuronen dabei tun, wissen wir dagegen nicht. Und wir haben außerdem das Gefühl, dass der Rechenvorgang im *Inneren* des Gehirns vor sich geht und nicht irgendwo draußen in der Welt – anders als bei der Beobachtung der Sonne, deren raum-zeitliche Position wir in die *Außen*welt verlegen, falsch, wie wir schon wissen (Wir sehen aus zwingenden physikalischen Gründen eben nicht in den Raum hinein). Auch diese Merkwürdigkeit ist neurobiologisch ungeklärt: Wir sehen z. B. Blätter grün, aber die Blätter *sind* nicht grün, eben weil es keine unterschiedlichen Farben, sondern nur farblose unterschiedliche Wellenlängen gibt. Physikalisch ist der Vorgang simpel: Erscheint uns ein Blatt grün, dann wurde nur der Wellenteil des elektromagnetischen Spektrums vom Blatt *reflektiert*, der in unserer Wahrnehmung zur Empfindung „grün" führt, während die elektromagnetischen Wellen, welche die Empfindung rot oder blau hervorrufen, von der atomaren Struktur des Blattes *absorbiert* wurden und folglich nicht zu unserem Auge gelangen konnten.

Was die Autonomie des Geistes und sein über das Gehirn vermitteltes Verhältnis zur Außenwelt betrifft, so sind wir an einem entscheidenden Punkt. Das

Wichtigste noch einmal in aller Kürze am Beispiel des Sehens. Die erste Umwandlung von Signalen aus der Außenwelt geschieht auf der Netzhaut: Die von einem Gegenstand der Außenwelt emittierten oder reflektierten Photonen werden von den Sinneszellen der Netzhaut in elektrische Impulse umgewandelt, in dieser transduzierten Form von den Nervenzellen der Netzhaut aufgenommen und ins Innere des Gehirns weitergeleitet. Auf dem Weg zu den für Optisches zuständigen Arealen des Gehirns wird das nur noch aus elektrischen Impulsen bestehende Objekt der Außenwelt nach Form, Farbe und Bewegung *separiert* und in elektrischer Form zu *unterschiedlichen* Stellen des Gehirns weitergeleitet. Für diese gehirn*internen* Prozesse muss das Gehirn einen großen Aufwand betreiben, daran ablesbar, dass den ca. eine Million Ganglienzellen im Auge über eine Milliarde Neuronen im Kortex gegenüberstehen (also ein Faktor 1000 mehr). So gesehen ist das Gehirn während der meisten Zeit mehr mit sich selbst als mit der Welt befasst. Die o. g. *Separierung* des Objekts in elektrische, einzelne Bestandteile lehrt uns die Neurobiologie, die Wahrnehmung der *Einheit* des Objekts lehrt uns die eigene Erfahrung – und macht die Neurobiologie ratlos. Dieses Verhältnis von Separierung des Objektes in einzelne Bestandteile bei gleichzeitiger Einheit der Wahrnehmung ist explanatorisch völlig ungeklärt. In den Worten eines Lehrbuchs der Neurowissenschaften: „Auf bislang ungeklärte Weise führt diese ausgedehnte corticale Aktivität zu einer einzelnen, kohärenten Wahrnehmung der visuellen Welt." (Bear/Connors/Paradiso 2016, S. 375) Zunächst erscheint der Vorgang wie ein Wunder: Dass Farbe, Form und Bewegung der beobachteten Sonne im Gehirn an ganz *unterschiedlichen* Stellen elektrisch verarbeitet und abgebildet werden und wir dennoch alle drei Komponenten nicht *nebeneinander*, sondern als *Einheit* des Objekts sehen, ist erklärungsbedürftig. Die Neurobiologie verwendet in diesem Zusammenhang in explanatorischer Absicht häufig den Begriff „Kohärenz" (alternativ „Synchronizität" und „Bindung"). Die Begriffswahl ist plausibel, aber bislang noch nicht in einer Erklärungsfunktion nutzbar.

Vielleicht hilft die Physik bei der Lösung des Problems weiter. Noch einmal die Frage: Wie entsteht die *Einheit* eines Wahrnehmungsobjektes, wenn unterschiedliche Eigenschaften des Objekts an ganz *unterschiedlichen* Stellen des Gehirns repräsentiert und verarbeitet werden? Da die verarbeitenden Gehirnareale räumlich mehrere Zentimeter auseinander liegen können, ist das Zustandekommen der *Einheit* erklärungsbedürftig. Wenn wir auf der Ebene der *Beschreibung* des neuronalen Vorgangs bleiben, müssten wir ja als Folge der räumlichen *Separierung* z. B. Form und Farbe eines Objekts *getrennt* sehen (die Farbe z. B. einer roten Rose *neben* ihrer Form), was aber nicht der Fall ist. Tatsächlich sehen wir ja ein Objekt *ganzheitlich*. Die erklärende Vermutung der Neurobiologie: Die getrennten Bereiche werden *gleichzeitig* aktiviert. Nehmen wir an, das stimmt. Dann folgt aber aus der Gleichzeitigkeit der Aktivierung noch nicht die *Einheit* der Wahrnehmung. Denkbar ist nämlich, dass wir Form und Farbe des Objekts zwar gleichzeitig, aber dennoch räumlich getrennt sehen. Außerdem: Eine notwendige physikalische Bedingung für die angenommene Gleichzeitigkeit wäre die, dass sich die entsprechenden Signale bzw. die entsprechenden Repräsentationsbereiche *instantan* miteinander verbinden. Der Raum, der zwischen den räumlich getrennten Hirnbereichen liegt, in denen Form und Farbe des Objekts repräsentiert sind, müsste von Signalen ohne Zeitverlust, also unendlich schnell, überbrückt werden, was unter der Geltung der relativistischen Physik ausgeschlossen ist. Ein Ausweg ohne Verletzung der Relativitätstheorie wäre folgende Annahme: Die Übertragungszeiten der Signale sind so gering, dass die Zeitdifferenz sich im *Bewusstsein* der Wahrnehmung nicht in einer räumlichen Differenz von Form und Farbe bemerkbar machen würde. Dann könnte die räumliche Separierung im Wege einer Überlagerung ausgeschaltet werden. Die Lichtgeschwindigkeit wäre hierfür ein geeigneter Kandidat. Das Problem: Nach der neurobiologischen Lehrmeinung spielen Photonen bei neuronalen Prozessen keinerlei Rolle. Dieser Ausschluss ist jedoch gründlich in Frage zu stellen. Klar ist: Unter den gegebenen neurobiologischen Annahmen über die Leitungsgeschwindigkeiten von Aktionspotenzialen, die teilweise unter der des Schalls liegen, ist das Problem nicht lösbar.

Auch wenn in der Relativitätstheorie, nicht zuletzt am Vergangenheitslichtkegel beweisbar, instantane Wirkungsausbreitungen ausgeschlossen sind, den Grundstein für das Instantane, für zeitfreie Kohärenz/Verschränkung von räumlich auseinanderliegenden Objekten, hatte Einstein zusammen mit Podolsky und Rosen in dem berühmten EPR-Experiment selbst gelegt. Betrachten wir zunächst einmal das Physikalische in vereinfachter Form: Nehmen wir an, ein Teilchen hat den Spin 0 und zerfällt in zwei Teilchen mit Spin ½. Das eine Teilchen sei ein Elektron und das andere ein Positron. Elektron und Positron fliegen nun in entgegengesetzte Richtung auseinander. Ist das eine Teilchen an einem Punkt A und das andere an einem Punkt B angekommen, werden ihre Spins gemessen. Dann entsteht ein überraschender Effekt: Die Messung des Spins des einen Teilchens, sagen wir des Elektrons am Ort A, hat *instantan*, also ohne Zeitverlust, eine Wirkung auf das andere Teilchen, nämlich das Positron am Ort B. Penrose nennt den Vorgang „mysteriös". Woher „weiß" das Positron am Ort B, dass am weit von ihm entfernten Elektron am Ort A eine Spin-Messung durchgeführt wurde?! Das Umgekehrte gilt ebenfalls. Legt man die Spezielle Relativitätstheorie zugrunde, könnte sich ein Signal höchstens mit Lichtgeschwindigkeit von Ort A nach Ort B fortpflanzen. Das wäre bekanntlich sehr schnell, aber nicht schnell genug, um „instantan" genannt zu werden. Da die Relativitätstheorie noch immer sakrosankt ist bzw. ihre grundsätzliche Vereinbarkeit mit der Quantentheorie um jeden Preis erhalten werden soll, nimmt man an, dass sich in diesem Fall der *Verschränkung* kein Signal von A nach B bewegt hat, das dem Positron am Ort B die Messung des Elektrons am Ort A „mitteilen" und dann die Ursache für die Veränderung des Positrons am Ort B sein könnte. Eine *Übertragung* von Signalen wird also mit Rücksicht auf die Relativitätstheorie ausgeschlossen. Solche non-lokalen Korrelationen sind also keine Wechselwirkungen, sind entfernungsunabhängig und verlaufen außerhalb der Raum-Zeit. Penroses Wortwahl „mysteriös" ist somit angemessen.

Aber wenn es sich nicht um eine Wechselwirkung handelt, was ist dann die Ursache für die *gleichzeitige* Veränderung der beiden räumlich getrennten Teilchen?! Oder ist Nonlokalität nicht „mysteriös", sondern reine, i. e. realitäts*freie* Theorie?! Mit Theorie hat es zwar wie immer begonnen, aber die Annahme von nichtlokalen Effekten hat das Stadium der Theorie längst hinter sich gelassen: In dem berühmten Experiment von Alain Aspect wurde die Verschränkung über eine Raumdistanz von 12 Metern schon gemessen. Aber wie immer ist die Messung das Eine, die Erklärung des Phänomens das Andere. Jedenfalls ist bis heute Vieles noch ungeklärt, und es gilt noch immer Penroses Einschätzung: „Die nichtlokale Verschränkung ist eine sehr sonderbare Angelegenheit. Es handelt sich um einen Mischzustand – die Objekte sind weder richtig getrennt noch richtig miteinander verbunden –, der ein rein quantenmechanisches Phänomen ist und in der klassischen Physik kein Analogon besitzt." (Penrose 1998, S. 89) Es wäre noch Vieles und manches physikalisch Schwierige auszuführen (z. B. die Superposition von Zuständen), ich will es aber damit an dieser Stelle belassen. Fest steht: Es *gibt* das Non-Lokale, nur seine *Erklärung* ist noch ungeklärt. Aber alleine die Tatsache seiner Existenz rechtfertigt schon, Non-Lokalität in theoretischen Modellen des Gehirns zu berücksichtigen. Penrose dürfte also Recht haben, wenn er feststellt „dass diese neue Physik auch für die Vorgänge im Gehirn von Relevanz sein muss." (Penrose 1998, S. 132). Und das im Zusammenhang mit der neurobiologischen Annahme der *Kohärenz* von Wahrnehmungen bei räumlicher Getrenntheit der einzelnen Bestandteile des Wahrnehmungsobjekts. Mehr noch: Bei allen Annahmen der Einheit, der Ganzheit o. Ä. muss als physikalisches Korrelat die Eigenschaft der Nicht-Lokalität angenommen werden. Allerdings nur im Sinne einer *notwendigen* Bedingung, d. h. Non-Lokalität ist nur ein *Teil* der Lösung des Problems. Die nonlokale Verschränkung von räumlich getrennten Teilchen gibt nämlich eo ipso noch keinerlei Aufschluss darüber, wie aus verschränkten Teilchen die Wahrnehmung eines ganzheitlich repräsentierten *Phänomens*, z. B. in einem optischen Modus, entsteht. Wenn ich einen Hund sehe, so erklärt das gleichzeitige Feuern von entsprechenden Neuronen in unterschiedlichen Hirnbereichen die Gleichzeitigkeit der neuronalen Aktivierung, aber sie erklärt nicht, warum ich den Hund *als* Hund, also ganzheitlich als *Phänomen* und darüber hinaus unter der Eigenschaft seiner Bedeutung sehe.

Dieses trotz Non-Lokalität noch immer ungelöste Problem sollte uns beim suchenden Blick zur Physik vor reduktionistischen Rückfällen bewahren. Dass der physikalistische Reduktionismus noch immer lebt und lupenreine Szientisten bis heute mit dem Anspruch auftreten, die Physik im Allgemeinen und die Quantenphysik im Besonderen zur Grundlage *aller* Wissenschaften zu machen, zeigen die Worte von Nancy Cartwright: „Im Grunde sind alle Wissenschaften außer der Physik Spezialwissenschaften. Das bedeutet, ihre Gesetze haben bestenfalls ceteribus paribus Gültigkeit, also nur so lange, wie es keine Einflüsse von außerhalb des betreffenden Fachgebietes gibt". (Cartwright 1998, S. 208) Das heißt mit Blick auf die Neurobiologie: Da das Gehirn auch *physikalisch* bestimmt ist (elektrische Impulse der Neuronen etc.), wird auch die Neurobiologie zu einer „Spezialwissenschaft" – unter Führung der Physik. Die Physik als Grundlage für alle Wissenschaften zu machen und auf diesem Wege die Einheit der Wissenschaften zu erreichen, ist aber ein aussichtsloses Unterfangen, dessen Aussichtslosigkeit wir schon früher begründet haben. Cartwrights Arroganz ist außerdem gepaart mit Ignoranz, denn ihre Abwertung der nichtphysikalischen Disziplinen zu „Spezialwissenschaften" fällt hinter die Einsichten von Einstein, Heisenberg, Schrödinger und Bohr zurück. So spricht Heisenberg in Bezug auf Lebewesen von „komplizierten Vorgängen" und stellt fest, dass diese „neue Begriffe brauchen, die über die der üblichen Physik und Chemie hinausgehen", das Erfordernis „neuer mathematischer Formen" inklusive (Heisenberg 1967, S. 137). Auch Schrödinger sieht diese *systematisch* erhebliche Besonderheit des Lebendigen: „Nach allem, was wir von der Struktur der lebenden Materie wissen, müssen wir darauf gefasst sein, dass sie auf eine Weise wirkt, die sich nicht auf die gewöhnlichen physikalischen Gesetze zurückführen lässt." (zitiert in: Davies 1988, S. 256) Auch Penrose vertritt – jedenfalls gelegentlich – eine Gegenposition zu Cartwright: „Mir scheint, die Idee, dass unser Denken aus etwas Physikalischem hervorgeht, bringt ein grundlegendes Problem [...] Die Gegenstände, über die wir in der Physik reden, sind Materie, physikalische Dinge, massive Objekte, Teilchen, Raum, Zeit, Energie und so fort. Wie könnten unsere Gefühle, die Wahrnehmung der Farbe Rot oder das Empfinden von Glück etwas mit Physik zu tun haben? Ich betrachte das als ein Geheimnis" (Penrose 1998, S. 122/123). Wir stimmen zu, haben aber die Grenzen der außenweltbezogenen Physik schon grundsätzlicher gezogen: Nicht nur Gefühle u. Ä., sondern *alles* Bedeutungshafte hat keinerlei Entsprechung in der physikalischen Außenwelt. Das gilt auch für die *physikalische* Theorie! Die Bedeutung des Terms „Elektron" in seiner Explikation als „Massenpunkt" ist aus den schon genannten Gründen jenseits von Masse und Energie und damit außerhalb der physikalischen Außenwelt. Für diese Autonomie der Bedeutung, die eine Folge der Autonomie des Geistes ist, haben wir viele begründende Beispiele angeführt. Eine *Erklärung* dafür, die Gründe für das *Entstehen* dieser Autonomie also, haben wir allerdings noch immer nicht. Dieser Mangel an *Erklärung* rechtfertigt jedoch nicht, die *Existenz* der Besonderheit zu bestreiten oder in Frage zu stellen. Vielleicht ist diese gleichermaßen lästige wie resistente explanatorische Lücke der Grund dafür, dass Penrose – gegen seine oben zitierte Auffassung – in eine wissenschaftstheoretische Wackelpartie übergeht und sich zu einer „grundsätzlich physikalistischen Ausrichtung" (Penrose 1998, S. 127) bekennt. Auf diesem Hintergrund gibt er dann seinem „Glauben" Ausdruck, „dass Bewusstsein ein physikalisch zugänglicher Begriff ist". (Penrose 1998, S. 128)

Auffällig ist: Wann immer es um die Präzisierung des *Verhältnisses* von Geist und Physik geht und dieses Verhältnis im Lichte der *Physik* betrachtet wird, wird die Argumentation vage. Denn was soll es heißen, dass Bewusstsein „physikalisch zugänglich" ist? Was ist z. B. am (realitätswidrigen, aber gleichwohl bedeutungsgeladenen) *Inhalt* der physikalisch ausgeschlossenen Annahme, dass Photonen eine unendlich große Ausbreitungsgeschwindigkeit haben oder haben können, „physikalisch zugänglich"? Nichts! Die (realitäts*widrige*) Aussage über die Realität ist reine Bedeutung – ohne jegliche Entsprechung zur physikalischen Außenwelt. Dennoch ist sie ein *wirklicher* Bewusstseinszustand, dem nur keine *äußere* Realität entspricht. Anders gesagt: Überlichtschnelle Teilchen gibt es als Bedeutung im Geist, aber nicht empirisch in der Welt. Wichtig ist: Bedeutung ist eine *Existenz*form, nämlich die spezifische Existenzform des *Geistes*. Das gilt ebenso für realitätskonforme Aussagen, dann jedenfalls, wenn es um ihre *Bedeutung* geht. Noch einmal: Bedeutung gibt es nur im Geist, nicht in der Außenwelt. Die so verstandene Physikfreiheit der Bedeutung und des Geistes schließt allerdings nicht aus, dass physikalische Prozesse *immer*, also auch in *geistigen* Angelegenheiten, im Spiel sind. Denn wann immer wir denken, sind Energie und Materie unseres Gehirns und damit physikalische Abläufe involviert. Die Möglichkeit von Geist ohne materielle Grundlage haben wir deshalb schon früh ausgeschlossen. Aber diese Art Abhängigkeit von der Materie ist eher banal und stellt die Autonomie des Geistes nicht in Frage.

Was meint also Penroses Aussage, „dass Bewusstsein ein physikalisch zugänglicher Begriff ist"? Versuchen wir eine Präzisierung durch Ersetzung von „physikalisch zugänglich" durch „physikalisch erklärbar". Der Erklärungsanspruch macht nun eine *Ableitungs*relation erforderlich. Der Einfachheit halber nehmen wir in dieser Funktion die Logik des bekannten H-O-Modells, und zwar in seiner stärksten Form, nämlich als deduktiv-nomologische. Dann wäre z. B. der Satz „Bewusstsein entsteht aus physikalischen Grundlagen" das Explanandum. Wichtig ist hierbei die Formulierung „entsteht *aus*" und nicht „entsteht *auf*". Letzteres wäre banal, wie schon festgestellt. Um dem *Erklärungs*anspruch zu genügen, müsste das Explanandum dann aus einem Explanans ableitbar sein, das in der H-O-Logik aus zwei Klassen von Sätzen besteht: Die erste Satzklasse enthält Sätze mit Beschreibungen von raum-zeitlich spezifizierten physikalischen *Einzel*fakten, die zweite formuliert *allgemeine* physikalische Gesetze. Das Explanandum muss dann aus Sätzen dieser Art „gültig", d. h. den Regeln der formalen Logik gemäß, ableitbar sein. In ihrer allgemeinsten Form können wir die Struktur des H-O-Modells auch als *Wenn-Dann-Bezie-*

hung rekonstruieren. Dann gilt folgende Anforderung: Die Antecedensbedingungen (= Einzelfakten des Explanans) müssen raum-zeitlich spezifizierte Elemente der Wenn-Komponente des Gesetzes sein und zwischen den Prädikaten der Dann-Komponente des Gesetzes und den Prädikaten des Explanandum muss ein Verhältnis des Enthaltenseins oder der Identität bestehen. Weitere Adäquatheitsbedingungen des H-O-Modells sind: Das Explanans muss empirisch gehaltvoll und die Relation zwischen Explanans und Explanandum muss invariant gegenüber analytisch äquivalenten Transformationen sein. Erklärungstheoretisch wäre noch Vieles auszuführen, aber hier kommt es nur auf *eines* an: Soll die Erklärung des Bewusstseins *aus* physikalischen Sachverhalten in Form einer *Ableitung* vollzogen werden, dann hat dies eine entscheidende Voraussetzung: Bewusstsein muss – in welcher Erscheinungsform auch immer – bereits auf der rein *physikalischen* Ebene des *Explanans* vorhanden sein, sonst könnte wegen der o. g. logischen Struktur das Explanandum nicht aus dem Explanans *abgeleitet* werden. Diesem Ableitbarkeitserfordernis steht aber entgegen, dass es in der physikalischen Außenwelt keine Bedeutung und kein damit gekoppeltes Bewusstsein gibt, folglich können sie auch nicht aus einem physikalischen Explanans *abgeleitet* werden. Dieser Umstand qualifiziert die Wenn-Dann-Relation, die der Erklärung zugrunde liegt, so: Die Relation ist mehr als die formallogische Implikation, weil Letztere nur die zwingende *zeitliche* Folge (= immer wenn, dann) regelt. Nein, in dem H-O-Modell ist aufgrund der oben genannten Begriffsverhältnisse zwischen Explanans und Explanandum ausdrücklich *inhaltliches Enthaltensein* gemeint. Anders gesagt: Das Explanans muss notwendig und hinreichend für das Explanandum sein, weil sonst das Deduktiv-Nomologische der Erklärung verloren geht. Außerdem: Würde man das Explanans nur als *notwendige* Bedingung für die Entstehung des im Explanandum ausgedrückten Sachverhaltes einführen, könnte die Annahme nicht mehr „physikalistisch" genannt werden und würde so ihre wissenschaftstheoretische Brisanz verlieren.

Wir sind an einem wichtigen Punkt: Die deduktiv-nomologische Struktur impliziert, dass das Explanandum nichts *Neues* gegenüber dem Explanans zum Vorschein bringt und bringen kann. Alles in Allem: Wenn wir Penroses Begriff „zugänglich" durch „erklärbar" ersetzen, kann die Ableitung nicht vollzogen werden, weil die Prädikate des Bewusstsein thematisierenden Explanandum nicht in den Prädikaten der Dann-Komponente des physikalischen Gesetzes enthalten sein können. Penroses „Zugänglichkeit" im Sinne der physikalischen *Erklärbarkeit* ist somit ausgeschlossen. Das Ausschlussverhältnis ist einmal mehr ein Beweis für die *Autonomie* des Geistes gegenüber der Materie. Es gilt auch dann, wenn wir die deduktive durch die induktive Variante des H-O-Modells ersetzen.

Für die physikalistische Vorstellung, dass es bereits in der *physikalischen* Welt Bewusstsein, Denken, Geist gibt oder – in der schwächeren Variante – aus ihr *ableitbar* sind, dafür gibt es keine guten Gründe. Was sollte das sein „Bewusstsein und Denken auf der Elementarteilchenebene" oder wie sollte die Bedeutung von „Elementarteilchen" aus Elementarteilchen abgeleitet werden? Ich sehe nicht die Spur einer Möglichkeit, das begründend auszuführen. Deswegen wenden wir uns von Penroses „physikalistischer" Position wieder ab und greifen seine vorher schon zitierte vorsichtige Einschätzung wieder auf, dass „die Idee, dass unser Denken aus etwas Physikalischem hervorgeht, ein grundlegendes Problem (bringt)". Zur Erinnerung: Mit der Ablehnung des Physikalismus ist nicht die Annahme verbunden, dass die Physik *keinerlei* Beitrag zu einer Theorie des Geistes leisten kann. Versuchen wir also weiter das Verhältnis von Physik und Geist zu klären und damit die Frage, wie das materielle Substrat beschaffen sein muss, damit Geist *auf* ihm (nicht *aus* ihm) entstehen kann. Zwei Anforderungen hat das Gehirn schon erfüllt: die Repräsentationsfunktion und die starke Zeitlichkeit. Offen ist noch die Frage nach den materiellen Grundlagen der *Ganzheit*, d. h. die Erklärung unserer Kompetenz, dass wir *Phänomene* und nicht Elementarteilchen oder auseinanderdividierte *Einzel*teile der Phänomene sehen. In der Absicht der weiteren Klärung dieser Problematik greifen wir noch einmal das Thema der Nichtlokalität auf, das in einer engen Verbindung zur Ganzheit steht und das Penrose in einen direkten Zusammenhang mit dem Bewusstsein stellt. Sein Bekenntnis zum Physikalismus ignorieren wir dabei.

Penrose führt zunächst in den Nervenzellen des Gehirns sogenannte „Mikrotubuli" ein. Das sind „Röhren", in denen er – wie beim Supraleiter – „weiträumige, quantenkohärente Aktivität" für möglich hält, die sich „über sehr weite Bereiche des Gehirns erstreckt" (Penrose 1998, S. 165). Mit „weiträumig" verbindet er die schon erwähnte Nichtlokalität, d. h. instantane Anregung eines Teilchens durch ein anderes Teilchen, das räumlich von ihm getrennt ist. Diese Besonderheit könnte ein physikalischer Beitrag für eine Lösung des noch ungelösten neurobiologischen Problems der *gleich*zeitigen Anregung von Neuronen sein, die unterschiedliche Merkmale *eines* Wahrnehmungsobjektes an *unterschiedlichen* Stellen des Gehirns repräsentieren. Wie wir schon festgestellt haben, führt die Annahme der Non-Lokalität zwar einen Schritt weiter, in Richtung Ganzheitlichkeit und Phänomen, aber nur hinsichtlich der geforderten Gleichzeitigkeit. Es handelt sich also bisher nur um eine *Teil*lösung des Phänomenproblems. Kann Penrose diese Lücke schließen? Jedenfalls geht er im zweiten Schritt durch Anwendungserweiterung der Non-Lokalität einen Schritt weiter. Er beschränkt nämlich die Anwendung des Modells der Mikrotubuli nicht auf das *materielle* Gehirn, sondern stellt eine Verbindung zum *Bewusstsein* her. Zunächst äußert er „den Eindruck, dass Bewusstsein etwas Globales ist" (Penrose 1998, S. 167). Dem stimmen wir zu. Damit hat er die Tür zur Ganzheitlichkeit und *Phänomen*repräsentation nicht weit, aber einen Spalt weit geöffnet. Folgerichtig fordert er dann, dass physikalische Prozesse, „die für

Bewusstsein verantwortlich" sind, diese Eigenschaft des Globalen ebenfalls haben müssen. Damit bewegt er sich im Rahmen unserer Entsprechungsforderung. Diese Anforderung erfüllt nach Penrose die *Quantenkohärenz*. Sollte dann „global" *systematisch* mit „ganzheitlich" verbunden sein, wären wir einen Schritt weiter. Diese Verbindung nehmen wir jetzt einmal an. Da wir „ganzheitlich"/„Ganzheit" systematisch mit „Phänomen" verbunden haben, wäre die logische Folge eine Verbindung auch zwischen Quantenkohärenz und Phänomenbildung. Wenn wir nun das Gehirn wieder ins Spiel bringen, kommen wir zu dieser Annahme: Die physikalischen Grundlagen des Bewusstseins, i. e. die Neuronen, stellen ihre *Verbindung* untereinander durch Quantenkohärenz her. So wäre im ersten Schritt unsere Forderung nach Entsprechung von Funktion (Kognition) und Struktur (Materie) erfüllt: Dem in Phänomenen zur Erscheinung gebrachten *Ganzheitlichen* des Bewusstseins entspräche das durch Quantenkohärenz getragene Ganzheitliche von Neuronenverbänden. Wir müssen aber vorsichtig sein und dürfen das bereits erzielte Analyseresultat nicht außer Acht lassen: Non-Lokalität und die dadurch getragene Quantenkohärenz erklären bisher nur die *Gleichzeitigkeit* von räumlich getrennten Neuronen, was noch nicht die *Ganzheitlichkeit* eines Phänomens sicherstellt. Bevor wir prüfen, ob die Quantenkohärenz auch zu dieser zusätzlichen *kognitiven* Eigenschaft der Ganzheitlichkeit führt, wollen wir zunächst einmal ein paar Schwierigkeiten nennen, die sich schon unterhalb der Bewusstseinsfrage mit dem Vorschlag einstellen. Es gibt nämlich für die Anwendung der Quantenkohärenz im neuronalen Netzwerk eine Reihe von anspruchsvollen physikalischen Voraussetzungen, z. B. die, dass die Wände der Mikrotubuli undurchlässig, untereinander also hochgradig isoliert sein müssen, was noch zu beweisen wäre. Auch die kritische Frage von Stephen Hawking nach *De*kohärenz steht unbeantwortet im Raum, gerade in der Anwendung auf Bewusstsein: Es darf nicht nur Kohärenz, sondern es muss auch *De*kohärenz geben, denn die Wahrnehmung eines Objektes der Außenwelt muss aus dem Bewusstsein auch wieder verschwinden, weil parallele Dauerzustände aller vergangenen und gegenwärtigen Wahrnehmungen trotz der 10^{15} Synapsen das Gehirn und den Geist wohl überfordern dürften. Dennoch: Die Physik der Quantenkohärenz ist ein bedenkenswerter Ansatz, der das Theoriedefizit der Neurobiologie verkleinern und eine Brücke zum Bewusstsein herstellen könnte, aber es ist noch vieles ungeklärt, weswegen Penrose am Ende selbst einräumt, dass „diese Vorstellung (verwegen) sein mag". (Penrose 1998, S. 167)

Penrose hat viel Kritik für seinen quantentheoretisch geführten Vorschlag erfahren, auch aus den eigenen Reihen. So wundert sich Gell-Mann über die Verbindung von Quantentheorie und Bewusstsein und „kann absolut nicht erkennen, warum man so etwas annehmen sollte" (Gell-Mann 1996, S. S. 357). Gell-Manns Verwunderung ist allerdings nur unter einer Bedingung angemessen, dann nämlich, wenn Bewusstsein *selbst* als Quantenphänomen eingeführt würde. Diesen Eindruck erweckt Penrose gelegentlich leider. Fasst man dagegen die von Penrose diskutierte Quantenebene mit der Besonderheit der Quantenkohärenz nur als materielle *Grundlage* für Bewusstsein (so wie Wasser Grundlage für die Funktionsausübung eines Schiffes ist), ist sein Modell zunächst einmal vielversprechend und naheliegend. Der Grund: Ohne Non-Lokalität und damit Kohärenz kann es keine *Ganz*heitlichkeit und damit kein *Phänomen* im Geist geben. Aber noch einmal: Es handelt sich nur um eine *notwendige* Bedingung. Auch die Explikation von Penrose löst bisher nur das Problem der *Gleich*zeitigkeit der Aktivitäten von räumlich getrennten Neuronen, nicht jedoch das Problem der *Ganz*heitlichkeit der Wahrnehmung und damit der *Einheit* des Wahrnehmungsobjektes. Nun ist die nüchterne Feststellung einer Erklärungs*lücke* das Eine, *polemische* Kritik an Penroses Lösungsversuch das Andere. Ein Beispiel für Letzteres. Der namhafte KI-Forscher Roger Schank stellt Penrose in eine Reihe mit Leuten, die sich mit Themen beschäftigen, „von denen sie nichts verstehen". (Schank 1996, S. 359). Wer von Beiden mehr vom Gehirn und vom Denken versteht, lasse ich hier offen. Jedenfalls ist Polemik beim hohen Niveau des Penrose'schen Modellvorschlags fehl am Platz.

Wir geben die Suche nach einer physikalischen Entsprechung bzw. einer physikalischen Grundlage für die kognitive *Einheit* eines Wahrnehmungsobjektes noch immer nicht auf. Kann die Erklärungslücke also doch noch geschlossen werden? Noch einmal das Problem: Dass wir die unterschiedlichen Bestandteile eines Objektes (z. B. seine Form und seine Farbe) durch die Quantenkohärenz der Neuronen *gleich*zeitig wahrnehmen, ist das Eine. Dass wir diese Gleichzeitigkeit der verschiedenen Bestandteile eines Objektes jedoch als *Einheit* sehen, ist das Andere – und bisher *genuin* Geistige. Jedenfalls erklärt die Quantenkohärenz diese *Einheit* noch nicht. Dabei verstehen wir unter „Einheit" das Objekt im Zustand eines *Phänomens*, bei dem Form, Farbe, Bewegung etc. in einer Art Überlagerung *zusammen* und in diesem Sinne als *Einheit* repräsentiert und wahrgenommen werden. Gibt es dafür eine physikalische Entsprechung? Wir haben oben und auch früher schon einmal angeführt, dass die Einheit der unterschiedlichen Komponenten eines Wahrnehmungsobjektes durch eine „Überlagerung" sichergestellt sein muss (z. B. eine Überlagerung von Form und Farbe einer Rose, so dass wir Beides als Einheit und nicht getrennt sehen). Gibt es dazu eine Entsprechung in der Natur? Zur Beantwortung der Frage leisten wir uns zunächst eine lockere Assoziation, nämlich von der oben erwähnten „Überlagerung" der Komponenten eines Wahrnehmungsobjektes zur Physik der „Superposition". So haben wir zunächst einmal einen ersten physikalischen Anker. Aber gelangen wir dabei über eine erste Assoziation von zwei Begriffen hinaus, d. h. ist die Verbindung *systematisch* ausführbar? Eine kurze Erläuterung: Das *Superpositionsprinzip* der Physik drückt in der klassischen Feldtheorie eine Überlagerung z. B. von Feldern und in der Quantenmechanik eine Überlagerung von Zuständen aus. Könnte diese Überlagerung also endlich die physikalische Grundlage dafür sein, dass wir z. B. Form und Farbe eines Gegenstandes *zusammen* im Sinne einer *Einheit* wahrnehmen? Assoziieren und Hoffen helfen jetzt nicht mehr weiter. Wir müssen also genauer werden: Das *Superpositionsprinzip* ist an strenge Voraussetzungen geknüpft, insbesondere an die *Gleichartigkeit* der überlagerten Größen und Zustände und an die *Linearität* der eingesetzten Differentialgleichungen. Damit bleiben die erste Assoziation und die damit erhoffte Lösungstauglichkeit leider wohl schon auf der Strecke. Beide Voraussetzungen sind nämlich bei der *Wahrnehmung* eines Objekts nicht erfüllt. Der Grund: Seine einzelnen Komponenten sind *verschieden*artig (z. B. Form und Farbe), so dass das Superpositionsprinzip auf der Ebene des *Bewusstseins* nicht anwendbar ist. Allerdings gibt es Licht am Ende eines anderen Tunnels. Nicht ausgeschlossen ist nämlich – jenseits des Bewusstseins – seine Anwendung auf der neuronalen Ebene des *Gehirns*. Der Grund: Durch die elektrische *Einheits*sprache der Neuronen könnte die im Superpositionsprinzip geforderte *Gleichartigkeit* der Größen und Zustände erfüllt sein. Zur Erinnerung: Die im Bewusstsein auftretenden ganz unterschiedlichen Qualitäten wie zum Beispiel „Form" und „Farbe" oder irgendetwas Anderes werden von den Neuronen elektrisch nivelliert, d. h. *gleichartig* gemacht. Bezieht man dann – über die neurobiologische Theorie hinausgehend – physikalische *Felder* in die Aktivitäten des neuronalen Netzwerks ein, könnte das *Superpositionsprinzip* vielleicht doch noch zur Anwendung kommen. Das wäre im Einzelnen zu prüfen und auszuführen. Wir wollen es aber hier bei den Andeutungen belassen, nicht zuletzt aus diesem Grund: Selbst wenn das *Superpositionsprinzip* auf der neuronalen Ebene anwendbar ist – was für die Neurobiologie ein erheblicher Theoriefortschritt wäre –, so bleibt unser kognitives Hauptproblem unberührt davon bestehen. Es lautet: Wie kommen *ungleich*artige Qualitäten wie Form und Farbe, ja die ganze *Viel*falt der Welt, in Phänomenen zu einer *Einheit*? Eine physikalische Lösung für die Überlagerung von *verschiedenartigen* Größen und Zuständen, die bei Wahrnehmungsobjekten die *Regel* sind, ist nicht in Sicht. Deshalb bleiben wir bis auf Weiteres dabei: Die ganzheitliche Wahrnehmung eines aus verschiedenartigen Komponenten bestehenden Objekts als *Phänomen* ist eine genuine Leistung des Geistes, eine Folge seiner Autonomie.

Da dieser Befund wichtig ist, noch einmal ein kleiner Beweis für die *Einzigartigkeit* dieser Autonomie: Wenn wir eine rote Rose sehen, so gibt es im Gehirn zwar feuernde und vielleicht sogar quantenkohärent verbundene Neuronen, aber es gibt keine Rose als *Phänomen*. Am deutlichsten und unangreifbarsten ist die *Exklusivität* der Zurechnung dieser *phänomenalen* Wahrnehmungsleistung zum *Geist* im Falle der *Farbe* der Rose: Die Neuronen, die in Form elektrischer Impulse aktiv sind, wenn wir die rote Farbe der Rose sehen, *sind* nicht rot. Mehr noch: Es gibt nicht nur keine roten oder die *Farbe* Rot emittierenden Neuronen, sondern Farbe gibt es physikalisch auch in der *Au-*

*ßen*welt nicht, d. h. auch die Photonen mit der entsprechenden Wellenlänge *sind* nicht rot. Wir sehen schlicht und einfach die optische (!) Repräsentation einer roten Rose bewußt und als Ganzheit, ein Wunder, das der *Geist* vollbringt – und nicht das Gehirn. Da diese *Phänomen*repräsentation bislang keine physikalische Entsprechung hat (weder im Gehirn noch in der Außenwelt), bleibt als Kandidat für ihre Verursachung nur der autonome Geist. Zugegeben: Bei der Klärung der Beziehung zwischen Geist und materiellem Substrat kommen wir nur im Schneckentempo und nur sehr mühsam voran. Aber immerhin haben wir zwei positive Resultate für das geforderte Entsprechungsverhältnis von (kognitiver) Funktion und (materieller) Struktur, nämlich im Nachweis der Erfüllung der Repräsentationsfunktion und der Zeitlichkeit. Aber bei der Suche nach einer materiellen Entsprechung zur *Phänomen*bildung des Geistes stehen wir noch immer im Dunkeln. Machen wir einen letzten Versuch!

Vielleicht bringt der Quantenphysiker David Bohm Licht in dieses Dunkel. In seiner Theorie der „impliziten Ordnung" hat er den bisher wohl ambitioniertesten Versuch gemacht, Materie und Geist *gleichberechtigt* und in einem qualifizierten *Zusammen*hang einzuführen. Bohms Ausgangsthese: „Die Naturwissenschaft selbst (verlangt) nach einer neuen, nichtfragmentarischen Weltanschauung, da das gegenwärtige analytische Verfahren, das die Welt in unabhängig existierende Teil zerlegt, sich in der modernen Physik nicht gut bewährt hat." (Bohm 1985, S. 12). Ganzheitlichkeit ist also auch hier wieder das Thema. Die Frage: Liefert Bohm das physikalische Korrelat zur kognitionstheoretisch, z. B. am Phänomenstatus, schon behandelten Ganzheitlichkeit? Zunächst moniert Bohm das unzulässige Fragmentieren nicht nur in der klassischen Physik, sondern darüber hinaus als weit verbreitete Fehlleistung, die bis in die Grammatik der natürlichen Sprache reicht. So wird im Schema Subjekt-Prädikat-Objekt ein vom Objekt „abgetrenntes Subjekt unterstellt" (Bohm 1985, S. 12), was nach Bohm nicht zulässig ist. Seine Antwort ist ein neuer Modus, „Reomodus" genannt, der das allgegenwärtige und für Welt und Bewusstsein gleichermaßen festzustellende Fließen berücksichtigt und in der grammatikalischen Form von Sätzen den logischen Vorrang erhalten soll. Dieser „Reomodus", angelehnt an Heraklits *panta rei*, aber mit der Besonderheit der *Ich*bezogenheit (reo = ich fließe), ist bei Bohm weltbildformend und grundsätzlich angelegt. Die nichtfragmentarische Weltanschauung durchdringt nämlich alles, nicht nur die äußere Welt, sondern auch „Sprache, Denken, Fühlen, Wahrnehmen, körperliches Handeln, Kunst und Wissenschaft usw." (Bohm 1985, S. 16). All das faßt er im übergeordneten Begriff der „impliziten oder eingefalteten Ordnung" (Bohm 1985, S. 17) zusammen. Das Besondere: Die implizite Ordnung ist nicht nur einheitswissenschaftlich, sondern *konvergenz*theoretisch orientiert. So stellt er fest: „Naturerfahrung […] (ist) […] der Erfahrung im Umgang mit Menschen sehr ähnlich." Seine Begründung der Ähnlichkeit: Wie im Verhältnis von Theorie und Mensch „wird sich auch die Natur entsprechend der Theorie verhalten, mit der man an sie herantritt". (Bohm 1985, S. 25) Das erinnert an Heisenberg, ebenso wie Bohms Annahme der „Einheit von Beobachter und Beobachtetem" (Bohm 1985, S. 25). Und ähnlich wie Heisenberg grenzt sich auch Bohm vom physikalistischen Reduktionismus ab. Er führt nämlich Denken als „unbedingt" ein mit der Folge, dass Denkakte „nicht in Strukturen wie etwa Zellen, Molekülen, Atomen, Elementarteilchen usw. gründen" (Bohm 1985, S. 82) können. Dennoch gibt es einen *Zusammen*hang und der ist so eng, dass „Gedanke und Ding *letzten Endes* nicht wirklich als getrennte Gebilde analysiert werden können". (Bohm 1985, S. 86) Die in der impliziten Ordnung angelegte Einheit von Gedanke und Ding ist sogar so eng, dass Bohm – in hegelianischer Anmutung, aber ohne Hinweis auf Hegel – zu der Aussage kommt: „Denken *ist* Nichtdenken." (Bohm 1985, S. 90) So weit folgen wir ihm nicht, schon aus formallogischen Gründen. Identitätsannahmen dieser Art haben wir schon bei der Explikation des Repräsentationsbegriffs ausgeschlossen: Repräsentant und Repräsentat stehen zwar in einem unlösbaren Verweisungszusammenhang, sind aber gleichwohl ontisch unaufhebbar verschieden. Einheit ja, Identität nein.

Leider hat Bohms Gegenwelt zum Fragmentarismus, die implizite Ordnung, eine explizite Grenze. So räumt er mit Blick auf die *Praxis* ein, „dass in der unmittelbaren Erfahrung des Menschen eine derartige analytische Zergliederung und Trennung vorgenommen werden muss". (Bohm 1985, S. 87) Das „muss" macht hellhörig, weil es den Verdacht erregt, dass die implizite Ordnung keinen *physikalischen* Zustand der Welt beschreibt, sondern ein realitäts*freies* Modell darstellt, dessen Freiheit der Freiheit des *Geistes* und nur des Geistes geschuldet ist. Verfolgen wir also mit Blick auf den logischen Status des Modells seine weitere Explikation. Und es beginnt gleich mit einer folgenreichen Überraschung; denn nach Bohm ist die implizite Ordnung „undefinierbar, unbekannt und unergründlich" (Bohm 1985, S. 16 bzw. 91). Die Folge: Für die implizite Ordnung kann keine *Existenz*annahme gemacht werden, was Bohm selbst so zum Ausdruck bringt, dass „wir nicht sicher sein können [...] dass es sie überhaupt gibt" (Bohm 1985, S. 91). Bleibt es bei dieser Einschätzung, dann bleibt die implizite Ordnung ein reines Gedankenkonstrukt, womit wir wieder bei einer Physik angelangt wären, die „auf dem Wege zur Geisteswissenschaft" ist.

Aber Bohm ist *Physiker* und kann es nicht bei einer Welt belassen, deren implizite Ordnung „unbekannt und unergründlich" ist. Wie kommt er aus dieser selbst eingestandenen erkenntnistheoretischen Finsternis wieder heraus? Er versucht es zunächst mit Bezug auf Heisenberg. So stellt er fest, dass seine eigene Theorie die Unschärferelation als „Grenzfall" enthält. An der *Grenze*, aber noch *inner*halb seines eigenen Modells, gibt es also doch *erkennbare* Realität. Dann geht er über die Grenzfallthese hinaus und interpretiert die Heisenberg'sche Unschärferelation grundsätzlich neu. Sie soll nämlich „*nicht in erster*

Linie als eine äußere Beziehung betrachtet werden, die die Unmöglichkeit von Messungen mit unbegrenzter Genauigkeit im Quantenbereich zum Ausdruck bringt. Sie sollte vielmehr im Grunde als eine Ausdrucksweise für den unvollkommenen Grad der *Selbstbestimmung* angesehen werden, der für alle Gebilde charakteristisch ist, die sich auf der quantenmechanischen Ebene definieren lassen". (Bohm 1985, S. 146) Auch wenn der *Grad* der Selbstbestimmung „unvollkommen" ist, bleibt die Annahme ihrer *Existenz* erhalten. Mit einer solchen Merkmalszurechnung begibt sich Bohm begrifflich auf sehr dünnes Eis. „Selbstbestimmung" mit Elementarteilchen in Verbindung zu bringen, ist mehr als gewagt und gerät in die Nähe animistischer oder anthropomorpher Naturauffassungen. Aber die Zurechnung von „Selbstbestimmung" zu quantenphysikalischen Gegenständen ist im Lichte seiner Theorie der impliziten Ordnung *logisch* konsequent. Fehlende Konsistenz des Modells kann man Bohm also nicht vorhalten. Die Annahme der Selbstbestimmung ist nämlich eine Schlussfolgerung aus seiner Annahme, dass Alles in Allem enthalten ist, wenn auch nur implizit. Diesen Gedanken der Selbstbestimmung führt er dann sogar messtheoretisch aus: Bohm definiert – rein theoretisch – ein „Subquantenmikroskop", das mit einer höheren Genauigkeit arbeitet als das „Gammastrahlenmikroskop", das wir früher schon kennengelernt haben. Das Verhältnis zwischen dem makroskopisch beobachtbaren Messereignis und der nicht beobachtbaren mikroskopischen „Subquantenvariablen" wäre dann mit dem *„Subquantenmikroskop"* genauer als in der Heisenberg'schen Unschärferelation zu bestimmen, allerdings unter einer wesentlichen Voraussetzung: Die „Wirkungsvariable" müsste auf der Subquantenebene in Einheiten teilbar sein, die unter der Größe des Planckschen Wirkungsquantums h lägen. Die dadurch erzielte größere Genauigkeit in den Worten von Bohm: „Die Grenzen des Selbstbestimmungsgrades (können) auf diesen tieferen Ebenen weniger streng sein [...] als die durch die Heisenbergschen Relationen gesetzten." (Bohm 1985, S. 147) Mehr Genauigkeit bei der Bestimmung von Ort und Impuls eines Teilchens ist eine Folge von mehr Selbstbestimmung des Teilchens.

Unsere Einschätzung von Bohms messtheoretischer Auffassung: Es dürfte grundsätzlich physikalisch nicht ausgeschlossen sein, dass die Grenzen der Messgenauigkeit nicht für alle Zeiten durch die auf der Grundlage des Planckschen Wirkungsquantums formulierte Heisenbergsche Unschärferelation bestimmt sind. Dass der Zahlen*wert* des Wirkungsquantums eine Funktion der Zeit ist, i. e. dass er sich einmal ändern könnte, ist physikalisch jedenfalls nicht ausgeschlossen (auch wenn das die üblichen Vorstellungen von „Naturkonstanten" verletzt). Weiterhin keinen Zugang finde ich allerdings zu der Annahme, dass die Zunahme der Messgenauigkeit irgendetwas mit der „Selbstbestimmung" von Quanten oder Subquanten zu tun hat. Vielmehr wollen wir kritisch und rigoros anmerken: Bei der Anwendung dieses Begriffs im Quantenbereich handelt es sich um einen Kategorienfehler. Selbstbestimmung setzt

Freiheit im Allgemeinen und Willensfreiheit im Besonderen voraus, die wir aus guten Gründen von Anfang an und *nur* mit dem Geist in Verbindung gebracht haben. Die Vorstellung, dass Quanten – Folge der Selbstbestimmung – einen freien Willen haben und sich frei entscheiden können, zum Beispiel darüber, wo sie sich in der Raum-Zeit aufhalten möchten, befremdet jedenfalls. Ohne dieses Befremden und unter der Beibehaltung der Selbstbestimmungsthese ist der nächste Schritt zur Annahme von *denkenden* Quanten dann nicht mehr weit. Man kann Bohm hier ein Reflexionsdefizit vorhalten: Es fehlt vor der Übernahme von Begriffen aus anderen Disziplinen (hier: „Selbstbestimmung" aus den Geisteswissenschaften) die kritische Reflexion auf ihre Übertragbarkeit. Hier sehen wir also keine einheitswissenschaftlich relevante Schnittstelle zwischen Physik und Geisteswissenschaften. Aber vielleicht werden wir an anderer Stelle fündig, insbesondere für die Suche nach Eigenschaften eines materiellen Substrats, die der kognitionserheblichen Fähigkeit des Geistes zur *Phänomen*bildung und damit zur Ganzheitlichkeit entsprechen.

In Bohms Theorie taucht immer wieder der Begriff „ungeteilte Ganzheit" auf, in einem sehr umfassenden Sinn und auch mit physikalischer Geltung: Nicht nur der *Inhalt* der Physik hat diese Eigenschaft (was nach Bohm schon in der Relativitäts- und Quantentheorie angelegt ist), sondern Ganzheit und Unteilbarkeit betreffen Beobachtung, Instrumentarium und Theorie. Dieser Zusammenhang führt nach Bohm zu einem „Faktum neuer Ordnung" (Bohm 1985, 191). Er bestimmt die Semantik von „Faktum" ethymologisch via „facere" (= machen), „gemacht" in dem o. g. Zusammenhang: Ein Faktum jenseits einer Theorie und einer Versuchsanordnung gibt es nicht. Alle drei Komponenten hängen untrennbar zusammen und sind nur „verschiedene Aspekte eines einzigen Ganzen" (Bohm 1985, S. 191). So weit so gut. Bis hierher können wir grundsätzlich folgen, weil die Annahme im Prinzip nur das besagt, was wir früher schon im Zusammenhang mit Heisenberg, Einstein und Bohr und am Beispiel der daran anschließenden starken Theoretizität ausgeführt haben. Aber Bohm geht weit über diese Art immer doch *begrenzter* Ganzheitlichkeit hinaus, im Begriff einer im wörtlichen Sinne umfassenden, nämlich *Alles* einschließenden „ungeteilten Ganzheit" der gesamten Welt, welche die implizite Ordnung bestimmt. Die Frage: Handelt es sich hierbei wieder einmal um ein rein geistiges Konstrukt oder kann die Idee auch *physikalisch* verständlich gemacht werden? Bohms Lösungsvorschlag: Für die *physikalische* Interpretation seiner impliziten Ordnung greift er die Physik des Hologramms auf. Der Versuch ist naheliegend und trägt prima facie den Bohmschen Grundgedanken, weil in einem Hologramm „in einem *impliziten* Sinne in jedem Raum- und Zeitabschnitt eine Gesamtordnung enthalten (ist)". (Bohm 1985, S. 197) Dabei versteht Bohm „implizit" bedeutungsgleich mit „eingefaltet". Dieses *Implizite* ist sein zentraler Gedanke und gilt für ihn als Abgrenzungskriterium zur traditionellen Physik, deren Gesetze sich auf die *explizite* Ordnung der Welt beziehen.

Beispielhaft verständlich macht er diese Besonderheit mit einer Analogie: Es ist wie bei einer Radiowelle, bei der die implizite Struktur z. B. eine mündliche Äußerung oder ein Bild sein kann. Aber das Hologramm leistet mehr: Es erzeugt nämlich „echt dreidimensionale, im Raum stehende Bilder des Objekts" (Meschede 2015, S. 550). Das Wörtchen „echt" ist wichtig, weil es die *Physikalität* der holographischen Darstellung betont. Um diesen Effekt zu erreichen, nutzt man den Wellencharakter des Lichtes bzw. die darauf aufbauenden Möglichkeiten der Interferenz und Kohärenz (das Thema kennen wir schon). So weit können wir folgen und auf die Lösbarkeit des offenen Problems „ganzheitliches Phänomen" hoffen. Aber Bohm gerät nach der ersten, am Hologramm orientierten, *physikalischen* Plausibilität schnell wieder auf dünnes Eis, wenn er ausführt, dass die implizite Ordnung „getragen" wird vom „Holomovement" (= ganzheitliche Bewegung), „das eine bruchlose und ungeteilte Totalität [...] und undefinierbar und unermesslich ist" (Bohm 1985, S. 200). Wir überspringen seine erläuternden Beispiele, da sie alle in einen gleichermaßen rigorosen wie nicht explizierbaren Satz münden: „Alles impliziert alles". (Bohm 1985, S. 205/206) Spätestens hier beginnen große Begründungsprobleme. Bohms Dictum ist nämlich wörtlich zu verstehen, so dass „wir selbst" zusammen mit „allem, was wir sehen und bedenken" impliziert sind. Auch wir sind überall und jederzeit gegenwärtig, wenn auch nur implizit. Dasselbe gilt für jedes „Objekt". (Bohm 1985, S. 219/220) Noch einmal anders: Die umfassende Implikation „Alles impliziert alles", verstanden als „Einfaltung", eröffnet die Möglichkeit „sowohl Kosmos als auch Bewusstsein als eine einzige bruchlose Totalität von Bewegung zu begreifen" (Bohm 1985, S. 225). Dabei vollzieht sich die implizite Ordnung als ein Prozess von Einfalten und Entfalten „in einem höherdimensionalen Raum [...] in einer multidimensionalen Ordnung mit im Grunde unendlich vielen Dimensionen" (Bohm 1985, S. 245/246). Die traditionelle Dreidimensionalität ist nach Bohm eine Vereinfachung, die *praktischen* Bedürfnissen geschuldet ist. Diesen Grundgedanken der *allumfassenden* Implikation formuliert er in vielen Varianten. So sind unbelebte und belebte Materie in der impliziten Ordnung „in [...] grundsätzlichen Aspekten ähnlich". (Bohm 1985, S. 251) Kritisch gefragt: Wieso nur „ähnlich" und was genau heißt das in einem *strikten* Verhältnis des *Enthalten*seins? Noch eine Variante der impliziten Ordnung: „Somit trennen wir nicht Leben und unbelebte Materie voneinander, wie wir auch nicht versuchen, das erstere völlig auf eine bloße Folge des letzteren zu reduzieren" (Bohm 1985, S. 253) Wiederum kritisch gefragt: Was heißt hier nicht „*völlig* [...] reduzieren", also wie viel Reduktion gibt es? „Nicht völlig" kann nur so verstanden werden, dass die Reduktion sehr *weit* vollzogen werden kann. Und was genau ist *nicht* reduzierbar? Der umfassende Geltungsanspruch wird dann gekrönt in der Annahme, dass die implizite Ordnung nicht nur für die lebende und tote Materie, sondern „auch für das Bewusstsein" gilt. (Bohm 1985, S. 254) In ihm sind sowohl explizite Inhalte als „manifeste Ordnung", von Bohm auch „Vordergrund" genannt, wie auch implizite Inhalte des „Hintergrundes" vorhanden. (Bohm 1985, S. 263) Aber immer dominiert das *Implizite*, auch bei sinnlichen Erfahrungen. Sein Beispiel: „Wenn man Musik hört, nimmt man daher direkt eine implizite Ordnung wahr." (Bohm 1985, S. 258) Dabei ist die explizite Ordnung des Bewusstseins „letztendlich nicht von der Materie im allgemeinen verschieden [...] Grundsätzlich handelt es sich bei diesen um verschiedene Erscheinungsformen der einen allumfassenden Ordnung". (Bohm 1985, S. 268) Eine kritische Zwischenbemerkung: Wie z. B. das theoretische Elektron in der Explikation als *mathematischer* Punkt, also ausdehnungslos, und das *materielle* Elektron der Außenwelt, das Masse hat und daher ausgedehnt ist, nicht *grundsätzlich* verschieden sind, sondern ihre Gemeinsamkeit aus einer „allumfassenden Ordnung" beziehen, erschließt sich mir bisher nicht.

Vielleicht kommt die Lösung des Rätsels in einer der vielen Paraphrasierungen seines Grundgedankens. So lehnt Bohm die Unterscheidung von Bewusstsein und Körper dann ab, wenn die Annahme gilt, dass sie via *Wechselwirkung* verbunden sind. Eine solche Wechselwirkung „ist mit der impliziten Ordnung unvereinbar". Stattdessen „müssen wir sagen, dass das Bewusstsein die Materie im allgemeinen und daher den Körper im besonderen einfaltet. Auf ähnliche Weise faltet der Körper nicht nur das Bewusstsein, sondern gewissermaßen auch das gesamte materielle Universum ein". (Bohm 1985, S. 269) Und weiter: Bewusstsein und Körper sind nur jeweils eine „relativ unabhängige Sub-Totalität, und damit ist auch gesagt, dass diese relative Unabhängigkeit von der höherdimensionalen Grundlage herstammt, auf der Bewusstsein und Körper letzten Endes eins sind". (Bohm 1985, S. 270) Und noch einmal anders: Körper und Bewusstsein beeinflussen sich nicht kausal, sondern „beide Bewegungen (sind) das Ergebnis verwandter Projektionen einer gemeinsamen höherdimensionalen Grundlage". (Bohm 1985, S. 270). Was denn nun: „Bewusstsein und Körper sind letzten Endes eins", andererseits nur „*verwandte* Projektionen" und damit doch *verschieden*? Das Gleiche gilt für Raum und Zeit. Auch sie sind Teile der expliziten Welt, deshalb „sekundär", da „von einer höherdimensionalen Grundlage abgeleitet" (Bohm 1985, S. 272). Sein Fazit zur Einheit von Kosmos, Materie, Leben und Bewusstsein: „Alle diese wurden als Projektionen einer gemeinsamen Grundlage betrachtet." (Bohm 1985, S. 274)

Trotz des schon genannten und logisch dubiosen Satzes „Denken *ist* Nichtdenken" und der wissenschaftlich nicht erfassbaren Implikation „Alles impliziert alles", bei der z. B. die Frage entsteht, wie eine unwahre Aussage eine wahre *implizieren* soll, machen wir einen Versuch, die facettenreiche Argumentation Bohms kurz und einfach zu fassen, in der Hoffnung, dass in der Einfachheit nicht das Wesentliche verlorengeht, sondern zur Geltung kommt. Wir beschränken uns dabei auf zwei zentrale Begriffe seines Modells, nämlich erstens auf sein Verständnis von „implizit" als „eingefaltet" bzw. „enthalten" und zweitens auf die „Ableitung" der fragmentierten expliziten Welt aus einer „höherdimensionalen Grundlage", in der alle Unterschiede, auch der von Bewusstsein und Materie, aufgehoben sind.

Grundsätzlich kann man zwei Varianten unterscheiden, wie „implizit" im Sinne von „eingefaltet" und „enthalten" verstanden werden kann. Da es uns hier um eine Theorie des Geistes geht, wollen wir uns auf das Verhältnis von Geist und Materie beschränken.

Variante 1: Der Geist ist in der Materie *tatsächlich* und voll umfänglich enthalten/eingefaltet. Das wäre die *schärfste* Form des Eingefaltetseins, nämlich als implizite *Tatsache*. Der Sachverhalt könnte dann analog zu diesem Beispiel verstanden werden: Nehmen wir an, auf einem Blatt Papier stehen – noch bedeutungsfrei – die mathematischen Zeichen der Einsteinschen Masse-Energie-Gleichung $E = mc^2$. Dann falten wir das Blatt zusammen, mit der beschriebenen Seite nach innen. Die in Zahlen und mathematischen Zeichen niedergeschriebene Formel bleibt dabei im gefalteten Zustand vollständig erhalten, ist aber nicht sichtbar. Explizit im Sinne von „sichtbar" wird die Formel erst durch *Ent*faltung des Blattes. Eine zweite, wenn auch weniger scharfe Analogie, könnte eine Knospe sein, die sich zu einem Blatt entfaltet. Anders als im Fall der aufgeschriebenen Einsteingleichung gibt es zwischen Knospe und Blatt einen Unterschied, aber dennoch ist die Redeweise angemessen, dass sich das Blatt – unter entsprechenden Randbedingungen – aus der Knospe heraus „entfaltet" hat. Zunächst zu der scharfen Analogie 1, also zum Eingefalteten in Form einer Tatsache. Gibt es ein solches *tatsächliches* Verhältnis des Enthaltenseins auch mit Bezug auf den Geist? Leider bietet Bohm kein solches *geistiges* Beispiel, bei dem eine geistige Entität in Materie „eingefaltet" ist. Nehmen wir also ein eigenes Beispiel, nämlich die vorkopernikanische Theorie (= geistige Entität) zum Verhältnis zwischen Sonne und Erde (= materielle Entitäten), bei dem sich die Sonne bekanntlich und bekanntlich unter falscher Annahme um die Erde bewegt. Es ist klar, dass es in diesem Fall, den es historisch in Form der *Theorie* tatsächlich gegeben hat, zwischen Materie und Geist kein Verhältnis des Eingefaltetseins oder des Enthaltenseins geben kann. Der Grund: Eine *falsche*, gleichwohl geistig *existierende* und *gegen* die Natur gerichtete Theorie kann nicht *in* der Natur „enthalten" sein! Ein solches Einschlussverhältnis ist logisch und empirisch ausgeschlossen und auch nicht im Modell der *impliziten* Ordnung rekonstruierbar. Wie wir früher schon festgestellt haben, gilt dieses Ausschlussverhältnis für *alles* Geistige, also auch für solche Theorien, die der Natur mutmaßlich *angemessen* sind, was in unserer Terminologie „realitätskonfor*m*" heißt. Ein Beispiel: Dass in der Urknallsingularität als *empirisches* Ereignis bereits die 13,5 Milliarden Jahre *später* entstandene Theorie des Urknalls *tatsächlich* schon *enthalten* war, ist eine mehr als abenteuerliche Vorstellung, für die ich keine Begründungsmöglichkeit sehe. Zumal dann nicht, wenn die *Bedeutung* der Theorie berücksichtigt wird, die in der grundsätzlich bedeutungsfreien Materie nicht „enthalten" sein kann – in welcher Form auch immer. Unsere ablehnende Argumentation gilt auch für die schwächere Form des Enthaltenseins (Analogie Knospe – Blatt). Kommen wir nun zur zweiten Variante, wie „enthalten" oder „eingefaltet" auch verstanden werden könnte.

Variante 2: Der Geist ist nicht *tatsächlich*, sondern nur als *Möglichkeit* in der Materie „enthalten". Im Sinne einer notwendigen Bedingung für die Entstehung von Geist. Unter entsprechenden Randbedingungen geht die Möglichkeit dann in Wirklichkeit über. Das wäre realistisch deutbar, ist aber nicht das, was Bohm unter der impliziten Ordnung versteht. Schon deshalb nicht, weil der Begriff der Möglichkeit auch die Möglichkeit des *Nicht*eintretens der Wirklichkeit der geistigen Welt einschließt. Dass die materielle Welt *ohne* geistige Welt möglich ist, dass das Universum auch ohne die Existenz des Menschen realistisch annehmbar ist, ist in Bohms Modell aber nicht vorgesehen. Sein Dictum: „Alles impliziert alles", d. h. das Materielle das Geistige und das Geistige das Materielle. Da Kosmos und Bewusstsein als *gegenseitige* Einfaltung verstanden werden, sind „sowohl Kosmos als auch Bewusstsein als eine einzige bruchlose Totalität von Bewegung zu begreifen" (Bohm 1985, S. 225). Bewusstsein als nur *mögliche* Einfaltung in der Materie ist in einer als „einzig" und „bruchlos" bestimmten Totalität nicht denkbar. Bohms Explikation hat einen weiteren Mangel: In einer „bruchlosen Totalität" ist Evolution im Sinne einer *qualitativen* Neuentwicklung ausgeschlossen. „Alles impliziert alles" heißt nämlich auch, dass schon in der Urknallsingularität alles Nachfolgende, ob Goethes Faust, Marx' Kapital oder Einsteins Relativitätstheorie, in impliziter Form schon Wirklichkeit war. Wichtig ist, dass Bohm in diesem gegenseitigen Enthaltensein keine Relation der *Bedingung* sieht. Ausdrücklich führt er Denken als „unbedingt" ein und erläutert, dass Akte des Denkens „nicht in Strukturen wie etwa Zellen, Molekülen, Atomen, Elementarteilchen usw. gründen" (Bohm 1985, S. 82). *Diese* Einschätzung kommt unseren Ausführungen zur Autonomie des Geistes entgegen. Aber worin „gründen" Bohms Akte des Denkens dann und wie kommt das *Verhältnis* des gegenseitigen Enthaltenseins von Geist und Materie im Allgemeinen und von Bewusstsein und Körper im Besonderen zustande? Versuchen wir die Antwort immanent in Bohms Worten zu finden: Es sind „verschiedene Erscheinungsformen der einen allumfassenden Ordnung" (Bohm a. a. O. S. 268), und jede Erscheinungsform ist eine „relativ unabhängige Sub-Totalität, und damit ist auch gesagt, dass diese relative Unabhängigkeit von der höherdimensionalen Grundlage herstammt, auf der Bewusstsein und Körper letzten Endes eins sind". (Bohm 1985, S. 270). Der Schlüssel für das logische Verhältnis liegt somit auf dieser *höheren* Ebene der impliziten Ordnung. Das Problem: Der Versuch, diese höhere Ordnung im Interesse an Erkenntnis über Verhältnis von Bewusstsein und Körper zu entschlüsseln, ist ein untauglicher Versuch. Der Grund in Bohms Worten: Die implizite Ordnung ist „undefinierbar, unbekannt und unergründlich" (Bohm 1985, S. 16 bzw. 91), so dass „wir nicht sicher sein können [...] dass es sie überhaupt gibt" (Bohm 1985, S. 91). Nimmt man seine Worte ernst, ist die höhere Ordnung nicht nur „unbekannt", sondern sie wird – da „unergründlich" – auch *immer* unbekannt *bleiben*. Dann stellt sich die Frage: Woher weiß Bohm, dass Körper und Bewusstsein „das Ergebnis verwandter Projektionen einer gemeinsamen höherdimensionalen Grundlage sind"?! (Bohm 1985, S. 270) Noch einmal anders: Wenn diese höhere Ordnung „unbekannt und unergründlich" ist, woher hat Bohm Kenntnis darüber, dass sich die implizite Ordnung in diesem „höherdimensionalen Raum [...] in einer multidimensionalen Ordnung mit im Grunde unendlich vielen Dimensionen" (Bohm 1985, S. 245/246) vollzieht? Das Implikationsverhältnis bleibt rätselhaft.

Sehen wir einmal von diesen Inkonsistenzen ab und werfen einen Blick auf die zweite Schlüsselstelle seines Modells: der „höherdimensionale" Raum. Klar ist: Ein Raum mit „unendlich vielen Dimensionen" ist jenseits der relativistischen Raum-Zeit – und damit nicht mehr *physikalisch* interpretierbar. Dann stellt sich die Frage nach dem logischen Status dieses multidimensionalen Raumes. Da es neben Masse/Energie auf der einen Seite und Geist/Bedeutung auf der anderen Seite kein Drittes gibt, muss es sich bei diesem Raum um eine *geistige* Entität handeln, bei der die „unendlich" vielen Dimensionen rein *mathematisch* und damit geistig gefaßt sind. Das wiederum wäre eine Bestätigung unseres Geist*primates*, der aber mit Bohms Modell der impliziten Ordnung, in der Geist und Materie in der allumfassenden Implikation und damit vom Beginn der Zeit an *gleich*berechtigt sind, nicht vereinbar ist. Zur Erinnerung: Auf die Problematik des höherdimensionalen Raumes sind wir schon im Zusammenhang mit der 10-dimensionalen Raum-Zeit der Stringtheorie gestoßen, in der die höheren Dimensionen ebenfalls als „eingefaltet" angenommen werden, was Feynman „verrücktes Zeug" nennt. So weit wollen wir nicht gehen. Nicht „verrückt" könnte vielleicht der Versuch sein, mit Bezug auf die drei Zeitmodi der Umgangssprache eine dreidimensionale Zeit einzuführen, so dass die Raum-Zeit dann von der heutigen 4-Dimensionalität zur 6-Dimensionalität aufsteigen könnte. Nur eine leise gedachte Idee!

Da in unserem Modell der Geist*primat* sowohl für die explizite wie auch für die implizite Welt gilt, bedarf es zur Klärung des Verhältnisses von Geist und Materie keiner *höheren* Ebene, eben weil Geist via Bedeutung *immer* im Spiel ist, unabhängig davon, ob es um die explizite oder um die implizite Welt, um physikalische Dinge der Außenwelt oder um Selbstreflexion geht. Ein *gleich*berechtigtes Verhältnis von Geist und Materie und die damit verbundene *Symmetrie*relation zwischen Beiden, die eine gegenseitige Ersetzbarkeit impliziert, haben wir aus unterschiedlichen Gründen ausgeschlossen. Hier noch einmal ein wesentlicher Grund für die Asymmetrie zugunsten des *Geistes*: Die Menge der *kognitiven* Sachverhalte ist potenziell größer als die Menge der *materiellen* Sachverhalte. Letztere sind immer durch die Einsteinsche Masse-Energie-Gleichung begrenzt. Der Geist ist grundsätzlich in der Lage, *alle* Eigenschaften und Prozesse der Materie *kognitiv* abzubilden – *plus* solche Eigenschaften anzunehmen, die es materiell nicht gibt und nicht geben kann. Das Umgekehrte gilt nicht: Die Materie ist grundsätzlich nicht in der Lage, alle Eigenschaften und Prozesse des Geistes *materiell* abzubilden. Wir haben einige Beispiele genannt, die entweder unter den Begriff der Realitätsfreiheit oder der Realitätswidrigkeit subsummiert werden können. Das reicht von gedachten logischen Widersprüchen, geht über Abstraktionen jeglicher Art, schließt physikfreie theoretische Modelle ein (siehe z. B. Einsteins Inertialsystem und ausdehnungslose Größen) und endet bei realitätswidrigen Annahmen wie „Die Erde ist eine Scheibe". Und *Alles*, also auch das Fehlermachen, ist Ausdruck von Freiheit und Autonomie des Geistes gegenüber der Materie. Eine so umfassende Autonomie, die wir mit Blick auf den *Inhalt* sogar „absolut" genannt haben, schließt die Logik des gegenseitigen „Enthaltenseins" aus. Was das Verhältnis von Geist und Materie betrifft, so gibt es in zentralen Eigenschaften also keine Schnittmengen mit Bohms impliziter Ordnung.

Ebenfalls nicht fündig geworden sind wir unter dem Interesse, das materielle Substrat des Geistes physikalisch weiter zu qualifizieren. Noch einmal unsere drei Kriterien, die das materielle Substrat nach den Anforderungen der Theorie des Geistes erfüllen muss: Es muss erstens repräsentationsfähig sein, zweitens der starken Zeitlichkeit genügen und drittens phänomentauglich sein. „Alles impliziert alles" in einem „unendlichdimensionalen und unergründlichen Raum" bringt unter diesem Interesse weder eine Qualifizierung noch eine Ergänzung. Mit einer Ausnahme: Das Hologramm, das in Bohms impliziter Ordnung eine Rolle spielt, könnte für die Beantwortung unserer Frage, welches physikalische Modell geeignet ist, die Bedingungen für ein geisttaugliches materielles Substrat zu erfüllen, von Bedeutung sein. Allerdings ist die Idee von Pribram entlehnt, der als Erster den Versuch gemacht hat, die Physik des Hologramms für die Erklärung von Gehirnprozessen zu nutzen und so Theorielücken der Neurobiologie zu schließen. Der Ansatz ist mit Blick auf das „Wunder" der *Phänomen*wahrnehmung vielversprechend, weil mit einem Hologramm „echt dreidimensionale, im Raum stehende Bilder des Objekts" erzeugt werden können. Das wäre aber physikalisch sehr viel genauer auszuführen, aber nicht an dieser Stelle.

Gibt es noch andere physikalische Ansätze für die Lösung des Problems, für die *Phänomen*fähigkeit des Geistes auf der materiellen *Substrat*ebene eine Entsprechung zu liefern? Anders gesagt: Welche Eigenschaften muss das Gehirn über die schon genannten hinaus haben, um der Phänomen*fähigkeit* des Geistes eine phänomen*taugliche* materielle Grundlage zu geben. Immer wieder: Die Frage stellt sich nicht im Zusammenhang mit einer *Ableitung* des Geistes aus der Materie des Gehirns, die wir uneingeschränkt schon ausgeschlossen haben. Noch einmal unsere analogisch gemeinte Metapher: Zur Ausübung seiner

Funktion benötigt ein Schiff Wasser, aber ein Schiff kann nicht aus Wasser abgeleitet werden. Das Wasser trägt das Schiff, aber *verursacht* es nicht. Genauso verhält es sich analog beim Verhältnis von Geist und Materie. Ein Ableitungsverhältnis rigoros ausgeschlossen, gibt es neben der Hologrammlösung einen weiteren physikalischen Kandidaten für die materielle Lösung des Phänomenproblems: Sheldrakes Theorie der „morphogenetischen Felder". Sie geht davon aus, dass Information im *Feld* gespeichert ist und via „morphische Resonanz" ausgedehnte Wirkung im Raum erzielt (siehe Sheldrake 1993, S. 232). Wir haben schon früh die Überzeugung geäußert, dass nicht zuletzt beim Entstehen von *Phänomenen* im Gehirn *Felder* wirksam sein müssen, welche die bekannten, auf elektrischen und chemischen Prozessen beruhenden neuronalen Aktivitäten ergänzen. Jedenfalls ist es nur unter Berücksichtigung von elektromagnetischen Feldern möglich, dass wir Objekte *tatsächlich optisch* wahrnehmen. Wir belassen es aber auch hier bei diesen Andeutungen und schließen mit einem Hinweis, der das Verhältnis von Geist und Materie an einer bereits erörterten anderen Problemstelle qualifizieren könnte, nämlich bei der Annahme eines *Wirkungs*zusammenhangs von Geist und Gehirn.

Zur Erinnerung: Wird ein *Kausal*verhältnis zwischen Geist und Gehirn angenommen, dann muss ein Energie*übertrag* stattfinden. Diesen nachzuweisen, war ein ungelöstes Problem. Max Planck hatte deshalb einen anderen Lösungsvorschlag, der dieses Problem umgeht. Er nennt „steuernde oder lenkende Kräfte, [...] die ohne jeglichen Energieaufwand eine merkliche Wirkung ausüben [...] wie zum Beispiel der von der Festigkeit der Eisenbahnschienen herrührende Widerstand, der die Räder eines auf ihm rollenden Zuges ohne irgendeinen Energieverbrauch zwingt, eine bestimmte vorgeschriebene Kurve einzuhalten". (Planck 1953c, S. 13) Dass es physikalisch solche Wirkungen gibt, darauf weist auch die neuere Lehrbuchphysik im Zusammenhang mit der „Suprafluidität" hin und spricht von „wechselwirkender Quantenflüssigkeit", bei denen „ein reibungsloser Fluss (stattfindet)" (Meschede 2015, S. 786), der die Energiebilanz nicht tangiert. Es könnte sein, dass es – jenseits des Kausalverhältnisses – diese Art Wirkungszusammenhang auch beim Verhältnis von Geist und Gehirn gibt. Aber auch hier sollen und müssen diese Andeutungen genügen, die Ausführung ist in einer späteren Arbeit geplant. Was die gesuchten notwendigen *Substrat*eigenschaften betrifft, so können wir abschließend immerhin sagen: Das Gehirn erfüllt die Repräsentationsfunktion und ist ein zeitliches System, so dass (kognitive) Funktion und (materielle) Struktur in dem geforderten Verhältnis der Entsprechung stehen (so entspricht der Zeitlichkeit der Bedeutung die Zeitlichkeit des neuronalen Netzwerkes). Und hinsichtlich der dritten Forderung, nämlich der nach neuronaler Entsprechung zur *Phänomen*fähigkeit des Geistes, konnten wir mit Blick auf das Hologramm und Felder im Allgemeinen nur erste Ideen vortragen. Es gibt also in der hier versuchten Theorie des Geistes, die ausdrücklich ein *materielles* Substrat einschließt, noch offene Fragen. Vielleicht hilft ein letzter Blick über den Tellerrand weiter und wir können bei ihrer Beantwortung von der KI lernen, die in der Geistfrage ausdrücklich als Lehrmeister auftritt und das Ziel hat, auf elektronischem Weg den menschlichen Geist sogar zu überflügeln.

5. Denkende Maschinen?

Vorausgeschickt: Wir vertreten *nicht* die These, Denkfähigkeit könne *nur* auf der Basis *biologischer* Systeme entstehen. Stattdessen haben wir bei der Analyse des Geistes und des Gehirns *Eigenschaften* festgestellt, von denen wir annehmen, dass sie für ein kognitives Vermögen notwendig sind (z. B. die Repräsentationsfähigkeit). Da wir auch keine definitionslogische „Lösung" des Kognitionsproblems verfolgt haben, ist es logisch also nicht ausgeschlossen, dass auch *nicht*biologische, zum Beispiel *elektronische* Systeme, eine kognitive Kompetenz haben oder haben können. Das wollen wir jetzt am Beispiel der KI (Künstliche Intelligenz) untersuchen und dabei auf eventuelle Brauchbarkeit für die Qualifizierung der Theorie des Geistes achten.

Zunächst ein kurzer Blick in die Geschichte der noch jungen Wissenschaft KI. Den Startschuss gaben Minsky, McCarthy, Shannon und Simon 1956 auf der berühmten Dartmouth-Sommerkonferenz. Seit dieser Zeit gibt es „Künstliche Intelligenz" als eigene Forschungsdisziplin, die sehr ambitioniert mit zwei Ansprüchen auftritt: Erstens die Formulierung einer *allgemeinen*, also auch für den Menschen gültigen *Theorie* des Denkens, die zweitens *technisch* in digitalen Maschinen als kognitive Kompetenz realisierbar und damit – jenseits philosophischer Spekulationen – empirisch verifizierbar ist. Die Anfangszeit der KI war geprägt von einer euphorischen Aufbruchsstimmung, begleitet von einer öffentlichkeitswirksam provozierenden Vorhersage: Schon in wenigen Jahren würden die kognitiven Leistungen des Computers die Denkleistungen des Menschen einholen und kurze Zeit später sogar übertreffen. Die Ankündigung war gleichermaßen ambitioniert wie einschüchternd. Sollte die Prognose realistisch sein, so hätte das KI-Vorhaben im Nebeneffekt selbstzerstörerische Konsequenzen auch für die *eigene* Zunft. Jedenfalls wurde gemutmaßt, dass KI-Maschinen schon in 20 Jahren auch menschliche *Programmierer* überflüssig machen. Nach Adam Riese hätte dies dann schon im Jahre 1976 der Fall sein müssen, war aber nicht der Fall. Dass wir von der Übernahme der Arbeitsplätze von KI-Programmierern durch KI-Maschinen auch heute noch weit entfernt sind, ist allerdings kein Grund, das KI-Thema mit einem mitleidigen oder schadenfrohen Lächeln für erledigt zu erklären. Für uns ist zunächst einmal wichtig: In dem KI-Vorhaben ging es ausdrücklich nicht nur um ein *technisches* Projekt, sondern um ein *Kognitions*modell, von dem auch die – im Theoriefortschritt damals stagnierende – Hirnforschung profitieren sollte. Nach dem einfachen Motto: Denken ist Denken, ob auf elektronischer oder auf biologischer Basis. Die Besonderheit des Vorhabens schlug sich auch in einer begrifflichen Qualifizierung nieder: KI-Maschinen wurden in Abgrenzung zu allen Arten traditioneller Maschinen „*trans*klassisch" genannt. Eine Technik *qualitativ* neuer Art stand auf dem Plan. Die Begründung für die Qualifizierung: Im Unterschied zu klassischen Maschinen wandeln transklassische Maschinen nicht Energie, sondern Information um – so das KI-Selbstverständnis.

Auch prominente philosophische Begleitung und Aufwertung des hohen Anspruchs stellten sich früh ein, als zum Beispiel Baruzzi – über das Ziel der qualifizierteren Informationsverarbeitung hinaus – die Vorstellung von einem maschinellen *Bewusstsein* in die Diskussion brachte (Baruzzi 1973, S. 54). Nicht zuletzt durch Unterstützung dieser philosophischen Art hatte die mit dem KI-Vorhaben ausgelöste digitale Euphorie nicht nur die USA, sondern später auch Deutschland philosophisch erfasst. So stellt Mainzer lapidar fest: „Ich habe als Philosoph überhaupt kein Problem, von maschineller Intelligenz zu sprechen." Nur „andersartig" sei sie eben als unsere eigene Intelligenz. (siehe Mainzer 1997, S. 13 f.) Und auch noch ein paar Jahre später ist der Philosoph Thomas Metzinger – sogar mit Blick auf ein neues Menschenbild – „fest davon überzeugt, dass es prinzipiell möglich ist, künstliches Bewusstsein zu erzeugen". (Metzinger 2005, S. 53) Auch aus anderen Disziplinen kam vorbehaltlose Zustimmung, zum Beispiel von dem Physiker Stephen Hawking: „Ich sehe keinen Grund, warum Intelligenz nicht auf einem Computer simuliert werden sollte." (Hawking 1998, S. 214). Ist allerdings von „Simulation" die Rede, ist wegen der Vieldeutigkeit des Simulationsbegriffs Vorsicht geboten. Wenn Computer das menschliche Denken „simulieren", so könnte damit gemeint sein, dass sie es „täuschend" ähnlich nachahmen – so wie ein Simulant eine Krankheit vortäuscht, die er tatsächlich nicht hat. Aber dieser pejorative Simulationsbegriff ist im Selbstverständnis der sog. „starken KI" ausdrücklich nicht gemeint. KI-Maschinen denken also *tatsächlich*, so die Annahme.

Auch 34 Jahre nach der legendären Dartmouth-Sommerkonferenz hat Minsky – über Informationsverarbeitung hinaus – sogar den „Geist" insgesamt im Visier. Er bekräftigt nämlich noch einmal seine frühe Überzeugung, anderen Disziplinen, seit über 2000 Jahren mit dem Thema „Denken" beschäftigt, via KI erklären zu können, „wie Geist funktioniert" (Minsky 1990, S. 17) – von Mainzers eher vorsichtigem „andersartig" also keine Spur. Nach Minsky gibt es zwischen menschlichem und maschinellen Denken keinerlei Unterschied, nach dem o. g. Motto: Denken ist denken. Mehr noch: Nicht zu übersehende frühe Erfolge bei den sog. „symbolverarbeitenden" KI-Maschinen machten den Weg frei für eine Hybris, die weder praktisch noch durch den KI-Theoriefortschritt gedeckt war. Sie entstand auf dem Hintergrund von haltlos-despektierlichen Annahmen wie der von Minsky, der „liebe Gott" sei bei der Erschaffung des

Menschen nur ein „mittelmäßiger Ingenieur" gewesen. Und später kommt dann in der Gemeinde folgerichtig die Formulierung „Mängelwesen namens Mensch" auf. Die den Menschen – trotz Aristoteles, Euklid, Newton, Goethe, Kant, Marx, Gaus, Einstein, Heisenberg etc. etc. – als „Mängelwesen" sehen (was semantisch mehr ist als ein „Wesen mit Mängeln"), sind Vertreter des „Transhumanismus". Dabei handelt es sich um „eine Befreiungsbewegung, die für eine totale Emanzipation von der Biologie eintritt" (Frankfurter Allgemeine Zeitung 2017c). Solche Entgleisungen entstehen nicht nur in politisch motivierter Ausschlachtung der KI durch fachfremde Dritte, sondern auch einige ihrer maßgeblichen Köpfe bewegen sich in dieser Melange aus Hybris und Ignoranz. Zum Beispiel Ray Kurzweil, der schon in der graphischen Gestaltung eines Buchtitels (*Homo s@piens*) den märchenhaft-schaurigen Blick in die digitale Zukunft öffnet. So stellt er – jenseits von einem wissenschaftlich und philosophisch getragenen Reflexionsniveau – lapidar fest: „Computer werden einen freien Willen haben." (Kurzweil 1999, S. 24). Und zwar in *naher* Zukunft, nämlich „noch zu Lebzeiten der meisten Leser dieses Buches" (Kurzweil 1999, S. 81). Das bei ausbleibenden Erfolgen – „KI-Winter" genannt – oft bemühte Vertagungsargument verlangt also hier nur einen Blick in die *nahe* Zukunft. Heißt: Computer sollten eigentlich schon *heute* einen freien Willen haben, was, wie zu erwarten war, nicht der Fall ist. Kurzweil genießt auch außerhalb der KI-Gemeinde höchste Wertschätzung. So hatte ihn Bill Clinton 1999 mit dem höchsten Preis der USA für seine herausragenden technischen Leistungen geehrt. Anders als Terry Winograd, ebenfalls ein berühmter Leistungsträger der frühen KI, aber mit selbstkritischer Entwicklung (dazu später mehr), hat sich Kurzweil einen Namen in der nichtfachlichen Öffentlichkeit nicht zuletzt durch seine präzisen und spektakulären Prognosen gemacht. So sagt er zum Beispiel für das Jahr 2029 vorher:

„Maschinen beanspruchen für sich den Besitz eines Bewusstseins und die Fähigkeit, eine ebenso große Vielfalt an emotionalen und spirituellen Erfahrungen wie ihre menschlichen Schöpfer zu empfinden. Auf lange Sicht wird diese explodierende Intelligenz eine Kraft sein, die sich mit den großen Kräften des Universums messen kann. Die Intelligenz wird die Naturgesetze nicht aufheben, aber sie wird es verstehen, sich ihrer Wirkung zu entziehen …. Das Schicksal des Universums hängt nicht primär davon ab, wie sich Kräfte und Massen im Universum verhalten werden […] Vielmehr ist das Schicksal des Universums […] eine Entscheidung, die wir […]angehen werden." (Kurzweil 1999, S. 42)

Größenwahnsinnige Phantasien dieser Art finden sich auch in der *Magna Charta for the Knowledge Age* vom 22.8.1994: „Überall gewinnen die Kräfte des Geistes die Oberhand über die rohe Macht der Dinge." Wichtig ist: *Knowledge Age* wird nur im Zusammenhang mit dem Computer gedacht. Die KI-basierte Informationsgesellschaft hat sich nicht weniger als den „Sturz der Materie" und die „Entmassung der Zivilisation" vorgenommen (zitiert in Maresch 2007, S. 31). Nebenbei bemerkt: Bei dem seit Langem zu beobachtenden und wohl noch steigerbaren Körperkult (von Vergrößerungen/Verformungen des Hinterns bis zu nur ästhetisch motivierten schmerzhaften und teuren Beinverlängerungen etc. etc.) ist die Diagnose „Entmassung der Zivilisation" eher ein Witz. Bodybuilding statt Mindbuilding ist kein Indiz dafür, dass „die Kräfte des Geistes die Oberhand (gewinnen)". Der Körperkult treibt inzwischen auch schon sprachliche Blüten. So ist in einem jüngst erschienenen Zeitungsartikel „Fürs Selfie unters Messer" von *„Körperkratie"* die Rede. „In sozialen Netzwerken herrschen schöne Körper." (Rhein-Zeitung Koblenz 2018, S. 29) Das ist das Gegenteil von Informationsgesellschaft und das Gegenteil von „Entmassung", es sei denn, es ist der Teil der *Körperkratie* gemeint, bei dem es um Hungerkuren, Fettabsaugen o. Ä. geht. Aber KI-Forscher gehen längst über diese medial-elektronisch initiierte Art der Beherrschung des eigenen Körpers hinaus und nehmen gleich ganze Galaxien als Medium der Kognition ins Visier. Der nächste Schritt könnte dann das Universum sein. Mehr Masse geht nicht, „Sturz der Materie" ist das jedenfalls nicht. So spricht Minsky, Kurzweil sekundierend, in einem Interview im Jahre 2006 von der Möglichkeit, das Universum als eine „Denkmaschine" zu nutzen. Zwar räumt er zunächst ein: „Der Großteil des Universums denkt nicht. Aber wenn wir in der Physik voranschreiten, können wir vielleicht eine ganze Galaxie in eine Extra-memory-Einheit verwandeln." (Minsky 2007, S. 192) Bedenkt man, dass Galaxien im Schnitt aus 100 Milliarden Sonnen bestehen, mit ständigen und gewaltigen und technisch unkontrollierbaren Energieeruptionen, kommt bei diesem Griff nach den Sternen nicht nur Verwunderung auf. Das Überraschende: Technische Allmachtsphantasien dieser Art sind keine Einzelfälle und schon gar keine aus der zweiten Reihe der KI. So konstatiert der ebenfalls einflussreiche KI-Forscher Moravec mit einem Blick in die Zukunft: „Unser versagendes Gehirn kann Bit für Bit durch bessere elektronische Äquivalente ersetzt werden, die unsere Persönlichkeit und unsere Gedanken klarer als jemals machen werden, obgleich nach einer bestimmten Zeit keine Spur unseres ursprünglichen Körpers oder unseres Gehirns übrig bleiben wird […] Unser Geist wird von unserem ursprünglichen biologischen Gehirn in eine künstliche Hardware verpflanzt werden." (zitiert in: Rötzer 2007, S. 74) Masochistische Selbstauflösung hat Moravec in vielen Varianten zelebriert. Noch eine Kostprobe: Wenn KI-Maschinen den o. g. Entwicklungsstand im *Post Biological Age* erreicht haben, „dann wird unsere DNA ohne Aufgabe. Die DNA würde das evolutionäre Rennen verloren haben […] Es ist leicht, sich die Befreiung des Geistes vom menschlichen Körper vorzustellen […] und wir werden wie altgewordene Eltern lautlos verschwinden". (Moravec 1990, S. 10) Und so geht der Irrsinn weiter, mit Konsequenzen bis in die Politik hinein, z. B. mit der Forderung, KI-Maschinen „Bürgerrechte" zu gewähren – eben wegen ihrer *kognitiven* Leistungsfähigkeit. Zwar haben Roboter noch immer ein Problem, in einem neuen Umfeld eine Türklinge mit neuer Form zu betätigen (dann z. B. auch beim Eintritt in einen ungewohnten Wahlraum), aber wählen sollen sie schon können ... .

Es stellen sich drei Fragen: Sind Annahmen der o. g. Art realistisch oder sind da gedankenkreative KI'ler durchgeknallt oder handelt es sich um taktische Marketingmanöver, zum Beispiel mit Blick auf die Sicherung von Forschungsgeldern? Tatsache ist: Auch immer wieder aufkommende sog. „AI-Winter", in denen die Fortschritte auf sich warten ließen, bei manchen Bescheidenheit aufkam und der hohe Anspruch der „starken" KI vorübergehend ganz aufgegeben wurde (z. B. erkennbar daran, dass „Expertensysteme" in „Assistenzsysteme" umgetauft wurden), spektakuläre Aussagen gibt es bis in die jüngere Zeit. So hat der Chefredakteur der Netz-Zeitschrift „Wired", Chris Anderson, als Folge von *Big Data* schon vor 10 Jahren vom „Tod der Theorie" gesprochen. Superschnelle Computer mit unzähligen Daten und intelligenten Auswertungsprogrammen machten Theorien für das Erzielen von Erkenntnissen jedweder Art einfach überflüssig. Mehr noch: „Wir können die Daten in die größten Computer-Cluster werfen, die die Welt jemals gesehen hat, und statistische Algorithmen Muster finden lassen, welche die Wissenschaft nicht finden kann [...] Mit genügend Daten sprechen die Zahlen für sich selbst", so Anderson (zitiert in: Frankfurter Allgemeine Zeitung 2017a, S. 16). In Wahrheit ist *Big Data* eher eine unselige Allianz aus Datenflut und Denkebbe. Die These von der Überlegenheit des Big-Data-Computers über die Wissenschaft im Allgemeinen und vom „Tod der Theorie" im Besonderen hat Anderson inzwischen kleinlaut zurückgenommen. Aber schon macht ein neues Schlagwort die Runde: Der „Homo digitalis". Immerhin „verschwinden" wir dabei nicht, wie Moravec düster prophezeit, sondern werden selbst digitalisiert. Also keine *Ersetzung* des Menschen durch die Maschine, aber doch eine vollständige *Besitzergreifung* durch sie – durch digitale *Umfunktionierung*. Hoffen wir, dass die Umfunktionierung vom *Homo sapiens* zum *Homo digitalis* nicht gelingt, d. h. dass das kognitive Immunsystem des *Homo sapiens* stark genug ist, sich dieser Vereinnahmung zu erwehren.

Wie nicht anders zu erwarten, haben gerade die spektakulärsten Einschätzungen oder Ankündigungen der KI schon früh Kritiker auf den Plan gerufen. John Searle ist einer der bekanntesten. Im Zentrum seiner Theorie der Abgrenzung steht der Begriff der Intentionalität, den er nicht nur im engeren Sinne im Zusammenhang mit Intentionen verwendet, sondern als Kennzeichen für *alle* geistigen Zustände (Überzeugungen, Wünsche, Ekel, Stolz etc. etc.) einführt (siehe Searle 1986, S. 15). Erstaunlich ist, dass er bei der *Erklärung* der geistigen Zustände in einen, wenn auch elaborierten, Biologismus zurückfällt: „Geistige Phänomene sind nichts anderes als Eigenschaften des Gehirns" (Searle 1986, S. 19). Was irritiert ist die starke Reduktion in der Formulierung „nichts anderes als". Damit übergibt er – wohl ungewollt – die Erklärungsaufgabe an die

Neurobiologie weiter, von der wir aber wissen, dass sie bei *kognitiven* Phänomenen über *keinerlei* Erklärung verfügt und noch immer und selbst eingestanden völlig im Dunkeln tappt. Genau darin sehen wir ja Chance und Grund für eine logisch *autonome* Theorie des Geistes. Was KI-Kritiker wie Searle gezeigt haben: So einfach wie die KI-Enthusiasten meinen, gelingt die Ersetzung des Geistes durch den Computer nicht. Eine Schwachstelle der Kritik war und ist allerdings, dass KI-Kritik in der Regel nur philosophisch und nicht mit explizitem Bezug zur *Technik* des Computers ausgeführt wird.

Bei den kommenden Analysen befassen wir uns nicht mehr weiter mit den spektakulär-größenwahnsinnigen *Zukunfts*vorhaben der klassischen KI (z. B. mit Minskys technischer Vereinnahmung von ganzen Galaxien), sondern mit der vergleichsweise (!) einfachen Frage, ob die bereits erbrachten Leistungen der *klassischen* KI-Maschinen ein *Denk*vermögen indizieren. Wenn ja, wäre die wichtigste Voraussetzung dafür grundsätzlich geklärt, ob Computer den Menschen kognitiv ersetzen können.

Im Anschluss an diese Analyse der klassischen KI werden wir uns *neuere* Entwicklungen (z. B. den *Quantencomputer*) vornehmen und prüfen, ob sie das bei traditionellen KI-Maschinen erzielte Ergebnis bestätigen oder in kognitiver Hinsicht sogar übertreffen. Aber zunächst zu den *traditionellen* KI-Maschinen. Tragen sie die Bezeichnung zu Recht, könnte das eine Chance dafür sein, die Lücken sowohl der Neurobiologie wie auch die Lücken der Theorie des Geistes hinsichtlich der Entstehung und des Vollzugs von Denkprozessen vielleicht zu schließen. Würde allerdings die (selbstironische) Einschätzung des KI-Forschers Wolfgang Wahlster zutreffen, wären die nachfolgenden Analysen überflüssig, denn er stellt noch 2017 fest: „KI steht nicht nur für künstliche Intelligenz, sondern auch für künftige Informatik." (zitiert in: Frankfurter Allgemeine Zeitung 2017b, S. 20) Dann wären wir wieder beim Vertagungsargument gelandet. Bevor wir die Entscheidung für oder gegen ein kognitives Vermögen von Maschinen unter Bezug auf die *interne* Struktur des Computers treffen, wollen wir zunächst einmal unter Beschränkung der Analyse auf die Benutzeroberfläche der Maschine ein paar beeindruckende frühe Erfolge der *klassischen* KI zeigen. Die vorläufige Beschränkung auf die *Benutzeroberfläche* ist dadurch gerechtfertigt: Wenn wir das kognitive Vermögen eines Menschen feststellen wollen, öffnen wir auch nicht seine Schädeldecke und schauen in seinen Kopf, sondern wir analysieren seinen Output, z. B. seine sprachlichen Verlautbarungen. So wollen wir jetzt auch beim Computer verfahren.

Schon im Jahr der Eröffnungskonferenz der KI, im Jahre 1956, gab es erste beeindruckende Ergebnisse. Zum Beispiel mit dem Programm *LOGIC THEORIST* und ein Jahr später mit *GENERAL PROBLEM SOLVER*, die schon damals Lehrsätze der *Principia Mathematica* bewiesen. Unerwartet war, dass einer der Beweise bis zu diesem Zeitpunkt unbekannt war. Dann wurde in den 1970er Jahren das System *MYCIN* entwickelt, das Diagnosen bei Hirnhautentzündungen inklusive Therapievorschläge machte, mit einer diagnostischen Trefferquote, die im Schnitt höher lag als bei menschlichen Ärzten. Ebenfalls in den 1970ern entstand *PHRAN*, das die natürliche Sprache beherrschte und mit Metaphern und Analogien umgehen konnte (z. B.: „Der Tod des Gouverneurs hat ganz San Franzisko erschüttert."). Zur etwa gleichen Zeit wurde *SHRDLU* entwickelt, das ebenfalls natürlichsprachlich dialogfähig war, dabei Metasprache benutzte und sich explizit sogar in die Lage des Dialogpartners versetzte. Als Beispiel ein kleiner Ausschnitt aus einem Dialog:

Anwender: „Suche einen Klotz, der größer ist als der, den Du hältst und lege ihn in die Schachtel."

Roboter: „Ich nehme an, dass Sie unter „ihn" den Klotz verstehen, der höher ist als der, den ich halte."

Der Philosoph Gotthard Günther, bekannt durch seinen Versuch, die Hegelsche Logik und die Logik des Computers nicht in einem grundsätzlichen Ausschlussverhältnis zu sehen, nennt die Verwendung von „Objekt- plus Metasprache [...] ein sicheres Zeichen, dass hier Reflexionszusammenhänge vorliegen" (Günther 1963, S. 70). Dann entstand in den 1980er Jahren für den Dienstleistungsbereich das Dialogsystem *HAM-ANS*, das in der Lage war, unscharfe Ausdrücke wie z. B. „vermutlich" korrekt zu gebrauchen. Dass Computer nicht nur mathematische, sondern auch *natürlich*sprachliche Fähigkeiten zeigten, war zunächst nicht zu erwarten und wird *bis heute* von Laien und Experten aus anderen Disziplinen mit Staunen zur Kenntnis genommen. Zur Demonstration des maschinellen sprachlichen Vermögens eine vollständige Dialogsequenz von *HAM-ANS* (Siekmann 1986, S. 8). Die Situation: Jemand möchte im Hotel *Alsterblick* ein Zimmer buchen und ruft dort an. Der Leser möge am folgenden Telefondialog *spontan* entscheiden, wer Mensch und wer Maschine ist. Es beginnt mit dem Wählen der Telefonnummer:

Kunde: 040293758
Hotel: Hotel Alsterblick. Guten Abend.
Kunde: Guten Abend. Hier spricht Briegel DFG Bonn.
Hotel: Was kann ich für Sie tun, Herr Briegel?
Kunde: Ich möchte ein Doppelzimmer für drei Nächte mit Bad.
Hotel: Gewiss, ich will mal sehen. Ein Doppelzimmer mit Bad bis zum 15.11. hätten Sie gern?
Kunde: Ja bitte.
Hotel: Ja, da ist noch was frei. Haben Sie noch irgendeinen besonderen Wunsch?
Kunde: Gibt es ein Radio oder einen Fernseher im Zimmer?
Hotel: Es steht kein Fernsehgerät zur Verfügung, aber das Zimmer hat ein Radio.
Kunde: Ein Telefon?

Hotel: Ja.
Kunde: Ist vielleicht ein Schreibtisch vorhanden?
Hotel: Ja, ein Schreibtisch ist tatsächlich vorhanden.
Kunde: Wie viele Betten sind im Zimmer?
Hotel: Zwei
Kunde: Hoffentlich ist eines von den Betten einigermaßen hart.
Hotel: Ja, eins von den Betten ist vermutlich hart.
Kunde: Wie meinen Sie das?
Hotel: Seine Matratze ist neu. Darf ich das Zimmer für Sie buchen, Herr Briegel?
Kunde: Ja gerne.
Hotel: Ich habe also ein Doppelzimmer mit Bad für Herrn Briegel vom 12.11. bis zum 15.11. gebucht.

Soweit der Dialog. Man kann ihn „banal" nennen, aber für die meisten Laien ist es nicht leicht, spontan den Mensch-Maschine-Unterschied zu erkennen – und ihn zu *begründen*. Die Aufklärung: Die KI-Maschine hat in dem Dialog die Rolle „Hotel". Wichtig ist: Das Sprachverhalten der Maschine ist bei genauerer Betrachtung nicht so banal, wie von KI-Kritikern gelegentlich behauptet, denn es enthält einige logische Besonderheiten (z. B. die Schlussfolgerung der Matratzeneigenschaft „hart" aus ihrer Neuheit), die wir intuitiv mit einem kognitiven Vermögen in Verbindung bringen. Aber zugebenermaßen gibt es auch Mängel im Sprachgebrauch der Maschine, die den Mensch-Maschine-*Unterschied* indizieren, zum Beispiel semantische Unsicherheiten wie diese: Auf die Aussage des Kunden „Ich möchte ein Doppelzimmer für drei Nächte mit Bad" antwortet der Computer „Gewiss, ich will mal sehen". Das „gewiss" passt an dieser Stelle gewiss nicht (angemessen wäre zum Beispiel „Einen Moment bitte … ."). Aber solche Mängel können programmiertechnisch ausgeräumt werden, und das System kann grundsätzlich weiter verbessert werden – so wie auch Menschen in der primären Sozialisation nicht perfekt starten, sondern ihr sprachliches Vermögen in der Zeit nach und nach verbessern. Außerdem: Beim Mensch-Maschine-Vergleich müssen wir *fair* bleiben. Würde nämlich anstelle des Computers ein Mensch den Dialog wie oben führen, käme niemand auf die Idee, dem Menschen *grundsätzlich* die kognitive Kompetenz deshalb abzusprechen, weil die Wortwahl „gewiss" nicht perfekt an dieser Stelle passt. Wir müssen mit gleichen Maßstäben messen. Desweiteren: Aus Fehlern, auch wenn sie grob sind, kann nicht eo ipso auf das grundsätzliche *Fehlen* eines kognitiven Vermögens geschlossen werden. Auch dann nicht, wenn wir für den Nachweis einer Verstehensleistung einen *Welt*bezug fordern, der also über das rein *sprachliche* Verhalten hinausgeht. Ein Zusammenhang, den Wittgenstein als Einheit von „Sprachspiel und Lebensform" formuliert hat. Im Sinne dieser Einheit ist auch sein berühmtes Dictum „Don't ask for the meaning, ask for the use" zu verstehen. Es geht beim Verstehen nicht nur um die Regeln der Sprache, sondern immer auch um die Regeln des außersprachlichen Lebens. Wie immer demonstriert Wittgenstein das an einem gleichermaßen einfachen wie überzeugenden Beispiel: „Das Kind lernt nicht, dass es Bücher gibt, dass es Sessel gibt, etc. etc., sondern es lernt Bücher zu holen, sich auf Sessel (zu) setzen, etc." (Wittgenstein 1970, S. 124). Allgemein formuliert: Ob jemand die Sprache versteht, erkennt man an seinem außersprachlichen *Verhalten*. Liegt hier die Grenze der KI?

In der Tat ist zum Beispiel das Dialogsystem *HAM-ANS* auf den Umgang mit natürlicher Sprache beschränkt. Es fehlt also der *Welt*bezug des Verhaltens. Anders gesagt: HAM-ANS hat noch nie einen realen Fuß in ein reales Hotel gesetzt oder eine reale Matratze (eine neu und eine andere alt) in der Hand gehabt. Eine prinzipielle Grenze ist damit aber nicht erreicht, denn der Weltbezug wird durch eine andere KI-Disziplin, die schon erwähnte Robotik, seit langem hergestellt. Und die Robotik kann inzwischen Erfolge vorweisen, die sensationell genannt werden können und weit über das hinausgehen, was schon früh in der Industrie eingesetzt wurde (z. B. Schweißroboter im Automobilbau). Ein Beispiel: Es werden Chips in Gehirne von Gelähmten mit folgender Wirkung implantiert: Wenn der Gelähmte zum Beispiel an das Wort „Wasser" *denkt*, ohne das Wort auszusprechen und damit ohne in die Umwelt emittierte Schallwellen, nimmt der Chip im Gehirn die entsprechende neuronale Aktivität auf und veranlasst einen Roboter, dem Gelähmten ein Glas Wasser zu reichen. Somit zeigt der implantierte KI-Chip im Verbund mit dem externen, also in der *äußeren* Welt befindlichen Roboter, dass er den im *gedachten* Wort „Wasser" gefassten Wunsch des Gelähmten verstanden hat – und erfüllt Wittgensteins Kriterium des Weltbezugs. Wie der Ablauf im Einzelnen technisch realisiert ist, spielt schon deshalb für die jetzige Phase unserer Beweisführung keine Rolle, weil – anstelle von implantiertem Chip und Roboter – auch ein *menschlicher* Helfer dieses Wissen über die neuronalen Abläufe in seinem eigenen Gehirn nicht hat, wenn er der Aufforderung folgt, ein Glas Wasser zu reichen. Entscheidend ist nur: Sprache/Gedanke und Verhalten bilden eine funktionstüchtige Einheit.

Wir können nun in kognitionstheoretischer Absicht verallgemeinernd eine Zwischenbilanz ziehen: Wenn ein System Sprache korrekt, flexibel, verständlich, kontextbezogen und mit Weltbezug verwendet, kann in einer ersten Bewertung angenommen werden, dass dieses System über ein kognitives Vermögen verfügt. Den Grundstein für eine solche Sichtweise hat Turing – noch vor dem offiziellen Beginn der KI – schon im Jahre 1950 mit einem Test gelegt, der auch heute noch die Logik des Beweises von maschineller Intelligenz maßgeblich bestimmt: Ein menschlicher Fragesteller ist nur mit einer Tastatur und einem Bildschirm mit zwei Gesprächspartnern verbunden. Er kann also beide weder sehen noch hören. Der eine ist ein Mensch, der andere eine Maschine. Wenn dann der Interviewer nicht sagen kann, welcher Antwortgeber die Maschine und welcher der Mensch ist, hat die Maschine den Test bestanden, d. h.

sie gilt als intelligent. Die Essenz des Tests verallgemeinert: Wenn man bestimmte Leistungen (z. B. ein Theorem beweisen) „intelligent" nennt, dann muss die Einschätzung unabhängig davon sein, *wer* die Leistung erbracht hat (ob Albert Einstein oder Lieschen Müller, ob ein Mensch oder eine Maschine). Allein das Ergebnis, der Output ist entscheidend. Anders als viele Kritiker der KI sehe ich diesen Test in vielen Fällen als bestanden an, sogar schon in der frühen Phase der KI, auch im Falle von *HAM-ANS*. Vor dem nächsten Analyseschritt, der die Anforderungen an ein kognitives Vermögen qualitativ verschärft, erwähne ich nur kurz drei gleichermaßen typische wie nicht tragende Einwände gegen die Annahme, KI-Maschinen könnten denken. Einwand 1: Das *Niveau* der Maschinenleistung ist zu niedrig. Das stimmt in vielen Fällen nicht, z. B. bei Theorembeweisern. Einwand 2: Computer tun nur das, was Programmierer ihnen *vorher* eingegeben haben. Das stimmt ebenfalls in vielen Fällen nicht, dann jedenfalls nicht, wenn z. B. ein medizinisches Diagnoseprogramm Vorschläge macht, die der Programmierer nicht voraussehen konnte. Einwand 3: Computer sind nicht *kreativ*. Auch das stimmt nicht, denn einen *neuen* Beweis für ein Theorem zu führen, muss – schon aus definitionslogischem Grund – „kreativ" genannt werden. Aber selbst wenn diese Einwände zuträfen, wären sie keine Argumente gegen maschinelle Intelligenz. Nehmen wir Einwand 2: Wenn Computer nur das ausführen würden, was Programmierer ihnen vorher eingegeben haben, dann wären sie in der gleichen Lage wie ein Schüler, der die Regeln der Differentialrechnung von seinem Mathematiklehrer gelernt hat. Aber niemand käme auf die Idee, diesem Schüler bei korrekter Lösung einer Differentialgleichung Intelligenz deshalb abzusprechen, weil er nur das ausgeführt und angewendet hat, was sein Lehrer ihm zuvor vermittelt hat. Unter der Forderung des gleichen Maßstabs muss Gleiches dann auch für die Maschine gelten. (siehe dazu D'Avis 1994, S. 106 ff.)

Wir treffen jetzt eine klärende Entscheidung, die ungeklärt bei vielen KI-Kritikern zu vielen unbegründeten Annahmen geführt hat: Wenn im Alltag jemand „intelligent" genannt wird, so ist immer *besonders* oder *sehr* intelligent gemeint. Aber bei der hier erörterten Frage nach maschineller Intelligenz kommt es nur darauf an, ob im Falle von Maschinen *überhaupt* von „Kognition" gesprochen werden kann – unabhängig vom Niveau oder vom Grad der Perfektion der erbrachten Leistung. Selbst Fehler machen, zum Beispiel bei der Lösung einer Gleichung, ist Ausdruck einer kognitiven Kompetenz, solange der Betreffende die Fehler im Rahmen der Mathematik macht. Auch wer falsch, langsam, in vorgegebenen Bahnen oder unüblich denkt, *denkt* – hat also ein kognitives Vermögen. Jenseits der *Niveau*frage der Intelligenz kann man die Problematik so verdichten und vereinfachen: Wer auch nur einen einzigen Buchstaben oder eine einzige Zahl als kleinste semantische Einheit (semantisches „Bit") *tatsächlich* versteht, beweist grundsätzlich – und in der Regel weiter entwickelbar – sein kognitives Vermögen. Dass selbst dieser Minimalanspruch sehr voraussetzungsreich ist (man muss wissen, was Sprache, Mathematik, Alphabet etc. etc. ist/sind), soll hier nur erwähnt, aber nicht ausgeführt werden.

Der Beweisgang für die These, dass die genannten KI-Systeme denkfähig sind, hatte bisher ein entscheidendes Merkmal: Er ist *output*orientiert. In dieser Hinsicht zeigt sich eine unerwartete Übereinstimmung zwischen Turing und maßgeblichen Geisteswissenschaftlern. Abgesehen von dem schon erwähnten Wittgenstein gehört auch Jürgen Habermas in diese Reihe, wenn er in seiner Kommunikationstheorie den „Übergang von der introspektiven Analyse der Bewusstseinstatsachen zur rekonstruktiven Analyse öffentlich zugänglicher grammatischer Tatsachen" vollzieht (Habermas 1987, S. 439). Auf einer abstrakten Ebene kann diese Verlagerung von innen nach außen als „outputorientiert" interpretiert werden. Auch in unserer eigenen bisherigen Argumentation spielte die *interne* Struktur und die *Art* der internen Verarbeitung des dann als Output erscheinenden kognitiven Ergebnisses noch keine Rolle. Diese Einschränkung muss bald fallen! Denn sieht man von der *internen* Verarbeitung konsequent und ausnahmslos ab – auf welchem theoretischen Hintergrund auch immer (behavioristisch, funktionalistisch, sprachtheoretisch etc.) –, dann führt das zu absurden Konsequenzen. Am Beispiel von Einsteins berühmter Formel $E = mc^2$. Es ist nicht prinzipiell ausgeschlossen, dass spezielle Windverhältnisse, ein herumliegender Stock und eine spezielle Konsistenz von Sand dazu führen, dass die weltbewegende Formel ohne Mitwirkung eines Menschen im (zufälligen) Zusammenspiel der o. g. Komponenten „eingeschrieben" im Sand erscheint. Die Formel ist unter der Beschränkung auf die *Output*perspektive korrekt – und der Wind hat sie „geschrieben" (verursacht). Ist der Wind deshalb „intelligent" zu nennen?! Esoteriker könnten „ja" sagen. Aber auch Nichtesoteriker müssen „ja" sagen, jedenfalls dann, wenn der korrekte Output notwendige und hinreichende Bedingung für seine Einschätzung als *kognitive* Leistung ist. Zugegeben: Ein solcher natürlicher Vorgang der Zeichenerzeugung ist sehr unwahrscheinlich, aber seine Wahrscheinlichkeit ist größer als Null, d. h.: Es kann passieren. Um solche absurden Konsequenzen zu vermeiden, d. h. um zu erfahren, ob ein Symbolzusammenhang vom Verursacher wirklich *verstanden* wurde, müssen wir grundsätzlich *hinter* den Output, hinter die Benutzeroberfläche schauen. Diesen Blick ins *Innere* des kognitiven Systems haben wir in der Theorie des Geistes schon als Kriterium im Zusammenhang mit der *Phänomen*bildung eingeführt (so muss die Sonne als optisches *Phänomen* Teil der geistigen Repräsentation sein). Diesen Wechsel ins *Innere* wollen wir nun auch bei der Maschine und in der Absicht vollziehen, auf diese Weise ein trennscharfes und plausibles Kriterium für Geist und Denken zu erreichen. Dazu analysieren wir zunächst die innere Struktur des Computers.

Ein Computer besteht aus 5 Grundkomponenten: Rechenwerk, Steuerwerk, Arbeitsspeicher, Eingabegerät und Ausgabegerät. Rechenwerk, Steuerwerk und Arbeitsspeicher ergeben die CPU, welche die Problemlösungsebene des Computers und damit der Ort seines „Denkens" ist. Wenn ich also den Computer via Eingabegerät zur Ausführung der Multiplikation „3 × 3" auffordere, dann wird das Problem nicht im Eingabegerät, sondern in der CPU gelöst. Den Datenfluss zwischen den fünf Grundkomponenten und den Weg der Steuersignale zeigt die folgende Abbildung (Abb. 9).

Abb. 9: Maschine

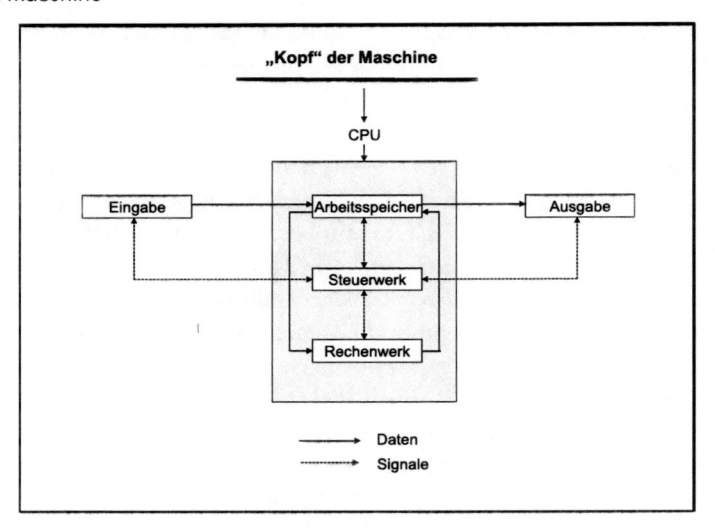

Eine Erläuterung der Funktionen in aller Kürze: Das Rechenwerk kann man insofern als den wichtigsten Teil des Computers bezeichnen, als es in der Ausführung aller Rechenoperationen den eigentlichen Verarbeitungs- oder Problemlösungsteil der Maschine darstellt. Die für die Erledigung einer Aufgabe benötigten Daten oder Operanden erhält das Rechenwerk aus dem Arbeitsspeicher und gibt sie nach der Operation wieder in den Arbeitsspeicher zurück. Im Arbeitsspeicher werden Programme und Daten bereitgehalten, die dieser wiederum von einem Eingabegerät erhält und die er nach der Bearbeitung auf Befehl an ein Ausgabegerät abgibt. Im Programmablauf versorgt der Arbeitsspeicher das Steuerwerk mit Befehlen und das Rechenwerk mit Zahlen. Er ist in Speicherpositionen aufgeteilt, die pro Position 1 Byte aufnehmen und nummeriert sind. Die Nummern heißen „Adressen", über die das Programm die zu verarbeitenden Daten findet. Wie schon gesagt, stellen die Ein- und Ausgabegeräte die Daten zur Verfügung bzw. geben sie nach der Bearbeitung wieder aus. Ihre wichtigste Funktion: Die Daten werden hier „konvertiert", d. h. von einer nichtbinären in eine binäre Darstellung und umgekehrt übersetzt. Ein- und

Ausgabegeräte werden „periphere Geräte" genannt, womit nicht nur die räumliche Position, sondern auch der *qualitative* Unterschied zur CPU zum Ausdruck gebracht werden soll. Das Steuerwerk schließlich sorgt für die Umsetzung des Programms, das es sich aus dem Arbeitsspeicher jeweils holt. Es führt die Befehle des Programms dadurch aus, dass es den Arbeitsspeicher veranlasst, die zu bearbeitenden Operanden an das Rechenwerk zu übergeben und das Rechenwerk dazu veranlasst, die gewünschte Operation an den Operanden auszuführen und das Ergebnis schließlich an den Arbeitsspeicher zu überstellen, aus dem es dann zur Kenntnisnahme für den Benutzer in die Ausgabegeräte überführt werden kann.

Unsere Frage, ob Computer zum Beispiel die natürliche Sprache verstehen und in diesem Sinne denken können, entscheidet sich jetzt also nicht mehr wie vorher am Output, sondern an der Frage, was passiert maschinen*intern* mit einer natürlichsprachlichen Eingabe? Nehmen wir ein einfaches Beispiel: das Wort *DIGITAL*. Bevor die Buchstaben „irgendwie" ins Innere der Maschine gelangen, werden sie vom Eingabegerät (hier: Tastatur) in ein vom Computer akzeptiertes „Bitmuster" umgesetzt. Buchstaben der Außenwelt überschreiten *als* Buchstaben niemals die Grenze zur Maschine. Wie geht nun dieser Übergang von der Buchstabensprache der Tastatur, die wir als Benutzer direkt verstehen, in die Bit/Byte-Sprache der Maschine vor sich? Es ist ganz einfach: Um natürlichsprachliche Eingaben in einer für den Computer annehmbaren Weise in binären Werten zu codieren, bedient man sich des ASCII-Codes (American Standard Code for Information Interchange). Die binären Werte sind die Ziffern 0 und 1, die in einer feststehenden Weise und achtzahlig (= 1 Byte) kombiniert den Buchstaben der natürlichen Sprache zugeordnet werden. Es gibt 2^8 Möglichkeiten, d. h. mit einem 8-Bitcode lassen sich 256 verschiedene Zeichen darstellen. Für das Alphabet der Großbuchstaben gilt nach dem ASCII-Code nun folgende Zuordnung, die beim Wort *DIGITAL* dann die entsprechende 0-1-Kombination für die einzelnen Buchstaben des Wortes ergibt (Abb. 10).

Abb. 10: ASCII

Die ganze Welt - nur Nullen und Einsen	
A = 01000001	N = 01001110
B = 01000010	O = 01001111
C = 01000011	P = 01010000
D = 01000100	Q = 01010001
E = 01000101	R = 01010010
F = 01000110	S = 01010011
G = 01000111	T = 01010100
H = 01001000	U = 01010101
I = 01001001	V = 01010110
J = 01001010	W = 01010111
K = 01001011	X = 01011000
L = 01001100	Y = 01011001
M = 01001101	Z = 01011010

01000100	01001001	01000111	01001001	01010100	01000001	01001100
D	I	G	I	T	A	L

Soll der Computer also unsere Eingabe via Tastatur annehmen und zunächst in den Arbeitsspeicher aufnehmen, muss also bereits im Eingabegerät, also *vor* Erreichen der CPU, die Konvertierung von Buchstaben in Zahlen vorgenommen werden. So viel zur *Eintritts*bedingung für Daten. Um es noch einmal deutlich zu sagen: Die Buchstaben auf der Tastatur sind *nicht* Bestandteile des Computers.

Zur Daten*verarbeitung* benötigt die Maschine nun Programme. In einem Programm wird vom Programmierer beschrieben, was der Computer tun soll. Dazu verwendet er Befehle, die nach bestimmten Regeln verknüpft sind. Diese Befehle setzen sich aus wenigstens zwei Teilen zusammen: 1. Aus dem Operationsteil, der vorschreibt, was zu tun ist, und 2. aus dem Adressteil, der sagt, wo die Operanden zu finden sind. So ist also über den Adressteil der Befehle die Verbindung zwischen Programm und Daten gewährleistet, indem die Namen der Daten im Befehl selbst schon enthalten sind. Programmiersprachen werden nun nach „höheren" (FORTRAN, Lisp etc.) und „maschinenorientierten" (Assembler) Sprachen unterschieden. Beide sind Darstellungsmittel für Algorithmen in *Text*form. Das hat wie bei den Daten zur Folge, dass sie zwar via Tastatur eingegeben, aber in der Form des Textes von der Maschine nicht „verstanden" werden. Dazu ist wiederum eine binäre Codierung erforderlich. Diese Übersetzung von der höheren Programmiersprache (= Quellsprache) in die duale Maschinensprache (= Zielsprache) leistet der Compiler. Erst wenn das Programm der höheren Ebene in binär codierter Form vorliegt, kann es von der Maschine ausgeführt werden. Das Maschinenprogramm (und nicht das vom Programmierer in einer *höheren* Sprache geschriebene Programm) ist also die „letzte" und ausschlaggebende, genauer: *einzige* symbolische Repräsentationsebene, die nur noch aus Bitmustern (hier: Befehle) besteht (Kombinationen von Nullen und Einsen im Octalcode). Mit der Maschinensprache, mit der Programmierer nichts (mehr) zu tun haben, sind wir also auf der untersten/tiefsten Ebene der symbolischen Dimension der Maschine – eine Ebene, die nun den Übergang zur Beschreibung der *Hard*ware ermöglicht.

Dieses Mal beginnen wir mit der *untersten* Abstraktions- bzw. Repräsentationsebene, die wir als materielle Entsprechung zur Ebene der Maschinensprache verstehen wollen: die Ebene der Schaltkreise. Hier werden alle Daten, die zwischen den einzelnen Komponenten der Maschine übertragen werden, durch binäre elektrische Spannungen „repräsentiert". Die Spannungsverläufe werden durch Schalter (und Widerstände) erzeugt, die nur zwei sich gegenseitig ausschließende Zustände kennen: „ein" oder „aus" („ein" = es fließt Strom; „aus": es fließt kein Strom). Diese zwei Zustände der *Hard*ware entsprechen der binären 0-1-Codierung der symbolischen Ebene der *Soft*ware. Die Schalter bestehen vorwiegend aus Halbleitern in Form von Transistoren, die zu tausenden und mehr auf einem Chip integriert werden können. Die nächsthöhere Hardwareebene ist nun die der Schaltnetze („Gatter") und Schaltwerke („Flip-Flops"). Hier können wir sehen, welche *Wirkungen* mit den oben beschriebenen Schaltkreisen erzielt werden können: Die binären Signale, in den Schaltern erzeugt, können in Schaltnetzen und Schaltwerken auf bestimmte Weise miteinander verknüpft werden. Der entscheidende Unterschied zwischen Schaltwerken und Schaltnetzen besteht darin, dass erstere *Speicher*eigenschaft haben und letztere nicht. Schaltnetze sind Verknüpfungsschaltungen, die gewöhnlich drei logische Funktionen erfüllen: „Nicht", „Oder" und „Und". Nach dieser Ebene der Schaltnetze und Schaltwerke käme nun noch die Ebene der Rechner*architektur*, auf der Busse, Addierer, Register etc. zu beschreiben sind. Auf Einzelheiten wollen wir hier verzichten, weil die gegebenen Informationen ausreichen, um unsere Frage nach dem kognitiven Vermögen von KI-Maschinen unter ausdrücklichem Bezug auf ihre interne Struktur und die entsprechenden Prozesse nun zu beantworten.

Im ersten Schritt im Vergleich mit dem Gehirn, also noch jenseits der *Geist*frage. Dabei fällt zunächst einmal eine Übereinstimmung auf: Sowohl Computer wie auch Gehirn werden auf der untersten physikalischen Ebene (Elektronen bzw. Ionen) prinzipiell nur von zwei Zuständen bestimmt: Es fließt Strom oder es fließt kein Strom. Alle Inhalte, aus welchem Bereich auch immer, werden gleich, nämlich durch *elektrische* Impulse, transportiert, repräsentiert und operiert. Ob in der Maschine oder im Gehirn zum Beispiel schwierige Probleme der Relativitätstheorie, freundliche natürlichsprachliche Dialoge oder aggressive Beschimpfungen operiert werden, es handelt sich *immer* und *nur* um *elektrische* Zustände, die selbst *keinerlei* inhaltlichen Unterschied zwischen der schwierigen Relativitätstheorie, der freundlichen Bemerkung und der aggressiven Beschimpfung erkennen lassen. Inhalte sind in der CPU bzw. im Gehirn wegen der elektrischen *Einheits*sprache prinzipiell nicht erkennbar und nicht operierbar. Genauer: Sie kommen dort gar nicht vor. Sie erscheinen erst in den peripheren Geräten, die aber nicht Teile der CPU bzw. des Gehirns sind. Erst wenn z. B. Formeln der Speziellen Relativitätstheorie auf dem Bildschirm sichtbar werden oder eine Beschimpfung per Schallwellen ausgesprochen wird, kommt der *Inhalt* bzw. genauer: die Voraussetzung für seine Generierung wieder ins Spiel. Und zwischen diesem Inhalt und der maschinenförmigen binären Codierung bzw. genauer: der elektrisch realisierten Bitmuster gibt es keine von der Maschine *interpretierte* Relation. Auf dem Bildschirm ist also der zum Beispiel in natürlicher Sprache erscheinende *Inhalt* gerade *nicht* als deus ex *machina*, sondern als deus ex *spiritu* entstanden, wobei *spiritus* der menschliche Maschinen*benutzer* (oder der menschliche Maschinen*programmierer*) ist. Der Mensch und nicht die Maschine ist der Dreh- und Angelpunkt der maschinellen Funktionstüchtigkeit. Das betrifft auch die Frage der Autonomie: Würde man mit einem Schlag alle mit Computern befasste Physiker, Ingenieure, Techniker und Programmierer aus der Interaktion mit Computern herausnehmen, wäre nach kurzer Zeit der komplette technische Zusammenbruch der digitalen Welt die Folge. Die schon in den 1960er Jahren angekündigte Ersetzung von Programmierern durch KI-Maschinen ist also bis heute ein leeres Versprechen geblieben.

Dennoch: Die Gemeinsamkeiten zwischen Computer und Gehirn auf der untersten Ebene, die KI-Forscher verständlicherweise gerne hervorheben, sind unverkennbar. Aber wir haben im Lichte der Theorie des Geistes schon festgestellt, dass auf dieser Ebene der Elektronen/Ionen kein *Denken* stattfindet. Außerdem: Bereits auf der nächsthöheren Hardwareebene zeigen sich nichttriviale Unterschiede zwischen Gehirn und Maschine, zum Beispiel beim Vergleich zwischen Neuronen und Transistoren. Für Neuronen haben wir bereits eine besondere Eigenschaft festgestellt: Ihre Plastizität, die wir als Ausdruck der Struktur der Zeit („starke" Zeitlichkeit) interpretiert haben. Und nur aufgrund dieser Zeitlichkeit konnten wir beim Geist-Materie-Verhältnis von einer *Entsprechung* zwischen Funktion und Struktur, zwischen Geist und materiellem Gehirn sprechen. Aber genau diese Plastizität als notwendige materielle Bedingung gibt es auf der Ebene der Schaltkreise und Transistoren *nicht*. Zwar gibt es Bewegung und damit Ablauf in der Zeit, nämlich im Elektronen*fluss* (was gelegentlich als *Soft*ware der Hardware bezeichnet wird), aber keine, die sich morphologisch in der Struktur der Schaltkreise niederschlägt, was aber eine Bedingung für die Beherrschung einer *nicht*monotonen Zeit ist. M. a. W.: Die CPU als Hardware ist keine Funktion der Zeit. Damit fehlt unserer Theorie zufolge eine wesentliche Bedingung für Denken.

Unser Argument gegen KI im Sinne von „*denkende* Maschine" ist also nicht, dass ein materielles Substrat für die Unterstützung der Denkfunktion *biologischer* Natur sein muss (so wie das Gehirn), sondern dass dieses Substrat die

Eigenschaft der *starken* Zeitlichkeit haben muss – die Schaltkreisen definitiv fehlt. Jenseits des Elektronenflusses gilt immer: Vor der Operation = nach der Operation. Jede Veränderung auf der Ebene der Hardware ist – im Unterschied zum Gehirn – keine Erweiterung/Verbesserung, sondern eine Störung des maschineninternen Ablaufs. In Anlehnung an Wittgensteins Metapher: Es gibt Bewegung im Flussbett, ja, aber keine Erweiterung oder Verlegung desselben. Genau das ist im neuronalen Netzwerk der Fall, wenn z. B. neue Synapsen gebildet werden, und genau das ist ein wesentlicher Grund dafür, dass im Zusammenspiel von Geist und Gehirn Denken möglich ist.

Nun könnte man – dem KI-kritischen Argument oben ausweichend – den Versuch machen, die Entscheidung über das kognitive Vermögen von KI-Maschinen nicht auf der Hardware-, sondern auf der Softwareebene zu suchen. Der Versuch ist naheliegend, nicht zuletzt deshalb, weil wir selbst in unserer Theorie des Geistes Denken als *Soft*wareeigenschaft eingeführt haben. Aber auch das rettet die These vom maschinellen Denken nicht. Der Grund ist einfach: Entgegen dem allgemeinen Verständnis haben Computer keine Soft-, sondern nur eine Hardware. Wenn Searle also in abgrenzender Absicht sagt: „Kein Computerprogramm kann jemals ein Geist sein" (Searle 1986, S. 30), so trifft das nicht die technische Realität von Computern. Die korrekte Begründung lautet so: Ein Computerprogramm kann deshalb nicht „Geist der Maschine" genannt werden, weil es kein Computer*programm* in der Maschine gibt. Da diese Behauptung auf breiten Widerstand, ja völliges Unverständnis stoßen dürfte, muss sie genauer begründet werden.

Die Diagnose der *totalen* Softwarelosigkeit von Computern ist eine zwingende Folge des bereits geschilderten Ablaufs: Nicht nur z. B. *natürlich*sprachlich eingegebene Daten von Benutzern, sondern auch *Programmier*sprachen jedweder Art erreichen nie *als* Programmiersprachen das Innere der Maschine. Das gilt auch für die Maschinensprache aus Nullen und Einsen. Die Maschinensprache ist nicht die Sprache der Maschine, sondern die Sprache des Programmierers, mit der er *elektrische* maschineninterne Prozesse auslöst. Im Computer gibt es einfach keine Nullen und keine Einsen, d. h. *symbolische* Einheiten, sondern ausschließlich binäre *elektrische* Spannungen, die mit der Kognition indizierenden *Symbol*ebene und deren Inhalten nichts zu tun haben und allenfalls als Informations*träger* zu qualifizieren sind. Aber selbst das kann nur eingeschränkt angenommen werden; denn Informationsträger können die binären elektrischen Spannungen nur in Relation zum Programmierer bzw. Nutzer der Maschine sein. *Alles* wird in diese binären elektrischen Spannungen „konvertiert", so dass bei der klassischen KI nicht – wie üblich – von „symbolverarbeitenden" Maschinen gesprochen werden kann. In Wahrheit handelt es sich um symbol*vernichtende* Maschinen. Die Maschine „befolgt" keine im Programm festgelegten „Befehle", sondern „folgt" elektrischen „Impulsen". Mit häufig verwendeten Anthropomorphismen dieser Art wird der kognitionserhebliche Unterschied zwischen Mensch und Maschine zu eskamotieren versucht. Das gilt schon für den ASCII-Code, wenn ein Benutzer irgendeinen natürlichsprachlichen Buchstaben auf der Tastatur drückt und die Konvertierung in ein Bitmuster unmittelbar nachfolgt. Die Unterstellung, dass das in ASCII codierte Bitmuster irgendetwas mit dem Buchstaben der natürlichen Sprache zu tun hat, ist falsch, müsste es aber, wenn die Maschine „natürlichsprachlich" genannt werden soll. Der *Computer* kennt keine natürliche Sprache – und zwar aus den genannten Gründen *prinzipiell* nicht. Der Geist des Benutzers *verschwindet* bereits im ersten Schritt, nämlich mit der Betätigung der Tastatur, wird nicht maschinenförmig *konvertiert* und taucht auch danach in der internen Verarbeitung der Maschine an keiner einzigen Stelle mehr auf. Schon der Begriff „*Benutzer*oberfläche" weist in diese Richtung: Ihre Symbole haben mit dem Benutzer und nichts mit der Maschine zu tun! Das in der Theorie des Geistes als wesentlich eingeführte Verhältnis zwischen Repräsentant und Repräsentat als *interpretierter* Unterschied und ebenfalls *interpretierter* Verweisungszusammenhang fehlt im Falle des Computers komplett.

Die Frage ist also: *Was* wird konvertiert beim Übergang von der natürlichen Sprache zu Bitmustern bzw. elektrischen Impulsen? Kognitionsentscheidend ist hierbei Folgendes: Ist das Konvertierte *bedeutungs*geladen, so dass von einer semantischen Äquivalenz zwischen dem natürlichsprachlichen Ausdruck des Benutzers und den elektrischen Impulsen der Maschine gesprochen werden kann? Ist die Konvertierung also *bedeutungs*erhaltend? Nehmen wir ein einfaches Beispiel aus dem Alltag: X beherrscht sowohl die deutsche wie auch die französische Sprache. Y dagegen verfügt nur über *französische* Sprachkenntnisse. Wenn X dann das Wort „Frau" für Y in das Wort „femme" übersetzt („konvertiert"), ist die Transformation semantisch äquivalent, und Y hat verstanden, was X unter „Frau" versteht. Im Falle des Computers ist die Transformation zum Beispiel von „Frau" in den entsprechenden ASCII-Code schon deshalb *für den Computer* nicht semantisch äquivalent, weil noch nicht einmal diese Konvertierung in 0-1-Bit-Muster die CPU des Computers erreicht, sondern eine *weitere* Umwandlung, nämlich in *elektrische* Zustände, vorgenommen werden muss, in denen alles Sprachliche und damit Bedeutungshafte verschwindet. In einem Satz: Die Konvertierungen sind nicht bedeutungserhaltend. Wer dieses Argument ablehnt, kann das nur um einen hohen Preis tun: Er muss entweder semantischer Kompetenz die Kognitionserheblichkeit absprechen oder er muss *Elektronen*, materiellen *Schaltkreisen* etc. ein semantisches Vermögen zurechnen. Aber dann sind wir wieder im Reich des Animismus. Und letztendlich wieder beim Wind, der die Formel $E = mc^2$ als „Output" im Sand ursächlich hinterlässt und deshalb von Animisten „intelligent" genannt wird. Unseren Voraussetzungen zufolge ist aber auch im Falle der Formel nach der *Entstehung* des geometrischen Musters zu fragen, wenn die *Begründung* der Annahme als *kognitive* Leistung soll verteidigt werden können. Genesis und

Geltung stehen in diesen Fällen in einem unlösbaren Zusammenhang. Soll ein Output *kognitiv* genannt werden, muss er erstens auf eine bestimmte Weise *zustande* gekommen sein und zweitens muss das System, das den Output generiert, *begründungs*fähig sein.

Da dieser Punkt für die Entscheidung der Kognitionsfrage von großer Relevanz ist, noch einmal ein paar Varianten der Begründung, warum „natürlichsprachlich" genannte KI-Systeme keine natürlichsprachlichen Systeme sind:

1) Ein System, das die natürliche Sprache nicht *in* (!) der natürlichen Sprache aufnehmen/verarbeiten/anwenden kann, „versteht" diese nicht und kann deshalb nicht „natürlichsprachlich" genannt werden.

2) In den maschineninternen Konvertierungen wird der *Welt*bezug der natürlichen Sprache eliminiert, auch dann, wenn in Antworten des Computers auf dem Bildschirm Worte mit Weltbezug erscheinen.

3) Wenn in der Konvertierung keine *interpretierte* Relation zwischen der *natürlichen* Sprache und der jeweiligen Repräsentationsebene in der CPU aufrechterhalten wird, dann wird die Bedeutung natürlichsprachlicher Benutzerinputs für die Maschine nur noch durch die Transformationsregeln, welche die Abbildung von einer Repräsentationsebene auf die nächste festlegen, bestimmt. Die *Bedeutung* des Inputs geht dabei verloren. Es gibt genau genommen keinen natürlichsprachlichen Input in den Computer, sondern nur eine natürlichsprachliche Bedienung seiner Tastatur. Die natürlichsprachliche Benutzeroberfläche ist eine Angelegenheit des Benutzers, nicht der Maschine.

4) Nicht die *Bedeutung* der Symbole löst das Verhalten der Maschine aus, sondern der maschineninterne Ankunfts*ort* der Bitmuster.

5) Computer sind nicht einmal syntaktische Maschinen, denn die kognitive Erfassung schon der Zeichen-Zeichen-Relation setzt ein semantisches Vermögen immer schon voraus. Mehr noch: Selbst das von Kritikern oft vorgebrachte Argument, digitale Maschinen würden nur „die physische Form der Symbole" verarbeiten (so Varela/Thompson 1992, S. 66), macht durch die Verwendung des Wortes „Symbol" (eingeschränkte) Zugeständnisse an ein kognitives maschinelles Vermögen. Der Vorgang hat *nichts* mit Symbolen, sondern nur mit geometrischen Mustern zu tun, die *wir* als Sprachkompetente „Buchstaben" oder „Symbole" oder auch „physisch" nennen. Auch die Annahme und Verarbeitung der „physischen Form der *Symbole*" setzt ein semantisches Vermögen immer schon voraus (siehe das Beispiel Säugling-Ball).

6) Wenn Elektronen in einem Gitter fließen, ist der Kognition begründende Unterschied von Repräsentant und Repräsentat außer Kraft gesetzt. Elektronen verweisen nicht auf ein Drittes, sind nicht auf etwas anderes gerichtet,

so dass sie schon aus diesem Grund nicht die Funktion von Symbolen übernehmen können.

Wir sind an einem wichtigen Punkt: Denken ist eine *Soft*wareeigenschaft! Soll sich die Maschine in einem *kognitiven* Zustand befinden, egal in welcher Form (natürlichsprachlich, mathematisch, als Wahrnehmung/Deutung von Objekten der Außenwelt etc.), dann muss der jeweilige Gegenstand/Denkmodus in seiner Ursprungsform Teil der *internen* Verarbeitung sein. Versuchen wir die These von der Softwareeigenschaft des Denkens am Beispiel der Wahrnehmung von Objekten der Außenwelt besser zu begründen. Zur Verteidigung der These können wir auf früher schon genannte Beispiele zurückgreifen.

Seit 400 Jahren ist in der Physik unbestritten, dass es in der physikalischen Außenwelt keine Farben, sondern nur Wellen gibt, die im elektromagnetischen Spektrum zwischen 380 und 760 Nanometern Länge auftreten. Diese unterschiedlichen Wellenlängen lösen in der Wahrnehmung unterschiedliche Farben aus. Ihre Nichtexistenz in der Außenwelt rechtfertigt allerdings nicht die Annahme, sie seien ein *Gehirn*phänomen. Nach dem heutigen Stand der Neurobiologie ist diese Zurechnung falsch, denn die elektrischen Vorgänge im neuronalen Netzwerk haben genauso wenig „Farbiges" an sich wie die Photonen vor dem Einschlag in die Netzhaut. Folglich handelt es sich bei Farben zwingend um ein *Geist*phänomen, das nur mit Photonen als *Rand*bedingungen entsteht, die allerdings schon auf der Netzhaut in *elektrische* Impulse transduziert werden. Die Farben selbst sind also Phänomene, die weder auf Elementarteilchen noch auf neuronale Prozesse *zurückgeführt* werden können, sondern nur durch sie ausgelöst werden. Die Besonderheit von *Phänomenen* ist ihr *holistischer* Charakter, der nur auf der Ebene des Geistes entstehen kann. Dass es sich bei der Phänomenbildung um eine *geistige* Kompetenz handelt, haben wir schon durch die Besonderheit erläutert, dass wir *Phänomene* subjektiv zwar *in* der Außenwelt sehen, obwohl wir aus zwingenden physikalischen und neurobiologischen Gründen nicht *in* (!) die Außenwelt *hinein*schauen. Somit haben wir die wahrgenommenen Phänomene (z. B. die Sonne) zwingend *in* uns. Natürlich nicht die Sonne als physisches Objekt, wohl aber die Sonne als Wahrgenommene ist *innerer* Teil unserer geistigen Welt. In Terms der Repräsentationsfunktion: Das Wahrgenommene ist der Repräsentant, lokalisiert im Geist, der auf das Ding „Sonne" verweist, welches das Repräsentat darstellt.

Dass Phänomene *als* Phänomene *interne* Teile unseres Geistes sind, gilt auch für andere Wahrnehmungen, zum Beispiel akustische. Zur Erinnerung: Der Patient hat nach der elektrischen Stimulierung des freiliegenden Gehirns Musik von Led Zeppelin gehört, obwohl es in der Außenwelt keine Schallwellen dieser Art gab. Also muss das Hörerlebnis ein rein *innerer* Vorgang sein, der zwar von neuronaler Aktivität begleitet wird, aber nicht auf sie *zurückgeführt* werden kann. Noch ein anderes Beispiel für das besondere Verhältnis von Geist und Gehirn, das einmal mehr die Autonomie des Geistes zeigt: Der Schizophrene, der behauptet, er würde Stimmen aus dem (ausgeschalteten!) Radio hören, hört nicht das (lautlose) Feuern seiner Neuronen, sondern er hört *Stimmen*, d. h. die Wahrnehmung findet auf der *Phänomen*ebene und *in* und *nur* in seinem Geist statt. Und *hören* kann man nur dann, wenn *Schall*wellen im Spiel sind. *Was* er hört, ist nicht sein privates Geheimnis, sondern er kann das Gehörte für Dritte verständlich kommunizieren. Sicher ist: In der Außenwelt gibt es im Moment des Hörerlebnisses – wie bei Led Zeppelin – keine Schallwellen der dem Gehörten entsprechenden Wellenlänge. Genauso ist auch das schizophrene Hören von Stimmen ein rein *innerer* Vorgang, der mit den Mitteln der Neurobiologie nicht beschrieben und schon gar nicht erklärt werden kann. Eine weitere Bestätigung dieser *Phänomen*innerlichkeit ist das „innere Sprechen": Wir sind in der Lage, ohne Erzeugen von Schallwellen, also ohne Inanspruchnahme der Stimmbänder etc., unser inneres eigenes Sprechen zu *hören*. Auch dabei handelt es sich um ein kognitives *Phänomen*erlebnis, um etwas Holistisches – im Wege der Selbsterfahrung ohne *äußere* Schallwellen entstanden. Die genannten Fälle zeigen ein reines „in-uns-Sein", für das es kein neurobiologisches Korrelat gibt. Wir können verallgemeinernd und verschärfend sagen: Die Fähigkeit, *Phänomene* zu erzeugen, ist eine einzigartige Fähigkeit des Geistes, die sich auf dreierlei Weise manifestiert: Erstens Phänomene (optische etc.) zu *erkennen*, zweitens Phänomene *als* Phänomene, also ganzheitlich, kognitionsintern zu repräsentieren und drittens Phänomenen *Bedeutung* zu geben.

Da die kognitions*interne* Phänomenrepräsentation für uns von ausschlaggebender Bedeutung ist, greifen wir ein in der Neurowissenschaft bekanntes Beispiel auf, deuten es aber auf dem Hintergrund unserer Theorie anders: die sog. *Out-of-Body*-Erfahrungen. In einer Diskussion mit dem Theologen Ulrich Eibach zum Thema „Die Kopflastigkeit des Glaubens" hat der Neurophysiologe Detlev Linke dafür aufschlussreiche Beispiele genannt. So sind manche Patienten nach einem Unfall der festen Überzeugung, sich während der anschließenden Operation aus einer *Außen*perspektive, z. B. von der Zimmerdecke aus, selbst auf dem OP-Tisch zu sehen oder berichten, „sogar ›live‹ zu erleben, wie sie nach dem Unfall ›tot‹ unter dem Autoreifen liegen [...] Das bedeutet, wir sind also grundsätzlich in der Lage, uns selber aus einem anderen Blickwinkel zu betrachten, gewissermaßen aus uns herauszutreten". (Linke 2006, S. 11 162). Theologisch wird dieser Vorgang als Nachweis dafür genommen, dass Seele und Geist in solchen Momenten den Körper verlassen können, also unabhängig von ihm sind, und dies dann auch tatsächlich nach dem Tod und für alle Zeiten tun. In den Grenzsituationen schwerer Unfälle scheinen wir also schon einmal zeitlich begrenzt zu üben, was nach dem Eintritt des Todes geschieht.

Dass solche Erfahrungen nichts mit dem Jenseits, sondern mit den *dies*seitigen Fähigkeiten unseres Gehirns und den *dies*seitigen Fähigkeiten unseres Geistes zu tun haben, erfahren wir nicht nur bei schweren Unfällen, also in

Grenzsituationen „zwischen Leben und Tod", sondern auch z. B. in unseren Träumen, in denen wir uns selbst aus einer anderen Perspektive, z. B. aus der unserer – Jahrzehnte zurückliegenden – Kindheit, sehen. Und selbst im Wachzustand sind wir willentlich zu einem solchen Perspektivenwechsel in der Lage. Linke gibt ein einfaches Beispiel, das jeder ausprobieren kann. Man stelle sich – am besten bei geschlossenen Augen und zuhause in einem swimmingpoolfreien Wohnraum – konzentriert vor, in einem Schwimmbad zu schwimmen. Die Vorstellung gelingt nicht nur fast jedem in optischer Form (wenn auch mehr oder weniger deutlich), d. h. wir *sehen* uns schwimmen, was ja in diesem Moment *tatsächlich nicht* der Fall ist, sondern wir sehen uns meist aus der *Außen*perspektive, z. B. vom Beckenrand aus, also nicht aus der *Schwimmer*perspektive. Linke nennt diese Außenperspektive „sehen [...] mit den Augen eines anderen". Dieser Dritte kann tatsächlich als unbekannter Anderer vorgestellt werden. Interessanter finde ich aber die Deutung, dass ich in diesem Gedankenexperiment *selbst* zwei Perspektiven einnehmen kann, nämlich sowohl die des Schwimmers wie auch die des Beobachters am Beckenrand. Zwischen beiden Perspektiven kann ich willentlich hin- und herspringen. Da ich aber *tatsächlich* in diesem Moment weder schwimme noch den Schwimmer beobachte, in dieser Hinsicht also keine Außenweltrelation vorliegt, ist das Fazit einmal mehr: Wir haben Bilder *im* Kopf. Auch der von Linke als Beispiel genannte Verunglückte, der sich lebendig „tot" unter den Rädern sieht, ist also mit „*Out-of-Body*-Erfahrung" nicht angemessen beschrieben. Stattdessen handelt es sich um eine „In-of-*Mind*-Erfahrung". In all diesen und den anderen schon genannten Fällen (Sonnenuntergang etc.) ist die Außenwelt als *Phänomen* in der *Innen*welt des Gehirns bzw. des Geistes *optisch* existent. Noch einmal das Argument in Kürze am Beispiel: Wenn die Sonne schon *unter*gegangen ist und ich sie dennoch *über* dem Horizont in aller Deutlichkeit *sehe, muss* dieser *optische* Eindruck ein *internes* Phänomen sein, das ich nur *scheinbar* in die Außenwelt projiziere. Wenn dieser unlösbare Zusammenhang von innerem Phänomen, Geist und Bedeutung stimmt, können wir die Frage nach maschinellem Denken pars pro toto nun so stellen: Ist die CPU zur internen Phänomenbildung in der Lage, Existieren in der CPU *Bilder*? Wenn ja, erfüllen Computer ein wesentliches kognitionstheoretisches Erfordernis und können in diesem Sinne denken.

Um das zu überprüfen, schlage ich analog zum neurobiologischen „In-of-Body-Test" für den Computer einen „In-of-Machine-Test" vor. Dafür nehmen wir noch einmal die gleichermaßen spektakuläre wie kognitionstheoretisch aufschlussreiche Erscheinung Jesu auf einer leeren weißen Wand. Die hierfür benötigte Versuchsanordnung ist einfach: Wir konfigurieren eine Computeranlage, mit einem Bildverarbeitungssystem und mit Kamera (analog zum Auge) und Bildschirm (für den es keine Analogie im Gehirn gibt). Dann richten wir die Kamera 30 Sekunden lang auf die nachfolgende Abbildung (mit dem Fokus auf die vier in der Mitte senkrecht stehenden Punkte) (siehe Abb. 11).

Abb. 11:

Bei maschineller Funktionstüchtigkeit der Verbindung zwischen Computersystem und obiger Abbildung wird das Bild auf dem Bildschirm erscheinen (hier beginnt schon der Unterschied zwischen Gehirn und Computer; denn wir haben keinen „peripheren" Bildschirm und benötigen ihn auch nicht). Nach 30 Sekunden kommt ein Kameraschwenk auf eine leere weiße Wand. Die Kamera wird 3–4 Mal kurz ein- und ausgeschaltet (so wie wir in unserem eigenen Fall ein paarmal mit den Augen geklimpert haben). Wir schauen nun auf den Bildschirm und fragen den Computer „Was siehst Du auf der weißen Wand?" Unter der Voraussetzung seiner Dialogfähigkeit wird er wahrheitsgemäß antworten: „Nichts". Im Unterschied zu uns, die wir den aufsteigenden Jesus gesehen haben. Der Computer hat den *Phänomentest* nicht bestanden. Es handelt sich dabei um eine *grundsätzliche* Unfähigkeit der Maschine zur *internen* Phänomenbildung. Wegen der Grundsätzlichkeit dieses Unvermögens zur visuellen *Gestalt*erkennung können wir auch ausschließen, dass Computer bei ausgeschalteter Kamera (analog zum geschlossenen Auge) bzw. ausgeschaltetem Bildschirm zum Beispiel *träumen* können, also *Bilder* in der *CPU* (analog zum Gehirn) generieren. Gerade weil in der Traumphase die in die Außenwelt gerichteten Sinne *keine* Rolle spielen, zeigt das Träumen eine anspruchsvolle Form rein *geistiger* Tätigkeit, die einmal mehr die *Autonomie* des Geistes gegenüber der Materie bestätigt.

Wir können hier die Frage nach der kognitiven Kompetenz von KI-Maschinen auf den *Phänomentest* beschränken, weil im Falle des Nichtbestehens auch die anderen Kriterien von der Maschine nicht erfüllt werden können (Repräsentation und damit Bedeutung). Die Unfähigkeit zur internen Phänomenbildung ist somit ein wesentliches Argument gegen die Annahme einer kognitiven

Kompetenz von digitalen Maschinen. Zur Festigung der Allgemeingültigkeit der These noch ein einfaches Beispiel: Wenn ein mit Kamera bestückter Computer einen rothaarigen Programmierer ins Visier nimmt, wie kann er jemals wissen, was „rothaarig" ist, wenn die roten Haare des Programmierers niemals als *Phänomen* Teil der *internen* Verarbeitung des Computers sein können?! In einer Diskussion, in der ich auf diese Weise die Kognitionserheblichkeit der *Phänomen*ebene erläutert habe, kam spontan dieser Einwand: Beim Computer sei die Phänomenebene der *Bild*schirm. Klingt prima facie plausibel. Aber einmal abgesehen davon, dass Bildschirme aus gutem Grund *„periphere"* Geräte genannt werden, die vom Problemlösungsteil des Computers (= CPU) logisch und empirisch losgelöst sind, liegt hier ein Denkfehler vor. Wir als *Benutzer sehen* nämlich eine optische (!) Abbildung auf dem Bildschirm, der Computer bzw. der Bildschirm sieht die Abbildung als Phänomen nicht. Anders gesagt: Wenn die Aussage „Der Computer sieht auf seinem Bildschirm den rothaarigen Programmierer" der Sachlage angemessen wäre, dann müsste auch – angenommen der Programmierer steht vor einem Spiegel – die Aussage „Der Spiegel sieht den rothaarigen Programmierer" den Sachverhalt angemessen beschreiben, was aber nicht der Fall ist. Am einfachsten und ohne jede Möglichkeit eines Einspruchs kann der Beweis wieder einmal am Beispiel der Farbe geführt werden. Nehmen wir an, auf dem Bildschirm erscheinen in aller Deutlichkeit die roten Haare des Programmierers. Die Photonen, die von dort unser Auge erreichen, haben also eine Wellenlänge von ca. 700 nm (bei abnehmender Intensität der Rotheit wären die Wellenlängen bis 650 nm entsprechend kürzer). Außerhalb der Naturwissenschaften kann nicht oft genug gesagt werden: Die Haare auf dem Bildschirm *sind* nicht rot, sondern *erscheinen* uns als *Betrachter* nur rot, und dies deshalb, weil die Photonen in dem genannten Wellenlängenbereich erst *in unserem Kopf* die Wahrnehmung der Rotheit hervorrufen. Die Wahrnehmung der Rotheit der Haare auf dem Bildschirm ist dem Computer prinzipiell nicht zugänglich, weil das Phänomen der Rotheit kein *Teil* der CPU ist und auch nicht sein kann. In der maschineninternen binären Repräsentation ist keine *Farbe* codiert. Und wer niemals – ob Mensch oder Maschine – die Farbe Rot als *Phänomen* gesehen hat, wird niemals wissen, was Rot als *Farbe* ausmacht – wie aufwändig und umfangreich auch immer die binären Kraftakte sein mögen.

Fazit: Nur wenn wir die Frage nach künstlicher Intelligenz *out*putorientiert behandeln, also die maschinen*interne* Verarbeitung unberücksichtigt lassen, kommen wir zu einem positiven Ergebnis. Das haben wir schon erörtert. Aber unter dieser Restriktion müssen wir dann auch die Folge akzeptieren: Wir müssen nämlich bereit sein, ein System auch dann „intelligent" zu nennen, das auf der Problemlösungsebene, nämlich in der CPU, völlig bedeutungsfrei operiert, sowohl hinsichtlich der äußeren Phänomenwelt wie auch hinsichtlich seiner eigenen internen Prozesse. Die CPU weiß weder was sie selbst tut noch weiß sie, was ihre peripheren Geräte tun. Der Begriff der Intelligenz und damit zusammenhängend der Begriff des Geistes werden so sinnlos. Erstaunlich ist: Die outputorientierte Vorgehensweise bei der Bestimmung des Kriteriums für kognitive Kompetenz hat in den Kognitionswissenschaften einen mächtigen philosophischen Verbündeten: den Funktionalismus. Die *interne* Struktur und die *materielle* Beschaffenheit eines Systems sind ihm wurscht. Ob ein Output wie beispielsweise $E = mc^2$ auf geistiger oder auf elektronischer Basis zustande kommt, spielt keinerlei Rolle. Die Hauptsache: Der Output kommt zustande. Die *Entstehungs*bedingungen sind also nicht Teil des funktionalistischen Kriteriums. Anders gesagt: Was in der Black Box vor sich geht, spielt für die Entscheidung der Kognitionsfrage keine Rolle. Diese Sichtweise lehnen wir auf dem Hintergrund unserer kognitionstheoretischen Vorarbeiten aus zwei Gründen ab: Erst beim Blick *in* die Black Box können wir feststellen, ob das System die Forderung der Entsprechung von kognitiver Funktion und materieller Struktur erfüllt, zum Beispiel hinsichtlich der starken Zeitlichkeit. Diese Forderung erfüllt der Computer nicht, weil zum Beispiel der Offenheit der durch den Geist konstituierten Bedeutung keine Offenheit der morphologischen Struktur der Schaltkreise entspricht. Zweitens haben wir Denken als eine *Soft*wareeigenschaft eingeführt, ein Erfordernis, das der Computer deshalb nicht erfüllen kann, weil er völlig software*frei* nur aus Hardware besteht. Es gibt einfach im Computer keine Bedeutung im Allgemeinen und keine Phänomene (z. B. Bilder) im Besonderen, welche Softwarestatus haben, sondern was es gibt, ist Elektronenfluss in Schaltkreisen u. Ä. – sonst nichts. Würden Computer tatsächlich auf der Basis von *Soft*ware funktionieren, so *hätten* sie – als zwingende Folge – ein kognitives Vermögen. Wenn Singer also den Computer-Gehirn-Unterschied dadurch charakterisiert, „dass man im Gehirn zwischen Hard- und Software nicht unterscheiden kann" (Singer 2003b, S. 97 163), wohl aber beim Computer, so stimmt das nur mit Bezug auf das *Gehirn*, aber nicht mit Bezug auf den *Geist* – und geht – gedacht als *differentia specifica* – an der technischen *Realität* des Computers ebenfalls vorbei. Der Computer kennt aus den genannten Gründen keine Software, das Gehirn ebenfalls nicht, der Geist aber sehr wohl. Wir *sehen* doch z. B. Phänomene der Außenwelt, also (ganzheitliche) *Bilder*, die es auf der Hardwareebene weder des Gehirns noch des Computers gibt. Wir *denken* doch die Ausdehnungslosigkeit des mathematischen Punktes (und führen mit ihr mathematische Operationen durch), die es weder in der Hardware des Gehirns noch in der Hardware des Computers gibt – und auch nicht geben kann (gedachte Ausdehnungslosigkeit kann nicht auf ausgedehnten materiellen Substraten abgebildet werden). Und wenn Bilder und mathematische Punkte keine Angelegenheit der Hardware sind, ja keine solche Angelegenheit sein können (weil z. B. Ausdehnungslosigkeit nicht in Terms von Masse und Energie beschrieben werden kann), so *müssen* sie den Status von Software haben, also *geistiger* Natur sein. Tertium non datur.

Abschließend wollen wir noch kurz Fodors ambitionierten Versuch erwähnen, durch eine Weiterentwicklung des Funktionalismus, nämlich unter Einbeziehung der *internen* Struktur des Computers, ein kognitives Vermögen der Maschine doch noch zu retten. Fodor unterscheidet mit Bezug auf Computer zwei Sprachen: „An input/output language in which they communicate with their environment and a machine language in which they talk to themselves (i. e., in which they run their computations". (zitiert in: Golecki 1994, S. 59) Diese zweite, interne Sprache des Computers setzt er in Analogie zu seiner *Sprache des Geistes*. Fodors Theorie hat viele Facetten, aber für uns kommt es nur auf eines an: Die Analogie impliziert, dass auch seine *Lingua Mentis* bzw. die in ihr vollzogenen kognitiven Prozesse den *Inhalt* von Symbolen u. Ä. nicht erreichen. In Fodors Worten: „Insofar as we think of mental processes as computational [...] it will be natural to take the mind to be, inter alia, a kind of computer." (zitiert in: Golecki 1994, S. 59). Damit bleibt Fodors Theorie nach unserem Verständnis von Denken im Bezug unterhalb der Geistebene, eben weil durch die Computeranalogie die *Bedeutung* als notwendige Eigenschaft der Kognition keine Rolle spielt. Fodor war die dadurch entstehende, syntaktisch bestimmte Grenze seiner Geisttheorie durchaus bewusst, aber er hat sie in der Aufrechterhaltung der Analogie zwischen Geist und Gehirn auf der einen Seite und Software und Hardware auf der anderen Seite selbst gesetzt und dauerhaft in Kauf genommen. Mit einem anderen Schwerpunkt gesagt: Die Analogie ist auch wegen des fehlenden *Welt*bezuges unangemessen. Genau dieser Mangel war für einen der Begründer der KI der Grund, sich von dem *computer*bestimmten Begriff von Intelligenz und Kognition zu verabschieden: Terry Winograd. Er hatte in den 1970er Jahren das schon erwähnte und damals aufregende KI-System *SHRDLU* entwickelt. Seine Abwendung von der syntaktischen Phase der KI begründet er mit dem Hinweis auf die *Kontext*abhängigkeit und den *Hintergrund*bezug kognitiver Prozesse (siehe dazu Golecki 1994, S. 89). Wir können die übliche Beschränkung auf Syntax auch „formalistisch" nennen und in kritischer Absicht Kant zitieren: „Gedanken ohne Inhalt sind leer, Anschauungen ohne Begriffe blind." (zitiert in: Golecki 1994, S. 89). Nach unseren früheren Ausführungen müssen wir allerdings schärfer formulieren: Gedanken ohne Inhalt sind nicht „leer", sondern es sind keine *Gedanken*. Denken ist *immer* denken in Bedeutungen. Bedeutungsfreies Denken ist nicht denkbar. Inhaltsleere Gedanken gibt es so wenig wie Absichten ohne Ausführungsbezug oder Ursachen ohne Wirkung. Sagt jemand: „Ich habe eine Absicht" und antwortet auf die Frage „Welche?" mit „Ich weiß es nicht", wird die Aussage „Ich habe eine Absicht" nicht nur leer, sondern unsinnig bzw. sie *eliminiert* den Begriff „Absicht". Eine „leere" Absicht gibt es nicht. Sonst werden zwei der Hauptfunktionen von Sprache, nämlich Repräsentation und Kommunikation, außer Kraft gesetzt und Sprache wird reduziert auf das Niveau von Papageien. Allgemeiner gesagt: Macht man den *Formalismus* zur notwendigen *und* hinreichenden Bedingung von Kognition, landet man zunächst einmal bei der alten Hobbes'schen Gleichsetzung von Denken und Rechnen. Wir lehnen diese Gleichsetzung aus den genannten Gründen ab.

Aber dass Rechnen eine *Teil*menge von Denken ist, sogar eine anspruchsvolle, kann nicht bestritten werden. Dann stellt sich die Frage: Wäre unter diesem eingeschränkten Geltungsbereich die Annahme eines kognitiven Vermögens von Computern doch noch zu retten? Auch dieses Teilmengenverhältnis rettet die Annahme einer maschinellen kognitiven Kompetenz nicht. Denn auf dem Hintergrund der vorausgegangenen Analyse der internen Struktur des Computers müssen wir sagen, dass Computer nicht einmal „rechnen" können. Richtig ist: Sie tun etwas bzw. genauer: sie zeigen im *Out*put etwas, das *wir* als Benutzer – unter dem immer schon vorausgesetzten semantischen Vermögen – „rechnen" nennen. Rechnen ist eine *Symbol*operation und Symbole sind *Software*, über die der Computer aus den genannten Gründen nicht verfügt. Unzulässige Projektionen dieser Art gibt es auch in anderen Bereichen. Ein Beispiel: So wenig wie der Computer „rechnen" kann, so wenig kann er Angst haben. Erscheint computergeneriert auf dem Bildschirm „Ich habe Angst zu sterben" oder wird der Satz gar akustisch und in angsterfüllter elektronischer Stimme hörbar, dann hat – unter bestimmten Randbedingungen – (allenfalls) der Benutzer oder der Programmierer Angst, aber nicht der Computer. Der zugrundeliegende Denkfehler: Zu *sagen* „Ich habe Angst" ist etwas anderes als Angst zu *haben*. Zwischen „Sagen" und „Haben" gibt es bekanntlich kein zwingendes Verhältnis. In den emotional engen und täglich praktizierten Interaktionen insbesondere zwischen Kindern und Computern wird dieser wesentliche Unterschied häufig übersehen: Es sind Simulationen im pejorativen Sinne des Wortes (so wie ein Mensch eine Krankheit simuliert, aber nicht wirklich hat). Gerade bei Kindern (und Jugendlichen) ist die Gefahr groß, dass sie die Computeroutputs für bare Münze nehmen und beindruckende *Out*putleistungen zur Basis funktionalistischer Fehlschlüsse auf ein kognitiv-emotionales Vermögen von Maschinen machen. Will man der Wahrheit auf die Spur kommen, muss man *hinter* die Kulissen schauen (beim Computer: hinter die Benutzeroberfläche). Es ist wie auf der Bühne: Wenn ein Zauberer vor interessierten und teilweise gar kritischen Augen eine Frau in der Mitte durchsägt, dann ist die Frau – obwohl es so aussieht – natürlich nicht *wirklich*, sondern nur *scheinbar* gezweiteilt worden. Man kann solche Leistungen nur bewundern, aber es ist die Bewunderung einer *Täuschung*. Mit Blick auf den Computer muss – vom Zauberer abweichend – einschränkend gesagt werden: Es ist nicht der Computer, der Kognition und Emotion vortäuscht, sondern der Programmierer, der die Benutzeroberfläche menschenkonform gestaltet und interpretiert. Könnte der *Computer* nämlich *täuschen*, dann wäre das ein Indiz für seine Intelligenz. Im Lichte der bisher skizzierten Theorie des Geistes kommen wir also zu einem eindeutigen und uneingeschränkten Ergebnis: KI-Maschinen denken nicht –

wie komplex und beeindruckend auch immer ihre Outputs sein mögen. Ansonsten *können* sie (fast) alles, nur *denken* können sie eben nicht.

Dennoch: Wir können die Akte noch immer nicht ganz schließen! Die bisherige abgrenzende Argumentation war nämlich an *klassischen* KI-Maschinen orientiert. Nun hat sich in der Zwischenzeit zweifellos Einiges getan, so dass sich jetzt die Frage stellt, ob vielleicht *neuere* technische Entwicklungen das *grundsätzlich* angelegte negative Ergebnis in Frage stellen. Fällt die angenommene Einzigartigkeit des menschlichen Geistes bei Berücksichtigung dieser Neuerungen?! Das wollen wir jetzt abschließend prüfen. Zunächst ein paar Meilensteine dieser Entwicklung: Schon in den 1960er Jahren gab es als Alternative für die oben analysierten „symbolverarbeitenden" KI-Maschinen erste Ansätze für „neuronale Netze", die das Problem des *Lernens* lösen sollten. Schon die Begrifflichkeit indiziert, dass hier ein Wandel eingesetzt hat, der sich bis heute hält: die Orientierung des Computers am Gehirn und damit die Bereitschaft der KI bzw. eines Teils von ihr, die Funktionsweise des Gehirns als *Vorbild* anzuerkennen (und nicht umgekehrt wie bei der „symbolverarbeitenden" KI). Aber die Fortschritte waren in den 1960er Jahren nur mäßig. Deshalb gab es in den 1970er und 1980er Jahren wieder eine Anknüpfung der KI an die frühe „symbolverarbeitende" Phase. In den 1980er Jahren dominierten Modelle, die mit *neuen* Programmiersprachen (z. B. PROLOG) an der Logik und damit an formalen Regeln wie Deduktion u. Ä. orientiert waren. Das Ergebnis waren in der Praxis einsetzbare sogenannte „Expertensysteme". Als dann auch bei diesen Entwicklungen ein „KI-Winter" einsetzte, setzte in 2011 ein nächster Wechsel ein, der die neuronalen Netze wieder in den Mittelpunkt der Forschung rückte und unter dem Begriff „Deep Learning" bis heute verfolgt wird. Eine kurze kritische Zwischenbemerkung: Der sympathische Wandel weg vom frühen und arroganten KI-Lehrmeister in kognitiven Angelegenheit und hin zur Orientierung am *Gehirn* war von Anfang an mit einem Problem belastet: Was Kognition ist und wie sie entsteht, darüber kann auch die Neurobiologie bis heute nur wenig sagen. Ein Gleichstand der Aporien also – einmal abgesehen von der Frage, ob die Begriffsanleihen beim Gehirn in der *digitalen* Sache überhaupt eine Berechtigung haben. Wir werden sehen. Jedenfalls sind die ganz Großen der Branche schnell auf diesen Neuro-Zug aufgesprungen. So auch IBM. Zwar hieß es noch im Jahr 1989 in einer didaktisch hervorragend gemachten KI-Broschüre, sogar unter Einschluss der *zukünftigen* Entwicklungen, etwas kryptisch: „All diese Errungenschaften werden wir aber wahrscheinlich nicht als „intelligent" bezeichnen. Künstliche Intelligenz wird bleiben, was sie heute ist: das, was im Moment noch als unmöglich gilt." (IBM 1989, S. 168, S. 185) Gleichwohl hatte das Neurofieber den Konzern befallen. So meldete IBM im Jahr 2016, im Züricher Labor sei unter Anwendung der Schwellwertlogik ein „künstliches Neuron" entwickelt worden. (siehe Spiegel 2016, S. 113) Immerhin ein erster Schritt, aber noch kein Durchbruch zum „elektronischen

Gehirn", was außerdem eine „100prozentig sichere Prognose" von IBM aus dem Jahr 1980 widerlegen würde, die lautete: „Nur eines wird es niemals geben: einen Computer, der denken kann." War das damals nur *taktischer* Pessimismus zur Beruhigung potenzieller Maschinenstürmer oder realistische Einschätzung der *Un*möglichkeit? Jedenfalls ist die Entwicklung der Technik bei IBM nicht stehengeblieben, die schon 1997 fulminant mit dem Schachcomputer *Deep Blue* startete, der den damaligen Schachweltmeister Kasparow unerwartet schlug – was jahrzehntelang von KI-Kritikern für unmöglich gehalten wurde. Und nicht nur die Schachcomputer wurden weiter verbessert und sind im Vollzug des Spiels für Überraschungen gut. Auch in anderen Spielarten mit mehr Ungewissheit werden dank der neuen künstlichen „neuronalen Netze" inzwischen beeindruckende Erfolge erzielt, die sogar vorsichtigere KI-Befürworter und alle KI-Kritiker für unmöglich gehalten haben. Ein Beispiel ist das Pokerprogramm *Libratus*. Das Besondere in den Worten von Noam Brown, ein Mitschreiber an diesem Programm: „Wir erklärten *Libratus* nicht, wie man Poker spielt. Wir statteten es mit den Regeln aus und sagten dann: „Bring es dir selbst bei." (zitiert in Armbruster 2017b, S. 20). Auch in der Robotik, die den *tätigen* Anschluss des Rechners an die Außenwelt sicherstellt, hat es Fortschritte nicht zuletzt mit Blick auf die *Flexibilität* der Roboter gegeben. Hier könnte eine Analogie zur Plastizität des Gehirns entstanden sein, die wir als wesentliche materielle Voraussetzung für die Realisierung von Denkfunktionen eingeführt haben. Die Flexibilität zeigt sich u. a. darin, dass Roboter auf unerwartete Hindernisse im Arbeitsprozess, zum Beispiel ein *zufällig* vorbeigehender Mensch, mit einer Ausweichbewegung reagieren und das Hindernis Mensch nicht – wie bei früheren Robotergenerationen – einfach umstoßen. Gut für Beide! Erstaunlich ist allerdings wieder einmal der unreflektierte anthropomorphe Sprachgebrauch bei der Beschreibung solcher Maschinenleistungen: Einen Menschen nicht über den Haufen zu rennen, wird bereits „Sozialkompetenz" genannt. Das erinnert an Bohms „Selbstbestimmung" von Elementarteilchen, so wie „Sozialkompetenz" Ausdruck eines Reflexionsdefizits und einer unzulässigen Projektion – und kein Ausdruck einer Fähigkeit des Gegenstandes. Außerdem: Bei aller Euphorie über den technischen Fortschritt, die Flexibilität der Roboter hat noch immer enge Grenzen. In den Worten des Vorstandsvorsitzenden des international renommierten Roboterbauers *Kuka*, Till Reuter: Die Grenzen der Roboter sind dann erreicht, wenn es darum geht, „beispielsweise verschiedene Objekte bei unterschiedlicher Beleuchtung oder mit schmutziger Oberfläche zu erkennen". (zitiert in: Marx 2017d, S. 22) Nun wäre hier – vielleicht zu Recht – das Vertagungsargument zu erwarten, aber nicht ausgeschlossen ist auch, dass für die Lösung dieser *Art* von Problemen *Abstraktionsvermögen* und damit *wirkliche* Intelligenz gefordert ist. Wir müssen das an dieser Stelle offenlassen.

All diesen Versuchen und Projekten liegt ein mehr oder weniger weit gestecktes Ziel zugrunde: das „künstliche Gehirn". So auch an der University of

Southern California, wo unter der Leitung von Alice Parker an künstlichen „Synapsen aus Nanoröhrchen aus Karbon" gearbeitet wird. Aber im Unterschied zur großspurigen KI von Minsky & Co. wird hier bescheiden eingeräumt, dass der Weg bis zum „künstlichen Gehirn" noch lang und beschwerlich sein wird, nicht zuletzt deshalb, weil auch dieser neuen Entwicklung der Nanoröhrchen das fehlt, was in unserer Theorie der wichtigste Brückenteil für einen Anschluss des Gehirns an Kognition bzw. für seine Tauglichkeit als materielle Basis von Denken ist, nämlich die *Plastizität* und damit die *Zeitlichkeit* des Denkorgans. Auch an anderen Stellen und mit anderen technischen Konzepten wird auf hohem Niveau weiter geforscht und entwickelt. Einen der wohl ambitioniertesten Versuche für den Bau eines „künstlichen Gehirns" gibt es derzeit unter der Bezeichnung *BrainScalS* an der Universität Heidelberg. Das Besondere: Der Computer arbeitet auf der Grundlage von „Neurochips" phasenrelativ mal mit digitalen und mal mit analogen Daten/Methoden. Ein neuer Name steht schon bereit: *neuromorphic computing*. Um ein mögliches Missverständnis auszuschließen: Die „Neurochips" sind keine biologische Neuronen, sondern mathematische Modelle von ihnen, die der Biologie des Gehirns so nahe wie möglich kommen sollen. Das Zauberwort ist dabei „Emulation", welche die klassische Simulation – jedenfalls im Sprachgebrauch – abgelöst hat. Neuronen werden also – in mathematischen Modellen – imitiert. In den Worten des Projektleiters von BrainScaleS, Karl-Heinz Meier: „Mit diesem System versuchen wir, möglichst nah an die Biologie heranzukommen [...] In rein analogen Systemen wird die Qualität des Signals immer schlechter, je größer sie werden. Die Biologie hat das ganz spektakulär gelöst, indem sie analog arbeitet, wo nicht viel Platz verbraucht wird, also in den Zellen, und zwischen den Zellen digital durch die Aktionspotentiale, das „Feuern" der Neuronen [...] Das Konfigurieren, das Einspeisen der Daten und das Auslesen der Ergebnisse erfolgt über gewöhnliche Rechner [...] Wie schnell unser Gehirn ist, bestimmt die Biophysik der Zelle. Wie schnell unser Chip sein kann, bestimmt die Halbleiterphysik [...] Und das heißt, dass man die Vorgänge mit den elektronischen Bauteilen beschleunigen kann. In unserem System läuft im Wesentlichen alles wie im Gehirn ab, nur zehntausendmal schneller" (zitiert in Frankfurter Allgemeine Zeitung 2017f). Und in der journalistischen Erläuterung des Projektes wird hervorgehoben, dass auch die *Struktur* von biologischen Neuronen emuliert wird: „Auch die innere Struktur der biologischen Neuronen ist in den Schaltungen von BrainScaleS ein Stück weit berücksichtigt, und die nachgeahmten Synapsen können sich, wie die biologischen, kurz- und langfristig verändern." (Frankfurter Allgemeine Zeitung 2017f). Was auch immer genau „in den Schaltungen [...] ein Stück weit [...] sich verändern" heißen mag, hier wird ein schwacher Begriff von „nachahmen" verwendet. Nehmen wir zur Begründung ein Beispiel aus dem Alltag: Wenn jemand wichtigtuerisch auch bei unwichtigen Anlässen die Augenbrauen nach oben zieht, dann entsteht Nachahmung *nur* dadurch, dass ein Dritter seine eigenen *Augenbrauen* nach oben zieht. Auf *körperliches* Verhalten muss unter dem Begriff „Nachahmung" mit *körperlichem* Verhalten reagiert werden, sonst kann der Vorgang nicht „Nachahmung" genannt werden. Eine nur sprachliche *Beschreibung* des Vorgangs wäre also keine Form der Imitation. Zurück zum Verhältnis von Gehirn und Computer. Da die *Plastizität* des neuronalen Netzwerks *die* Form der Veränderung von Neuronen/Synapsen des Gehirns ist, müsste analog dazu in der *Hard*ware des Computers (Schaltkreise/Transistoren etc.) eine Imitation in Form einer *materiellen* Veränderung stattfinden (Elektronenfluss zeigt keine Plastizität in diesem Sinne). Ich muss gestehen, dass ich – vielleicht durch mangelnde Information selbstverschuldet – keine Vorstellung davon habe, wie sich die *Materie* des Computers z. B. auf der Ebene der Schaltkreise im Sinne von Wachstum oder Abbau „plastisch" verhalten soll. Die Plastizität, die wir – kognitionstheoretisch erheblich – als „starke Zeitlichkeit" bezeichnet haben, müsste dann zum Beispiel auch in einem sich in der Zeit ändernden und durch Informationsverarbeitung verursachten *Gewicht* des Computers messbar sein. Noch einmal anders: Erst wenn der Computer *materiell* eine Funktion der Zeit ist, kann von einem echten Analogon zur Materie des Gehirns gesprochen werden. Ansonsten handelt es sich bei der Emulation nur um eine andere *Form* von Simulation: Der klassische Computer simuliert die Funktion, BrainScaleS simuliert die Struktur. Ein Übergang, der zwar Qualität hat, der aber keinen Übergang zur Kognition beweist. Warten wir die weiteren Entwicklungen ab!

Noch eine letzte Bemerkung zu einer neueren Technik, die zu Recht als Quantensprung in der Rechnerarchitektur gewertet wird: der sog. „Quantencomputer". Vorweg: Auch er löst dieses Problem der für Kognition konstitutiven *Plastizität* im Sinne der *Struktur* der Zeit nicht (obwohl ja die Annahme der Offenheit der Zukunft aus der Quantentheorie stammt!). In den 90er Jahren mit ersten Ideen begonnen, gibt es inzwischen erste praktische Ergebnisse, wenn auch noch mit vielen Mängeln (z. B. hinsichtlich der *Stabilität* der Quantenverschränkung). Allerdings kann man davon ausgehen, dass es sich dabei um Kinderkrankheiten einer neuen Technologie handelt, die in den nächsten Jahren behoben werden können. Schon jetzt ist sicher: Der Quantencomputer – entstanden im Lichte der Quanten*theorie* – ist den heutigen Computern in der Rechengeschwindigkeit und der Parallelverarbeitung um Größenordnungen überlegen. Der Grund: Die sogenannten *Qubits* (Quantenbits) können im Unterschied zum Grundzustand des klassischen Computers *gleichzeitig* die Werte 0 und 1 einnehmen. So können viele Probleme gleichzeitig abgearbeitet und zum Beispiel schwierige mathematische Aufgaben in Minuten gelöst werden, für die ein leistungsstarker klassischer Computer Jahre und ein menschlicher Mathematiker Jahrzehnte oder mehr benötigen würde. Aber vieles ist noch Zukunftsmusik. In den in 2017 geäußerten Worten von Simon Trebst (Professor am Institut für theoretische Physik zu Köln): „Der Quantencomputer lebt in der Theorie." (zitiert in: Rhein-Zeitung Koblenz 2017) Dass hier unsere alte These vom Vorrang der Theorie und damit vom Vorrang des Geistes einmal mehr bestätigt wird, sei nur erwähnt. Trebst arbeitet selbst an der Realisierung eines solchen Computers und erwartet ein erstes Funktionsmuster auf der Basis eines topologischen Transistors in den nächsten Jahren. Das ist *sein* physikalisch-technisches Problem. *Unser* Problem mit Blick auf „denkende" Maschinen: Geschwindigkeit, die bei Quantencomputern eine neue Dimension erreicht, ist keine *konstitutive* Eigenschaft von Denken, denn auch wer *langsam* denkt, *denkt*. Die Vermutung: Der noch *in statu nascendi* stehende Quantencomputer dürfte in *kognitiver* Hinsicht keinen Vorteil gegenüber dem klassischen Computer bringen. So schließen wir mit der These: Auch neuere Entwicklungen dieser Art führen nicht zur *Denkfähigkeit* von Maschinen, und die Gründe dafür sind identisch mit den Gründen, die wir bei der klassischen KI schon genannt haben, nicht zuletzt das fehlende semantische Vermögen.

Von manchen KI-Vertretern wird dieser Mangel konzediert, aber aus einer rein *technischen* Perspektive für unerheblich erklärt. Was technisch zu Recht alleine zählt, ist der korrekte *Out*put und seine entsprechende technische *Verwendbarkeit*. Der Einwand der *eingeschränkten* Relevanz unserer negativen Diagnose ist berechtigt, aber selbst von *eingeschränkter* Relevanz. Denn unser *technisches* Verhältnis zur Welt ist nur eines von vielen, und auch nicht das einzig *wichtige*. Ob der Output Ausdruck einer *kognitiven* Kompetenz des Computers ist, ist nicht nur bedeutsam an sich oder für unser Selbstverständnis im Mensch-Maschine-Verhältnis, sondern auch mit Blick auf die großspurigen Behauptungen mancher großer KI-Forscher. Zur Erinnerung die Worte von Moravec: „Unser versagendes Gehirn kann Bit für Bit durch bessere elektronische Äquivalente ersetzt werden, die unsere Persönlichkeit und unsere Gedanken klarer als jemals machen werden, obgleich nach einer bestimmten Zeit keine Spur unseres ursprünglichen Körpers oder unseres Gehirns übrig bleiben wird […] Unser Geist wird von unserem ursprünglichen biologischen Gehirn in eine künstliche Hardware verpflanzt werden." Zum Glück oder – mit Blick auf Technikfreaks – nicht zum Glück: Im Mensch-Maschine-Vergleich ist *Denken* noch immer ein Alleinstellungsmerkmal des *Menschen*. Es liegt selbst dann vor, wenn wir die bisherigen Ergebnisse der Theorie des Geistes außer Acht lassen und für einen Moment nur den maschinellen *Out*put berücksichtigen. Dann stellt sich die Frage: Ist die Annahme realistisch, dass Computer in der Lage sind oder bald in der Lage sein werden, ohne menschliche Unterstützung zum Beispiel eine Theorie vom Niveau der Relativitätstheorie oder der Quantenmechanik zu „erfinden" und selbstorganisiert im Output zu präsentieren? Die Frage ist rhetorisch, also schon beantwortet. Selbst mit eingeschränktem Blick auf die Technik: Es dürfte sehr unwahrscheinlich sein, dass – im Gedankenexperiment sind paradoxe Formulierungen erlaubt – der Computer den Computer erfunden und entwickelt hätte (oder das Auto, das Telefon, das Flugzeug etc. etc.). Auch mit Blick auf die Mathematik, die KI-Forscher gerne zum Hoheitsgebiet von Computern rechnen, entdecken wir ein Alleinstellungsmerkmal: Rechner wären eigenständig wohl kaum zum „Unvollständigkeitssatz" gelangt, den Gödel über *meta*mathematische Überlegungen gefunden hat. Es ist eben etwas qualitativ Anderes, aus vorhandenen Axiomen beweisbare Sätze abzuleiten (was KI-Maschinen können) oder durch metamathematische Überlegungen herauszufinden, dass es unmöglich ist, unter einer gegebenen Menge von Axiomen alle mathematischen Sätze entscheidbar zu machen.

Trotz des negativen Prüfergebnisses kann nicht übersehen werden: KI-Computer sind – jenseits von *Google* – auch für die Wissenschaft nützliche technische Instrumente, deren Qualität noch zunehmen und die manchen KI-Kritiker überraschen wird. Die immer wieder kursierenden Unmöglichkeitsbehauptungen von KI-Kritikern wurden ja schon oft durch die technische Realität widerlegt (siehe z. B. durch das Schachprogramm *Deep Blue*). Aber wie immer bei hochwirksamen und weltbewegenden Technologien gibt es auch im Falle der KI eine Kehrseite der Nützlichkeit, mehr noch: ist mit ernsten, teilweise bedrohlichen negativen Nebenwirkungen zu rechnen (Cyberwar etc.). Darauf weisen sogar Entwickler und Nutznießer der Computertechnik eindringlich hin. In einem Schreiben an die *UN* warnen sie davor, „tödliche autonome Waffen" zu produzieren. Einer der Unterzeichner ist Elon Musk, Gründer von TESLA, ein Unternehmen, das führend in der KI-Technik des „autonomen" Autos ist. (siehe Frankfurter Allgemeine Zeitung 2017e) Ob KI für die Gesellschaft unter dem Strich mehr Nutzen stiften als Schaden anrichten wird, ist eine offene Frage. Weniger bedrohlich, aber doch gesellschaftlich schon jetzt negativ wirksam, zeigt sich die Computertechnik in einer anderen Hinsicht. So hat nicht zuletzt die teilweise maßlose Überschätzung der Fähigkeiten des Computers zu einem problematischen Begriff von *Informationsgesellschaft* geführt, der auf der strikten Kopplung von „Informationsgesellschaft" und „Digitalisierung" beruht. Das Problem: So wenig wie die Zunahme von Telefon*apparaten* automatisch zu einer Zunahme intelligenter Telefon*gespräche* führt, so wenig führt die Zunahme der Computer*technik* automatisch zur Informations*gesellschaft*. Was wir (mit zunehmender Tendenz) bereits haben, ist eine Informations*technologie*gesellschaft, durch Datenmenge und /-geschwindigkeit bestimmt, die aber nicht deckungsgleich mit der Informations*gesellschaft* ist, die sich mit Qualität und Niveau in der *Verarbeitung* der Daten profiliert. Der *technische* Schwerpunkt beim Modell der Informationsgesellschaft hat längst zu der schon monierten Allianz von Datenflut und Denkebbe geführt. Anders gesagt: Es gibt keinen *systematischen* Zusammenhang zwischen einer Informationsgesellschaft und dem Computer, d. h. auch eine computer*freie* Informationsgesellschaft ist grundsätzlich denkbar. Sie entsteht automatisch, wenn der *Geist* die Regie übernimmt, ob mit oder ohne Computer.

Die kritischen Bemerkungen sollten nicht als ohnehin wirkungsloses Plädoyer für die Abschaffung des Computers missverstanden werden, wohl aber als Aufforderung, den Computer nicht als Allheilmittel zu verstehen. Noch einmal: Der Computer ist *keine* notwendige Bedingung für die Realisierung einer Informationsgesellschaft. Jedenfalls sind viele Fehlentwicklungen in Politik, Wirtschaft und Gesellschaft Folgen von *Denk*fehlern und nicht von unzureichender *Computer*leistung. Einer der zentralen und häufig vorkommenden Denkfehler besteht darin, eine Annahme oder eine Maßnahme schlecht oder falsch zu *begründen*. Welche Anforderungen Prämissen erfüllen müssen, damit eine Schlussfolgerung formal gültig und inhaltlich wahr ist, lehrt die Argumentationstheorie – und nicht die Bedienungsanleitung für einen Computer. Korrekt und anspruchsvoll denken lernen ist gleichermaßen wichtigste Bedingung wie auch erste und nie endende Aufgabe der Informationsgesellschaft, der die Digitalisierung nachgeordnet ist. Fest steht: Ohne den *Primat* des Geistes entsteht keine Informationsgesellschaft, die diesen Namen auch verdient. *Homo sapiens* muss beim Aufbau der Informationsgesellschaft Pate stehen und nicht der *Homo digitalis*, der seit Neuestem als neues Schlagwort durch die Medien geistert. Unterstützung von der Hirnforschung ist bei der Verlagerung des Schwerpunktes auf die Perfektionierung des *menschlichen* Denkens leider nicht zu erwarten, jedenfalls nach Aussage des Neurowissenschaftlers Christof Kessler: „Denken macht unglücklich! Das klingt zwar absurd, ist aber in den Neurowissenschaften erwiesen." (Kessler 2018) Und wer will schon unglücklich sein?! In der konstruierten Disjunktion von „Informationsgesellschaft" und „Glück" hat die Informationsgesellschaft sicher die schlechteren Karten.

Schlussbemerkungen und graphisches Modell der Theorie

Alle vier Abhandlungen waren mit unterschiedlichen Schwerpunkten ein Versuch, den alten Zweiparteien-Streit über die Einheit der Wissenschaften auf einem *Dritten Weg* zu überwinden. Neben dem physikalistischen Monismus und dem geisteswissenschaftlich begründeten Dualismus ging es darum, die Einheit auf einer logisch autonomen, allgemeinen Theorie des Geistes aufzubauen. Der Initialimpuls für diesen Versuch kam im Zusammenhang mit der Analyse der beiden elaboriertesten physikalischen Theorien, nämlich Quanten- und Relativitätstheorie. Auf diesem Hintergrund war das Einheitsvorhaben eine logische Folge davon, dass zentrale Grundbegriffe, Naturgesetze und Modelle der modernen Physik im logischen Status *geistiger* „Natur" sind. Im Lichte der drei methodologischen Grundbegriffe (realitätsfrei/realitätswidrig/realitätskonform) war eine Reihe von Entitäten der Physik – und nicht die unwichtigsten – sogar völlig realitäts*frei*, also *rein* geistig. Dazu gehörte z. B. das Elementarteilchen in seiner Explikation als mathematischer Punkt oder das Inertialsystem der Speziellen Relativitätstheorie. Eine solche Entwicklung war von einer im traditionellen Selbstverständnis *empirischen* Wissenschaft nicht zu erwarten. Von Anfang an war es dabei wichtig, das Einheitsvorhaben nicht nur abstrakt methodologisch, sondern mit ausdrücklichem Bezug auf physikalische Theorien, also auf *fachlichem* Hintergrund, auszuführen. Im Vollzug dieser Analysen kamen dann immer mehr *geistige* Entitäten zum Vorschein, was folgerichtig die Idee entstehen ließ, die Einheit der Wissenschaften auf der Grundlage einer allgemeinen Theorie des Geistes zu versuchen. Diese Theorie des Geistes wird als Klammer um die unterschiedlichen Disziplinen verstanden. Das hatte zwei Folgen: Erstens war es möglich, methodologische Einheit und disziplinäre Vielfalt zu verbinden. Zweitens war mit der Entscheidung, eine allgemeine Theorie des Geistes in den Mittelpunkt der Einheit zu stellen, der Gedanke an eine *Einzel*disziplin als *Leit*wissenschaft aus dem Spiel – diese Konsequenz habe ich am Anfang dieser Arbeit noch nicht gesehen. Die Vorstellung von traditionellen Monisten, als Kandidaten für diese Leitfunktion die Physik zu favorisieren, ist somit passé. Wenn weite und zentrale Teile der physikalischen Theorie sogar im *Bezug* der Begriffe und Gesetze *geistiger* Natur sind, ist eine Abstraktion von den spezifischen Gegenständen der Physik der naheliegende, ja zwingende Gedanke. Im Moment des verbindenden *Geistigen* entstand eine Schnittmenge zwischen Natur- und Geisteswissenschaften, die den alten Zwei-Parteien-Streit transzendierte. In einer bestimmten Hinsicht bleibt die Physik jedoch Leitwissenschaft: Sie ist innerhalb der Naturwissenschaften ein Vorbild dafür, den Fortschritt des Wissens primär via Theorie und nicht via Empirie aufzubauen und auszuführen (z. B. Einstein: „Was beobachtbar ist, bestimmt die Theorie"). Der Grundstein für den Wechsel zum Primat der Theorie und damit zum Primat des Geistes ist schon im Begriff angelegt: Es heißt „*Wissen*schaft" und nicht „*Ding*schaft". Die Logik der Begründung in der einfachsten Variante: Wissenschaft ist wesentlich *Theorie*bildung. Theorien sind *Symbol*systeme. Symbolsysteme sind Ausdruck des *Geistes*, nicht der Natur. Deshalb ist die Basis aller Wissenschaften eine Einheit stiftende Theorie des Geistes. Wenn man so will, ist der hier vorgeschlagene *dritte Weg* ein epistemischer Monismus: Der Geist bzw. die Wissenschaft vom Geist übernimmt für alle Disziplinen die methodologische Regie. Einen solchen Vorschlag hätte der gerade verstorbene Stephen Hawking, der sich selbst einen „schamlosen Reduktionisten" nannte, abgelehnt. Hawking fühlte sich bis zum Schluss Poppers *Falsifikationismus* verbunden, d. h. der Vorstellung, dass grundsätzlich *Experimente* im Zentrum der Wissenschaft stehen und über die Geltung von Theorien entscheiden. Die darin implizierte Theorie*un*abhängigkeit von Experimenten haben wir aus vielerlei Gründen abgelehnt. Hawkings relative Abwertung der Theorie ist umso erstaunlicher, als die extrem *theoretisch* geleitete Physik der *Schwarzen Löcher* sein zentraler Forschungsgegenstand war. Aber wie nicht anders zu erwarten, ging auch sein reduktionistischer Versuch in eine Wackelpartie über, „modellabhängiger Realismus" genannt, bei dem dann doch die Theorie via Hintertür wieder die Regie übernahm. Realität und Theorie sind einfach nicht separierbar.

Was die Theorie des Geistes betrifft, so handelt es sich um ein großes Vorhaben mit großem noch zu deckendem Explikationsbedarf. Insofern sind die hier gemachten Vorschläge im Status einer ersten Diskussionsvorlage. Aber immerhin konnten ein paar Grundpfeiler eingeschlagen werden, zum Beispiel: Die einzige, aber auch einzigartige Fähigkeit wie auch die einzige, aber ebenso einzigartige Existenz- und Erscheinungsform des autonomen und damit freien Geistes besteht darin, sich und der Welt *Bedeutung* zu geben. In der Theorie des Geistes werden kognitive und semantische Kompetenz als äquivalent eingeführt, so dass die Theorie des Geistes als Theorie der Bedeutung aufgebaut werden kann. Einer der Gründe für die geisttheoretische Schlüsselrolle der Bedeutung war das Abstraktionsvermögen des Geistes. Eine exklusive Fähigkeit, die keine Entsprechung in der Natur hat. Abstrakte Größen gibt es in der Natur nicht. Die These: Abstraktionen existieren nur als *Bedeutung*. Das gilt gleichermaßen für Wissenschaft wie für Alltag. Am Beispiel der Klassenbegriffe: Der Alltagsbegriff „Hund" ist eine Abstraktion, die in der realen Welt keine Extension hat (es gibt keinen *allgemeinen* Hund). Das Gleiche gilt für den Klassenbegriff „Elementarteilchen". Beide Begriffe existieren nur als *Bedeutung* und damit nur im Geist. Dass Bedeutung (= Inhalt) aus unterschiedlichen Gründen eine schwierige Größe ist, haben wir gesehen. Aber auf sie zu verzichten, ist der

Verzicht auf jegliches *geist*theoretische Explikationsbemühen. Wichtig ist: Bedeutung existiert nur im Kopf, nicht in der Welt. Letztere ist vollkommen bedeutungsfrei. Das hat z. B. Frege anders gesehen. Aber es ist nun einmal so: Wenn ein Haus zusammenbricht, bricht nicht die Bedeutung von „Haus", sondern ihr Träger zusammen. Das Besondere: Die via Bedeutung konstituierte Freiheit des Geistes ist grenzenlos. Die *Inhalte* des Denkens sind vollkommen unabhängig von Masse und Energie. Für diese grenzenlose Freiheit des Geistes, die nicht zuletzt als Freiheit von den Beschränkungen der Materie in Erscheinung tritt, haben wir viele fachlich geschützte physikalische Beispiele genannt, insbesondere im Zusammenhang mit realitäts*freien* Begriffen (z. B. „sphärischer Raum"). Aber auch realitäts*widrige* Annahmen sind Ausdruck der Freiheit des Geistes. So kann nach der SRT zwar Überlichtgeschwindigkeit nicht *sein*, aber wir können sie dennoch *denken*. Möglich ist das nur in der Existenzform der *Bedeutung*, welche die *Autonomie* des Geistes zur Voraussetzung hat. Dass Bedeutung eine schwierige Angelegenheit ist, zeigt sich schon an den scheinbar einfachen Begriffen des Alltags (z. B. „Mittelalter"), aber auch an sophistisch oder skurril erscheinenden Beispielen. So ist es zwar aus definitionslogischen Gründen nicht möglich, das Undenkbare zu denken, aber sehr wohl denken kann man die Undenkbarkeit, d. h. den *Gedanken* der Undenkbarkeit kann man *tatsächlich* haben. Auch das ist nur möglich unter der Voraussetzung der Autonomie und Freiheit des Geistes, die *nur* auf der Ebene der *Bedeutung* entstehen können. Noch ein anderes Beispiel für das Schwierige und Schillernde des Bedeutungsbegriffs: „Aristoteles hätte im Jahr 2018 ein Alter von 2402 Jahren erreicht". Dass Aristoteles in diesem Jahr 2402 Jahre alt geworden wäre, ist zunächst einmal wahr, wenn auch nur durch das irreale Konditional. Diese Aussage aus dem Funktionskreis der *Bedeutung* mit der Begründung zu entfernen, sie sei *sinnlos*, ist deshalb unangemessen – auch wenn es stimmt, dass Menschen *tatsächlich* nicht so alt werden können. Dennoch hat die Aussage Sinn, auch jedes einzelne ihrer Worte. Sinnlos, d. h. ohne Sinn ist nämlich unseren theoretischen Annahmen zufolge nur die *Ding*welt ohne Relation zum Geist. Richtig ist: Die Aussage über das Alter des Aristoteles ist *unsinnig*, was aber etwas anderes als *sinnlos* ist. Auch Spannungen zwischen Logik und Bedeutung treten immer wieder auf, z. B. in dem Satz „Du stehst mir mit Abstand am nächsten". Und gelegentlich wird es lustig, z. B. bei einem Schild an einer Tankstelle mit der Aufschrift „friendly self-service". Auch dieser Ausdruck ist nicht sinnlos, wohl aber unsinnig. So gesehen erscheinen Autonomie und Freiheit des Geistes sogar in Form von Unsinn, Freiheiten, welche die masse- und energiebestimmte Welt nicht hat und die nur unter der Voraussetzung der Masse- und Energiefreiheit des Geistes entstehen können.

Zurück zum Ernst der Theorie: Bei der Ausführung der Theorie des Geistes als Theorie der Bedeutung konnten wir drei, für Denken konstitutive Kriterien herausarbeiten: erstens die Erfüllung der Repräsentationsfunktion, zweitens die *starke* Zeitlichkeit (bestimmt am logischen Unterschied der drei Zeitmodi) und drittens die Fähigkeit zur *Phänomen*bildung. Letztere ist eine wichtige Erscheinungsform von Komplexität, eine grundlegend antireduktionistische Integrationsleistung des Geistes, die z. B. bei der visuellen Wahrnehmung zur *Ganzheitlichkeit* des Wahrnehmungsobjektes führt. Eine Fähigkeit, die KI-Maschinen nicht haben und deren Fehlen wir als Zeichen für das Fehlen ihrer kognitiven Kompetenz ausgeführt haben. Unabhängig von der spezifischen materiellen Beschaffenheit eines Systems gilt die Annahme: Wer den Phänomentest nicht besteht, kann keine *kognitive* Beziehung zu Gegenständen der *Außen*welt haben – mag die Dialogkomponente der Maschine beim Maschinen*benutzer* auch einen anderen Eindruck erwecken. Anders gesagt: Eine Maschine, die in ihrem Problemlösungsteil (= CPU) z. B. das *Gesicht* ihres Programmierers nicht *als* Gesicht und damit *visuell* codieren kann, so dass sie das Gesicht niemals *sieht*, sondern nur Elektronenfluss „kennt", kann grundsätzlich nicht wissen, wie ihr Programmierer aussieht oder welche Emotionen seine Mimik zeigt (dass auch hierbei immer wesentlich Elemente der *Bedeutung* involviert sind, haben wir ausgeführt).

Die abstrakteste *methodologische* Klammer sowohl für die Repräsentationsfunktion wie auch für Zeitlichkeit und Phänomenbildung ist das *Beziehungspostulat*, das Heisenberg in die Quantenphysik eingeführt hat und das wir so verallgemeinert haben: Wir erkennen nicht die Welt, sondern unsere qua Bedeutung geregelte *Beziehung* zu ihr. Unter dieser Voraussetzung stand dann – vorläufig abschließend – diese Festlegung des Kognitionsbegriffs: *Denken ist Repräsentation von Bedeutung unter der Struktur der Zeit*. Da wir von Anfang an Geist und Bedeutung zwar logisch unabhängig von Materie, aber nicht *jenseits* von ihr eingeführt haben, ergab sich die Notwendigkeit, diesen Begriff des Denkens mit den spezifischen Eigenschaften eines materiellen Substrats zu verbinden, so dass das geforderte Entsprechungsverhältnis zwischen (kognitiver) Funktion und (materieller) Struktur ohne reduktionistischen Rückfall eingelöst werden konnte. Das besondere Verhältnis haben wir mit einer Analogie zu illustrieren versucht: So wie ein Schiff seine Funktion nur im Zusammenhang mit Wasser erfüllen kann, so kann der Geist seine Funktion nur im Zusammenhang mit dem Gehirn erfüllen. Aber so wenig wie das Schiff aus Wasser abgeleitet werden kann, so wenig ist Geist aus der Materie des Gehirns ableitbar. Allerdings ist das *funktions*erfüllende Zusammenspiel in beiden Fällen an bestimmte Bedingungen geknüpft. So musste der (kognitiven) Funktion der *Zeitlichkeit* der Bedeutung die (materielle) Struktur der *Plastizität* des Gehirns entsprechen, was auch der Fall war. Die Einlösung der Entsprechungsforderung hatte einen wichtigen Nebeneffekt: Die als Folge der Nichtbeobachtbarkeit des Geistes entstandene Differenzierung nach *Bezug* und *Beweis* hatte eine Grundlage. Allerdings konnte das Entsprechungsverhältnis von Funktion und Struktur bislang nicht bei allen wesentlichen, in der Theorie geforderten

Merkmalen nachgewiesen werden. So gab es keine neurobiologische Entsprechung zur Fähigkeit des Geistes, *Phänomene* zu erzeugen und abzubilden. Diese Aporie der Neurobiologie war der Grund, warum wir gegen Ende noch einmal die Physik zu Rate gezogen haben. Gefunden wurde zwar keine abschließende Lösung, aber es gab erste und vielversprechende Hinweise (z. B. die Quantenkohärenz und die Physik des Hologramms). Insgesamt können wir sagen: In der Theorie des Geistes haben wir auf der Ebene der *Beschreibung* eine Reihe von kognitionserheblichen Besonderheiten feststellen und begründen können, Besonderheiten, welche nicht zuletzt die Autonomie und die Freiheit des Geistes gegenüber der Materie gezeigt haben. Im Unterschied zur Ebene der *Beschreibung* steht jedoch die *explanatorische* Kraft der Theorie des Geistes noch auf schwachen Füßen, d. h. auf der *Erklärungs*ebene hapert es noch immer. Nicht zuletzt ist das „geistige Auge" nach wie vor *erklärungs*bedürftig. So können wir zwar kommunizieren, was wir z. B. in einem Traum, also bei *geschlossenen* (!) Augen, *gesehen* haben, aber *wie* diese inneren Bilder *entstehen*, wissen wir nicht. Ein großes Rätsel!

Von der (visuellen) Repräsentations*form* einmal abgesehen, sind auch die Traum*inhalte* als Bestätigung der Autonomie und Freiheit des Geistes aufschlussreich. Zwei kleine Kostproben aus meiner eigenen nächtlichen Traumtätigkeit. Vor langer Zeit, als ich Marxens *Kapital* studiert habe, saß ich des Nachts mit Friedrich Engels auf einer schnell fahrenden Kutsche und diskutierte lebhaft über offene Probleme des dritten Bandes. Der Inhalt dieses Traumes war – völlig *gegen* die äußere Welt der Fakten – eine in allen Einzelheiten deutlich ausgeprägte innere, i. e. geistige Realität. Gerade das *Miss*verhältnis zwischen geistiger und empirischer Realität zeigt: Die Freiheit des *Geistes* ist grenzenlos. Und das zweite Beispiel: Noch vor wenigen Tagen war der – bekanntlich schon verstorbene – Helmut Schmidt Gast im Haus meiner Eltern und beklagte sich über ständig beschlagene Brillengläser. Meine nächtliche Diagnose: Die Augen produzieren zu viel Flüssigkeit, die verdunstet und dann physikalisch zu beschlagenen Brillengläsern führt. Einen Therapievorschlag hatte ich nicht. Wie kommt Helmut Schmidt in visueller (und sprachlicher) Repräsentation auf die Leinwand meines Nachtkinos, also vor mein inneres „geistiges Auge"?! Rätselhaft! Tiefenpsychologen haben für den *Inhalt* der o. g. Träume vielleicht schon eine Deutung, aber dann bleibt noch immer das Rätsel der *Visualität*. Wie kommen *optische* Entitäten als integrierte *Ganz*heiten in unseren Kopf, wenn die einzige „Sprache" der Neuronen *elektrische* Impulse sind, die außerdem ohne Verbindung über das Gehirn *verteilt* sind?! *Dass* wir – über den Traum hinaus – bei *allen* Wahrnehmungen (also auch bei solchen von Objekten der *äußeren* Welt) *innere* Bilder *haben*, die sich im sichtbaren Bereich des elektromagnetischen Spektrums bewegen, ist ein *Faktum*, das aber auf dem Hintergrund der o. g. explanatorischen Ratlosigkeit der Theorie und relativ zur *Größe* der Wissenslücke noch immer „Wunder" genannt werden muss. Das gilt gleichermaßen für andere Sinnesleistungen, z. B. für das Geschmacks*erlebnis*. Die elektrische Einheitssprache der Neuronen bringt es nicht hervor. Neuronen schmecken vom Knoblauch so wenig wie die Knoblauchpresse. Fest steht: Auch hierbei ist ein autonomer und freier Geist im Spiel. Aber *wie*? „Ignorabimus"? Wir hoffen weiter und arbeiten daran.

Abb. 12: Modell

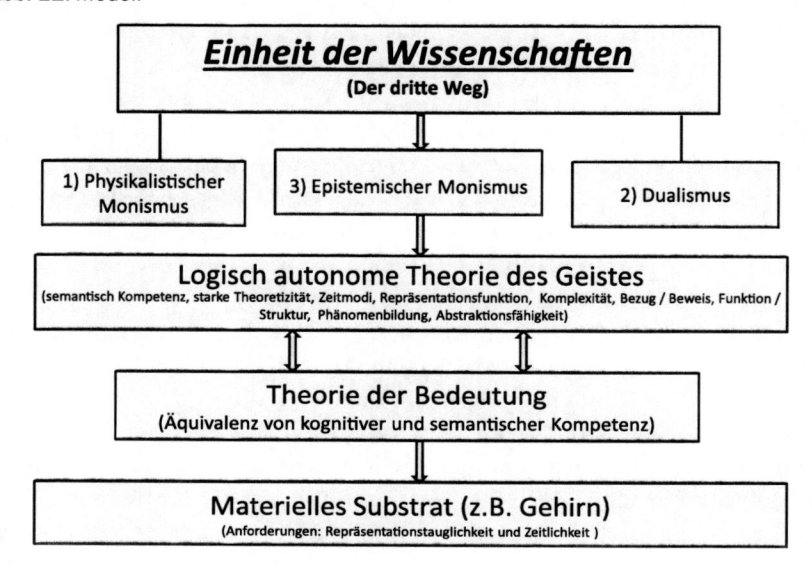

```
                    ┌─────────────────────────────────┐
                    │   Einheit der Wissenschaften    │
                    │        (Der dritte Weg)         │
                    └─────────────────────────────────┘
                ↓                 ↓                 ↓
    ┌──────────────────┐  ┌──────────────────┐  ┌──────────────┐
    │ 1) Physikalisch. │  │ 3) Epistemischer │  │ 2) Dualismus │
    │     Monismus     │  │     Monismus     │  │              │
    └──────────────────┘  └──────────────────┘  └──────────────┘
                                  ↓
    ┌────────────────────────────────────────────────────────────┐
    │         Logisch autonome Theorie des Geistes               │
    │ (semantisch Kompetenz, starke Theoretizität, Zeitmodi,     │
    │ Repräsentationsfunktion, Komplexität, Bezug / Beweis,      │
    │ Funktion / Struktur, Phänomenbildung, Abstraktionsfähigkeit)│
    └────────────────────────────────────────────────────────────┘
                               ⇅
    ┌────────────────────────────────────────────────────────────┐
    │                 Theorie der Bedeutung                      │
    │  (Äquivalenz von kognitiver und semantischer Kompetenz)    │
    └────────────────────────────────────────────────────────────┘
                               ↓
    ┌────────────────────────────────────────────────────────────┐
    │             Materielles Substrat (z.B. Gehirn)             │
    │ (Anforderungen: Repräsentationstauglichkeit und Zeitlichkeit) │
    └────────────────────────────────────────────────────────────┘
```

Literaturverzeichnis

Adorno, Th. W. (1970): Negative Dialektik. Frankfurt am Main: Suhrkamp Verlag
Adorno, Th. W. (1972): Einleitung. In: Adorno, Th. W. u. a.: Der Positivismusstreit in der deutschen Soziologie. Neuwied Berlin: Luchterhand Verlag
Armbruster, A. (2017): Computer so schlau wie wir. In: Frankfurter Allgemeine Zeitung vom 13.6.2017
Aschersleben, G., Müsseler, J., Prinz, W. (1996): Die Steuerung von Handlung, in: Roth, G./ Prinz, W. (Hrsg.): Kopfarbeit, Spektrum der Wissenschaft 1996
Bachelard, G. (1987): Die Bildung des wissenschaftlichen Geistes. Frankfurt am Main: Suhrkamp Verlag
Baruzzi, A. (1973), Mensch und Maschine, München: Fink Verlag
Baumann, J. (1966): Strafrecht, 8. Auflage. Bielefeld: Ernst und Werner Gieseking Verlag
Bear, M. F./Connors, B. W./Paradiso, M. A. (2016): Neurowissensschaften. Berlin Heidelberg: Springer Verlag
Beck, H./Prinz, A. (2017): Der Seltsame Tod der Theorie, Frankfurter Allgemeine Zeitung vom 23.1.2017
Bischof, M. (2001): Biophotonen. 11. Auflage. Frankfurt am Main: Zweitausendeins Verlag
Bohm, D. (1985): Die implizite Ordnung, München: Dianus-Trikont Buchverlag
Bohr, N. (1970): Einheit des Wissens. In: Krüger, L. (Hrsg.): Erkenntnisprobleme der Naturwissenschaften. Köln Berlin: Kiepenheuer & Witsch Verlag
Bührke, Th. (1998): Newtons Apfel. München: C.H. Beck Verlag
Bunge, M. (1970): Physik und Wirklichkeit. In: Krüger, L. (Hrsg.): Erkenntnisprobleme der Naturwissenschaften. Köln Berlin: Kiepenheuer & Witsch Verlag
Calvin, W. H./Ojeman, G. A. (1995): Einsicht ins Gehirn. München: Carl Hanser Verlag
Cartwright, N. (1998): Warum Physik? In: Penrose, R.: Das Große, das Kleine und der menschliche Geist. Heidelberg Berlin: Spektrum Akademischer Verlag
Caspers, H. (1970): Zentralnervensystem, in: Hrsg. Keidel, W. D.: Lehrbuch der Physiologie, Stuttgart 1970
Changeux, J.-P./Connes, A. (1992): Gedankenmaterie. Berlin Heidelberg: Springer Verlag
Churchland, P. M. (1997): Die Seelenmaschine. Heidelberg Berlin: Spektrum Verlag
Danto, A. C. (1980): Analytische Philosophie der Geschichte. Frankfurt am Main: Suhrkamp Verlag
D'Avis, W. (1994): Können Computer denken? Eine bedeutungs- und zeittheoretische Analyse von KI- Maschinen. Frankfurt am Main: Campus Verlag
Davies, P. (1988): Prinzip Chaos. 3. Auflage. München: C. Bertelsmann Verlag
Davies, P./Brown, J. R. (1992): Mathematische ›Krankheiten‹. In: Davies, P./Brown, J. R. (Hrsg.): Superstrings. München: Deutscher Taschenbuch Verlag
Dürr, H.-P. (2010): Geist, Kosmos und Physik. Amerang: Crotona Verlag
Einstein, A. (1956 a): Geometrie und Erfahrung. In: Einstein, A.: Mein Weltbild. Frankfurt am Main: Ullstein Taschenbücher-Verlag
Einstein, A. (1956 b): Bertrand Russell und das philosophische Denken. In: Einstein, A.: Mein Weltbild. Frankfurt am Main: Ullstein Taschenbücher-Verlag
Einstein, A. (1956 c): Wissenschaftliche Beiträge. In: Einstein, A.: Mein Weltbild, Frankfurt am Main: Ullstein Taschenbücher-Verlag
Einstein, A. (1956 d): Zur Methodik der theoretischen Physik. In: Einstein, A.: Mein Weltbild. Ullstein Taschenbücher-Verlag
Einstein, A./Infeld, L. (1970): Die Evolution der Physik. Hamburg: Rowohlt Taschenbuch Verlag

Einstein, A. (1979): Über die spezielle und die allgemeine Relativitätstheorie. Braunschweig Wiesbaden: Vieweg Verlag

Engel, A. K. (2016). In.: Bear, M. F./Connors B. W./Paradiso M. W.: Neurowissenschaft, Berlin Heidelberg: Springer Verlag

Essler, W. K. (1972): Analytische Philosophie I. Stuttgart: Kröner Verlag

Feyerabend, P. (1986): Wider den Methodenzwang, Frankfurt am Main: Suhrkamp Verlag

Feynman, R. (1992). In: Davies, P./Brown, J. R. (Hrsg.): Superstrings. München: Deutscher Taschenbuch Verlag

Frankfurter Allgemeine Zeitung (2017a): Beck, H./Prinz, A.: Der seltsame Tod der Theorie. FAZ vom 23.1.2017

Frankfurter Allgemeine Zeitung (2017b). Armbruster, A.: Computer so schlau wie wir. FAZ vom 13.6.2017

Frankfurter Allgemeine Zeitung (2017c). 18.8.2017

Frankfurt Allgemeine Zeitung (2017d). 24.4.2017

Frankfurter Allgemeine Zeitung (2017e): „Große Schwärme tödlicher Mikrodrohnen". 22.8.2017

Frankfurter Allgemeine Zeitung (2017f): Das Gehirn in der Mikroplatine. 11.10.2017, N4

Frege, G. (1975): Funktion, Begriff, Bedeutung. 4. Auflage. Göttingen: Vandenhoeck & Ruprecht

Freud, S. (1952a): Gesammelte Werke Bd. V. Frankfurt am Main Hamburg: S. Fischer Verlag

Freud, S. (1952b): Gesammelte Werke Bd. VII. Frankfurt am Main Hamburg: S. Fischer Verlag

Freud, S. (1952c): Gesammelte Werke Bd. VIII. Frankfurt am Main Hamburg: S. Fischer Verlag

Freud, S. (1952d): Gesammelte Werke Bd. X. Frankfurt am Main Hamburg: S. Fischer Verlag

Freud, S. (1952e): Gesammelte Werke Bd. XIII. Frankfurt am Main Hamburg: S. Fischer Verlag

Freud, S. (1952f): Gesammelte Werke Bd. XIV. Frankfurt am Main Hamburg: S. Fischer Verlag

Freud, S. (1952g): Gesammelte Werke Bd. XV. Frankfurt am Main Hamburg: S. Fischer Verlag

Freud, S. (1952h): Gesammelte Werke Bd. XVII. Frankfurt am Main Hamburg: S. Fischer Verlag

Freud, S. (1952i): Gesammelte Werke Bd. XVIII. Frankfurt am Main Hamburg: S. Fischer Verlag

Freud, S. (1953): Abriss der Psychoanalyse. Frankfurt am Main Hamburg: Fischer Bücherei

Freud, S. (1961): Die Traumdeutung. Frankfurt am Main Hamburg: Fischer Bücherei

Freud, S. (2000): Neue Folge der Vorlesungen zur Einführung in die Psychoanalyse. In: Studienausgabe Bd. 1. Frankfurt am Main Hamburg: Fischer Verlag

Gell-Mann, M. (1996), in: Brockman, J. (Hrsg.): Die dritte Kultur. Das Weltbild der modernen Naturwissenschaft. München: Btb-Verlag

Genz, H. (1999): Wie die Zeit in die Welt kam. Hamburg: Rowohlt Taschenbuch Verlag

Golecki, R. (1994): Können Computer denken? Freie und Hansestadt Hamburg: Behörde für Schule, Jugend und Berufsbildung

Googles Gehirne, Frankfurter Allgemeine Zeitung vom 1.8.2017

Grewendorf, W./Hamm, G./Sternefeld, F. (1988): Sprachliches Wissen. Frankfurt am Main: Suhrkamp Verlag

Günther, G. (1963): Das Bewusstsein der Maschinen. Baden-Baden: Agis-Verlag

Habermas, J. (1970a): Technik und Wissenschaft als Ideologie. Frankfurt am Main: Suhrkamp Verlag

Habermas, J. (1970b): Zur Logik der Sozialwissenschaften. Frankfurt am Main: Suhrkamp Verlag

Habermas, J. (1970c): Erkenntnis und Interesse. Frankfurt am Main: Suhrkamp Verlag

Habermas, J. (1972): Analytische Wissenschaftstheorie und Dialektik. In: Adorno u. a.: Der Positivismusstreit in der deutschen Soziologie. Neuwied Berlin: Luchterhand Verlag
Habermas, J. (1987): Metaphysik nach Kant, in: (Hrsg.) Cramer, K. u. a.: Theorie der Subjektivität, Frankfurt am Main: Suhrkamp Verlag
Habermas, J. (1988a): Theorie des kommunikativen Handelns Bd. 1. Frankfurt am Main: Suhrkamp Verlag
Habermas, J. (1988b): Theorie des kommunikativen Handelns Bd. 2. Frankfurt am Main: Suhrkamp Verlag
Hausmann, M. (2005): Eine Frage der Symmetrie. In: Gehirn & Geist, Dossier Nr. 3, 2005
Hawking, S. (1998): Einwände eines schamlosen Reduktionisten. In: Penrose, R.: Das Große, das Kleine und der menschliche Geist. Heidelberg Berlin: Spektrum Akademischer Verlag
Hedrich, R. (1990): Komplexe und fundamentale Strukturen. Mannheim/Wien/Zürich: BI Wissenschaftsverlag
Hegel, G. F. W. (1970a): Werke in zwanzig Bänden, WW 4. Frankfurt am Main: Suhrkamp Verlag
Hegel, G. W. F. (1970b): Werke in zwanzig Bänden, WW 13. Frankfurt am Main: Suhrkamp Verlag
Heisenberg, W. (1965): Das Naturbild der heutigen Physik, Hamburg: Rowohlt Taschenbuch Verlag
Heisenberg, W. (1967): Einführung in die einheitliche Feldtheorie der Elementarteilchen, Stuttgart: S. Hirzel Verlag
Heisenberg, W. (1969): Die Quantenmechanik und ein Gespräch mit Einstein. In: Der Teil und das Ganze. München: Piper
Heisenberg, W. (1970): Die Entwicklung der Deutung der Quantentheorie. In: Krüger, L. (Hrsg.): Erkenntnisprobleme der Naturwissenschaften. Köln Berlin: Kiepenheuer & Witsch Verlag
Heisenberg, W. (1990): Das organische Leben. In: Küppers B.-O. (Hrsg.): Leben = Physik + Chemie? München Zürich: Piper
Höfling, O. (1961): Lehrbuch der Physik. Bonn: Ferd. Dümmlers Verlag
Holton, G. (1981): Thematische Analyse der Wissenschaft. Frankfurt am Main: Suhrkamp
IBM (1989): Künstliche Intelligenz. Stuttgart: IBM Enzyklopädie der Informationsverarbeitung
Janich, P. (1992): Grenzen der Naturwissenschaft. München: C.H. Beck Verlag
Jones, S. (1996): Warum gibt es eine so große genetische Vielfalt? In: Brockman, J. (Hrsg.): Die dritte Kultur. Das Weltbild der modernen Naturwissenschaft. München: Btb-Verlag
Kamlah, W., Lorenzen, P. (1967): Logische Propädeutik, Mannheim: BI Hochschultaschenbücherverlag
Kandel, E. R. (2008): Unter der Oberfläche der Dinge. In: Gehirn&Geist Nr. 5/2008
Kant, I. (1960): Allgemeine Naturgeschichte und Theorie des Himmels. Werke in zwölf Bänden Bd. I. Wiesbaden: Insel Verlag
Kast, B. (2007): Wie der Bauch dem Kopf beim Denken hilft. Buchankündigung in: Gehirn & Geist 12/2007
Kessler, Ch. (2018): „Denken macht unglücklich". In: Rhein-Zeitung Koblenz, 6.3.2018
Koestler, A. (1966): Der göttliche Funke. Frankfurt am Main: Scherz/Fischer Verlag
Kuhlenbeck, H. (1986): Gehirn, Bewusstsein und Wirklichkeit. Darmstadt: Steinkopff Verlag
Küppers, B.-O. (1990), (Hrsg.): Leben = Physik + Chemie? München Zürich: Piper
Kurzweil, R. (1999), Homo s@piens. Köln: Kiepenheuer & Witsch
Linke, D. (2006): Die Kopflastigkeit des Glaubens. In: Gehirn & Geist, Dossier-ND 1
Lorenz, K. (1970): Elemente der Sprachkritik. Frankfurt am Main: Suhrkamp Verlag
Lorenzer, A. (1974): Die Wahrheit der psychoanalytischen Erkenntnis. Frankfurt am Main: Suhrkamp Verlag
Mainzer, K. (1997): In: Das Wechselspiel zwischen KI- und Hirnforschung., Spektrum der Wissenschaft 4/1997

Maresch, R. (2007): Wissensgesellschaft 2.0. In: (Hrsg.) Iglhaut, S./Kapfer, H./F. Rötzer, F.: What if? Zukunftsbilder der Informationsgesellschaft. Hannover: Heise Zeitschriften Verlag

Marx, U. (2017): Die Roboter fangen mit dem Denken an. In: Frankfurter Allgemeine Zeitung vom 24.4.2017

MacIntyre, A. C. (1968): Das Unbewusste. Frankfurt am Main: Suhrkamp Verlag

Meschede, D. (Hrsg.) (2015): Gerthsen Physik. 25. Auflage. Berlin Heidelberg: Springer-Verlag

Metzinger, T. (2005): Unterwegs zu einem neuen Menschenbild. In: Gehirn & Geist, Nr. 11/2005, S. 50–54

Minsky M. (1990), Mentopolis. Stuttgart: Klett-Cotta Verlag

Minsky, M. (2007): Das Universum als Denkmaschine. In: (Hrsg.) Iglhaut, S./Kapfer, H./F. Rötzer, F.: What if? Zukunftsbilder der Informationsgesellschaft. Hannover: Heise Zeitschriften Verlag

Mittelstaedt, P. (1976): Philosophische Probleme der modernen Physik. 5. Auflage. Mannheim/Wien/Zürich: B.I.-Wissenschaftsverlag

Mittelstaedt, P. (1986): Sprache und Realität in der modernen Physik. Mannheim Wien Zürich: Bibliographisches Institut

Mittelstaedt, P. (1989): Der Zeitbegriff in der Physik. Mannheim Wien Zürich: BI Wissenschaftsverlag

Moravec, H. (1990): Mind Children. Zitiert in: Weizenbaum, J.: Künstliche Intelligenz als Endlösung der Menschenfrage. Klagenfurter Beiträge zur Technikdiskussion Heft 32. Klagenfurt: IFF – Institut für Technik- und Wissenschaftsforschung

Müller, St. (2011): Logik, Widerspruch und Vermittlung. Wiesbaden: VS Verlag

Nietzsche, F. (1964): Der Wille zur Macht. Stuttgart: Alfred Kröner Verlag

Northoff, G. (2015): Neurodämmerung (SWR2-Radio-Diskussionsrunde vom 5.3.2015)

Oppenheim, P./Putnam, H. (1970): Einheit der Wissenschaft als Arbeitshypothese. In: Krüger, L. (Hrsg.): Erkenntnisprobleme der Naturwissenschaften. Köln Berlin: Kiepenheuer & Witsch Verlag

Pöppel, E. (1987): Grenzen des Bewusstseins. München: Deutscher Taschenbuch Verlag

Pauli, W. (1990): Naturwissenschaftliche und erkenntnistheoretische Aspekte der Ideen vom Unbewussten. In: Küppers, B.-O., (Hrsg.): Leben = Physik + Chemie? München Zürich: Piper

Palm, G. (2007): Das Unbehagen an der Wirklichkeit. In: (Hrsg.) Iglhaut, S./Kapfer, H./F. Rötzer, F.: What if? Zukunftsbilder der Informationsgesellschaft. Hannover: Heise Zeitschriften Verlag

Pawelzik, K. (2006). Zitiert in: Herden, B./Stieler. W.: Geist in der Maschine. Technology Nr. 1, S. 32–41

Penrose, R. (1998): Das Große, das Kleine und der menschliche Geist. Heidelberg Berlin: Spektrum Akademischer Verlag

Penzlin, H. (2004): Die Welt als Täuschung. In: Gehirn & Geist, Dossier Nr. 2/2004, S. 6–11

Planck, M. (1949): Scientific autobiography and other papers, zitiert von M. Bischof: Biophotonen (2001). Frankfurt am Main: Zweitausendeins Verlag

Planck, M. (1953a): Der Kausalbegriff in der Physik. 6. Auflage. Leipzig: Johann Ambrosius Barth Verlag

Planck, M. (1953b): Das Weltbild der neuen Physik. 12. Auflage. Leipzig: Johann Ambrosius Barth Verlag

Planck, M. (1953c): Scheinprobleme der Wissenschaft. Leipzig: Johann Ambrosius Barth Verlag

Polanyi, M. (1985): Implizites Wissen. Frankfurt am Main: Suhrkamp Verlag

Prigogine, I./Stengers J. (1981): Dialog mit der Natur. München: R. Piper & Co. Verlag

Putnam, H. (1990): Die Bedeutung von „Bedeutung". Frankfurt am Main: Klostermann Verlag

Putnam, H. (1991): Repräsentation und Realität. Frankfurt: Suhrkamp Verlag

Rhein-Zeitung Koblenz (2017): Das Rechenmonster. In: Rhein-Zeitung Koblenz, 24.6.2017
Rhein-Zeitung Koblenz (2018). 17.3.2018
Ritsert, J. (2018a): Drei Stellungen des Gedankens zur Objektivität und die Sache selbst, Seminarmaterialien 28, online unter: http://ritsert-online.de/download/Sem28.pdf
Ritsert, J. (2018b): Abseits des Hauptstromes? Randglossen zur Kritischen Sozialforschung. Materialien zur Kritischen Theorie der Gesellschaft. Sonderband V. Frankfurt am Main.
Roth, G. (1996): Das Gehirn und seine Wirklichkeit. Frankfurt: Suhrkamp Verlag
Roth, G. (2002): Interview „Es geht ans Eingemachte". In: Spektrum der Wissenschaft/Dossier 2/2002: Grenzen des Wissens. S. 61–83
Roth, G. (2006): Gleichtakt im Neuronennetz. In: Gehirn & Geist, Dossier-ND 1/2006, S. 24–32
Rötzer, F. (2007): Die Ent-Täuschung als Täuschung. In: (Hrsg.) Iglhaut, S./Kapfer, H./Rötzer, F. (2007): What if? Zukunftsbilder der Informationsgesellschaft. Hannover: Heise Zeitschriften Verlag
Salmon, W. C. (1983): Logik. Stuttgart: Philipp Reclam Verlag
Savigny, v. E. (1974): Die Philosophie der normalen Sprache. Frankfurt: Suhrkamp Verlag
Schank, R. (1996). In: Brockman, J. (Hrsg.): Die dritte Kultur. Das Weltbild der modernen Naturwissenschaft. München: Btb-Verlag
Scheich, H. (2006): Gedankenkontrolle, in: Gehirn & Geist, Dossier-ND 1/2006, S. 64–67
Schmidt, S. J. (1988): Der radikale Konstruktivismus, in: Schmidt, S. J. (Hrsg.): Der Diskurs des radikalen Konstruktivismus. Frankfurt am Main: Suhrkamp Verlag
Schmidt, S. J. (1990): Vorwort von: Varela, F. J. (1990): Kognitionswissenschaft – Kognitionstechnik. Frankfurt am Main: Suhrkamp Verlag
Schrom, M. (2017): Wer ist Herr im Hirn?, in: Publik Forum Nr. 4, 2017, S. 26–29
Searle, J. R. (1986): Geist, Hirn und Wissenschaft. Frankfurt am Main: Suhrkamp Verlag
Sheldrake, R. (1993): Das schöpferische Universum. Die Theorie des morphogenetischen Feldes. Berlin: Ullstein Verlag
Siekmann, J. H. (1986): Künstliche Intelligenz (unv. Manuskript). Kaiserslautern
Singer, W. (2003a): Interview: Unser Wille kann nicht frei sein. In: Spiegel Special 4/2003, S. 20-25 Singer, W. (2003b): Ein neues Menschenbild? Frankfurt am Main: Suhrkamp Verlag
Singer, W. (2006): Ein Frontalangriff auf unser Selbstverständnis und unsere Menschenwürde, in: Gehirn & Geist 2006, Dossier-ND 1, S. 68–71
Singer, W. (2015): Wo steckt das Ich im Gehirn? In: Zur Debatte 6/2015, S. 26–28
Solms, M. (2014). In: Hubert, M.: Neuropsychoanalyse. Südwestrundfunk swr2 Wissen, Manuskriptdienst
Spiegel Special (2003): Die Entschlüsselung des Gehirns. Nr. 4
Spiegel (2016) Nr. 48
Stegmüller, W. (1970a): Probleme und Resultate der Wissenschaftstheorie und Analytischen Philosophie. Band II. Studienausgabe Teil B. Berlin Heidelberg New York: Springer-Verlag
Stegmüller, W. (1970b): Wissenschaftssprache, Signifikanz und theoretische Begriffe, in: Stegmüller, W.: Probleme und Resultate der Wissenschaftstheorie und Analytischen Philosophie, Bd. II, Teil B. Berlin Heidelberg New York: Springer-Verlag
Stegmüller, W. (1980): Neue Wege der Wissenschaftsphilosophie. Berlin Heidelberg New York: Springer-Verlag
Varela, J. V. (1990): Kognitionswissenschaft – Kognitionstechnik. Frankfurt am Main: Suhrkamp Verlag
Varela, F. J./Thompson, E. (1992): Der Mittlere Weg der Erkenntnis, Bern München Wien: Scherz Verlag
Vogel, H. (Hrsg.) (1997): Gerthsen Physik. 19. Auflage. Berlin Heidelberg New York: Springer-Verlag
Vollmer, G. (1988): Was können wir wissen? Bd. 2. Stuttgart: S. Hirzel Verlag
Walde, B. (2006): Interview „Ein Fingerschnipsen ist noch keine Partnerwahl". In: Gehirn & Geist, Dossier-ND 1/2006, S. 56–57

Weizsäcker, v. C. F. (1977): Werner Heisenberg in memoriam. In: Von Weizsäcker/van der Waerden: Werner Heisenberg. München Wien: Carl Hanser Verlag

Weizsäcker, v. C. F. (1982): Die Einheit der Natur. 2. Auflage. München: Deutscher Taschenbuch Verlag

Weizsäcker, v. C. F (1988): Aufbau der Physik. München: Deutscher Taschenbuch Verlag

Weizsäcker, v., C. F. (1992): Zeit und Wissen. München Wien: Carl Hanser Verlag

Wheeler, J. A. (1983): Bits, quanta, meaning. In: Giovannini, M. und Rimini, A. (Hrsg.): Essays in Honour of Eduardo Caianello

Winograd, T./Flores, F. (1989): Erkenntnis Maschinen Verstehen. Berlin: Rotbuch-Verlag

Wittgenstein, L. (1967): Philosophische Untersuchungen. Frankfurt am Main: Suhrkamp Verlag

Wittgenstein, L. (1969): Tractatus logico-philosophicus. Frankfurt am Main: Suhrkamp Verlag

Wittgenstein, L. (1970): Über Gewissheit, Frankfurt am Main: Suhrkamp Verlag

Ziman, J. (1982): Wie zuverlässig ist wissenschaftliche Erkenntnis? Braunschweig: Vieweg Verlag

Jürgen Ritsert
Zur Philosophie des Gesellschaftsbegriffs
2017, 304 Seiten, broschiert
ISBN: 978-3-7799-3744-9
Auch als E-BOOK erhältlich

„Gesellschaft" stellt einen Grundbegriff der Wissenschaft von der Gesellschaft dar, den man mit Recht als unergründlich bezeichnen kann. Diese Unübersichtlichkeit hat entscheidend damit zu tun, dass der Gesellschaftsbegriff auf ganz verschiedenen Abstraktionsniveaus verwendet, von kontroversen Sozialontologien und philosophischen Traditionen getragen, von gegenläufigen Metaphern geprägt sowie von teilweise gegensätzlichen Logiken der Sozialwissenschaften durchzogen wird. Über diese kontroversen Zusammenhänge informiert das vorliegende Buch.

www.beltz.de
Beltz Juventa · Werderstraße 10 · 69469 Weinheim

Jürgen Ritsert
Geschichtsbilder und Gesellschaftstheorie
2016, 116 Seiten, broschiert
ISBN: 978-3-7799-3616-9
Auch als E-BOOK erhältlich

Jürgen Ritsert informiert in kompakter Form über ausgewählte Geschichtsbilder, die im Zentrum bestimmter Geschichtsauffassungen stehen. Bilder vom Geschichtsverlauf und kontroverse Vorstellungen von einer angemessenen Logik der Geschichtsdarstellung (Historik) beeinflussen die verschiedensten Gesellschaftstheorien. Nicht so sehr das Werk einzelner ausgewählter Autoren, sondern die Merkmale gesellschaftstheoretisch relevanter Geschichtsbilder und ihrer Probleme stehen im Zentrum der Darstellung. Sie werden anhand einiger Behauptungen und Thesen der ausgewählten Theoretiker diskutiert. Verhandelt werden die teleologische, die zyklische, die hermeneutische, die chronologische, die szientistische sowie die dialektische Geschichtsauffassung. Hinzu kommen einige Notizen zur Zeitstruktur von Biographien und Autobiographien, also von Darstellungen des individuellen Lebensprozesses.

www.beltz.de
Beltz Juventa · Werderstraße 10 · 69469 Weinheim